पुस्तक की प्रशंसा

हमारी दुनिया जिसमें हम रहते हैं, अव्यवस्थित ढंग से ज्यादा पारदर्शी होती जा रही है। जो सत्ता में हैं और जो विवेकाधीन अधिकारों का उपयोग करते हैं, उन्हें अनिवार्य रूप से अपने कामों का उत्तरदायी होना पड़ रहा है। फिर भी व्यापारिक संगठनों में आर्थिक धोखेबाजी और आपराधिक गतिविधियों की घटनाएँ बढ़ रही हैं। आखिर ऐसा क्या है कि दौलतमंद व्यक्ति, जिनके पास धन द्वारा खरीदी जा सकने वाली हर चीज है, फिर भी वे अपने लालच को काबू में नहीं रख पाते हैं? आखिर कुछ सबसे सफल कॉर्पोरेट के सर्वोच्च प्रमुख ऐसे घोटालों में क्यों शामिल हो गए कि न केवल उनकी व्यक्तिगत प्रतिष्ठा मिट्टी में मिल गई, बल्कि उन कंपनियों की भी, जिन के साथ वे एक संस्थापक, प्रवर्तक या निदेशक के रूप में जुड़े थे? क्या यह व्यक्ति की धनलोलुपता है, जो मुक्त उद्यम पूंजीवादिता को प्रेरित करती है या ये संरचनात्मक मामले – जैसे व्यापार और राजनीति के बीच का संबंध और नियामक संरक्षणों का सुगठित विलयन हैं, जो ऐसे वातावरण का निर्माण करते हैं, जो घोटालों को बेशर्म दंड-मुक्ति देने में सक्षम बना देता है? इन प्रश्नों के उत्तर के लिए इस पुस्तक को पढ़ें।

परंजॉय गुहा ठाकुरता

पत्रकार, शिक्षाविद, वृत्तचित्र निर्माता और मुख्य लेखक–

गैस वार्स: क्रोनी कैपिटलिज्म एंड द अंबानीज

यह पुस्तक कॉर्पोरेट दुनिया के कुछ भागों में हो रहे धोखों पर एक संक्षिप्त चेतावनी है। यह बुरे कॉर्पोरेट प्रशासन का उत्तरदायित्व सुनिश्चित करने के लिए कॉर्पोरेट संरचना के नकाब को बलपूर्वक हटाने की वकालत करती है। अल्पमत शेयरधारकों को, जिनके पास कॉर्पोरेशन्स के मामलों में दखल देने का वस्तुतः कोई अधिकार नहीं होता है, उन्हें इसे चलाने वाले प्रवर्तकों–निदेशकों और उच्चस्तरीय प्रबंधकों के पापों के फल को भुगतना पड़ता है। कंपनी के खातों और शेयरों के मूल्यों में हेरफेर करने से उच्चस्तरीय प्रबंधक अमीर बन सकते हैं, लेकिन अंततः वे आम लोग और अल्पमत शेयरधारक ही होते हैं, जिन्हें कॉर्पोरेट दुनिया के छल और गैर-व्यवस्थापन का मूल्य चुकाना पड़ता है। नैतिक मूल्य जो समाज के हित में होते हैं, वे निष्ठावान कॉर्पोरेट प्रशासन के उतने ही अविभाज्य अंग हैं, जितने वे सामाजिक जीवन में।

डॉ. अशोक खेमका

आईएएस

यह पुस्तक पिछले कई वर्षों में कॉर्पोरेट्स के द्वारा किए गए अपराधों का बेहतरीन शोध संकलन है; यह सभी को समाविष्ट करती है, न केवल एक बार बल्कि विभिन्न परिस्थितियों और प्रसंगों में भी अनेक बार। यह न केवल "अवश्य पढ़ें" इस श्रेणी की है बल्कि निजी और व्यावसायिक पुस्तकालय में "अवश्य रखने" लायक किताब है!

अशोक बारट

सीईओ एवं एमडी, फोर्ब्स एंड कंपनी लि.;

भूतपूर्व-अध्यक्ष, मुंबई चैम्बर ऑफ कॉमर्स एंड इंडस्ट्रीज

500 बड़े कॉर्पोरेशन्स द्वारा किये गये अपराधों का पहला ऐसा संग्रह... लेखक की इस विषय पर गहरी पकड़ और स्पष्टता से इसे पाठक तक पहुंचाने की क्षमता इस किताब की सबसे बड़ी खासियत है। इसे कभी भी पढ़ा जा सकता है और किसी भी पेज से शुरुआत की जा सकती है।

हिंदू बिजनेस लाइन

यह किताब उन सामान्य पाठकों के लिए भ्रम दूर करने वाली साबित होगी, जिन्हें पता चलेगा कि कई कॉर्पोरेशन, जिन्हें वे सम्मान की दृष्टि से देखते हैं, दरअसल धोखेबाज हैं। इस किताब से पाठक इसलिए भी जुड़ेंगे क्योंकि इसमें उल्लिखित ज्यादातर मामले पिछले एक-डेढ़ दशक में ही सामने आये हैं। बनर्जी का शोध विस्तृत है।

द वीक

साइबर धोखाधड़ी, भेदिया व्यापार, कर-चोरी – ऐसी कंपनियों और एग्जीक्यूटिव्स के ढेरों उदाहरण हैं, जो व्यापार में शॉर्टकट अपनाने के लालच में उलझ गये। यह किताब ऐसे ही उदाहरणों के माध्यम से इस बारे में बात करती है कि इन्हें कैसे नियंत्रित किया जाये और शेयरधारक अपने हितों की रक्षा के लिए क्या कर सकते हैं।

द मिंट

यह पुस्तक कॉर्पोरेट कंपनियों द्वारा अक्सर अपनायी जाने वाली तत्त्वमीमांसा और धोखाधड़ी के तरीकों की व्याख्या करती है।

डिग्निटी डायलॉग

कौन
धोखा देता है
और
कैसे?

कौन धोखा देता है और कैसे?

घोटाले, धोखाधड़ी और
कॉर्पोरेट दुनिया का स्याह पक्ष

रॉबिन बनर्जी

SAGE | bhasha

Los Angeles | London | New Delhi
Singapore | Washington DC | Melbourne

Originally Published in English by
SAGE Publications India Pvt Ltd as *Who Cheats and How? Scams, Fraud and the Dark Side of the Corporate World*

SAGE | bhasha

SAGE Publications India Pvt Ltd
B1/I-1 Mohan Cooperative Industrial Area
Mathura Road, New Delhi 110 044, India
www.sagepub.in

SAGE Publications Inc
2455 Teller Road
Thousand Oaks, California 91320, USA

SAGE Publications Ltd
1 Oliver's Yard, 55 City Road
London EC1Y 1SP, United Kingdom

SAGE Publications Asia-Pacific Pte Ltd
3 Church Street
#10–04 Samsung Hub
Singapore 049483

Published by SAGE Publications India Pvt Ltd, Translation Project Coordinated by TranslationPanacea, Pune and printed at Repro India Ltd., Mumbai.

ISBN: 978-93-859-8560-7 (PB)

Translator: Bhaswar Lochan
SAGE Team: Sumona Kundu, Vinayak Dubey

मेरे जीवन की तीन सबसे खूबसूरत महिलाओं को –
मेरी माँ, मेरे जीवन की वजह; मेरे जीवन को अर्थ देने वाली मेरी पत्नी अनन्या;
और मेरा दिल और मेरी आत्मा, हमारी पुत्री रोशनाई

विषय सूची

आभार xi

परिचय xv

घपले और घोटाले: तरकीबें और तरीके xxv

अध्याय 1: कॉर्पोरेट ठग **1**

- लालची कॉर्पोरेट 3
- निविदा में घोटाले, रिश्वतखोरी और दलाली: जीवन जीने का एक तरीका 5
- चोरी: तत्काल संतुष्टी का मार्ग 12
- प्रकटीकरण में 'झूठ, महाझूठ और आंकड़े' 15
- नियमों की उपेक्षा करो—नए व्यवसाय का संक्षिप्त मार्ग 17
- श्रमिकों से धोखाधड़ी 19
- वसूली आसान धन दिलवाती है 20
- हितों के टकराव से कौन परेशान होता है? 24
- कपटी समझौता 28
- मूल्य तय कर लेना – एक आसान तरीका 31
- सीनियर मैनेजमेंट को धनी बनाना: स्टॉक ऑप्शन्स की तारीख बदलना 33
- शेयरों को वापस खरीद कर धन हथियाना 38
- कर बहुत परेशान करते हैं: चलो करमुक्त स्वर्ग चलते हैं 39
- बहुत ज्यादा टैक्स? योजना, त्याग या कपट 42
- गोपनीयता खुली किताब हो सकती है 45
- राजनीतिक या आर्थिक प्रतिबंधों की परवाह क्यों करनी चाहिए 48
- प्रेस धोखाधड़ी से प्रभावित कर सकता है 49
- खाना भी कपट से मुक्त नहीं है 53

अध्याय 2: क्या हम अपने बैंकों पर विश्वास कर सकते हैं? **55**

- बैंक भी धोखाधड़ी करते हैं 56
- लाइबोर स्कैंडल: बैंक सब कुछ तय कर सकते हैं 57
- धन की जालसाजी (काले धन को वैध बनाना – मनी लॉन्डरिंग) 62
- बैंकों द्वारा गलत-विक्रय 66
- खतरनाक बैंक: गैर-बीमाकृत या गैर-लाइसेंसधारी 74

- दिखावटी सौदे 75
- कपटपूर्ण कर्ज 77
- छलावरण और पर्दा: छुपे हुये कर्ज 79
- विविध बैंक धोखाधड़ी: अनंत संभावनाएँ 80
- बैंक उत्पीड़ित हैं (बैंक में धोखाधड़ी) 82
- बैंक भी अविश्वसनीय हैं: आंतरिक नियंत्रणों की असफलताएँ 86
- बैंक भी असुरक्षित हैं (बैंकों के साथ जारी धोखाधड़ी) 88
- कर्ज लेने के लिए बैंकों को चकमा 93
- कर्ज वापस क्यों करें? 94
- सदोष सुरक्षा के द्वारा बैंकों को मूर्ख बनाना 95
- छोटी-मोटी बैंक धोखाधड़ी: विविध कारण 96
- बैंकों की धोखाधड़ी की कथाएँ 97

अध्याय 3: जल्द अमीर करने वाली वित्तीय योजनाएँ **105**
- पैसे बनाने के रैकेट का शहंशाह: पोंजी स्कीम 105
- झूठ के द्वारा सपने बेचना: पिरामिड योजना 113

अध्याय 4: शेयर बाजार धोखा देता है **118**
- कपटी भेदिये: भेदिया व्यापार 118
- दलाल: प्रतिबंधित एवं कलंकित 124
- जब दलाल धोखा देते हैं 125
- जल्द धन के लिए तेज़ व्यापार 126
- झूठी/धोखेबाज़ सूचीबद्धता 128
- उत्तरी अमेरिका में सूचीबद्ध चालाक चीनी कंपनियाँ 130

अध्याय 5: हमारे वायर्ड विश्व में अपराध **138**
- कैसे कार्य करते हैं साइबर गुंडे 139
- आगे क्या? 141
- साइबर अपराध कौन करता है? 142
- साइबर अपराधों के परिणाम क्या हैं? 142
- साइबर सुरक्षा की दुनिया: एक झलक 143
- प्रवर्तक 145
- आक्रमण के साये में कॉर्पोरेट संगठन 146
- सुरक्षा हेतु क्या उपाय किए जा सकते हैं? 147

अध्याय 6: लेखा विवरण: धोखाधड़ी एवं रचनात्मकता **149**

- धोखापूर्ण बिक्री राजस्व दर्ज करना 150
- झूठी बिक्री प्रदर्शित करना 170
- नकली विक्रेता घाटों को दर्ज करना 176
- अतीत के साथ छेड़छाड़: विक्रय मान्यता नीति में पूर्वप्रभावी परिवर्तन 178
- एक बार की घटना के द्वारा लाभ में छेड़छाड़ 181
- परिचालन आय तथा हानियों में हेरफेर करना 185
- सहायक, संयुक्त उपक्रम एवं संबद्ध: समस्याओं को छिपाने का एक विकल्प 188
- लागतों को कम बता कर समस्याओं को छिपाना 191
- लाभ उत्पादित करने के लिए माल-सूची के साथ खिलवाड़ 201
- *कूकी* जार रिज़र्व्ज एवं आभासी मुनाफा 203
- भविष्य कौन जानता है: भविष्य की लागतों को वर्तमान वर्ष में बट्टे खाते में डालना 209
- डेरिवेटिवों का कपटपूर्ण लेखांकन 211
- वित्तीय स्थिति विवरण-पत्र से बाह्य वित्त पोषण के द्वारा झाँसा देना 212
- अस्तित्व रहित बैंक में नकद (कैश इन बैंक) का सृजन 220
- आशावादी तस्वीर दिखाने के लिए परिचालन धन प्रवाह को प्रोत्साहन 225
- खराब प्रदर्शन पर छलावरण डालने के लिए कारोबार प्रभाग की रिपोर्ट में हेरफेर 226
- कर देना कौन चाहता है? बचने के लिए हेरफेर करो 227
- विलय और अधिग्रहण (मर्जर एंड एक्विजिशन – एम एंड ए) से पहले खातों में हरफेर 228
- अनुपयुक्त लेखांकन 232
- निष्क्रिय आंतरिक नियंत्रण 234
- लेखांकन की लाल झंडियाँ: सब कुछ ठीक नहीं है 236
- गैर-लेखांकन लाल झंडियाँ: घटिया कॉर्पोरेट प्रशासन 240

अध्याय 7: जाँचकर्ता स्वयं धोखेबाज हो सकते हैं **243**

- केपीएमजी 246
- ई एंड वाई 248
- डेलॉयट एंड टूशे 249
- पीडब्ल्यूसी 252
- 'सेल्फी': कॉर्पोरेट धोखाधड़ी का पता कैसे लगा सकते हैं? 255

अध्याय 8: क्या फार्मा कंपनियाँ परवाह करती हैं? क्या दवाएँ उपचार करती हैं? क्या डॉक्टरों को फ़िक्र है? **257**

- मैं तुम्हारी पीठ खुजलाता हूँ, तुम मेरी खुजलाओ: डॉक्टर, दवा निर्माता, अन्य सभी 258
- दवाओं का कपटपूर्ण विपणन 262
- मनुष्यों पर मार्केटिंग परीक्षण का अपराध 268
- दवा परीक्षण के प्रयोग-आंकड़ों के साथ छेड़छाड़ 268
- दीर्घ-कालीन मरीज परीक्षण के बिना दवा परीक्षण 272
- परीक्षण दवाओं का मनुष्यों पर प्रयोग के दौरान मानवीय व्यवहार का अभाव 273
- दवाओं के घटिया विज्ञापन 274
- दवाओं का गलत मूल्य निर्धारण 274
- निवेशक अभियोग चला सकते हैं 275
- क्या गैर जिम्मेदार कार्यकारी उत्तरदायी नहीं हैं? 276

अध्याय 9: धोखाधड़ी, जिसका अभी खुलासा नहीं हुआ है, उस पर "अंतिम शब्द" **278**

लेखक परिचय 285

आभार

उन अनेक लोगों और कॉर्पोरेशन्स का नाम लिखना मुश्किल है, जिन्होंने नैतिकता पर मेरे विचारों को गूंथने, व्यापार प्रबंधन के काले और सफेद पक्ष को समझने, सरल प्रतीत होने वाले व्यापार व्यवहारों की कुटिल व्यवहार वक्रता के धूमिल पक्षों की छानबीन करने में मेरी मदद की है।

एक हल्के-फुलके अंदाज में कहूं तो, इस पुस्तक के प्रारंभ का श्रेय उन लोगों को जाता है, जिन्होंने व्यापार करने के लिए कई छोटी राहें अपनाईं, अतिरिक्त पैसे कमाने के लिए कुछ नियमों का उल्लंघन किया, दूसरों को बेवकूफ बनाने के लिए कामचोर होने का ढोंग किया। यदि व्यापार की दुनिया में सिर्फ साधु और संत होते तो यह पुस्तक आपके सामने नहीं आ पाती! मगर, प्राचीन समय से ही कपटी और धोखेबाज व्यक्ति, धरती पर शिकार की टोह में फिरते रहे हैं और जब तक इंसान रहेगा तब तक वे खोज करते रहेंगे।

गंभीरतापूर्वक कहूं तो, मैं हिंदुस्तान यूनिलीवर का अत्यंत कृतज्ञ हूँ, जहाँ मैंने अपने कामकाजी जीवन के पहले दो दशक बिताए और सीखा कि व्यापार को नैतिकता के साथ कैसे चलाया जा सकता है; जहाँ एक विशाल संगठन को निष्ठा एवं ईमानदारी से चलाने का बेहतरीन अनुभव मिला है।

सार्वजनिक क्षेत्र में कपटपूर्ण कॉर्पोरेट विश्व का उपलब्ध रेखाचित्र धुंधला है। मेरे अनुसंधान का अधिकतर भाग विभिन्न अखबारों एवं पत्रिकाओं विशेषकर द *न्यूयार्क टाइम्स, फाइनेंशियल टाइम्स,* द *फाइनेंशियल एक्सप्रेस* और द *इकोनॉमिक टाइम्स* में प्रकाशित खबरों एवं आलेखों पर आधारित है। मैंने द *इकोनॉमिस्ट,* द *वॉल स्ट्रीट जर्नल, फोर्ब्स,* द *हफिंगटन पोस्ट,* द *इंडिपेंडेंट, सीएफओ इनोवेशन एशिया, चाइना डेली, सीएनएन.मनी, एनडीटीवी प्रॉफिट, एशिया अफ्रीका इंटेलिजेंस वायर,* द *वीक, बिजनेस स्टैंडर्ड* एवं *टाइम्स ऑफ इंडिया* से मूल्यवान इनपुट प्राप्त किए हैं।

धोखाधड़ी एवं घपलों में मनुष्यों एवं कॉर्पोरेटों के व्यवहार के क्षेत्र में उनके शोध की सहायता लेने के लिए चार बड़ी संस्थाओं पीडब्ल्यूसी, ई एंड वाई, डेलॉयट एवं केपीएमजी के द्वारा प्रकाशित धोखाधड़ी सम्बंधी खबरों का भी सहारा लिया गया है।

द *फोर्ब्स बुक ऑफ बिजनेस कोटेशंस* अनेक मौकों पर बहुत उपयोगी साबित हुई।

मेरे गुरू, मार्गदर्शक एवं अंकल देबू भट्टाचार्य, वर्तमान समय के सबसे सफल कॉर्पोरेट कार्यकारियों में से एक, ने मुझे दिखाया कि सरलता, निष्ठा, नेकनीयत और कड़े परिश्रम का

अर्थ क्या होता है। उन्होंने मुझे इतना कुछ सिखाया है कि इस सीमित जगह में उनके प्रति मेरी संपूर्ण कृतज्ञता प्रस्तुत कर पाना असंभव है।

रुबेन, मेरे बड़े भाई एवं *अल जजीरा* में वरिष्ठ संपादक, ने इस पुस्तक के प्रथम प्रारूप को पढ़ा। उन्होंने लगभग हर उस चीज को जिसे मैंने लिखा था, काट दिया, टुकड़े कर दिये, बदल दिया और चुनौती दी। उनके मार्गदर्शन एवं सलाह के बिना यह पुस्तक सिर्फ एक अधूरी पाण्डुलिपि ही रह जाती।

"धन्यवाद" उन सभी के लिए मेरी कृतज्ञता प्रकट करने के लिए बहुत ही छोटा शब्द प्रतीत होता है, जिन्होंने मेरी पाण्डुलिपि को पढ़ने एवं अपने अमूल्य विचारों को देने का कष्ट उठाया। मैं अशोक बराट, अशोक चट्टोपाध्याय, आशुतोष अक्षीकर, अक्षय कुमार, अभिषेक घटक, डॉ. आशा नायक, अनुपम दासगुप्ता, देवव्रत मुखर्जी, गौतम सरकार, शैवाल डे, संजय कपूर, संदीप बनर्जी, शुभाशीष रे, सौमित्र पांडा, सुदीप्तो पांडा एवं तापस भट्टाचार्य को उनके अमूल्य सहयोग के लिए धन्यवाद कहना चाहूंगा।

जब इस पुस्तक के अध्याय मैं लिख रहा था, तब समय-समय पर, मुझे इसे पढ़ने वाले की आवश्यकता पड़ती थी। मेरी पत्नी अनन्या ने वक्त-बेवक्त मेरे लेखन के टुकड़ों एवं हिस्सों को पढ़ने के लिए उदारतापूर्वक सहमति दे दी और अत्यंत उपयोगी सुझाव दिए।

डॉ. रोशनाई, हमारी पुत्री एवं एक मेडिकल पेशेवर ने इस पुस्तक के चिकित्सकीय धोखाधड़ी वाले अध्यायों को विस्तार से पढ़ा। यदि उसने इसकी जानकारी, सुधारों एवं विभिन्न चिकित्सकीय बारीकियों का स्पष्टीकरण आम आदमी के शब्दों में न दिया होता, तो यह भाग इस रूप में नहीं आ पाता। मेरे सभी प्रयत्नों के दौरान मेरे पीछे अडिग खड़े रहने हेतु, मैं अपने पुत्र अभिषेक का आभारी हूं।

कोई भी पुस्तक संपादन टीम के सक्रिय सहयोग के बिना अस्तित्व में नहीं आ सकती है। सविता कुमार एवं सायमा गफ्फार ने इस पुस्तक को आकार एवं स्वरूप में लाने के लिए एक अत्यंत महत्वपूर्ण एवं सक्रिय भूमिका निभाई। अब मेरे कृतज्ञता के अंतिम शब्द। मैं मेरे प्रकाशक – सेज प्रकाशन के गतिशील, युवा कमीशनिंग संपादक सचिन शर्मा का आभारी हूँ। प्रारंभिक दिनों में जब मैंने सिर्फ अध्यायों के शीर्षक एवं संक्षिप्त रूपरेखा तय की थी, तब उन्होंने तथा सेज के एवीपी (कमीशनिंग) आर. चंद्रशेखर ने मेरे द्वारा विचार को प्रकट करने के तुरंत बाद करारनामा भेज कर अपना विश्वास जताया। मैंने लेखकों को एक अच्छे प्रकाशक के लिए वर्षों तक भटकते हुए सुना है। इन सबके मार्गदर्शन तथा प्रोत्साहन के कारण मुझे निराशा के उस नीरस पथ पर नहीं भटकना पड़ा, यह मेरा सौभाग्य है। सचिन ने प्रथम दिन से ही न केवल मुझे मार्गदर्शन तथा प्रोत्साहन दिया, बल्कि उन्होंने (अपने सहयोगी रुद्र नारायण शर्मा के साथ मिल कर) मेरी पुस्तक का नामकरण भी किया।

मैं जानता हूँ कि मैं अनेक नामों को भूल गया हूँ – गुरू, मार्गदर्शक, सम्बंधी, सहयोगी एवं मित्रगण, जिन्होंने मेरे विश्वास, ज्ञान एवं अनुभव स्पष्ट करने की मेरी खोज में मुझे सांचे में ढाला, निर्देशित किया, सलाह दी और प्रोत्साहित किया। मैं उनसे माफी मांगता हूँ।

आप सबको मेरा अभिवादन!

परिचय

धोखा देना एक प्रवृत्ति है और कुछ लोगों को यह बहुत आकर्षक लगता है।

पृथ्वी पर सबसे कठिन साइकिल रेस टूर-दे-फ्रांस के सात बार के दिग्गज विजेता और कैंसर से बचने वाले, लांस आर्मस्ट्रांग धोखाधड़ी से खुद को रोक नहीं सके। यहाँ तक कि सबसे प्रसिद्ध गोल्फ खिलाड़ी टाइगर वुड्स ने 2013 मास्टर्स टूर्नामेंट में खेलते समय नजर बचाकर अपनी गोल्फ बॉल को जगह से हटाकर धोखा दिया था।

विश्व की सबसे प्रसिद्ध खेलकूद प्रतियोगिता है – पुरुषों की 100 मी. दौड़, जिसमें सिर्फ नौ लोग 9.8 सेकेंड से कम समय में दौड़ सके हैं। इनमें से छः धोखा देते पकड़े गए जब वे नशीले पदार्थों के सेवन से जुड़े परीक्षण (डोप टेस्ट) में असफल हो गए – सियोल 1988 ओलिम्पिक फाइनल में बेन जॉनसन से लेकर घर-घर में पहचाने जाने वाले नाम एवं विश्व विजेता जैसे अमेरिका के टाइसन और जमैका के असाफा पॉवेल तक अपने पेशे के शिखर पर विजेता माने जाने वाले बाद में धोखेबाज सिद्ध हुए; वे कीर्ति की आकांक्षा करते थे, लेकिन अंत में वे दुष्कीर्ति के मालिक बने।

तो लोग धोखा क्यों देते हैं? कई लोगों के लिए यह सफलता पाने का निकटतम मार्ग है। कुछ लोग तो इतने महत्वाकांक्षी होते हैं कि वे हर चालाकी करके जीतना चाहते हैं। कुछ तो सिर्फ इसलिए क्योंकि दूसरे ऐसा कर रहे हैं। आर्मस्ट्रांग के जैसे अन्य बाद में पश्चाताप करते हैं, अपने गलत कार्यों के लिए माफी मांगते हैं। लेकिन जब उन्होंने धोखाधड़ी की थी, तब उन्होंने खुद को आश्वस्त कर लिया थाकि वे जो कर रहे हैं वह सही है।

कुछ लोग धोखा देते हैं, क्योंकि उन्हें लगता है कि उन्हें कोई नहीं देख रहा है। नाइजीरिया में जुलाई 2013 को दो फुटबॉल टीमों ने एक ही विज्ञापन के समर्थन के लिए होड़ करते हुए, एक ही समय में अलग-अलग स्थानों पर खेलते हुए, क्रमश: 79–0 और 67–0 पर खेल समाप्त किया। प्रत्येक टीम ने सोचा कि दूसरे को पता नहीं होगा कि वह क्या कर रही है और धोखाधड़ी कर दी। एक स्पष्ट सवाल उनके मन में नहीं आया था कि एक मैच में इतने सारे गोल कोई टीम कैसे कर सकती थी, जबकि आधे समय तक स्कोर 7–0 और 6–0 था, और बाकी स्कोर 45 मिनट के दूसरे शेष हाफ टाइम में करना था।

चालाकी एक आदत भी हो सकती है – बर्नार्ड मैडॉफ, विश्व की सबसे बड़ी और व्यापक पोंजी योजना का अपराधी, सीधे-सादों को बेवकूफ बनाने में आनंद लेता था और

धोखेबाजों के बीच में पोंजी योजना को पैसे बनाने के मार्ग के रूप में लोकप्रिय बनाने के लिए जिम्मेदार था।

कुछ लोग धोखा देते हैं क्योंकि उन्हें लगता है कि उनके लिए यह सबसे अच्छा विकल्प है, उदाहरण के लिए, सोमालिया में समुद्री डाकू, जो बंधक बना कर और फिरौती की मांग कर दूसरों को धोखा देते हैं।

कुछ रोमांच के लिए धोखा करते हैं – कार्यालय में नाजायज़ संबंध, अवैध चुंबन, और ऐसा ही बहुत कुछ। ऐसा ही मामला है एक मीडिया दिग्गज और इटली के पूर्व प्रधानमंत्री सिल्वियो बर्लुस्कोनी का, जिन्हें एक नाबालिग लड़की के साथ पैसे के बदले में यौन सम्बंध रखने और फिर इसे छिपाने में अपने पद का दुरुपयोग करने के लिए दोषी पाया गया था। आदतन धोखेबाज, बर्लुस्कोनी को कर धोखाधड़ी का भी दोषी पाया गया है।

बहुत सारे लोग होते हैं जो धोखा देते हैं। जज धोखा देते हैं – 2016 ओलिंपिक रिदमिक जिमनास्टिक प्रतियोगिता में आधिकारिक निर्णायक बनने की परीक्षा में 60 विशेषज्ञों ने धोखाधड़ी की। हार्वर्ड विश्वविद्यालय के छात्र धोखा देते हैं – मई 2012 में 100 छात्रों को और उसके पिछले साल 70 को धोखा देते हुए पाया गया; शिक्षक अपने स्कूल की लीग टेबल स्थिति को उन्नत करने के लिए विद्यार्थियों को ऊंची श्रेणी देकर धोखा देते हैं (ब्रिटिश गुणात्मक परीक्षा नियमन द्वारा सूचित); अंतरराष्ट्रीय समितियाँ धोखा देती हैं – फीफा के द्वारा कतर को 2022 विश्व कप फुटबॉल प्रतियोगिता के आयोजन का हिस्सा देना धोखाधड़ी के आरोपों से दूषित है।

हालांकि हर कोई धोखा नहीं देता है। सभी विजेता धोखेबाज नहीं होते हैं, सभी निर्णायक/न्यायाधीश भ्रष्ट नहीं होते हैं, सभी शिक्षक पक्षपाती नहीं होते हैं और सभी वित्तीय योजनाएं पूर्व-नियोजित नहीं होती हैं। हाँ, लेकिन कुछ हैं। चुनौती अच्छों में से बुरे, नैतिक में से सबसे बुरे ढूंढ निकालने में है।

अब हम एक अन्य प्रक्षेत्र में चलें। क्या कोई कंपनी धोखा दे सकती है? कॉर्पोरेशन एक कृत्रिम वैधानिक संस्था होती है – यह खरीद-बिक्री कर सकती है, उधार ले सकती है और उत्पादन कर सकती है – लेकिन क्या यह धोखाधड़ी या बेईमानी कर सकती है? क्या ये उसके भीतर के लोग नहीं हैं, जो धोखा देते हैं? यदि कंपनी का कर्मचारी धोखा देता है, तो क्या कॉर्पोरेशन की जिम्मेदारी कम हो सकती है?

चाहें यह अनुमति से हो या मजबूरी से हो, कॉर्पोरेट दुनिया धोखाधड़ी से अछूती नहीं रही है। आपके एवं मेरे जैसे लोगों से निर्मित कारोबार, हमारे समाज का लघु रूप है। उनके भी बाकी लोगों की तरह सामर्थ्य और कमजोरियाँ हैं। इसमें कोई आश्चर्य नहीं है कि कॉर्पोरेट दुनिया में भी कई दुर्बल मानसिकता के लोग हैं।

जब कोई कॉर्पोरेशन धोखाधड़ी करता है, तो कौन जिम्मेदार होना चाहिए – इसके व्यवस्थापक या इसके शेयर-धारक? समय-समय पर कंपनियों को उनके गलत कामों के लिए दंडित किया गया, सजा दी गई है और चेताया गया है। लेकिन प्रमुख व्यवस्थापक जिसने इस गैरकानूनी गतिविधि की साजिश रची, सामान्यतः हल्के में छूट जाता है। एनरॉन कॉर्पोरेशन के पूर्व-सीईओ जेफरी स्किलिंग का उदाहरण लीजिए, जिसने इतिहास का सबसे बुरा लेखाजोखा प्रस्तुत करके धोखाधड़ी की, शेयर धारकों के अरबों डॉलर और अपने कर्मचारियों की सेवानिवृत्ति की बचत का नुकसान कराते हुए कंपनी को बर्बाद कर दिया, लेकिन वह एक तुलनात्मक रूप से हल्की सजा के बाद छूट गया। शुरुआत में 2006 में उसे 24 वर्ष का कारावास हुआ, फिर उसकी अवधि दस वर्ष कम कर दी गयी और अब वह कुछ जुर्माना चुका कर 2017 में मुक्त हो जाएगा।

यह जाँच करने के लिए कि क्या कॉर्पोरेट के अंतिम मालिक शेयरधारक, धोखाधड़ी के लिए जिम्मेदार हैं, कॉर्पोरेट रचना से पर्दा उठा कर एक झलक देखना जरूरी है। किसी कंपनी का मालिक कौन है? सिद्धांत में, शेयरधारक। लेकिन वास्तविकता में, यह निदेशक और प्रमुख व्यवस्थापक हैं जो किसी कंपनी को चलाते हैं, तय करते हैं कि कब बोनस शेयर देना है, कितना लाभांश घोषित करना है और कितने लाभांश वाले ऐच्छिक शेयर स्वयं को लेने हैं।

शेयरधारकों के धन को बढ़ाने के लिए, कर्मचारियों को प्रोत्साहित करने के लिए जिन लाभांश वाले ऐच्छिक शेयर का विचार बनाया गया था, उनका अनेक अवसरों पर दुरुपयोग किया गया। इसने व्यवस्थापक (मैनेजमेंट) को अपनी जेब भरने के लिए अल्पावधि उपायों को अपनाने, अपने खातों में हेरफेर करने, अपने शेयर मूल्यों में चालाकी करने को बढ़ावा दिया है।

एक निकृष्ट कॉर्पोरेट प्रशासन के लिए किसे जिम्मेदार मानना चाहिए? शेयरधारकों को तो बिल्कुल नहीं, जिनके पास कॉर्पोरेशन को चलाने के लिए वास्तव में बहुत कम बल होता है। यह मुख्यतः प्रमुख व्यवस्थापकिय (मैनेजमेंट) दल होता है, जो कॉर्पोरेट कार्य को प्रदर्शित करते हैं।

क्या साहूकार, ठेकेदार और आपूर्तिकार के बराबर शेयरधारक होते हैं? नीति-निर्धारण प्रक्रिया में शेयर-धारकों की बातों का क्या महत्व होता है? ये हमेशा निर्विवादित तथ्य हैं। यह कॉर्पोरेशनों के अक्सर सामर्थ्यहीन मालिकों की कीमत पर प्रमुख व्यवस्थापक को अपने लाभ के लिए अनुचित खेलों को खेलने का मौका देता है।

मैनेजमेंट गुरू काफी समय से प्रवचन देते आ रहे हैं कि कॉर्पोरेशनों का मुख्य उद्देश्य "शेयर धारक का मूल्य उत्पन्न करना" है। लेकिन, वास्तविकता में सच्चाई कुछ और है।

समय के साथ शेयरबाजार दलालों, सहभागी निधि, संरक्षक निधि और इन सबके ऊपर सटोरियों के हाथों का खिलौना बन कर रह गए हैं। शेयरधारक मूल्य अवधारणा सिर्फ तब ही काम कर सकती है, जब शेयरधारक उस कंपनी के "मालिक" हों। सिद्धांत के अनुसार वे मालिक हैं लेकिन वास्तविकता में सिर्फ कुछ ही जन अपने हित में निर्णय ले सकते हैं। कॉर्पोरेट मैनेजमेंट का स्वरूप एवं संरचना एक ऐसा धोखा है जो कई छोटे और अतिरिक्त शेयरधारकों तक सिमित रहता है!

व्यवस्थापक की एक अल्पकालीन अदूरदर्शी दृष्टि अक्सर उद्यमों के मूल्य को दीर्घकालीन कटौती में परिणत कर सकती है, जो कभी-कभी कॉर्पोरेट दुनिया में चीजों को बिगाड़ सकती है। घपले और घोटाले, स्वयं के लिए लंबे समय तक लाभ पाने के बदले तुरंत पा लेने की हमेशा बढ़ती इच्छा की पूर्ति के लिए होते हैं। और मालिक यानी शेयरधारक इस सड़न को समाप्त करने के लिए कुछ ज्यादा नहीं कर पाए हैं।

क्या पूरे मैनेजमेंट को धोखाधड़ी का उत्तरदायी माना जाना चाहिए? कभी-कभी कुछ लोग बाकी सभी को अंधेरे में रख कर धोखाधड़ी करते हैं, उदाहरण के लिए जनरल मोटर्स ने 2004 से 10 वर्षों तक दोषपूर्ण इग्निशन चाभी की गाड़ियों को धोखाधड़ी से बेच दिया, जिसके परिणामस्वरूप 13 मृत्यु एवं 54 दुर्घटनाएँ हुईं। हालांकि, कुछ इंजीनियर इस त्रुटि के बारे में जानते थे, लेकिन कंपनी का प्रमुख व्यवस्थापक खुशी-खुशी अज्ञानी बना रहा। इसके विपरीत, फ्रेंच बैंक बीएनपी परिबास ने 2002 से एक दशक से भी ज्यादा समय तक अमेरिकी प्रतिबंधों के बावजूद सुडान, ईरान और क्यूबा जैसे देशों को अपने प्रमुख व्यवस्थापकों की पूरी जानकारी में गैरकानूनी रूप से अरबों डॉलर का भुगतान कर दिया।

ऐसे लोग, जो कॉर्पोरेट दुनिया में बहुत अच्छा काम करते प्रतीत होते हैं, धोखाधड़ी क्यों करते हैं? रामालिंगा राजू ने भारतीय इंजीनियरों के कम्प्यूटर के कौशल का उपयोग कर के सॉफ्टवेयर बाजार पर कब्जा करने के स्वप्न के साथ भारत में सत्यम कम्प्यूटर की स्थापना की। हालांकि, जैसे-जैसे वे अपनी रणनीति में सफल होते गए, लालच ने उन्हें घेर लिया। बीच में, उन्होंने अपने लेखांकनों में हेरफेर की और झूठे बैंक विवरणों को बनाया। राजू ने इस अपराध की स्वीकृति देते हुए भारतीय कॉर्पोरेट इतिहास में एक अरब डॉलर से ज्यादा के सबसे बड़े घोटाले को मान्य किया, शेष इतिहास है।

ऐसे बहुत से अन्य उदाहरण हैं, जब अमीर और प्रसिद्ध व्यक्तियों ने धोखाधड़ी की है। एक रास्ता 'अंतर्गत भेदिया व्यवहार' है, ज्ञात स्रोतों, आमतौर पर एक अंतर्गत भेदिया, से प्राप्त गैर-सार्वजनिक गोपनीय सूचनाओं के साथ शेयर कारोबार करना। एक प्रसिद्ध फोर्ब्स अरबपति, मार्था स्टीवर्ट का उदाहरण लेते हैं। उन्होंने अपने मित्र की कंपनी से सम्बंधित अग्रिम भेदिया की सूचना के द्वारा कपट से क्षुद्र 51,000 डॉलर बनाने चाहे। उन्होंने उस

कंपनी में अपने शेयरों को बेचकर, उस सूचना के आधार पर, जो अन्य को ज्ञात भी नहीं थी, बाजार में खेलना चाहा। उन पर जुर्माना लगा, जेल हुई और पाँच वर्षों तक किसी कंपनी में निदेशक बनने पर रोक लगा दी गई। पुनः हमारे पास मैक-किंसे के सेवानिवृत्त अध्यक्ष और गोल्डमैन सैक्स के पूर्व निदेशक रजत गुप्ता हैं, जो और भी आगे निकले। उन्होंने परिषद कक्ष के रहस्यों को अपने मित्र हेज फंड के शहंशाह राज राजरत्नम को बता दिया, ताकि वह इस भेदिया सूचना के आधार पर शेयरों में कारोबार कर सके। गुप्ता ने उस विश्वास को तोड़ दिया जो कॉर्पोरेट दुनिया अपने बोर्ड सदस्यों पर करती है। इस बड़ी अनैतिकता ने उन्हें दो वर्ष का कारावास दिला दिया। फॉर्मूला वन के प्रमुख, बर्नी एक्लीस्टोन ने 100 मिलियन डॉलर दे कर जर्मन रिश्वत मामले को समाप्त किया और मैच-फिक्सिंग और सट्टेबाजी को प्रोत्साहन देने के लिए भारत के क्रिकेट प्रमुख एन. श्रीनिवासन की जाँच हुई।

लोग क्यों अपनी प्रतिष्ठा को दाँव पर लगा देते हैं, जो सालों के खून-पसीने की मेहनत से उन्होंने अर्जित की होती है?, उनकी संपत्ति के आंकड़े इसको उचित नहीं सिद्ध करते, तो ऐसे नगण्य लाभों को प्राप्त करने के लिए वे अवैधानिक कार्य क्यों करते हैं? इसका एकमात्र उत्तर लालच ही है, जो उनके मन में आता है!

इतनी ज्यादा कॉर्पोरेट धोखाधड़ी होती है, तो क्या इस तथ्य का अर्थ यह है कि कॉर्पोरेट कार्यकारी मनोरुग्ण होते हैं? 2010 मेंद *न्यूयार्क टाइम्स* के अध्ययन के अनुसार आम जनता के 1% के विपरीत 4% कॉर्पोरेट व्यवस्थापक मनोरुग्ण कहलाने की दहलीज पर हैं। हालांकि यह अध्ययन प्रातिनिधिक नमूनों पर आधारित नहीं थी, लेकिन लेखकों ने टिप्पणी दी थी, कि इसने एक परेशान करने वाले प्रचलन को दिखाया था। इस अध्ययन का विस्तार हमें यह संकेत देता है कि कॉर्पोरेट धोखाधड़ी के इतने मामले बार-बार क्यों सामने आते हैं।

आप किसी दिन वैश्विक समाचार वाले किसी अखबार को खोल के देखिए और संभावना है कि आप दुनिया में घटित हो रही किसी धोखाधड़ी वाली घटना का समाचार पाएंगे, चाहें वो रिश्वतखोरी, घपले, उत्पाद सुरक्षा का उल्लंघन, विषैली वस्तुओं को नष्ट करना, बैंक घोटाला, कर चोरी, या बोलियों की हेराफेरी हो, धोखेबाजी की दुनिया हमेशा सक्रिय रहती है।

जिस नियमितता से धोखाधड़ी के मामले सुर्खियों में हैं, उस दृष्टिकोण से क्या मनुष्य की नैतिकता का पतन हो गया है? क्या यह ढलान पर है या हमेशा ऐसी ही थी? जब कोई इस कपट में शामिल नामों को देखता है तब नैतिकता का मसला ज्यादा गंभीर हो जाता है। अनेक अपनी श्रेणी के सर्वश्रेष्ठ माने जाते हैं; उदाहरण के लिए, सिमंस, माइक्रोसॉफ्ट, जीई, मर्क, गोल्डमैन सैक्स, बार्क्लेस, एचएसबीसी, वॉलमार्ट, आईबीएम, एआईजी और लार्सन एंड टुब्रो। लेकिन गलत कामों के नामों की सूची भी इतनी ही लंबी है – वित्तीय प्रणाली

को नष्ट करना, संगठन के स्थिरता की अच्छी तस्वीर प्रस्तुत करने के लिए खातों में हेरफेर करना, बेंचमार्क ब्याजदरों का घालमेल (जिसके आधार पर लोगों बचत के लिए निवेश करते हैं), कॉर्पोरेशन फंडों में चोरी करने के लिए व्यर्थ के स्टॉक ऑप्शनों के द्वारा शेयर मूल्यों में हेरफेर, अ-परीक्षित दवाओं का विपणन और इसी तरह के और। खेले गए अनैतिक खेल अथाहगड्डों का निर्माण करते हैं।

धोखाधड़ी सहित – निंदनीय व्यवहार भी कभी-कभी नैतिक और मूल्यवान प्रणालियों का प्रवचन करने वाले ऊँचे कॉर्पोरेटस द्वारा प्रदर्शित किया जाता है। हम तकनीकी क्षेत्र की विश्व की सबसे बड़ी कंपनी हेविट-पैकर्ड (एचपी) को लेते हैं। कंपनीने 2005 में तत्कालीन अध्यक्ष पैट्रिशिया डुन के आदेश पर, पत्रकारों, बोर्ड सदस्यों और कर्मचारियों पर जासूसी करवाई थी। बाद में, 2010 में, कंपनी के पूर्व प्रमुख व्यवस्थापकीय संचालक मार्क हर्ड को बर्खास्त कर दिया गया था, क्योंकि उन्होंने करार के अनुसार नियुक्त महिला सलाहकार के व्ययों के बारे में झूठ कहा था, जिसने संयोगवश हर्ड के विरुद्ध यौन शोषण का आरोप लगाया था। ये कॉर्पोरेट दुनिया के सर्वोच्चों के द्वारा की गई धोखाधड़ी के उदाहरण हैं। और अंत में, आम जनता को इन सुशील, सफेद पोश, अति बुद्धिमान कॉर्पोरेट निदेशकों और व्यवस्थापकों के द्वारा फैलाई गई गंदगी को साफ करना पड़ा।

इन घटिया मामलों के लिए किस पर आरोप लगाया जा सकता है? क्या शिक्षा-प्रणाली को दोषी ठहराया जा सकता है? क्या औद्योगिक शिक्षा सिर्फ तमाशा और मिथ्या प्रचार है? क्या यह सामाजिक मूल्यों की अवनती के कारण हैं? या, इनमें से कोई भी कारण न होकर दंड-भेद से धन कमाने की मनुष्य की मूल प्रवृत्ति इसका कारण है? विभिन्न समयों पर विभिन्न भौगोलिक एवं सामाजिक परिस्थितियों में अनेक अध्ययन हुए हैं। लेकिन बिना किसी स्पष्ट उत्तर के प्रश्न अभी वहीं के वहीं धरा हुआ है। मनुष्य के दिमाग को समझना जिसे धोखापूर्ण मार्ग चुनने के लिए क्या प्रेरित करता है, यह किसी भी विशेष कुटिल मार्ग, अभिरचना या औचित्य से प्राप्त नहीं होता है।

लेकिन एक कारण बार-बार सिद्ध हुआ है – वह है लालच, जो रिश्तों से अधिक लेनदेन और नैतिक व्यापारिक व्यवहार के ऊपर लाभ को प्राथमिकता देता है। बार्क्लेस बैंक के व्यापारिक व्यवहार की एक वार्ता पुष्टि करती है कि इसके प्रमुख व्यवस्थापकों (मैनेजर्स) के अल्पकालिक फायदों पर ध्यान केन्द्रित करने से इसकी संस्कृति एवं मूल्यों में एक स्वस्थता बना दी है और इसकी उच्च वेतन नीति ने इसे मजबूती दी है।

बहुत से व्यापार, लोग और प्रबंधक नैतिक हैं। लेकिन इस टोकरी में कुछ अनैतिक लोगों की उपस्थिति विचारों को विस्मयकारी और क्लिष्ट बना रही है। यह समाज को, विशेषकर व्यापारिक दुनिया में रहने और काम करने के लिए एक विकृत स्थान बना देती है।

यह सार्वजनिक हित के ऊपर व्यक्तिगत हित ही है, जो नैतिकता के अनुभव को असंतुलित बना देती है।

वैश्विक धन के असमान वितरण के कारण अर्थव्यवस्था के कुल धन में बढ़ोत्तरी के बावजूद नैतिकता के प्रति विषम दृष्टिकोण है। अच्छे नैतिक व्यवहार और स्वस्थ कॉर्पोरेट प्रशासन व्यवस्था को निजी लाभों के लिए तिलांजली दी जा रही है। विश्व अनैतिक कार्यविधियों से पीड़ित होता रहेगा जब तक धन के समान वितरण के विषय को सक्रिय रूप से सुलझाया नहीं जाता है (और अब तक इसे करने के लिए कोई स्पष्ट विधि साध्य नहीं की जा सकी है)। अनैतिक व्यवहार के स्तर, मूल्य, गुणवत्ता समय-समय पर और क्षेत्र-क्षेत्र के आधार पर रूपांतरित हो सकते हैं, लेकिन इसका अंत होना अभी प्रतीत नहीं होता है।

घपले और घोटाले कंपनियों की कॉर्पोरेट प्रतिष्ठा को हानि पहुँचाते हैं और उनकी ब्रांड इमेज को बर्बाद करते हैं। यह सामान्य जानकारी है कि उनके निदेशक मंडल और प्रमुख व्यवस्थापक, लाभ-पूर्ति लक्ष्यों पर बाज जैसी निगाह रखते हैं। उनके अलग-अलग प्रयोजनों और उद्देश्यों के साथ, सशक्त नैतिकता को लागू करना उनकी कार्यसूची में नहीं होता है। नैतिकता का यह अभाव कॉर्पोरेट प्रतिष्ठा में धब्बे लगाने वाली विकृत कॉर्पोरेट प्रशासन का विवरण है।

आधुनिक विश्व के तकनीकी विकास ने धोखेबाजों को ज्यादा सुखी बना दिया है, और आपके और मेरे लिए चीजों को ज्यादा क्लिष्ट एवं कठिन बना दिया है। इंटरनेट भावी ठगों लिए एक खजाना है। हममें से बहुतों ने रातों-रात अमीर हो जाने वाली योजनाओं से जुड़ने हेतु विश्वसनीय प्रतीत होने वाले ई-मेलों को प्राप्त किया है। बहुत से भोले-भाले निवेशक इन प्रस्तावों के शिकार हो जाते हैं और अपने बड़े धन को खो देते हैं।

समय गुजरने के साथ, धोखेबाज और भी बुद्धिमान हो गए हैं और लोगों को ठगने की कला में निपुण हो गए हैं। पेशेवर हैकरों (कम्प्यूटर के माध्यम से धोखाधड़ी करने वाले) के लिए क्रेडिट कार्ड नंबर और पासवर्ड को चुराना लगभग बच्चों का खेल हो गया है। यह विस्मयकारी है कि हैकरों के दलों ने मिलियन डॉलरों का नुकसान करते हुए 2005 से एक दर्जन से भी ज्यादा बड़ी अमेरिकी कंपनियों से 160 मिलियन क्रेडिट कार्ड नंबरों को चुरा लिया। हम कैसे सुनिश्चित कर सकते हैं कि हमारे बैंक खाते और क्रेडिट कार्ड इस स्थिति में धोखेबाजों से सुरक्षित हैं? अपनी चालों में आगे बढ़ते हुए हैकरों ने अपना ध्यान नैसडेक जैसे शेयर बाजार के सर्वर को हैक कर वित्तीय बाजार को अस्थिर करने पर केंद्रित कर दिया है।

तकनीक एक चरम क्षेत्र में पहुँच गई है। हैकर और साइबर-धोखेबाज किसी चलती कार को रिमोट कंट्रोल से रोक सकते हैं, अत्याधुनिक उच्च तकनीकि वाले घरों में घुस सकते हैं

और यहाँ तक की हृदय प्रत्यारोपण को कार्य करने से रोक सकते हैं। आज दुनिया में कोई ऐसी प्रणाली नहीं है जो "अन-हैकेबल" है। हर जगह प्रयोग होने वाले इंटरनेट, ब्लू-टूथ और मोबाइल स्मार्टफोन के साथ, ठगों और धोखेबाजों के समक्ष हमारी असुरक्षितता की सिर्फ कल्पना करें!

साइबर ठगी उस विशालकाय अनुपात में पहुँच चुकी है, कि संयुक्त राज्य आधारित अंतर्राष्ट्रीय सामरिक विषयक अभ्यास केंद्र (सेंटर फॉर स्ट्रैटजिक एंड इंटरनेशनल स्टडीज) के विवेचन के अनुसार साइबर ठगी के द्वारा विस्मयकारी 300 अरब डॉलर की वार्षिक हानि का अनुमान लगाया गया है। क्या इसकी कोई संभावना है कि ऐसे गलत कामों को निकट भविष्य में पुलिस और सरकारी कार्रवाई के द्वारा एक अंत तक पहुँचाया जाएगा? लगता तो नहीं है।

मानवता के प्रति बिना किसी चिंता के धोखेबाज, अक्सर सेवानिवृत्तों और वृद्धों, जो अपनी आय बढ़ाने के साधन ढूंढ रहे होते हैं, को अपना निशाना बनाते हैं। धोखेबाज अक्सर कमजोरों और असुरक्षित व्यक्तियों को अपना शिकार बनाते हैं और वे प्रारंभ में ऐसी कहानियाँ बनाते हुए, मानो वे भविष्य के संभावित गूगल हैं, तथाकथित बेहतरीन निवेश के विकल्प के रूप में प्रस्ताव देते हैं।

धोखाधड़ी के विभिन्न प्रकार अच्छे और बुरे दिनों में दिखाई देते हैं। जब संरचित वस्तुनिवेश के मूल्य बढ़ रहे होते हैं, तब ठग, सोने, ऊर्जा, खाद्यान्न और अन्य उत्पाद विशेष उद्देश्य से बेचते हैं। बुरे समय में भी वे सक्रिय रहते हैं और "विपदाग्रस्त" स्थावर संपत्ति, जैसे घर आदि बेचते हैं। धोखेबाज कुछ भी, कभी भी और कहीं भी बेच सकते हैं।

कोई कैसे पता कर सकता है कि धोखाधड़ी हो रही है या हो सकती है? धोखाधड़ी के "खतरे का मूल्यांकन" आर्थिक धोखाधड़ी के विरुद्ध मैनेजमेंट का अमूल्य उपकरण है। लेकिन हर संगठन के पास ऐसे मूल्यांकन हेतु आवश्यक कौशल या पर्याप्त श्रमशक्ति नहीं होती है। उन्हें ऐसे मामलों में बाहरी विशेषज्ञों की मदद लेनी चाहिए। बहुत बार यह देखा गया है कि धोखाधड़ी के खतरे का मूल्यांकन किया है, ऐसे संगठन के पास अपने कार्यों में संभावित खतरों की पहचान करने का ज्यादा मौका है।

बदलते समय और तेजी से बढ़ती तकनीकी के साथ धोखेबाज अपने काम में बने रहने के लिए स्वयं को उन्नत करते रहेंगे। धोखाधड़ी एक उच्च-विकास दर वाला और मंदी से मुक्त कारोबार है। चीजों के बेहतर होने की संभावना नहीं है, बल्कि ये ज्यादा बिगड़ सकती हैं।

जब भूगोल के आधार पर नैतिक मूल्यों को देखते हैं तो क्या दुनिया समतल हो जाती है? अलग-अलग संस्कृतियाँ, मूल्य, रीति-रिवाजों और परंपराएँ, देशों और अपने लोगों को संचालित करती हैं। जापान में दिए जाने वाले महंगे उपहार कभी-कभी आभार और सम्मान

प्रकट करने के तरीके हैं, लेकिन अमेरिका और ब्रिटेन में रिश्वत है। एक कार या एक घर को खरीदने के लिए थैले में भर कर के पैसा लिया जाता है, तब चीन में नकद राजा है लेकिन जर्मनी या फ्रांस में यह एक अनोखी प्रथा है। माफिया प्रबंधन इटली में कारोबारी व्यवहार का भाग है, लेकिन रूस में इसे टालना ही बेहतर है। चीन में स्वामिनी अत्यधिक सामर्थ्य रखती हैं; थाईलैंड में अपने कामों को समय पर करवाने के लिए सरकारी अधिकारियों को रिश्वत देने के लिए रेट कार्ड उपलब्ध हैं; राजनीतिकों के साथ नजदीकी रिश्ते भारत में उद्योग में मदद करते हैं; शारीरिक सुरक्षा की नाइजीरिया में बड़ी कीमत है – सूची अनंत है। यात्रा करने वाले व्यापारियों और अधिकारियों (एक्जीक्यूटिव्स) को दुनिया के विभिन्न भागों में कारोबार करने की अनिश्चितताओं और विसंगत तरीकों का सामना करना पड़ता है।

धोखाधड़ी ने विशाल अनुपात में अपना रूप ग्रहण कर लिया है – प्रमाणित धोखाधड़ी परीक्षक संगठन (एसोसिएशन ऑफ सर्टिफाइड फ्रॉड एक्जामीनर्स – एसीएफई) के 2012 के वैश्विक सर्वेक्षण के अनुसार विश्वभर में कंपनियों ने अपने राजस्व का लगभग 5% (3.5 ट्रिलियन डॉलर) धोखाधड़ी में गंवा दिया है। सर्वेक्षण के अनुसार लेखांकन ठगी 10 लाख डॉलर की क्षति का कारण था, जो कि कुल ठगी का दसवां हिस्सा है।

धोखाधड़ी का पता लगाने में लेखा-परीक्षकों (ऑडिटर्स) की क्या भूमिका है? यदि कंपनी के लेखाजोखा का परिक्षण होता है तो धोखे का पता क्यों नहीं चलता है? प्रचलित विश्वास के विपरीत लेखा-परीक्षकों से सामान्यतः धोखाधड़ी का पता लगाने की उम्मीद नहीं की जाती है। एसीएफई का सर्वेक्षण खुलासा करता है कि वस्तुतः, बाहरी लेखा-परीक्षक सूचित धोखाधड़ियों के सिर्फ 3% का ही पता लगा पाते हैं।

यह भी ध्यान में रखना चाहिए कि सभी लेखा-परीक्षक दूध से धुले नहीं होते हैं। ऐतिहासिक प्रमाण कुछ मामलों में उनकी अकुशलता और उनके द्वारा आकेंक्षण किए जाने वाले कॉर्पोरेट संगठनों के साथ उनकी सांठगांठ की ओर इंगित करते हैं। अतः, सिर्फ इसलिए कि कंपनियों के खाते आकेंक्षित हैं, का अर्थ यह नहीं है कि इसके द्वारा धोखाधड़ी नहीं हो रही है। लेखा-परीक्षित वित्तीय विवरणों को पढ़ने वाले कभी-कभी दु:खद रूप से अधर में छोड़ दिए जाते हैं और उन्हें स्वयं ही अपना बचाव करना होता है।

कॉर्पोरेट प्रशासन ने कई सालों से व्यापक धोखाधड़ी की है। सूची में शामिल लोग अक्सर नामचीन होते हैं और कई बार जब ऐसे पथभ्रष्ट का नाम पुकारा जाता है, तो विश्वास नहीं होता है। घपले और घोटाले विभिन्न आकार और प्रकार के होते हैं और दुर्भाग्यवश उनकी पहचान का कोई निश्चित तरीका नहीं है।

कॉर्पोरेट दुनिया की धोखाधड़ी के प्रसारण की जानकारी रखना, इसकी बारीकियों को समझना और इसे होने से रोकना अच्छा है। इस बात का ज्ञान कि अतीत में कैसे इंसानी

दिमागों ने कुछ आर्थिक अपराधों को किया था, हमें ऐसे अपराधों के प्रति सजग व तैयार रहने तथा स्वयं को सुरक्षित रखने के लिए हमारी मानसिक तैयारी में काफी हद तक मदद करेगा।

इस पुस्तक का उद्देश्य गलत कार्यों में से कुछ के मुजरिमों के विवरण और उन्होंने यह अपराध कैसे किया के साथ ही, आपको कॉर्पोरेट छल, धोखेबाजी और बेईमानी की अंधेरी दुनिया की व्यापक पहचान कराना है।

सदैव याद रखें कि जागरूकता बचाव में मदद करती है और बचाव उपचार से बेहतर होता है।

घपले और घोटाले: तरकीबें और तरीके

धोखेबाज शिकार की तलाश में हैं! इकोनॉमिस्ट इंटेलिजेंस यूनिट (ईआईयू) की 2013–14 का वैश्विक धोखाधड़ी सर्वेक्षण यह दावा करता है कि "धोखाधड़ी का उदय हो रहा है"। और सबसे बुरा यह है कि 2013 में 70% कंपनियां किसी एक प्रकार की धोखाधड़ी का शिकार हुई हैं। यह एक भयानक बढ़ोतरी है।

धोखाधड़ी कौन करता है? घपलों और घोटालों की मुख्य प्रवृत्तियाँ क्या होती हैं? धोखाधड़ी क्यों होती है? लोगों में धोखेबाजी करने की प्रवृत्ति कहां से आती है? कौन से भौगोलिक क्षेत्र इसके प्रति संवेदनशील हैं? क्या पुरुष महिलाओं से ज्यादा धोखाधड़ी करने के लिए प्रवृत्त होते हैं? क्या गरीब लोगों को इसका शिकार होने का ज्यादा खतरा है? प्रश्न जारी रहते हैं। हम उम्मीद करते हैं कि काश इनका स्पष्ट उत्तर होता और काश एक स्पष्ट विचारधारा प्रकट हो जाती। दुर्भाग्यवश यह विषय अत्यंत क्लिष्ट और विवादपूर्ण है, जहाँ सर्वसम्मत उत्तर प्राप्त कर लेना अत्यंत मुश्किल है।

एक सामान्य धोखेबाज कौन है?

क्या एक सामान्य धोखेबाज का चित्रण करना संभव है? कौन संभावित लालची और धोखेबाज है, यह तय कर पाना शानदार नहीं होता क्या?

2011 में केपीएमजी के एक अध्ययन के अनुसार, एक सामान्य धोखेबाज ज्यादातर 36 से 45 साल का पुरुष होता है, जो अपने मालिक के साथ धोखाधड़ी करता है, वित्तीय सम्बंधी भूमिका में कार्य करता है, एक ज्येष्ठ व्यवस्थापक स्थान पर होता है, कंपनी द्वारा 10 से ज्यादा वर्षों से नियुक्त होता है और अन्य धोखेबाजों के सांठगांठ में रहता है। अनेक धोखेबाज अपने संगठनों में बहुत वर्षों तक बिना किसी धोखाधड़ी के काम करते रहते हैं, जब तक कि वे अंततः प्रलोभन में फंस नहीं जाते हैं।

क्या धोखाधड़ी का कोई आधार होता है?

धोखाधड़ी की सबसे बड़ी प्रेरक यह ज्यादातर निजी लाभ की इच्छा होती है। धोखाधड़ी होने की आशंका आर्थिक मंदी या दुष्कर समय में बढ़ जाती है। जैसा कि केपीएमजी के सर्वेक्षण में पाया गया है, मुश्किल लक्ष्यों को तय कर लेना, कारोबार के घटिया प्रदर्शन को छिपाना और बोनस सुनिश्चित करना, यह लोगों के द्वारा धोखाधड़ी करने के कुछ सशक्त कारण हैं, विशेषकर लेखाजोखा के परिक्षण में।

वे कंपनियाँ, जो अपने कर्मचारियों के सदस्यों के द्वारा गलत विवरण और खातों में जालसाजी की शिकार हैं, उन्हें इस बात को अवश्य जाँचना चाहिए कि क्या उन्होंने व्यावहारिक लक्ष्य निर्धारित किए हैं, क्योंकि यदि नहीं तो यह उद्यम के अंतिम अहित के रूप में लेखाजोखा के खातों की सूचना को छलावरण में रखने के लिए प्रेरित करेगा। असंतुष्ट कर्मचारियों के द्वारा किया जाने वाले छल के प्रति चिंता भी बढ़ती जा रही है।

परेशान करने वाली बात यह है कि, अनैतिक कारोबारी व्यवहारों को सामान्यतः एक आम स्वीकृति मिलती प्रतीत हो रही है।

कौन सी धोखाधड़ी आम है?

सभी धोखाधड़ियों में सबसे ऊँचे स्थान पर संपत्ति को हड़प लेना – चुराना – है।

एसीएफई 2012 वैश्विक धोखाधड़ी सर्वेक्षण धोखाधड़ी की सभी सूचित घटनाओं में 87% पर चोरी को रखता है। भ्रष्टाचार और वित्तीय विवरण ठगी, क्रमशः दूसरे और तीसरे स्थान पर आते हैं। 2013–14 का ईआईयू अध्ययन यह पुष्टि करता है कि संपत्ति को हड़पना सबसे ऊपर आता है और आर्थिक धोखाधड़ी के सामान्य मौजूदा प्रकारों का 69% भाग है। खरीददारी सम्बंधी ठगी (29%) अगले स्थान पर आती है, इसके बाद रिश्वतखोरी व भ्रष्टाचार और लेखांकन जालसाजी आते हैं।

यह स्पष्ट है कि संपत्तियों को हड़प लेना बहुत आसान है, क्योंकि यह चोरी की गई वस्तु के तुरंत बेच लेने की संतुष्टि प्रदान करता है। खतरे के अन्य प्राथमिक क्षेत्रों में भ्रष्टाचार व रिश्वतखोरी और जालसाजी किए गए वित्तीय विवरण शामिल हैं। हाल ही में साइबर अपराध गंभीर चुनौती पेश कर रहा है।

कृपया दूरी बनाए रखें

केपीएमजी सर्वेक्षण के महत्वपूर्ण प्राप्तियों में से एक विशाल अंतर "आंतरिक नियंत्रण" में (फर्म के सर्वे में 1997 में 50% से बढ़कर 2011 में 75% तक) शामिल है, जिनका धोखेबाजों के द्वारा उत्तरोत्तर दुरुपयोग किया जा रहा है। लागत में कटौती किए जाने के प्रयोग के परिणामस्वरूप संगठनों में कम हो रहे आंतरिक नियंत्रण के लिए संसाधन, संभवतः धोखेबाजों को पहले से ज्यादा सक्रिय होने के लिए प्रेरित कर रहे हैं।

डेलॉयट के 2010 के सर्वेक्षण के अनुसार, धोखेबाजी को कैसे नियंत्रित किया जाए, इस पर वरिष्ठ मैनेजमेंट और व्यावहारिक वास्तविकताओं के बीच कुछ दिलचस्प और बहुत स्पष्ट/प्रत्यक्ष विरोधाभास हैं। उदाहरण के लिए, 2009 एवं 2010 के दौरान, कंपनियों में धोखाधड़ी आंतरिक नियंत्रण को प्रारंभ करने या सुधार करने के लिए बोर्ड स्तर की चर्चाओं में वृद्धि हुई है, लेकिन उनकी नियंत्रक गतिविधि में कोई वास्तविक सुधार नहीं हुआ है, जो इस तथ्य पर जोर देता है कि उपक्रमों द्वारा पूरी तरह से सांगठनिक धोखाधड़ी को अभी भी वह खतरा नहीं है जिसे समझा गया है।

ज्यादा परेशान करने वाली बात यह है कि अधिकतर जिम्मेदार महसूस करते हैं कि वित्तीय खतरों के क्षेत्रों की पहचान के लिए पर्याप्त कर्मचारी नहीं हैं और इसके अलावा उनके कर्मचारियों का कौशल उनके ज्ञान एवं विशेषज्ञता के सम्बंध में अपर्याप्त हैं।

क्या धोखाधड़ी और भ्रष्टाचार एक ही प्रकार है?

धोखाधड़ी और भ्रष्टाचार ऐसे शब्द हैं कि जिन्हें अक्सर एक दूसरे के स्थानपर उपयोग किया जाता है। परन्तु, ये दोनों अलग हैं हालांकि कुछ पहलुओं में ये समान हैं।

अनुचित लाभ प्राप्त करने के लिए धोखेबाज, फ़रेब या गलत बयानी का उपयोग करते हैं। धोखाधड़ी के उदाहरणों में खाताधारकों के हस्ताक्षर की जालसाजी कर उनके बैंक के खातों से पैसे निकालने या भुगतान प्राप्त करने के लिए फर्जी बिलों को प्रस्तुत करना है।

वहीं दूसरी तरफ, आधिकारिक पद का विश्वास के उल्लंघन के द्वारा अवैध उपयोग करना 'भ्रष्टाचार' है। भ्रष्टाचार के उदाहरणों में पर सरकारी अधिकारी विशेष लोगों या संगठनों को अनुचित फायदा पहुँचाना हो तो अवैधानिक रूप से पैसे या वस्तु के भुगतान की प्राप्ति करते हैं।

बुरी खबर, हालांकि, यह है कि जैसा कि ईआईयू का वैश्विक धोखाधड़ी सर्वेक्षण इंगित करता है, धोखाधड़ी और भ्रष्टाचार की भौगोलिक पहुँच अत्यधिक व्यापक है।

धोखाधड़ी के बारे में जानना

धोखाधड़ी के अस्तित्व या आशंका को कोई कैसे जान सकता है?

केपीएमजीके अध्ययन ने खुलासा किया कि कंपनियों को धोखाधड़ी की जानकारी का 15% गुप्त सूचना से प्राप्त होता है (और संयोगवश जानकारी से उतनी ही) एवं 10% सचेतक या व्हिसलब्लोअर से। वे उत्तरोत्तर संयोगवश प्राप्त जानकारी और गलत काम की सूचना के लिए, कर्मचारियों या तृतीय पक्ष पर, या कुछ मामलों में संभवतः घटित धोखाधड़ी को स्वीकार करने वालों पर निर्भर रहते हैं।

इसलिए संगठनों की धोखाधड़ी विरोधी योजनाओं की सफलता के लिए व्यक्तियों की संदिग्ध गतिविधियों की सूचना पहुँचाने के साधन उपलब्ध कराना आवश्यक है। 2012 का एसीएफई सर्वेक्षण खबर देता है कि 2002 में इसकी शुरुआत से आज तक धोखाधड़ी का पहला पता 'गुप्त सूचना' (टिप) से लगता है और 2012 में 40% धोखाधड़ी की सूचना आगाह करने वाली गुप्त सूचनाओं से दी गई।

व्हिसल-ब्लोईंग/सचेतना

संगठनों के कर्मचारी अपने सहयोगियों को, बाहरी लोगों की अनियमित गतिविधियों की सूचना देने या शिकायत करने में शिथिलता बरतते प्रतीत होते हैं। इसके चलते धोखाधड़ी की ज्ञात घटना असूचित रह जाती हैं। बहुतसे कर्मचारी मानते हैं कि अपनी कंपनी को गुप्त सूचना देना (टिप देना) उनका काम नहीं है, जबकि अपनी नौकरी गंवाने से सम्बंधित परिणाम से अन्य जानकार भयभीत रहते हैं, विशेषकर जब धोखाधड़ी में कोई बॉस या वरिष्ठ सहकर्मी शामिल रहता है।

विश्व भर में, संगठनाएँ एक ऐसी प्रणाली की अभिवृद्धि को प्रोत्साहित करने पर केन्द्रित हो रहीं ही जो व्हिसल ब्लोअर की पहचान गुप्त रख सकता है, उनकी शिकायतों का न्यायपूर्ण व्यवहार सुनिश्चित कर सकता है, एक पुरस्कार प्राविधि को लागू कर सकता है और व्हिसलब्लोईंग की प्रक्रिया को सुरक्षित बना सकता है।

भारत का नया कंपनी कानून, 2013 अपने कर्मचारियों को उनकी वास्तविक चिंताओं को प्रकट करने के लिए उद्योगों को 'आंतरिक नियंत्रण व्यवस्था' की स्थापना करना अनिवार्य बना देता है। संयुक्त राज्य अमेरिका में, 2010 का डोड्ड-फ्रैंक एक्ट, वित्तीय दुराचार के लिए वसूले गए जुर्माने का 10% से 30% व्हिसलब्लोअर को देकर संगठन द्वारा पुरस्कृत करने को कहता है। ब्रिटेन में, 1998 का सार्वजनिक हित सम्बंधी प्रकटीकरण कानून उन कर्मचारियों की सुरक्षा करता है जो "व्हिसल ब्लोअर" हैं"।

हालांकि, व्हिसलब्लोअर प्रणाली उपयुक्त है, लेकिन यह संगठनों में प्राथमिक या द्वितीय गुप्तचर साधन नहीं हो सकती है, जिनका इस्तेमाल आंतरिक सांगठनिक प्रक्रियाओं में खतरों के क्षेत्रों और इसके शुरू होने पर उत्पन्न मामलों की पहचान करने और निगरानी रखने में होना चाहिए।

क्या खतरे की झंडियाँ (रेड फ्लैग्स) हो सकती हैं?

खतरे की झंडियाँ (रेड फ्लैग्स) ऐसे खतरे का संकेत हैं, जो कंपनियों को उनके कार्यों में आ रहे संकट की ओर इशारा करती हैं। ये घटनाएँ अथवा अन्य परिस्थितियाँ हो सकती हैं। किसी संगठन ने मामलों की तुरंत छानबीन कर, उन पर प्रतिक्रिया देकर और उपयुक्त कार्रवाई करके खतरे की झंडियों के प्रति सचेत और चौकन्ना रहना चाहिए। खतरे की झंडियों पर प्रतिक्रिया दे कर धोखाधड़ी का जल्दी पता लगाया जा सकता है (या संभवतः रोका भी) और त्वरित कार्रवाई की जा सकती है।

दुर्भाग्यवश, विश्वभर में संगठन खतरे की झंडियों से अनभिज्ञ प्रतीत होते हैं। वे खतरों के चिह्नों को पढ़ने में असफल हो जाते हैं। नजरअंदाज की गई खतरे की झंडियाँ, धोखेबाजों को अपने गलत कार्यों को करते रहने की स्वच्छंदता दे देती हैं। यह धोखाधड़ी को रोकने का एक छूटा हुआ अवसर भी है।

केपीएमजी के धोखाधड़ी सर्वेक्षण ने कुछ अच्छी खबरों की सूचना भी दी। जैसे धोखाधड़ी के 56% मामलों में उनके होने से पहले खतरे की झंडियाँ दिखाई जाती हैं। हालांकि बुरी खबर यह है कि सिर्फ 6% खतरे की झंडियों पर ही कार्रवाई की गई थी।

क्या आप एक धोखेबाज को पहचान सकते हैं?

एसीएफई सर्वेक्षण रिपोर्ट के अनुसार, ऐसा संभव है। जब कोई कर्मचारी अपने उपलब्ध साधनों से ज्यादा अच्छी जिंदगी जी रहा हो या अत्यधिक नियंत्रण सम्बंधित मामलों में शामिल हो, तब खतरे की` झंडी दिखाने की आवश्यकता है। यह रिपोर्ट जोर देती है कि अधिकतर धोखेबाजों की व्यावहारिक विशेषताएँ होती है जो चेतावनी के सूचना के रूप में कार्य कर सकती है।

संवेदनशील एवं जोखिमपूर्ण क्षेत्र

आर्थिक अपराध सर्वव्यापी है और भौगोलिक रूप से परिबद्ध नहीं है। ईआईयू 2013–14 का धोखाधड़ी सर्वेक्षण खुलासा करता है कि आर्थिक अपराधों की घटने की सर्वाधिक दर अफ्रीका में हैं और 50% प्रतिक्रिया देने वालों ने कहा कि वे इसकी जानकारी देते हैं। उत्तरी अमेरिका (41%), पश्चिमी यूरोप एवं लैटिन अमेरिका (35%) उनसे ज्यादा पीछे नहीं हैं। आश्चर्यजनक रूप से, एशिया-प्रशांत ने कम अर्थात 32% आर्थिक अपराध की सूचना दी, संभवतः, ऐसे अपराधों की सूचना नहीं देने के प्रति इस क्षेत्र के निहित झुकाव के कारण हुआ।

आर्थिक अपराध वैश्विक खतरा है। अर्नस्ट एंड यंग के 12वें वैश्विक धोखाधड़ी सर्वेक्षण के अनुसार ऐसे मामले "तेजी से बढ़ रहे बाजारों" में ज्यादा चुनौतीपूर्ण हैं। इस सर्वेक्षण ने खुलासा किया कि ब्राजील में प्रतिक्रिया देने वालों में से 84% ने कहा कि भ्रष्टाचार व्यापक है; सुदूर-पूर्व में, 15% उत्तरदाता प्रतिक्रिया देने वाले सोचते हैं कि वित्तीय प्रदर्शन का गलत विवरण देना क्षम्य कार्य है; इंडोनेशिया में 60% ने काम को प्राप्त करने के लिए नकद भुगतान करना स्वीकार्य व्यवहार माना है; वियतनाम में 36% कंपनी के वित्तीय प्रदर्शन का गलत विवरण देना मान्य मानते हैं। यह दिखाता है कि जब कंपनियाँ तेजी से विकास कर रहे बाजारों में अपना विस्तार करती हैं, उनका सामना जोखिम के व्यापक क्षेत्र से होता है, जिसके सक्रिय मैनेजमेंट की आवश्यकता होती है। दुर्भाग्यवश, 20% संगठन यह स्वीकार करना नहीं चाहते हैं कि "नए बाजार" नए जोखिमों को लाते हैं।

जोखिमों के अस्वीकार करने का अर्थ है रुकावट लाने का अभाव। यह आर्थिक अपराध करने वाले अपराधियों को नए अवसरों को ढूँढने के लिए प्रेरित करता है।

सरकारें एवं नियामक

रिश्वतखोरी, भ्रष्टाचार और धोखाधड़ी काफी फैले हुए हैं। कुछ नियामकों ने इस तथ्य को स्वीकार किया है। हाल के समय में अमेरिकन विदेशी भ्रष्टाचार पद्धति कानून (एफसीपीए) के तहत प्रेरणादायी कार्रवाईयाँ तेजी से विकसित हो रहे बाजारों में सक्रिय हैं। 2011 में संसूचित कुल 36 एफसीपीए मामलों में से 31 एशिया, पूर्वी यूरोप एवं लैटिन अमेरिका की अवैध गतिविधियों से सम्बंधित थे। इनमें से बहुत से अपराध कर्मचारियों या सरकारी संगठनों के अधिकारियों ने किए हुए भुगतान थे।

अनेक देश अपनी प्रवर्तन व्यवस्था को मजबूत कर रहे हैं। उदाहरण के लिए, ब्रिटेन ने रिश्वतखोरी कानून को लागू करना और भारत में प्रस्तावित रिश्वतखोरी–विरोधी और भ्रष्टाचार–विरोधी विधेयकों की एक पूरी श्रृंखला को लेकर आना।

नियामक गतिविधियों की तीव्रता बढ़ने के साथ बाहरी जांच और परीक्षण की संभावनाएं बढ़ रही हैं और वरिष्ठ व्यवस्थापक को इस बात का ध्यान रखना चाहिए कि उनकी कंपनी छानबीन में न आ जाए और उनकी तैयारी में कोई कमी न रहे।

क्या तृतीय पक्ष जोखिमपूर्ण है?

नए बाजारों में प्रवेश करने पर स्थानीय संपर्कों और कार्यविधि ज्ञान की आवश्यकता अनेक कंपनियों को तृतीय पक्ष मध्यस्थों या कारोबार सहभागियों की मदद ली जाती है। ऐसे सम्बंध उनका सामना सार्थक रिश्वत-विरोधी एवं भ्रष्टाचार–विरोधी सम्बंधित जोखिमों से करा सकती है।

90% से ज्यादा संसूचित एफसीपीए मामलों में तृतीय पक्ष मध्यस्थ शामिल थे। फिर भी, काफी खतरे और नियामकों की विशिष्ट मांगों के बावजूद तृतीय पक्ष जोखिम को घटाने के लिए कॉर्पोरेट की प्रतिक्रिया अभी भी अपर्याप्त है। अधिकतर कंपनियाँ अपने तृतीय पक्ष संबंधों का प्रबंधन करने के लिए सबसे मूल नियंत्रणों को लागू करने में भी असफल हो रही हैं।

अर्नस्ट एंड यंग के सर्वेक्षण के अनुसार लगभग 40% कंपनियों में प्रारंभिक आपूर्तिकर्ता की जानकारी का आधार भी नहीं है। ऐसा न होना एक परेशानी का चिन्ह है, क्योंकि ऐसी मूल जानकारी बनाना आसान है और यह इस बात को सुनिश्चित करने में मदद करता है कि केवल असली तृतीय पक्ष संगठनों को सेवा दें। कंपनियों का जिनके साथ वे व्यवहार करते हैं, उन तृतीय पक्षों,की जानकारी का स्पष्ट अभाव उनके लिए गंभीर जोखिम है।

जुर्माना काफी नहीं है

इन खतरों की जानकारी होने के बावजूद कंपनियाँ अपने कामों में रिश्वतखोरी और भ्रष्टाचार को रोकने के लिए पर्याप्त प्रयत्न नहीं कर रही हैं। उनके संगठनों में होने वाले गलत कार्यों पर दंड लगाने में मैनेजमेंट की असफलता उनकी आवाज को क्षीण करते हुए संगठन की ओर से मिलीजुली प्रतिक्रिया दे रहे हैं!

प्राइस वाटरहाउस कूपर्स के 2011 के अध्ययन के अनुसार, वैश्विक जवाबदेहियों में से आधे से अधिक उनके व्यापार की अवैध गतिविधियों को कानून लागू करने वाले मध्यस्थों की खबर देने के लिए तैयार नहीं हैं, कि जिसके आधार पर धोखाधड़ी के अपराधियों के प्रति वे समुचित कार्रवाई कर सकें। प्रत्यक्ष रूप से यह आशाप्रद स्थिति नहीं है।

कॉर्पोरेट सदस्य मंडल अभी भी तैयार नहीं हैं

अर्नस्ट एंड यंग का सर्वेक्षण इंगित करता है कि सभी कंपनियों के सदस्य मंडल ठीक से नहीं समझते हैं कि उनके संगठनों की कार्यप्रणाली कैसे काम करती है।

सर्वेक्षण के अनुसार, आधे से ज्यादा साक्षात्कारी महसूस करते हैं कि उनके सदस्य मंडल को अपनी कंपनियों में धोखाधड़ी या भ्रष्ट तरीकों के प्रति प्रभावी सुरक्षा उपाय लागू करने के लिए उनके कारोबारी तरीकों का ज्यादा बेहतर ज्ञान होना चाहिए। विशेषकर, तेजी से विकसनशील बाजारों में जवाबदेह महसूस करते थे कि इन मामलों में सदस्य मंडल की समझ को काफी बढ़ाने की आवश्यकता है। यह एक चिंतित करने वाला तथ्य है, क्योंकि ये विकसनशील बाजार सबसे ज्यादा धोखाधड़ी – रिश्वतखोरी और भ्रष्टाचार सम्बंधी जोखिम का सामना करते हैं।

विस्तार कितना है?

केपीएमजी के 2011 के भौगोलिक परिस्थितियों के अनुसार धोखाधड़ी के चलते हानि के अध्ययन ने एशिया-प्रशांत को 15 लाख डॉलर और अमेरिका, यूरोप, मध्य-पूर्व और अफ्रीका को औसतन 10 लाख डॉलर की हानि को होते पाया।

प्राइस वाटरहाउस कूपर के 2014 के वैश्विक आर्थिक अपराध सर्वेक्षण ने खुलासा किया कि जवाबदेहियों ने अपने संगठनों में धोखाधड़ी और भ्रष्टाचार के चलते 10 लाख डॉलर से 1 करोड़ डॉलर तक गंवा दिए थे और लगभग आधे जवाबदेहियोंको 100,000 डॉलर की हानि सहनी पड़ी थी।

2012 के एसीएफई सर्वेक्षण ने पाया कि औसत चोरी का विस्तार $120,000 और भ्रष्टाचार से हुई हानि का $250,000 की धोखाधड़ी से हुई औसत हानि $140,000 थी। हालांकि, लेखांकन जालसाजी के कारण हुई औसत हानि 10 लाख डॉलरसे भी ज्यादा थी। हालांकि इसके चलते सिर्फ 8% धोखाधड़ी प्रकट हुई। इससे स्पष्ट होता है कि धोखाधड़ी की औसत इससे भी अधिक उच्च है।

धोखाधड़ी का पर्दाफाश

केपीएमजी के सर्वेक्षण के अनुसार, संगठनों के द्वारा धोखाधड़ी का पता लगाने में लग रहा समय बढ़ रहा है, 2007 में शुरू हुई धोखाधड़ी का पता लगाने में लगने वाला औसतन

तीन साल का समय, बढ़ कर 2011 में फर्म के द्वारा किए गए विश्लेषण के दौरान साढ़े तीन वर्ष हो गया।

यहाँ यह ध्यान देना दिलचस्प होगा कि एशिया में एक धोखाधड़ी औसतन पाँच वर्ष में होती है और उन पाँच में से एक वर्ष या 10 या उससे ज्यादा वर्षों तक अज्ञात रहती है, उत्तरी अमेरिका या पश्चिमी यूरोप में इसके विपरीत केवल 3% धोखाधड़ी 10 से ज्यादा वर्षों तक अज्ञात रह पाती है।

जानकारी साझा करने हेतु अनिच्छुक

एक बार उनके कामों में धोखाधड़ी का पता चलने पर कंपनियाँ अन्य को इसकी जानकारी देने के लिए आगे नहीं आती हैं। वे धोखाधड़ी के विवरण को सार्वजनिक करने से तब तक प्रयत्न करती हैं जब तक कानून के अनुसार ऐसा करना जरूरी नहीं हो या उनके नुकसानों को उनके वित्तीय विवरणों में देनेकी जरूरत नहीं हो।

इससे भी बुरी बात यह है कि केपीएमजी के सर्वेक्षण के अनुसार लगभग तीन-चौथाई जाँच सार्वजनिक क्षेत्र में आती ही नहीं है।

पश्चलेख

धोखेबाज अक्सर अच्छे अभिनेता होते हैं। उनके अच्छे रंग-रूप, मीठे व्यवहार और दोषरहित व्यवहार से बेवकूफ बन जाना संभव है। यह विश्व रहने के लिए एक सुरक्षित जगह होता, यदि उनके दिमाग को पढ़ लिया जा सकता। जैसा कि लेखक विलियम्स आर. इवेंस और एंड्रयू फ्रॉर्थिंघम ने किसी धोखेबाज के बारे में मजाकिया अंदाज में कहा था, "किसी ने उसकी निष्ठा पर प्रश्न नहीं उठाया – वस्तुतः किसी ने इसका उल्लेख भी नहीं किया" और फिर उन्होंने कहा "आप कह सकते हैं कि वह झूठ बोल रहा है: उसके होंठ हिल रहे थे"।

1

कॉर्पोरेट ठग

इटालियन डिफेंस ग्रुप **फिनमेक्कानिका** के हेलीकॉप्टर विभाग **अगस्ता वेस्टलैंड** के द्वारा भारतीय सेना के हेलीकॉप्टर आपूर्ति करने के ठेके को पाने लिये दो भारतीय कंपनियों को ट्यूनीशिया एवं मॉरिशस के रास्ते अवैध भुगतान करने के लिये दो मध्यस्थों को विशाल रिश्वत दी जाने की आशंका है। इटली में गिरफ्तारियां हुईं, और मार्च 2013 से भारत में जाँच जारी है।

ब्रिटिश हथियार निर्माता, **बीएई सिस्टम्स**, ने सऊदी अरब में लड़ाकू जहाज एवं अन्य सैनिक कलपुर्जों की आपूर्ति की निविदा पाने के लिये सऊदी अरब के अधिकारियों को 20 वर्ष से ज्यादा अरबों डॉलर रिश्वत के रूप में दिए। भुगतान "मार्केटिंग सलाहकारों" के एक नेटवर्क के द्वारा किया गया, जिन अधिकारियों को पैसे दिए गये, उनकी पहचान छिपाने के लिये किनारे से दूर शेल कंपनियों की स्थापना की। यह भ्रष्टाचार का एक बड़ा ही व्यापक रैकेट था जिसे अंततः बीएई ने फरवरी 2010 में स्वीकार किया और यूएसए तथा यूके में $450 मिलियन का जुर्माना भरा।

उद्योग जगत में, ठग, विभिन्न स्वरूपों, रूपों और प्रकारों में आते हैं। उदाहरण के लिये, एक ब्रिटिश कारोबारी ने $78 मिलियन के नकली बम-सूचकों को $40,000 प्रति डिटेक्टर की दर से बेच दिया, जबकि इनके अंदर कोई भी इलेक्ट्रॉनिक पार्ट नहीं था और ये इराकी नियंत्रक–चौकी पर सुरक्षा का सिर्फ आभास देते थे। उस व्यक्ति को धोखाधड़ी के आरोपों में अप्रैल 2013 में सजा हुई। कोसोवो की राजधानी प्रिस्टिना में संचालित एक अवैध शारीरिक इन्द्रिय-भाग के दुर्व्यापार में, **मेडिकस** नामक दवाखाने के डॉक्टर शामिल थे, ने तुर्की, रूस और मोलडोवा के गरीब लोगों को अपनी किडनियाँ बेचने के लिये इस झूठे वादे का प्रलोभन देता था कि उन्हें इसके लिये $26,000 मिलेंगे। यह शारीरिक अंग फिर इजराइल, अमेरिका, कनाडा और जर्मनी के अमीर उपभोक्ताओं को प्रति $130,000 प्रत्यारोपण की दर से उपयोग किये जाते थे। पाँच लोगों को अप्रैल 2013 को शारीरिक इन्द्रिय-भाग के दुर्व्यापार के आरोपों में सजा हुई।

हालांकि, कॉर्पोरेट संगठनों में भ्रष्ट व्यवहारों का पता लगाना अक्सर बहुत मुश्किल है। उदाहरण के लिये, जर्मन स्टील जायंट **थायसन क्रुप** ने अपने उन सभी कर्मचारियों को, जो कंपनी में हो रहे गलत कामों की सूचना देने के लिये आगे आएंगे, तो दो महीने की आम माफी देने की घोषणा की। धोखाधड़ी और भ्रष्टाचार का पता लगाना इतना मुश्किल है कि थायसन को अपने कर्मचारियों को कंपनियों में हो रहे तथाकथित गलत कामों की सूचना देने के लिये आग्रह करना पड़ा। मुख्य कार्यकारी अधिकारी हैनरीश हिसिंगर ने स्वीकार किया कि कंपनी में 'बहुत से गलत काम हुए हैं'।

वैश्विक ठगी और धोखेबाजी क्लिष्ट और व्यापक हो गई है। उदाहरण के लिये धोखाधड़ी के शिकार हुए व्यक्ति एवं संगठनों के हितों की रक्षा करने के लिये दुनियाभर की 22 कानूनी फर्मों का गठबंधन 2013 में स्थापित किया गया था। न्यूयार्क में मुख्यालय वाले और मैड्रिड से संचालित इस गठबंधन में, अमेरिका, ब्रिटेन, कोलंबिया, इजराइल, इटली, तुर्की, भारत तथा अन्य देशों के कानून की फर्म हैं। इसका लक्ष्य अंतरराष्ट्रीय वाद-विवादों के बीच के तालमेल को गति देना और उन मामलों में जहाँ राष्ट्रीय तथा स्थानीय विधान के द्वारा सक्रिय कार्य अवरुद्ध हो जाता है, वहाँ वैश्विक धोखाधड़ी के अपराधियों को दंडित कर विवादों को घटाना है।

कॉर्पोरेट ठगी भ्रष्टाचार के बैरोमीटर और विशेष भौगोलिक परिवेश की गतिविधियों पर अक्सर निर्भर करता है। ऐसा प्रतीत होता है कि भ्रष्टाचार सामाजिक परिवेश की बात है। उदाहरण के लिये, 5 प्रतिशत की बख्शीस बांग्लादेश में किसी रेस्तरां में पर्याप्त समझी जाती है। जर्मनी या फ्रांस में 10 प्रतिशत से कम अच्छा नहीं होता है, लेकिन अमेरिका में 15 प्रतिशत से कम शर्मनाक माना जाता है! बख्शीस की आदतें प्रदर्शित करती हैं कि विभिन्न देशों में अपने स्वभाव, रीति रिवाजों और अनुष्ठान कैसे परिवर्तित हो जाते हैं। यह जरूरी नहीं है कि अमेरिका में एक स्वीकार्य प्रथा चीन में भी सम्मानित होगी। जिसे ब्रिटेन में एक बड़ी धोखाधड़ी मानी जाती है, वह नाइजीरिया में एक तुच्छ घटना मानी जा सकती है,जो थाईलैंड में स्वीकार्य भुगतान समझा जाए वह जर्मनी में रिश्वत मानी जा सकती है। कॉर्पोरेट प्रशासन और आचार संहिता से सम्बंधित कानून और नियम वैश्विक रूप से लागू नहीं होते हैं। एक संस्कृति में जो भ्रष्टाचार हो सकता है दूसरी संस्कृति में परिवार की निष्ठा तुल्य हो।

घूस और भ्रष्टाचार एवं अवैध संतुष्टिकरण का अस्तित्व अनादि काल से है। इनकी बात की जाती है, इनपर चर्चा होती है, नफरत की जाती है, निंदा होती है, लेकिन फिर भी व्यापक रूप से प्रयोग में लायी जाती है। एक भ्रष्ट समाज जितनी बढिया किसी की अंतिम रिश्वत होगी, वह उतना ही अच्छा माना जाएगा। यद्यपि इन अवैध गतिविधियों को हर समाज, हेय दृष्टि से देखता है, इसके विरुद्ध बोलता है और सरकार द्वारा इसे अवैध घोषित करने के लिये कानून बनाए जाते हैं, लेकिन भ्रष्टाचार का पूरे विश्व में किसी न किसी रूप में जीवित रहना जारी है।

कॉर्पोरेट जगत आर्थिक अपराध से अछूता नहीं है। तथापि, कहना न होगा हर कॉर्पोरेशन में भ्रष्ट गतिविधियां प्रचलित नही है। स्वस्थ कॉर्पोरेट शासन और नैतिक व्यवहार का अनेक संगठनों द्वारा पालन किया जाता है, परन्तु कुछ बुरे पूरी टोकरी को खराब कर देते हैं।

कॉर्पोरेट क्षेत्र में धोखाधड़ी के अनेक उदाहरण हैं, उन सभी को शामिल करना असंभव कार्य है। इस अध्याय में दुनियाभर के उद्यमों द्वारा लाखों असंदेही लोगों को सहायता करने वाली धोखाधड़ी का नुस्खे के केवल कुछ ही उदाहरण दिए जा रहे हैं।

लालची कॉर्पोरेट

ब्रिटिश पेट्रोलियम (बीपी), दुनिया की सबसे बड़ी तेल के क्षेत्र की कंपनियों में से एक बड़ी खिलाड़ी है। इस कंपनी को 2010 में मैक्सिको की खाड़ी में डीपवाटर हॉरिजन ड्रिलिंग रिग में तेल विस्फोट और लाखों गैलन तेल के रिसाव का जिम्मेदार माना गया, जिसमें 11 कर्मचारियों की मौत हुई और सैंकड़ों मील की तटरेखा प्रदूषित हुई। यह विस्फोट कूप में दबाव परीक्षणों की व्याख्या करने में असफलता से हुआ, जिसने संभावित विस्फोटों की चेतावनी दी थी। अन्ततः, 2013 के प्रारंभ में, कंपनी ने 14 आपराधिक आरोपों के लिये दोष माना और अपने गलत व्यवहार के लिये 4.5 अरब डॉलरके जुर्माने का भुगतान किया। कंपनी को तटरेखा को साफ करने के लिये 14 बिलियन डॉलर के अतिरिक्त व्यक्तिगत तथा व्यापार दायित्व चुकता करने में 17 बिलियन डॉलर की लागत देनी पड़ी। इसके अलावा, यह भी हो सकता है कि स्वच्छ जल अधिनियम के अन्तर्गत बड़ी लापरवाही का दोषी पाए जाने पर नागरिक मुआवजे के रूप में बीपी का भुगतान 21 बिलियन डॉलर तक हो सकता है। ज्यादा महत्वपूर्ण यह है कि बीपी से संलग्न यह पहली घटना नहीं थी, जिसका तेल रिसाव और सुरक्षा खामियों का इतिहास है। इसका सुरक्षा-सावधानियों को त्याग कर तेल निकालने का लालच और इसकी गंभीर लापरवाही और हठी दुराचार निन्दनीय है।

'लोगों के लिये जिम्मेदारी लेने में हम विश्वास रखते हैं' और **'आईकिआ'** उत्पाद मान्य कामकाजी दशाओं के अंतर्गत उत्पादित होने चाहिए'। यह सस्ते *"स्वयम कार्य करो" (डीआईवाई)* फर्नीचर के निर्माता, स्वीडनके सांस्कृतिक राजदूत आईकिआ के 'सामाजिक दायित्व' वाली सूक्ति हैं। फिर भी यह इस नियम की वर्षों से धज्जियां उड़ा कर अपने मूल सामाजिक मूल्यों के विरुद्ध गई। कंपनी ने जानबूझ कर राजनीतिक बंदियों को 1980 के दशक में पूर्व पूर्वी-जर्मनी में अपने कुछ उत्पादों की निर्मिती में बंधुआ मजदूरों की तरह लगाया। अंततः नवंबर 2012 में कंपनी ने स्वीकार किया कि अपनी निर्मिती-लागत कम करने के लिये बंधुआ मजदूरों का उपयोग किया था।

लोभ की वजह से की गई कॉर्पोरेट धोखाधड़ी के विभिन्न प्रकार होते हैं। **टेनेट हेल्थकेयर कॉर्पोरेशन**, ने 1997 से 2002 के बीच अपने अस्पताल रेड्डिंग मेडिकल सेंटर, उत्तरी कैलिफोर्निया में अनावश्यक हृदय सम्बंधी बीमारियां बताकर मरीजों के विश्वास का अनुचित उपयोग किया। डॉक्टरों ने अस्पताल के बिल को बढ़ाने के लिये सैंकड़ों मरीजों के हृदय की अनावश्यक बाइपास शल्य चिकित्सा कर दी। जब आरोप लगाया गया, तो टेनेट ने धोखाधड़ी भुगतान के लिये $54 मिलियन देना स्वीकार कर लिया।

लागत में बचत करने की इच्छा से उत्पन्न कॉर्पोरेट दुराचार का एक दूसरा उदाहरण लें। **ट्रैफिग्युरा,** हॉलैंड-स्थित कंपनी और विश्व के सबसे बडे तेल व्यापारियों में से एक ने, अगस्त 2006 में अत्यधिक जहरीले पेट्रोकेमिकल-जहर को आइवरी कोस्टमें डाल दिया। एक सरकारी रिपोर्ट ने कंपनी को लापरवाही और कुप्रबंधन के लिये फटकार लगायी। 16 लोगों की मृत्यु हुई और हजारों लोग बीमार हुए, जब ट्रैफिग्युरा द्वारा अधिकृत एक टैंकर ने आइवरी कोस्ट की राजधानी अबिदजान के आसपास जहरीले पदार्थ डाल दिये। मूलत: इस कचरे को एम्स्टर्डम में शुद्ध करना और नष्ट करना था, लेकिन लागत बचाने के लिये माल को आइवरी कोस्ट की ओर मोड़ा गया, जहां यह गरीबों के इलाके के निकट भूमि को समतल बनाने के लिये गैर-जिम्मेदार ढंग से डाल दिया गया। 2009 में कंपनी ने जहरीले पदार्थ के भूमि-समतल बनाने के इस समाचार को *"द गार्डीयन"*, अखबार के द्वारा प्रकाशित करने से रोकने का प्रयास किया, लेकिन यह प्रयास विफल रहा। जुलाई 2010 में एक डच न्यायालय ने विषैले पदार्थ के अवैध निर्यात के लिये कपंनी पर €1 मिलियन ($1.25 मिलियन) का जुर्माना लगाया। इसने आइवरी कोस्ट सरकार को प्रदूषित क्षेत्रों को साफ करने के लिये लगभग 200 मिलियन अमेरिकी डॉलर और 30,000 पीडितों और उनके परिवारों को 50 मिलियन डॉलर का भुगतान किया।

पश्चलेख

यह देखा गया है कि जब प्रतिकूल परिस्थिति होती है, तो कॉर्पोरेट में गलत व्यवहार बढ़ जाता है। वित्तीय परिस्थितियाँ अनुकूल हों तो ऐसे गलत कामों को छुपाना आसान होता है।

यह जीवन का सच है कि व्यापारिक उद्यमों का अस्तित्व लाभ कमाने के लिये होता है। लेकिन यह कभी-कभी अच्छे कॉर्पोरेट आचरण और प्रशासन की भावना को फीका कर देता है।

निविदा में घोटाले, रिश्वतखोरी और दलाली: जीवन जीने का एक तरीका

बार्क्लेस, यूबीएस, रॉयल बैंक ऑफ स्कॉटलैंड और **राबो बैंक** सहित बहुत सी बैंकों ने 2007 एवं 2008 में प्रतिदिन तय किये जाने वाले लंदन अंतर्गत बैंक द्वारा प्रस्तुत दरों (लाइबोर) में धांधलियाँ कीं। 2004 और 2006 में मैक्सिकोमें '**टाइसन फूड्स**'ने खाद्य निरीक्षकों को अपने चिकन उत्पाद संयंत्र में शिथिल निरीक्षण के द्वारा निर्यातकी अनुमति देने के लिये "बिना काम किये या ऑफिस आए बिना वेतन लेना" (यह एक प्रकार का राजनीतिक और कॉर्पोरेट भ्रष्टाचार होता है) के रूप में रिश्वत दी। प्रसिद्ध छोटा-मोटा वस्त्रोद्योगी **राल्फ लॉरेन** ने 2006 से 2009 के बीच अर्जेंटीना में आयात निरीक्षण से बचने के लिये परफ्यूम, ड्रेस और हैंडबैग रिश्वत के रूप में अधिकारियों को दिया। रूस में **सोसियेट जनरल** के मुख्य व्यवस्थापकीय अधिकारी को कर्ज मंजूर कराने और ब्याजदरों को कम कराने के लिये रिश्वत लेने के आरोप में 2013 में गिरफ्तार कर लिया गया। **नोवार्टिस, एमजेन, फाइजर, जॉनसन एंड जॉनसन** एवं अन्य दवा कंपनियाँ, अपनी दवाईयों को निर्धारित करने के लिये डॉक्टरों को सालों से रिश्वत दे रही है; और महागाथा जारी है। *Ipaidbribe.com*, नाम की पाकिस्तान, भारत एवं अन्य देशों में एक वेबसाइट, छोटी रिश्वतों की सामाजिक बुराई को आरेखित करते हुए हजारों विवरणों को प्रदर्शित करती है। कोई सोच भी सकता है कि आखिर यह कब समाप्त होगा, अगर होगा भी तो!

कॉर्पोरेट भ्रष्टाचार बड़ों और छोटों, प्रसिद्ध और आम सभी को प्रभावित करने वाली एक बीमारी है। इसको नियंत्रण में करने के प्रयासों के बावजूद, इसकी पहुँच दूर-दूर तक एवं सर्वव्यापी है। कॉर्पोरेट भ्रष्टाचार के इस भीषण खेल में शामिल कुछ नामों में प्रसिद्ध एवं सम्मानित नाम भी शामिल हैं।

डैमलर

विश्व के सबसे बेहतरीन कारों के निर्माता भी इस कलंक से नहीं बच सके। कार निर्माता, मर्सिडीज बेंज ने देश के पुलिस समूह एवं अधिकारियों के मोटर काफिलों के लिए कार विक्रय का सौदा करने लिए अन्य लोगों के साथ रूसी अधिकारियों को रिश्वत दी थी। डैमलर ने 1998 से 2008 के बीच 22 देशों के 200 लेनदेनों में $56 मिलियन कथित रूप से रिश्वत के रूप में दिए थे। इन भुगतानों में यूरोप में विलासितापूर्ण छुट्टियाँ, वरिष्ठ अधिकारियों को

सुसज्जित मर्सिडीज वाहन और एक वरिष्ठ तुर्कमेनिस्तानी अधिकारी को जन्मदिन के उपहार (जर्मन में अनुवादित अधिकारी के निजी घोषणा पत्र की 10,000 प्रतियों सहित) शामिल थे। इसने डैमलर को $1.9 बिलियन का राजस्व और $91 मिलियन का अवैध लाभ करने में मदद किया।

मार्च 2010 में, डैमलर ने न्याय विभाग एवं अमेरिकी बाजार पर नजर रखने वाले, सुरक्षा तथा विनिमय आयोग (एसईसी) के द्वारा लगाए आरोपों का निपटारा करने के लिये $185 मिलियन जुर्माने के रूप में देना स्वीकार किया। कंपनी को दो वर्ष का, विलंबित अभियोग समझौता करना पड़ा एवं एक स्वतंत्र निरीक्षक को सावधानी के तौर पर भी रखा गया। डैमलर के जर्मन एवं रूसी इकाईयों ने संयुक्त राज्य के रिश्वत कानून के उल्लंघन में दोष स्वीकार किया था।

सिमन्स

अमेरिकी कॉर्पोरेशन्स को अपने कारोबार को प्रोत्साहन देने के लिये विदेशी ग्राहकों को रिश्वत देने का निषेध करने वाले यूएस एफसीपीए के तहत सिमन्स कार्यकारिणी पर, अर्जेंटिना के अधिकारियों और देश के पूर्व राष्ट्रपति कार्लोस मेनम को $1 बिलियन की निविदा पाने के लिये $100 मिलियन की रिश्वत देने का आरोप लगाया गया। यह एक उत्कृष्ट मामला था, जिसमें एक रिश्वतखोरी के मामले में बहु-भौगोलिक संपर्क उभरे थे। यह एक जर्मन कंपनी के द्वारा, अर्जेंटिना में उन लोगों द्वारा किया गया था, जो अमेरिकी नहीं थे और अर्जेंटिना, जर्मनी एवं स्विट्जरलैंड में रहते थे। यूएस एफसीपीए द्वारा इस मामले में हस्तक्षेप किया गया, क्योंकि अमेरिकी शेयर बाजार में जर्मन कंपनी के शेयर क्रय-विक्रय होते थे।

सिमन्स ने भ्रष्टाचार के आरोपों का 2008 में अमेरिका में $800 मिलियन और जर्मनी में $800 मिलियन जुर्माना भर कर भ्रष्टाचार के आरोपों का निबटारा किया। हालांकि, संयुक्त राज्य के बाहर रहने वाले इसके 8 पूर्व कार्यकारियों पर आपराधिक मामला जारी है।

वॉलमार्ट

'द न्यूयार्क टाइम्स' ने दिसम्बर 2012 की रिपोर्ट में कहा, 'वॉलमार्ट-डी-मैक्सिको कानून द्वारा प्रतिबंधित चीजों को पा लेने के लिये बड़ी रिश्वतों को देने वाला एक आक्रमक एवं सर्जनात्मक भ्रष्टाचारी था'। अखबार ने खुलासा किया कि वॉलमार्ट ने अनुमतिपत्र पाने के लिये रिश्वत दी और मैक्सिको के सबसे प्रसिद्ध लैंडमार्क पिरामिडस ऑफ तिओतिवाकन के

नजदीक अपनी दुकानों को स्थापित किया। अपने भ्रष्ट व्यवहारों को छिपाने के लिये रिटेलर द्वारा प्रत्यक्ष कोशिशें की गई थीं।

संयुक्त राज्य न्याय विभाग और एसईसी, वॉलमार्ट के सहयोग के साथ मैक्सिको, चीन, भारत, ब्राजील और कुछ अन्य देशों में, संयुक्त राज्य रिश्वत-विरोधी कानून के संभावित उल्लंघन की जाँच कर रहा है।

माइक्रोसॉफ्ट

इस बड़ी सॉफ्टवेयर कंपनी की, इसकी सहायक कंपनियों के द्वारा चीन, इटली और रोमानिया में रिश्वत के आरोपों की जाँच हो रही है। कंपनी के कामों की एफसीपीए के नियमों की संभावित उल्लंघन हेतु जाँच हो रही है। माइक्रोसॉफ्ट ने चीन में रिश्वत दी है, यह दावा चीन में कंपनी में काम करने वाले एक अज्ञात कर्मचारी के द्वारा किया गया, जिसे उसके वरिष्ठ अधिकारी ने तथाकथित रूप से कारोबार को बढ़ावा देने के लिये सरकारी अधिकारियों को रिश्वत देने के लिये कहा था।

संयुक्त राज्य न्याय विभाग और एसईसी ने मार्च 2013 में माइक्रोसॉफ्ट के विरुद्ध रिश्वत-सम्बंधी आरोपों की जाँच प्रारंभ कर दी।

कोलगेट घोटाला (कोयला)

भारत, दुनिया के उन कुछ देशों में से एक है जिसे 'काले हीरे', कोयले की विपुल सम्पदा का उपहार मिला हुआ है। दुर्भाग्यवश, इसमें से अधिकतर अभी भी धरती के नीचे है। देश की बढ़ती हुई ऊर्जा की आवश्यकता के कारण, भारत सरकार ने बिजली प्रक्षेत्र खोलने का निश्चय किया। लेकिन, इसमें एक प्रतिस्पर्धी नीलामी की बोली की प्रक्रिया को लागू नहीं किया गया। फलस्वरूप, कोयले के क्षेत्रों पर कब्जा करने हेतु आवेदनों की होड़ लग गई।

2006 से 2009 के बीच एक संदेहास्पद कोयला-क्षेत्र वितरण की प्रक्रिया चल रही थी। सरकार ने उन संस्थाओं जिन्हें ये मूल्यवान परिसंपत्तियाँ वितरित की जानी चाहिए थी, के चयन हेतु एक रक्षक समिति का गठन किया। इस बात पर विवाद किया जा सकता है कि समिति के निर्णय अवास्तव थे और वह अक्सर उच्च राजनीतिक व्यक्तियों के साथ निकट सम्बंध रखने वालों का पक्ष लेती थी। भारत के लेखानियंत्रक एवं महापरीक्षक (सीएजी –

कैग) ने प्रक्रिया की परीक्षा की और अगस्त 2012 में सरकार की निंदा की। इसकी रिपोर्ट कहती थी कि वितरण की सरकार की प्रक्रिया अपारदर्शी थी, जिसने दौलतमंद एवं अच्छे संपर्कों वाले उद्योगपतियों एवं राजनीतिकों की अविकसित कोयला-क्षेत्रों तक पहुँच संभव बना दी। इसने कोल-गेट घोटाले के नाम से पहचाने जाने वाले 1,860 अरब रुपए ($31 बिलियन) के खदान घोटाले को जन्म दिया।

भारत की केंद्रीय जाँच एजेंसी, केंद्रीय जाँच ब्यूरो (सीबीआई), 146 कंपनियों को 64 कोयला ब्लॉकों के वितरण की जाँच कर रही है। जाँच पड़ताल यह हो रही है कि क्या कुछ कंपनियाँ, जिन्हें कोयले के क्षेत्र वितरित किये गये थे, वे अन्यथा अपात्र थे, फिर भी उन्होंने वितरण के लिये पात्र, होने के लिये अपनी जानकारियों और दस्तावेजों में जालसाजी की थी? कंपनियाँ जिनकी जाँच हो रही थी, उनमें शामिल हैं **टिस्को, जेएसडब्ल्यू स्टील्स लि., भूषण स्टील लि., हिंदुस्तान जिंक लि., अल्ट्राटेक लि., टाटा स्पॉन्ज आयर्न लि., एस्सार पावर लि., हिंडाल्को इंडस्ट्रीज, डीबी पॉवर लि., अदानी पॉवर लि., जीएमआर एनर्जी, आर्सलर मित्तल इंडिया लि., जीवीके पॉवर लि. एवं लँको ग्रुप लि.।**

सीबीआई ने, यह आरोप लगाते हुए कहा कि कोयले के क्षेत्रों का वितरण कंपनियों के प्रमाणों की पुष्टि के बिना किया गया था, जिसने तथाकथित रूप से तथ्यों की गलत जानकारी दी थी; मार्च 2013 में अपनी पहली रिपोर्ट भारत के सर्वोच्च न्यायालय में जमा की। सीबीआई कई कॉर्पोरेट्स के दुर्व्यवहार की जांच कर रही है। भारत के सर्वोच्च न्यायालय ने सितम्बर 2014 में पिछले दो दशक में सरकार के द्वारा वितरित किएगए 218 में से 4 ब्लॉकों को छोड़ कर सभी को निरस्त कर दिया। इस बीच, कोयला मंत्रालय कैप्टिव कोयला क्षेत्रों के नीलामी का कार्यकर रहा है।

2G टेलीकॉम घोटाला

राजनीतिक गलियारों के सबसे ऊँचे स्तरों के साथ संपर्क वाले उद्योगपति, लाइसेंस में निवेश करने के लिये तैयार फंड और अमीरों एवं प्रसिद्ध व्यक्तियों के हित प्राप्त करने के लिये अंतिम क्षणों में कानूनों को बदलना और मोड़ना, ये सब भारत के सबसे बुरे घोटालों में से एक के मूल तत्व हैं।

जिस मुद्दे की यहां बात की जा रही है वह 2008 में भारत सरकार के द्वारा दूसरी पीढ़ी या 2जी वायुतरंगों की सेल फोन ऑपरेटरों को बिक्री का था। 900 मिलियन से ज्यादा उपभोक्ताओं वाला सेल फोनों का भारत दुनिया का सबसे बड़ा बाजार है, और यह तेजी से बढ़ रहा है।

स्पेक्ट्रम के वितरण के दिन दूरसंचार विभाग (डीओटी) ने वितरण को एक पूर्व-निर्धारित दर पर 'पहले आओ, पहले पाओ' पर तय कर एकाएक नियमों को बदल दिया। जो कोई भी 17.5 अरब रुपयों ($290 मिलियन) के शुल्क के साथ कांउटर पर पहुंच पाया, उसने मनपसंद स्पेक्ट्रम लाइसेंस पा लिया!, नीलामी प्रक्रिया से तुलना करने पर राजकोष के 1860 अरब रुपए ($31 बिलियन) के संभावित नुकसान की गणना करने के बाद कैग ने 'यह अजीब है' निदान किया। प्रश्न यह है कि क्या इन कंपनियों में से किसी को नियमों में इस परिवर्तन की पहले से गुप्त जानकारी दी थी? उस समय के दूरसंचार मंत्री अंदिमुथु राजा को भ्रष्टाचार के आरोप में जेल हुई।

जब वितरण की प्रक्रिया में हुई धांधली की बात जानी तब देश के सर्वोच्च न्याय निर्णायक – भारत का सर्वोच्च न्यायालय बहुत नाराज हुआ। फरवरी 2012 में इसने इस आधार पर कि लाइसेंस मनमाने और असंवैधानिक तरीके से बाज़ार मूल्य से नीचे पर दिए गये थे, 122 टेलिकॉम 2जी स्पेक्ट्रम लाइसेंसों को निरस्त कर दिया। रद्द किए हुए अनुमतिपत्रों में विदेशियों द्वारा भेजे हुए नार्वे के **टेलिनॉर समूह** और संयुक्त अरब एमिरेट्स के **एटिस्लाट** के उपक्रम शामिल थे। सर्वोच्च न्यायालय ने वायरलेस स्पेक्ट्रम को वितरित करने के लिये नई नीलामी का आदेश दिया। भारती टेलीकॉम जैसी कंपनियों को इसका फायदा हुआ, क्यों कि 2008 के वितरण की प्रक्रिया में उन्हें अनुमतिपत्र वितरित नहीं किया गया था।

कंपनियाँ जिनके अनुमतिपत्रों को रद्द किया गया था, भारतीय कॉर्पोरेट जगत की नामचीन कंपनियों में शामिल होती हैं। इनमें शामिल हैं **यूनिटेक वायरलेस लिमिटेड (यूनिनॉर), लूप टेलीकॉम, सिस्टेमा श्याम, टाटा टेलीकॉम, एटिसलाट डीबी, एस टेल, वीडियोकॉन, आइडिया एवं स्पाइस।**

भारतीय जाँच एजेंसियाँ, अनेक व्यक्तिगत एवं कॉर्पोरेट्स द्वारा संभावित गलत कामों की जाँच कर रही हैं, और मामले पर सीबीआई न्यायालय में बहस हो रही है।

दिल्ली हवाई अड्डा घोटाला

वे जो विदेश से भारत आते हैं और जो इसी देश में रहते हैं, भारत की राजधानी, नई दिल्ली या इसकी वाणिज्यिक राजधानी मुम्बई को मुश्किल से ही अनदेखा कर सकते हैं। भारत में बढ़ते हुए व्यापारिक अवसरों के कारण भारत सरकार के लिये दिल्ली में एक आधुनिक हवाई अड्डे की आवश्यकता थी। 2008 में पुराने हवाई अड्डे का सार्वजनिक-निजी पहल के द्वारा आधुनिकीकरण करने का निर्णय किया गया। इसके चलते दिल्ली

अंतर्राष्ट्रीय दिल्ली हवाई अड्डा मर्यादित (डायल) की स्थापना हुई। निजी क्षेत्र की एक कंपनी **जीएमआर समूह**, जिसको हवाई अड्डे का व्यवस्थापन करना था, उसके डायल में 54% शेयर थे। समस्या वहाँ से प्रारंभ हुई। डायल ने जीएमआर के प्रारंभिक लाभ के लिये हवाई अड्डे का उपयोग करने वाले सभी उपभोक्ताओं से एक विकास शुल्क लेने का निश्चय किया। यह बोली के शर्तों के विरुद्ध था। अन्य बोलीकर्ता नहीं जानते थे कि विकास शुल्क के द्वारा एक अतिरिक्त राजस्व के स्रोत को उत्पन्न किया जा सकता है। अनुमानित राजस्व 34.15 अरब रुपए ($550 मिलियन) था।

सीएजी ने शिकायत की कि सरकार ने अनेक अवसरों पर रियायतदारों के लाभ के लिये हवाई अड्डे विकास करारनामे के प्रावधानों का उल्लंघन किया है। यह स्पष्ट है कि जीएमआर एवं राजनीतिज्ञों के बीच एक साठगांठ हो सकती है, जिसने जीएमआर को फायदेमंद शर्तों को हासिल करने में सक्षम बनाया। लेखा परीक्षक ने अगस्त 2012 की अपनी रिपोर्ट में इस पर उंगली उठाई और सरकार को दोषी व्यक्ति का पता लगाने के लिये कहा।

रिलायंस पावर

भारत, विद्युत न्यूनता वाला एक देश है। ऊर्जा के उत्पादन को बढ़ाने के लिये सरकार विभिन्न प्रकार के तापीय (थर्मल) ऊर्जा सहित विद्युत परियोजनाओं की स्थापना को बढ़ावा दे रही है। इस दुर्लभ वस्तु के इष्टतम उपयोग के लिये वितरित कोयला खादानों से कोयले का उपयोग सरकार द्वारा नियंत्रण किया जाता है। भारत के कैग ने सितम्बर 2011 में आरोप लगाया कि अतिउच्च विद्युत परियोजनाएँ, जिनकी क्षमता 4,000 मेगावाट से ज्यादा होती है, विद्युत मंत्रालय ने **रिलायंस पॉवर लिमिटेड** को 'अनुचित लाभ' पहुँचाया है। मध्य प्रदेश के सासन और झारखंड के तिलैया में दो परियोजनाओं की 25 वर्ष के जीवनकाल के लिए गणना करने पर इससे 1200 अरब रुपए ($20 बिलियन) का लाभ होता।

इन सबमें घोटाला क्या है? लेखा परीक्षकों ने शिकायत करके रिलायंस ने प्राप्त की हुई कोयला खदानों से अपनी 'दूसरी' विद्युत परियोजनाओं को बाकी कोयला पहुंचाने की अनुमति देने के लिये सरकार को कोयले के अपने अनुमतिपत्र देने के नियमों को बदलने में प्रभावित करने में समर्थ रहा। सरकार द्वारा यह रियायत 2008 में रिलायंस के साथ 2006 एवं 2007 में समझौता करने के बाद दी गई। इसने विद्युत परियोजनाओं की बोली प्रक्रिया को दूषित कर दिया, क्योंकि दी गई रियायतें अन्य निविदाकर्ताओं को ज्ञात नहीं थीं।

लाभ की गणना कैसे की गई? अंतर सरकार के द्वारा संचालित कोल इंडिया लि. द्वारा तय की गई बाजारदर और प्राप्त की हुई खादानों से अनुपातिक खनन मूल्य के बीच लिया गया। इसके अतिरिक्त, रिलायंस ने कोयले का उपयोग ज्यादा विद्युत दरों वाली परियोजनाओं में किया। उदाहरण के लिये, सासन में दर 1.19 रु. ($0.20) है, लेकिन चितरंगी परियोजना जहाँ पर सासन का अतिरिक्त कोयला पहुंचाने की अनुमति दी गई थी, वहाँ दर 2.45 रू ($0.41) प्रति इकाई है।

कॉर्पोरेट जगत में भ्रष्टाचार और रिश्वतखोरी के अनेक अन्य उदाहरण हैं, जिनमें **रोल्स रॉयस** जैसे बड़े एवं चमकदार नाम शामिल हैं। एयरबस ए380 को उड़ने में मदद करने वाले, हवाई जहाज के इंजनों के दुनिया के सबसे बड़े निर्माता पर कुछ एशियाई देशों जैसे इंडोनेशिया एवं चीन में, 1980 व 1990 के दशक के कुछ मामलों में ब्रिटेन के गंभीर धोखाधड़ी कार्यालय (सीरियस फ्रॉड ऑफिस) द्वारा जाँच चलाई जा रही है।

चीन का छठा सबसे बड़ा वाणिज्यिक बैंक, **पोस्टल सेविंग्स बैंक ऑफ चाइना** भ्रष्टाचार के आरोपों का सामना कर रहा है। इसके सीईओ ताओ लिमिंग 2012 के अंत में कई महीनों तक जेल में रहे। स्थानीय चीनी अखबारों के अनुसार, लिमिंग के विरुद्ध आरोपों में अवैध कर्ज देना, रिश्वत लेना और अवैध निधि-इकट्ठा करना शामिल हैं।

औरैकल इंडिया ने 2005 से 2007 के बीच, स्थानीय वितरकों के द्वारा भारत सरकार को सॉफ्टवेयर अनुमतिपत्र बेचा। वितरकों के द्वारा अपनी विक्रय प्रक्रिया के एक भाग को ऐसे अवैध भुगतानों के लिये रख कर गुप्त भुगतान किये गये (ज्ञात नहीं किये)। ओरैकल ने $2 मिलियन देकर इस मामले का निपटारा किया।

पश्चलेख

रिश्वत विरोधी आंदोलन पूरे विश्व में सतत विकास कर रहा है। 50 देशों के वैश्विक संस्थागत निवेशकों ने अंतर्राष्ट्रीय कॉर्पोरेट नियंत्रित नेटवर्क बनाया है। यह अपने व्यवस्थापन में $18 ट्रिलियन के साथ मार्च 1995 में वाशिंग्टन में स्थापित किया गया था। इसका लक्ष्य कंपनियों की जाँच और उनकी भ्रष्टाचार-विरोधी कार्यप्रणाली का मूल्यांकन करना है।

'यह स्पष्ट है कि भ्रष्टाचार मानवता के लिए बड़ा खतरा है...। भ्रष्टाचार का अर्थ गंदी करप्रणाली, और गरीब एवं सर्वाधिक संवेदनशील इसके प्राथमिक पीड़ित हैं,' ऐसा ट्रांसपैरेंसी इंटरनेशनल ने 2013 में सार्वजनिक क्षेत्र में भ्रष्टाचार में विश्व श्रेणी को प्रकाशित करते हुए सारांश में लिखा था।

चोरी: तत्काल संतुष्टी का मार्ग

चोरी सभी स्वरूपों एवं सभी आकारों में होती है। यह आत्म-उन्नति करने का गतिशील मार्ग है।

बेईमानी से शेयरधारकों का धन निकालना चोरी का एक रूप है। भारत में सूचना तकनीकी (आईटी) कंपनी **जेनिथ इन्फोटेक** के प्रवर्तक **जेनिथ टेक्नोलॉजीज** ने जनवरी 2011 में विदेशी चलनविनिमय पत्र (एफसीसीबीज) की अपना शेष ऋण को चुकता करने के लिये अपने शेयरधारकों से अपनी परिसंपत्तियों में से कुछ को बेचने की अनुमति ले ली। अनुमति प्राप्त करने के बाद कंपनी ने अपने प्रभागों में से एक को $48 मिलियन में सम्बंधित पक्ष को बेच दिया, लेकिन विक्रय मसौदा बेईमानी से निकाल लिया। कुल $83 मिलियन के बॉन्ड ऋण, जो सितम्बर 2011 एवं अगस्त 2012 में देय थे, की किश्तें हस्तांतरित हो गईं। कंपनी की संपत्तियों की बिक्री के द्वारा इकठ्ठा की गई राशि प्रवर्तकों के निजी उपयोग में चली गई। यह संपत्ति अलग करना शेयरधारकों के धन की चोरी थी। भारतीय बाजार नियामक, द सिक्योरिटीज एंड एक्सचेंज बोर्ड ऑफ इंडिया (सेबी) ने जेनिथ टेक्नोलॉजीज और इसके प्रवर्तक सराफ परिवार पर प्रतिभूतियों में व्यवसाय करने पर प्रतिबंध लगा दिया।

चोरी पूर्ण-व्यापक हो सकती है। यहाँ तक कि नई तकनीक मामले को गंभीर कर सकती है। हम सभी को हमारे स्मार्ट फोन के चोरी होने का खतरा है। न्यूयार्क राज्य के महाअधिवक्ता ने एपल, गूगल, माइक्रोसॉफ्ट एवं सैमसंग को लिखकर उनसे स्मार्ट फोन्स की चोरी को कम करने के लिये चोरी-विरोधी उपायों को पूछते हुए, इस विषय को उठाया।

यहाँ तक कि हजारों बच्चों एवं अन्य को भूखा रखते हुए खाद्य सहायता की भी चोरी होती है। उदाहरण के लिये, संयुक्त राष्ट्र विश्व खाद्य योजना ने सोमालिया में अकाल पीड़ितों हेतु अन्न के हजारों बोरे एवं अन्य सामग्रियां भेजीं, जिन्हें निर्लज्ज व्यावसायिकों द्वारा चोरी करते एवं लाभ के लिये खुले बाजारों में बेचते पाया गया। चोरी की कहानियाँ अनंत हैं।

चोरी यानी चुराने की क्रिया में दूसरों की संपत्ति को बिना अनुमति उनके अधिकारों से वंचित कर देना शामिल है। 'चोरी' शब्द को कभी-कभी चुराना, कुछ लेकर चंपत हो जाना, बलपूर्वक छीनना, लूट लेना, गबन, डकैती, धोखाधड़ी और सेंध लगाने के संदर्भ में एक दूसरे के पर्याय के रूप में उपयोग किया जाता है। ये सभी अवैध कार्य हैं और उस न्याय प्रक्षेत्र, जहाँ यह कार्य किये गये हैं और अपराध की प्रकृति पर इनकी सजा एवं जुर्माना निर्भर करता है।

हम कॉर्पोरेट चोरी के कुछ उदाहरणों को देखते हैं।

सैप

ऑरैकल कॉर्पोरेशन ने सैप (दोनों व्यापारिक सॉफ्टवेयर कंपनियाँ हैं) पर 'कॉर्पोरेट चोरी' का अभियोग चलाया। ऑरैकल का दावा था कि इसके प्रतिद्वंद्वी सैप ने मार्च 2007 में इस के कॉपीराइट सॉफ्टवेयर एवं अन्य गोपनीय वस्तुओं को इस से चुरा लिया है। ऑरैकल ने सैप पर इस के पासवर्ड-संरक्षित ग्राहक सहायता वेबसाइट पर बारंबार तथा अनाधिकृत पहुँच की कोशिश का आरोप लगाया। जिसने स्पष्ट रूप से सैप को ऑरैकल के कॉपीराइट वाले सॉफ्टवेयर कोड्स को अपने सर्वरों पर कॉपी कर लाइब्रेरी बनाने की अनुमित दे दी। ऑरैकल ने अपने अभियोग में दावा किया कि यह बड़े पैमाने पर की गई चोरी थी।

सैप ने अगस्त 2012 में ओरैकल को $436 मिलियन मुआवजे के रूप में देना स्वीकार किया। यह सैप के यूएस सहयोगी टुमॉरोनाऊ द्वारा ओरैकल के ग्राहकों से प्राप्त पासवर्ड के माध्यम से उनकी ही कम्प्यूटर प्रणाली का अवैध रूप से इस्तेमाल किये जाने को छुपाने के लिए दिया गया।

हिल्टन होटल्स

दुनिया की सबसे बड़ी होटल श्रृंखला हिल्टन वर्ल्डवाइड, स्टारवुड होटल्स एंड रिसोर्ट्स वर्ल्डवाइड से गोपनीय दस्तावेजों की चोरी में शामिल पाई गई थी। यह दस्तावेज स्टारवुड के सफल डब्ल्यू चेन से संबद्ध थे। अप्रैल 2009 में, स्टारवुड ने हिल्टन और उसके दो कार्यकारी रॉस क्लेन एवं अमर लालवानी पर स्टारवुड से सम्बंधित प्रतिस्पर्धात्मक रूप से संवेदनशील 100,000 से ज्यादा दस्तावेजों को चुराने का आरोप लगाते हुए अभियोग लगाया। क्लेन एवं लालवानी वस्तुतः पूर्व स्टारवुड कर्मचारी थे, जिन्हें हिल्टन ने अपने रईसी होटल ब्रांड डेनिजेन को स्टारवुड के डब्ल्यू चेन से प्रतिस्पर्धा करने के लिये अपनी कंपनी में शामिल कर लिया था।

हिल्टन ने दिसम्बर 2010 में स्टारवुड को चोरी के अभियोग के निबटारे के लिये बड़ी राशि देना स्वीकार किया। इस पर दो साल के लिये कोई भी नए 'लाइफस्टाइल' होटल खोलने पर प्रतिबंध भी लगा।

एमएफ ग्लोबल

अक्टूबर 2011 में, एक ब्रोकरेज फर्म एमएफ ग्लोबल के खजाने से लाखों डॉलर एकाएक गायब हो गये। यह निधि न्यूजर्सी के एक पूर्व गवर्नर जॉन कोरजीन द्वारा चलायी जाती थी। गायब धन एमएफ ग्लोबल के उपभोक्ताओं का था। इन आरोपों के बाद फर्मने खुद को दिवालिया घोषित करने का आवेदन किया। कुल मिलाकर इसमें $1.6 बिलियन की चोरी हुई थी। आंतरिक नियंत्रण प्रणालियाँ पूरी तरह से ध्वस्त हो चुकी थीं। उपभोक्ताओं के धन को फर्म की निधि से अलग रखा जाना चाहिए – यह कथन कि 'अपने धन को उपभोक्ता के धन से कभी नहीं मिलाना चाहिए' का एमएफ ग्लोबल के द्वारा पालन नहीं किया गया। यह किसी वित्तीय फर्म का मूल कर्तव्य है – उपभोक्ताओं के धन पर अविरत रूप से नजर रखना।

एमएफ ग्लोबल ने स्पेन, इटली, पुर्तगाल, बेल्जियम और आयरलैंड से बड़ी छूट पर ऋण की खरीद पर दांव लगा कर बड़ी जोखिम उठायी। उसने उम्मीद की थी कि एक बार यूरोप अपनी वित्तीय समस्याओं को सुलझा लेगा, तो यह इन बॉन्ड्स को लाभ पर बेच सकेगा। लेकिन हर चीज़ गलत हो गई, क्यों कि यूरोप की आर्थिक स्थिति अनिश्चित बनी रही। एमएफ ग्लोबल का धन तब समाप्त हो गया, जब इसे अपने व्यापारिक स्थिति को सहारा देने के लिये ज्यादा धन के निवेश की आवश्यकता थी। यह असामान्य नहीं है कि जब संगठन विफल होते हैं, तो कुछ धन का पता नहीं चलता है। एमएफ ग्लोबल के मामले में गायब धन बहुत विशाल था।

महीनों के प्रयासों के बाद, अधिकतर धन की खोज हो पायी। यह पता चला कि जेपी मॉर्गन ने एमएफ ग्लोबल को पैसे देने और इसके सौदों को संभालने में महत्वपूर्ण भूमिका निभाई थी। अंतिम अस्तव्यस्तता के दिनों में जेपी मॉर्गन, एमएफ ग्लोबल के उपभोक्ताओं के धन का एक मुख्य प्राप्तकर्ता था। एमएफ ग्लोबल ने उपभोक्ताओं के धन का उपयोग किया और अपने सौदों को सहारा देने के लिए ग्रहणाधिकार (कोलेटरल) को बाजार में उतारकर, विशेषकर यूरोपीय बॉन्ड्स में जहाँ यह पैसे गँवा रहा था। इससे जेपी मॉर्गन की व्यापारिक स्थिति मजबूत हुई।

जब एमएफ ग्लोबल दिवालिया हो गया तो जेपी मॉर्गन ने इन राशियों को जब्त कर लिया।

जेपी मॉर्गन एमएफ ग्लोबल के धन को विमुक्त करने पर राजी हो गया, जिसके बाद उपभोक्ताओं को पूरा धन लौटा दिया गया।

पश्चलेख

चोरी दुनिया के सबसे पुराने अपराधों में से एक है और नजदीक या सुदूर भविष्य में समाप्त नहीं होने वाली।

प्रकटीकरण में 'झूठ, महाझूठ और आंकड़े'

त्वचा-देखभाल की दुनिया की सबसे बड़ी निजी कंपनी **स्टिफेल लैबोरेटरीज**, को 2009 में $68,000 प्रति शेयर की दर से ग्लैक्सो स्मिथ क्लीन (जीएसके) के द्वारा $2.9 बिलियन में खरीद लिया गया। स्टिफेल लैब के मालिक चार्ल्स स्टिफेल ने अपने कर्मचारियों से उन शेयरों को, जो उनके पास कंपनी की शेयर योजना के तहत थे, $16,469 के प्रति शेयर बहुत ही कम दर से वापस खरीद लिया, जिन्हें उन्होंने उस के बाद चार गुनी ऊँची कीमत पर बेच दिया। यह खरीद अपनी कंपनी के कर्मचारियों से इस महत्वपूर्ण सूचना को छिपाकर की गई कि कंपनी शेयरों को वापस खरीद के तुरंत बाद जीएसके हाथों बिकने जा रही है। यदि उन्होंने इस सूचना का खुलासा कर दिया होता, तो उन्हें एक ज्यादा ऊँची कीमत देनी होती। यह अपूर्ण एवं गलत खुलासों के द्वारा, अपने कर्मचारियों की कीमत पर किसी मालिक के द्वारा अपने निजी धन को बढ़ाने की धोखाधड़ी का एक उत्कृष्ट मामला है। एसईसी ने दिसम्बर 2011 में कंपनी और स्टिफेल पर धोखाधड़ी का आरोप लगाया।

कंपनी के प्रदर्शन के बारे में सूचना प्रदान करने के प्रचलित तरीके वार्षिक रिपोर्ट, त्रैमासिक रिपोर्ट, निवेशकोंके सामने प्रस्तुतियाँ और अखबारी खबरें हैं। लेखांकन सम्बंधी सूचना से जो स्पष्ट है, उसके अतिरिक्त संभावित निवेशक, व्यवस्थापकीय गुट, व्यवसाय के भविष्य में टीम का विश्वास, पूर्वानुमान और शारीरिक हावभाव भी देखते हैं।

अतएव, प्रबंधन से उन वक्तव्यों की आशा की जाती है, जो सच्चे और सही हों और संगठन के मामलों को उचित रूप से प्रतिध्वनित करते हों। इसकी वास्तविक स्थिति के विपरीत गलत वक्तव्य और कंपनी की स्वस्थता और व्यावसायिक स्थितियों की रंगीन तस्वीर प्रस्तुत करना धोखाधड़ी का व्यवहार है।

हम निकृष्ट खुलासों के कुछ उदाहरणों को देखते हैं।

एनरॉन

एनरॉन कपट की कला का एक गुरु था। 2000 के दौरान इसके द्वारा खातों में जालसाजी के अनेक मामलों के अलावा, इसके प्रमुख व्यवस्थापकों ने अपनी कंपनियों में से एक, एनरॉन ब्रॉडबैंड सर्विसेज (ईबीएस) को धोखाधड़ी से आगे बढ़ाया। जनवरी 2000 में अपने एक कॉर्पोरेट विश्लेषक सम्मेलन में सीईओ और इसके प्रमुख व्यवस्थापकों ने जानबूझ कर (i) ईबीएस ब्रॉडबैंड नेटवर्क और (ii) इसके स्वामित्व वाले नेटवर्क नियंत्रण सॉफ्टवेयर पर गलत और भ्रमित करने वाले वक्तव्य दिए और (iii) इसका कारोबारी मूल्य $30 बिलियन बताया। वास्तविकता में, सभी मामलों में ईबीएस की स्थिति बिल्कुल उलट थी। इसके पास न तो ब्रॉडबैंड नेटवर्क, न ही इसे चलाने के लिये महत्वपूर्ण स्वामित्व वाला नेटवर्क नियंत्रण सॉफ़्टवेयर था। ऊपर से इसके मूल्यांकन को इसके आंतरिक व बाहरी मूल्यांकन आदर्शों द्वारा परिगणित मूल्य से अरबों डॉलर अतिरंजित करके बताया गया था। व्यवस्थापकों ने यह जानते हुए भी कि वास्तविक कहानी पूरी तरह से अलग है, एक निष्क्रिय व्यवसाय को धोखाधड़ी से प्रोत्साहित किया।

हेवेट-पैकर्ड (एचपी)

इतिहास में सबसे बुरे कॉर्पोरेट सौदे में एक ब्रिटिश कारोबार विश्लेषक कंपनी – **ऑटोनोमी** का एचपी द्वारा अधिग्रहण। एचपीने ऑटोनोमी को अगस्त 2011 में $11.1 बिलियन में प्राप्त किया था। सालभर के अंदर, यह खुलासा करते हुए कि ऑटोनोमी का मूल्य 80% कम था, एचपी को अधिग्रहण मूल्य $8.8 बिलियन कम कर देना पड़ा।

इसमें गलत क्या हुआ? एचपी को $5 बिलियन का नुकसान, 'एचपी को दिग्भ्रमित करने के लिये कुछ भूतपूर्व ऑटोनोमी कर्मचारियों के द्वारा कंपनी के अंतर्निहित वित्तीय प्रणाली को बढ़ा-चढ़ा कर दिखाने का जानबूझ कर किया गया प्रयास' और 'गलत प्रस्तुति और खुलासे के अभाव में ऑटोनोमी का सही मूल्यांकन करने में एचपी की बुरी तरह से प्रभावित क्षमता' के कारण हुआ। हालांकि, कुछ आलोचक महसूस करते हैं कि इतना बड़ा मूल्य कंपनी को चुकाना एचपी की बेवकूफी थी। यह मामला विभिन्न अन्वेषक माध्यमों की विवेचना का विषय है। यह वास्तविक कारोबारी तस्वीर के गलत खुलासे का मामला है।

रैनबैक्सी-दाईची सैंक्यो

जापान के दाईची सैंक्यो ने जून 2008 में भारत की सबसे बड़ी औषधि कंपनी रैनबैक्सी लैबोरेट्रीज के 64% हिस्से को $4 बिलियन में अधिग्रहित कर लिया। हालांकि, सितम्बर 2008 के आने पर, संयुक्त राज्य औषधि प्राधिकारों ने इसके दो कारखानों में उत्पादन प्रक्रिया में कमियों के कारण रैनबैक्सी की 30 जेनेरिक दवाओं को अमेरिका-निर्यात पर प्रतिबंध लगा दिया। अधिग्रहण की औपचारिकताएँ अंततः उस वर्ष के नवम्बर में पूरी हुईं। रैनबैक्सी ने मई 2013 में निम्न स्तरों की औषधि के निर्यात हेतु गलती मानी और जुर्माने के रूप में $500 मिलियन देना स्वीकार किया – जो किसी औषधि के जेनेरिक सुरक्षा से सम्बंधित सबसे बड़ी राशि थी। दाईची इन गतिविधियों पर क्रोधित थी और उसने रैनबैक्सी के पूर्व शेयरधारकों पर यूएस अधिकारियों के द्वारा की जा रही जाँच के बारे में जरूरी सूचना छिपाने और गलत बयानी करने का आरोप लगाया।

यह चिंता उचित मालूम पड़ती है, क्योंकि रैनबैक्सी जून की बिक्री के कुछ महीनों के पश्चात् के अमेरिकी निर्यात प्रतिबंध से बुरी तरह से प्रभावित हुई थी। निश्चित रूप से रैनबैक्सी अमेरिका की औषधि प्राधिकार से इस मामले में विचार-विमर्श कर रही होगी, क्योंकि यह आठ वर्ष पुराना विवाद था। यदि पूरे खुलासे को किया जाता, तो क्या दाईची रैनबैक्सी को इतने ऊँचे मूल्यों पर खरीदती? या, यह सिर्फ दाईची के समुचित उद्यम प्रक्रिया की असफलता थी? यह गलत उच्च-पार्श्वचित्र खुलासे का एक और उदाहरण है।

पश्चलेख

बेंजामिन डिजराइली ने कहा था कि झूठ के तीन प्रकार हैं – 'झूठ, महाझूठ और सांख्यिकी'। कुछ कॉर्पोरेट संगठन इसका प्रयोग झूठे, गलत और कल्पना से मिश्रित सौदों को सही ठहराने के लिये करते हैं।

नियमों की उपेक्षा करो—नए व्यवसाय का संक्षिप्त मार्ग

नए कारोबार का प्रलोभन ऐसा है कि भारत की सर्वाधिक सम्मानित कंपनियों में से एक इंजीनियरिंग एवं कंस्ट्रक्शन विशाल कंपनी **लॉर्सन एंड टुब्रो (एल एंड टी)**, 2008 में एक आपूर्ति बोली को पाने के लिये दस्तावेजों में जालसाजी करते हुए पकड़ी गयी। विश्व बैंक ने

सितम्बर 2013 में एल एंड टी को मार्च 2013 से नयी निविदाओं की बोली लगाने के लिये प्रतिबंधित कर दिया।

एल एंड टी का एक कर्मचारी भारत के एक राज्य तमिलनाडु में विश्व बैंक पोषित, एक स्वास्थ्य प्रोजेक्ट के लिये अल्ट्रासाउंड स्कैनरों की आपूर्ति करने का अनुबंध जीतने के लिये दस्तावेजों की जालसाजी करते हुए पकड़ा गया। कंपनी ने धोखाधड़ी को स्वीकार किया, यह बताते हुए कि कर्मचारी ने एल एंड टी के स्कैनरों के बारे में विवरण में धोखाधड़ी की। इसने कर्मचारी को ठग घोषित कर दिया और उसने इस्तीफा दे दिया।

यह एक अलग-थलग मामला नहीं है। कंपनियाँ अक्सर एक नये कारोबार के लिये बोली या होड़ लगाती हैं, जब उन्हें इच्छित परिणाम दे सकने की या कारोबार के लिये अनुकूलता बनाने की या अपने को सिद्ध करने की जरूरत होती है। कई बार, उद्यमों को सिद्ध करना होता है कि उनके उत्पाद की गुणवत्ता आवश्यक मानक के अनुरूप है। उन्हें कारोबार की निगरानी कर रहे संगत प्राधिकारों के पास पंजीकृत होने की भी आवश्यकता होती है। और ये वे क्षेत्र हैं, जहाँ धोखाधड़ी होती है।

एक और ऐसा उदाहरण लेते हैं। चार भारतीय दलाली की कम्पनियाँ – **एंबिट कैपिटल, एडलवाइज फाइनेंशियल, जेएम फाइनेंशियल** और **मोतीलाल ओसवाल सिक्योरिटीज** ने अमेरिका में अनधिकृत दलाली की सेवा उपलब्ध करायी। ये फर्में एसईसी के पास पंजीकृत नहीं थीं जैसा कि फेडरल सिक्योरिटीज कानून के तहत आवश्यक था, लेकिन नए कारोबारों की तलाश हो रही थीं और अमेरिका में बिना पंजीकृत हुए संस्थागत निवेशकों को दलाली की सेवा दे रही थीं। कम्पनियाँ अमेरिका के संस्थापित उपभोक्ताओं के लिये भारत में स्थित कंपनियों की ओर से काम कर रही थीं और उन्हें सिक्योरिटीज का प्रस्ताव दे रही थीं। इन चार कंपनियों को नवम्बर 2012 में उनके खिलाफ इस गलत आचरण के अपराध के लिये कुल मिला कर $1.8 मिलियन जुर्माने का भुगतान करना पड़ा।

पश्चलेख

क्रोशियन तत्वविद् मीरोस्लाव वोल्फ ने कहा था, 'कारोबार की धोखाधड़ी, विवाह में बेवफाई या शोधकार्य में साहित्यिक चोरी से कम नहीं है। यहाँ तक कि उच्च नैतिक आदर्श वाले व्यक्ति भी उनके सामने घुटने टेक देते हैं'।

श्रमिकों से धोखाधड़ी

बांगलादेश की राजधानी ढाका के बाहर **राना प्लाजा** में कपड़े के पाँच कारखानों में अप्रैल 2013 में 1100 से ज्यादा लोग मारे गए और उद्योग इतिहास की सबसे बुरी दुर्घटना का साबित होकर पांचों कारखाने ध्वस्त हो गए। इस तबाही का होना तय था। सुरक्षा-मानकों से निकृष्ट सामान और सुरक्षा मानकों की पूर्णतः अनदेखी कर बनाई गई यह इमारतें, यूरोपीय एवं अमेरिकी कंपनियों के लिये लागत-प्रभावी वस्त्रों का निर्माण कर जीवन निर्वाह कर रहे हजारों श्रमिकों का घर थीं।

श्रम का शोषण अन्य जगहों पर भी उतना ही व्यापक है। चीन में आय-फोन और आय-पॅड को जोड़ रहे कर्मचारी अक्सर असुरक्षित स्थितियों में, मुश्किल वातावरण में कार्य करते हैं। दुनिया के सबसे बड़े इलेक्ट्रॉनिक निर्माताओं में से एक फॉक्सकॉन टेक्नोलॉजीज ने श्रमिकों की असुरक्षित कार्य-स्थितियों के लिये चीन में दंगों सहित बार-बार श्रमिक विरोधों का सामना किया है।

कॉर्पोरेशन ईंट और गारों से नहीं, बल्कि निश्चित लक्ष्यों के अनुरूप एक संगठित तरीके से कार्य कर रहे मनुष्यों से बने होते हैं। प्रेरणा, प्रशिक्षण, विकास और समुचित वेतन के भुगतान के द्वारा मानव संसाधन को एक सुसंयोजित ऑर्केस्ट्रा की तरह काम करना चाहिए। लेकिन श्रमिकों की यूं ही उपेक्षा नहीं की जानी चाहिए और उनकी जरूरतों के प्रति न्यायसंगत रूप से व्यवहार करना चाहिए। इसके बहुतसे उदाहरण हैं जब नियोक्ता अपने कर्मचारियों के साथ अन्यायसंगत और घृणित तरीके से व्यवहार करते हैं।

टाटा कंसल्टेंसी सर्विसेज (टीसीएस)

टीसीएस, एक वैश्विक उपस्थिति वाली भारत की सबसे बड़ी सॉफ्टवेयर कंपनी, जो अन्य लोगों के अलावा दुनिया में अलग-अलग स्थानों में बस चुके भारतीयों को भी नियुक्त करती है। अमेरिका में, कंपनी ने अपने गैर-अमेरिकी नागरिक कर्मचारियों के लिए बाहरी एजेंसियों को उनके लिए कर की गणना करने और कर वापसी को अमरीकी कर-अधिकारियों के पास जमा करने का अधिकार देने वाले 'अधिकार-पत्र' पर हस्ताक्षर करना जरूरी कर दिया। इस हद तक टीसीएस द्वारा उठाए गए कदम इसके कर्मचारियों के हित में थे।

हालांकि, किसी मल्टी-बिलियन डॉलर कंपनी के लिए विचित्र है, लेकिन टीसीएसने अपने कर्मचारियों को यह शपथपत्र देना आवश्यक कर दिया, जो उन्हें अपने कर वापसी को भरने से प्राप्त किसी टैक्स रिफंड को कंपनी को लौटाना आवश्यक करता था। निजी आयकर

किसी कर्मचारी का निजी दायित्व है। यदि सरकार को ज्यादा कर देने के कारण पैसा वापस होता है, तो यह कर्मचारी का होना चाहिए न कि नियोक्ता का। लेकिन इस मामले में टीसीएस रिफंड को अपने लिए चाहती थी।

टीसीएस कर्मचारियों ने टाटा (टीसीएस टाटा समूह का है) के अपने कर्मचारियों के टैक्स रिफंड्स से अन्यायसंगत धन कमाने की शिकायत करते हुए अपने नियोक्ता पर मुकदमा कर दिया। फरवरी 2013 में सात वर्ष के मुकदमे के बाद जुर्माने के रूप में $30 मिलियन दे कर मामले को समाप्त करने के लिए टीसीएस राजी हो गया। इस प्रतिष्ठा की कंपनी के लिए अपने कर्मचारियों के दावों का निपटान एक बड़ी शर्म की बात थी।

सैमसंग इलेक्ट्रॉनिक्स

दक्षिण कोरियाई इलेक्ट्रॉनिक्स जायंट सैमसंग की वैश्विक आकांक्षाओं को बड़ी चोट पहुँची, जब अमेरिका-आधारित गैर-लाभ संस्था चाइना लेबर वॉच, ने सितम्बर 2012 में छः चीनी कंपनियों में उनके द्वारा श्रम कानूनों के उल्लंघन का आरोप लगाया। आरोपों में कर्मचारी विधि द्वारा अनुमत किसी महीने में 34 घंटे से ज्यादा ओवरटाइम में काम करना, श्रम अनुबंध शर्तों का उल्लंघन और सबसे बुरा उनमें से कुछ को अपने आधे महीने की तनख्वाह के बराबर रिश्वत के रूप में अपनी नौकरी सुरक्षित रखने के लिए देने जैसे आरोप शामिल थे।

सैमसंग के अनुसार, इसने 'अपर्याप्त प्रबंधन और संभावित असुरक्षित प्रक्रियाओं को पाया'।

इसके अलावा 2011 में सैमसंग अपने सेमीकंडक्टर कारखानों में अपने कर्मचारियों की कैंसरकारी पदार्थों से बचाव नहीं करने का जिम्मेदार पाया गया, जिसके कारण दो श्रमिकों की मृत्यु हो गई।

वसूली आसान धन दिलवाती है

एस्सेल समूह के भाग, भारतीय भाषाओं में प्रमुख टीवी समाचार प्रसारक, जी न्यूज पर भारतीय संसद के वर्तमान सदस्य नवीन जिंदल के समूह की कंपनी, जिंदल स्टील एंड पावर लिमिटेड से 2012 के उत्तरार्ध में एक अरब रुपए ($17 मिलियन) लूटने का आरोप लगा। यह धन उन खबरों को नहीं प्रसारित करने के लिए मांगा जा रहा था, जो कंपनी को भारत में सामने आए कोयला घोटाले से जोड़ती थीं। यह निश्चित नहीं है कि क्या यह धमकियाँ वास्तविक थीं।

वसूली अक्सर सर्जनात्मक रूप ले लेती है, और **स्टैंडर्ड चार्टर्ड बैंक** विशेष रूप से सृजनात्मक साबित हुआ। बैंक ने पाँच साल पहले एक उपभोक्ता के साथ निबटारा करने के बाद 2011 के उत्तरार्ध में 74,000 रुपए ($1,200) का क्रेडिट कार्ड बिल चुकता किया। उसके बाद उसका नाम बैंक द्वारा अपने बाकीदार की सूची में डाल दिया गया, जिसके चलते वह अन्य बैंकों से सेवा नहीं ले सकता था। दिल्ली उपभोक्ता विवाद सुधार फोरम ने इसे बैंक द्वारा वसूली करार दिया।

कॉर्पोरेट जगत में वसूली और ब्लैकमेल के मामले बहुत से हैं। वे अनेक स्वरूपों, आकारों और रूपों में होते हैं। वसूली में उत्पीड़न, धमकी या बल के द्वारा धन, संपत्ति या सेवा प्राप्त करने की अवैध गतिविधि शामिल है। अपहरणकर्ता फोन के द्वारा या पत्र भेज कर धन ऐंठने का काम करते हैं। लेकिन आधुनिक दुनिया में चीजें बदल रही हैं। अब कम्प्यूटर या लैपटॉप्स में पॉप-अप्स आते हैं जो फिरौती की भुगतान की मांगों की घोषणा करते हैं।

हाल के दिनों में हजारों कम्प्यूटर उपयोगकर्ताओं ने फेडरल ब्यूरो ऑफ इंवेस्टिगेशन (एफबीआई) एवं अन्य कानून प्रवर्तन एजेंसियों से 2012 के अंत में फिरौती की मांग करने वाले संदेश को प्राप्त किया। यह हैकर्स का काम था जो अब पैसे के लिए साइबर दुनिया में शिकार की खोज में रहते हैं। इन संदेशों ने घोषणा की कि कम्प्यूटर उपभोक्ताओं की उनके निजी कम्प्यूटरों (पीसी) या उनकी फाइलों तक, तब तक कोई पहुँच नहीं होगी, जब तक फिरौती नहीं दी जाती। इस प्रकार के संदेश *फिरौती से सावधानी* कहलाते हैं। इसमें अपनायी गई विधियों में कम्प्यूटरों को उन वायरस से संक्रमित कर देना है, जो कम्प्यूटर को ताला लगा देते हैं। तब आक्रमणकर्ता कम्प्यूटरों को खोलने से पहले पैसे की मांग कर सकते हैं। लेकिन अनेक बार ऐसा देखा गया है कि जब पैसे के भुगतान के बाद भी कम्प्यूटरों को नहीं खोला गया है।

हैकर और मांग करने वाले उपयोगकर्ताओं को डराने और पैसे निकालने के लिए विभिन्न तकनीक और भाषा का प्रयोग करते हैं। अमेरिका में, संदेशों को एफबीआई द्वारा भेजा हुआ कहा जाता है; नीदरलैंड में स्थानीय पुलिस द्वारा एवं अन्य इसी तरह। कुछ कम्प्यूटर उपयोगकर्ता सीधे-सादे थे और उन्होंने तथाकथित जुर्माने भर दिये, बाद में उन्हें यह ज्ञात हुआ कि यह एक घपला था।

पीड़ित की निजी जानकारी को इंटरनेट पर प्रकट न करने के लिए पैसे की मांग वसूली करने वाले हैकरों का तेजी से पैसा बनाने का एक नया तरीका है। हैकर विद्रोह के उद्देश्यों हेतु भी वेबसाइटों पर हमला कर रहे हैं। 2011 में विकीलीक्स को दान मिलने से रोकने देने के प्रतिशोध में उन्होंने पेपाल पर हमला किया। उन्होंने एफबीआई, मोशन पिक्चर एसोसिएशन

ऑफ अमेरिका (एमपीएए) एवं अन्यपर प्रस्तावित पाइरेसी-विरोधी विधान के विरोध में हमला किया।

वसूली करना एक शैतानी करामात है, जिस पर लगता है साइबर धोखेबाजों ने पांडित्य हासिल कर लिया है।

सिमेंटेक

2012 के प्रारंभ मे, हैकरों ने सिमेंटेक को धमकी दी थी कि वे इसके लोकप्रिय *पीसी – 'ऐनी व्हेयर'* एंटीवायरस सॉफ्टवेयर के सुरक्षित कोड को प्रकाशित कर देंगे। उन्होंने उसे एक वसूली का नोटिस भेजा जिसमें कहा कि यदि उन्हें वसूली की रकम दे दी जाती है तो वे कंपनी के स्रोत कोड को नहीं प्रकाशित करेंगे। हैकर स्वयं को 'धर्मराज के अधिपति' (लॉर्ड्स ऑफ धर्मराज) कहते थे और उन्होंने सिमेंटेक के स्रोत कोड के 1.3 गीगाबाइट्स को एक फाइल-शेयरिंग साइट पर प्रकाशित कर दिया। कंपनी को वसूली की नोटिस देने के एक दिन बाद यह सौ से ज्यादा बार वितरित हुआ। सिमेंटेक ने 16 *रैंसमवेयर* गैंग्स की पहचान की और एक ऐसे गैंग का पता लगाया, जिसने सिर्फ एक पखवाड़े के भीतर 500,000 कम्प्यूटरों को संक्रमित करने की कोशिश की। इसके अतिरिक्त हैकरों ने दावा किया कि उन्होंने सिमेंटेक के स्रोत कोड को खोज लिया है, जब उन्होंने जनवरी, 2012 में भारत के सैनिक एवं खुफिया सर्वरों को हैक कर लिया था।

हैकरों ने खुलासा किया कि सिमेंटेक ने उन्हें और स्रोत कोडों का खुलासा नहीं करने के लिए पैसे देने का प्रस्ताव दिया था। लेकिन वे धन की मांग करते रहे, और जब सिमेंटेक इसके लिए तैयार नहीं हुआ, तो उन्होंने अन्य कोड प्रकाशित कर दिए। एक बार, उन्होंने सिमेंटेक को एक विदेशी लिबर्टी रिजर्व खाते में $50,000 जमा करने के लिए सिर्फ 10 मिनट दिए और जब कंपनी ने ज्यादा समय मांगा, तो उन्होंने कुछ और स्रोत कोड को प्रकाशित कर दिया। सिमेंटेक ने रिपोर्ट किया कि इसने हैकरों द्वारा सार्वजनिक उपयोग के लिए प्रकाशित किए जा रहे शेष स्रोत कोडों से सम्बंधित किसी भी घटना के लिए स्वयं को तैयार कर लिया है।

सिमेंटेक ने घोषणा की कि इसने अपने पीसी 'ऐनीव्हेयर' सॉफ्टवेयर को सुरक्षित करने के लिए जनवरी 2012 के अंत में उपभोक्ताओं के लिए पैचेस की श्रृंखला को विकसित और जारी किया है।

इंडोनेशिया में पत्रकार

इंडोनेशिया की क्राकटाऊ स्टील कंपनी नवम्बर 2010 में $300 मिलियन का प्रारंभिक सार्वजनिक निर्गम (आईपीओ) लाने वाली थी। आरोप लगाए गए कि चार माध्यम कंपनियों के पत्रकारों ने $71,000 के मूल्य के कंपनी के शेयरों की मांग फिरौती राशि के रूप में की। पत्रकारों को सकारात्मक खबर देने के लिए स्पष्ट रूप से 'लिफाफे' दिए गए। इंडोनेशिया के अलायंस ऑफ इंडिपेंडेण्ट जर्नलिस्ट्स के अनुसार वे इस मामले की पड़ताल कर रहे हैं, जो एक व्हिसल ब्लोअर की सूचना से प्रकाश में आया था। संगठन के अध्यक्ष ने सुझाव दिया कि कुछ मुद्दे हो सकते हैं और इन आलेखों की जाँच की जाएगी। उन्होंने कहा कि इंडोनेशिया में सिर्फ पत्रकारों को दोष नहीं दिया जाना चाहिए, बल्कि सरकारी विभाग और कंपनियां दोनों ही दोषी हैं जो अपने हितों की रक्षा के लिए पत्रकारों को पैसा देकर स्थिति का लाभ उठाती हैं।

क्राकटाऊ घटनाक्रम में पत्रकारों ने उनकी शेयर की मांगों को न पूरा करने की स्थिति में कंपनी को नकारात्मक ख़बरों को चलाने की स्पष्ट धमकी दी। इंडोनेशिया में अनेक विशाल माध्यम कंपनियाँ एक राजनीतिक एजेंडे के साथ विशाल कॉर्पोरेट संगठनों द्वारा चलायी जाती हैं। अतएव इस देश में मीडिया की स्वतंत्रता पर एक प्रश्नचिह्न लगाया जा सकता है। लेकिन जहाँ तक इंडोनेशियाई माध्यमों में नैतिकता की बात है, तो क्राकटाऊ घटनाक्रम ने सारी सीमायें पार कर दी थीं।

पश्चलेख

नई तकनीक ने निगाह रखने वालों को नए हथियार उपलब्ध करा दिए हैं। हनीट्रैप, छिपे हुए कैमरे, और इनसे भी खतरनाक फोटो-शॉप या गूगल-ग्लास, असावधानों को फंसा सकते हैं। जब किसी अशिष्ट फोटो को आधुनिक तकनीकों का प्रयोग कर इंटरनेट पर जारी किया जाता है तो कोई ध्यान ही नहीं देता है कि यह असली है या नहीं। कभी-कभी यह पीड़ित के लिए वह खेल साबित हो जाता है, जहाँ से वह वापस नहीं आ सकता है। इसलिए स्पष्ट और सतर्क रहना सबसे अच्छा है। कहा जाता है कि दीवारों के भी कान होते हैं। आज की आधुनिक वायर्ड दुनिया में यह पहले से ज्यादा सच है। एक चीनी कहावत कहती है कि 'सड़े हुए अंडे के चारों ओर मक्खियाँ किसी न किसी कारण से होती हैं' और फिरौतीकर्ता इसका फायदा उठाते हैं!

हितों के टकराव से कौन परेशान होता है?

कॉर्पोरेट जगत हितों के टकराव से परिपूर्ण है। लेखा परीक्षकों के शुल्क का भुगतान उन कंपनियों द्वारा होता है जिनका लेखा-परीक्षण होना है, शुल्क माध्यमों की फीस का भुगतान, उन संगठनों द्वारा किया जाता है, जिनकी श्रेणी होती है, न्यायालय अपनी फीस उन कंपनियों से प्राप्त करती है जो उनके पास मुकदमे करती हैं – ऐसे उदाहरणों की कमी नहीं है।

एक **मेरिल लिंच** दलाल ने यह बताए बिना कि कंपनी गो2नेट का अधिग्रहण करेगी, सिफारिश की कि इन्फोस्पेस स्टॉक को इसके शेयरों के मूल्य में गिरावट के बावजूद भी रखा जाना चाहिए, क्योंकि मेरिल उसकी वित्तीय सलाहकार थी। एक दूसरे मामले में, एक विशाल मशीनरी कंपनी एयरगैस इनकॉर्पोरेशनने वित्त सम्बंधी मामलों में सलाह देने वाली कानूनी फर्म **क्रावाथ, स्वैन एंड मूर**, पर मुकदमा कर दिया क्यों कि इसने कुछ समय बाद एयरगैस की प्रतिद्वंद्वी कंपनी को विरोधी बोली लगाने की सलाह दी। एसईसी ने ऐसी घटनाएँ भी पायी जब *क्रेडिट रेटिंग एजेंसी* विश्लेषक, उन ग्राहकों की फीस की चर्चा में भाग ले रहे थे, जिनकी वे अंततः सिफारिश करेंगे। ये सभी हमारी कारोबारी दुनिया में व्याप्त हितों के टकराव हैं।

हितों का टकराव एक ऐसा शब्द है, जिसे परिभाषित करना मुश्किल, लेकिन व्याख्या करना आसान है। आइए, हम पहले मुश्किल काम करने की कोशिश करते हैं। कोई इसे कैसे परिभाषित कर सकता है? हितों का टकराव उस स्थिति में होता है जब कोई व्यक्ति (या कोई संगठन) दो या अधिक किस्म के काम करता है और इनमें उसके उद्देश्य समान नहीं होते हैं, कब कंपनी या समूह सम्बंधित निर्णय लिए जाने वाले हैं और कब उसके अपने हित दाँव पर हैं। ऐसी स्थितियों में यह आशा की जाती है कि हितों के टकराव का खुलासा किया जाएगा और सम्बंधित समूह मतदान या इन हितों से सम्बंधित निर्णय-सम्बंधी प्रक्रिया में साझा करने से अलग रहेगा।

उदाहरण के लिए, श्री.क्ष किसी अ ब क कंपनी के अध्यक्ष हैं और क ख ग कंसल्टेंटस् को कंपनी का व्यवस्थापकीय सलाहकार नियुक्त करना चाहते हैं। श्री.क्ष क ख ग कंसल्टेंटस् में सहभागी हैं एवं इस सलाहकार फर्म की प्रस्तावित नियुक्ति में हितों का टकराव है, क्योंकि उनके पास निर्णय लेने की शक्ति एवं दोनों संगठनों में लाभ का पद है। अतएव, जब अ ब क कंपनी क ख ग की नियुक्ति का निर्णय करती है, तो श्री.क्ष को सलाहकार फर्म में अपने पद का खुलासा करना चाहिए, क्योंकि उन्हें इसके राजस्व से लाभ प्राप्त होने की संभावना है, जब अ ब क इस पर निर्णय लेने के लिए बोर्ड के समक्ष मतदान करती है तब उन्हें अनुपस्थित रहना चाहिए।

हितों के टकराव का अक्सर अनुमान लगाना कठिन होता है। क्या होगा यदि बोर्ड सदस्य को लाभ मिलने की संभावना नहीं हो, लेकिन कोई प्रक्रिया उनके व्यावसायिक सहयोगी या सम्बंधीको लाभ पहुंचाती है? कोई लाभ की सीमा का अंदाजा कैसे लगा सकता है?

कल्पना करें कि किसी सुविधा प्रदान करने वाली कंपनी का बोर्ड सदस्य अपने घरों के गुसलखानों की मरम्मत को कहता है। यह एक सुविधा है, जो कंपनी का पत्र अपने बोर्ड सदस्यों को सामान्यतः नहीं उपलब्ध कराता है। जब इसकी लागत छोटी हो या किया गया कार्य सुविधा कंपनी की रोजमर्रे के काम का हिस्सा हो, तो बोर्ड सदस्य को हित के टकराव की घोषणा करनी चाहिए? क्या होगा यदि वह ऐसा नहीं करता है? यह कॉर्पोरेट नैतिकता पर चुनौती वाले प्रश्न है और सम्बंधित बोर्ड सदस्य पर जुर्माने की क्रिया तय करना मुश्किल है। इसका उत्तर है, अच्छे कॉर्पोरेट प्रशासन में ऐसी स्थितियों का खुलासा करना चाहिए।

वास्तविक जीवन में बोर्ड सदस्य या मुख्य व्यवस्थापक अक्सर शेयरधारकों को वे उन गतिविधियों के बारे में अंधेरे में रखते हैं, जिनमें वे स्वयं शामिल हो सकते हैं, और शेयरधारकों के लिए हितों के टकराव को ज्ञात कर लेना असंभव बना देते हैं।

हितों का टकराव अनिवार्य रूप से भ्रष्टाचार नहीं है, हालांकि कुछ मामलों में हो सकता है,जो अनुचित है। अंतर बारीक एवं अक्सर अस्पष्ट है। यह घटिया व्यवस्थापन एवं निगम प्रशासन में निकृष्ट नैतिकता में परिणत होता है।

हित के टकराव में क्या है और क्या नहीं, यह अक्सर सम्बंधित व्यक्तियों पर छोड़ दिया जाता है और किसी संभावित टकराव के शुरू होने का खुलासा करना उन पर निर्भर करता है।

विधि समुदाय का कुछ हिस्सा कभी-कभी इस मत का होता है कि यदि हित के टकराव की घोषणा कर दी जाए तो हितग्राही व्यक्ति संगत प्रस्ताव पर चर्चा या मतदान भी कर सकता है। हालांकि जब कोई लिए गए निर्णय से प्रत्यक्ष या परोक्ष रूप से लाभान्वित हो रहा हो, तो अक्सर निर्णय लेने की प्रक्रिया में भाग न लेना ही अच्छा होता है।

चूँकि हितों के टकराव पर न्याय एवं स्व-प्रकटन की जरूरत होती है, अतः कंपनियों को एक आचार – संहिता की आवश्यकता होती है जो चीजों को संभालना आसान कर देती है। एक योग्य आचार-संहिता को स्पष्ट रूप से कहना चाहिए कि सम्बंधित बोर्ड सदस्य को, जिससे वह प्रत्यक्ष या अप्रत्यक्ष रूप से लाभान्वित हो सकता है, उस मामले में न तो निर्णय लेने की प्रक्रिया में शामिल होना चाहिए और न ही मतदान करना चाहिए। हालांकि आचार-संहिता इस विषय पर लागू विनियमनों या विधियों को निरस्त नहीं करती है। यह सिर्फ कानून को पूर्ण करने और एक संभावित समस्या को होने से पहले रोकने मे मदद करता है।

द *न्यूयार्क टाइम्स* ने एक बार बहुत अच्छे तरीके से हित के टकराव को निश्चित करने की चुनौतियों का सार प्रस्तुत किया था – 'बहुत से मामलों में संभावित हितों की पहचान एक 'स्निफ' (सूंघना) टेस्ट का प्रयोग करके कि जा सकती है। यदि इससे बदबू आती है, तो इसे न करें'।

हम हितों के टकराव के कुछ उदाहरणों को लेते हैं।

फ्रीपोर्ट

फ्रीपोर्ट-मैकमोरन इनकॉर्पोरेशन, धातु एवं खनन क्षेत्र की दुनिया की सबसे बड़ी कंपनियों में से एक है। दिसम्बर 2012 में, कंपनी ने ऊर्जा क्षेत्र में निवेश किया। इसने दो तेल अंन्वेषण कंपनियों; मैकमोरन एक्सप्लोरेशन्स एवं प्लेन्स एक्सप्लोरेशन्स एंड प्रोडक्शन्स को खरीद लिया। इस सौदे में हितों का व्यापक टकराव था।

हम क्रमश: समझते हैं। सर्वप्रथम, फ्रीपोर्ट के अध्यक्ष जेम्स मोफ्फेट, मैकमोरन के अंशतः मालिक एवं संचालनकर्ता थे। इसलिए, निवेशक एवं निवेशित कंपनियों में मोफ्फेट की निजी संलग्नता एक समस्या थी। जेम्स मोफ्फेट, फ्रीपोर्ट के अध्यक्ष और मैकमोरन के सह-अध्यक्ष हैं।, यदि मोफ्फेट मीटिंग्स में बैठे हैं और दोनों कंपनियों में शामिल हैं तो दो बोर्ड के निवेश के निर्णय कैसे ले सकते हैं? मोफ्फेट के द्वारा एक अन्य कंपनी में निवेश के फ्रीपोर्ट के निर्णय को प्रभावित करने की संभावना है, जहाँ वे फिर से एक शेयर-धारक एवं एक ऐसे व्यक्ति हैं जो कंपनी को चलाने के रूप में हितग्राही हैं। इन परिस्थितियों में फ्रीपोर्ट बोर्ड अपने निर्णय की प्रक्रिया में तटस्थ और निष्पक्ष नहीं हो सकता है। यह हित के टकराव का एक स्पष्ट मामला है।

दूसरी बात में हित का एक और टकराव है। फ्रीपोर्ट के प्लेन्स एक्स्प्लोरेशन्स एंड प्रोडक्शन्स के प्रमुख, जेम्स फ्लोर्स, मैकमोरन एक्सप्लोरेशन्स बोर्ड के भी सदस्य हैं, जहाँ जेम्स मोफ्फेट एक शेयर धारक हैं। अतएव यह हितों का परस्पर टकराव है।

तृतीय बात में, स्पष्ट रूप से ऊर्जा क्षेत्र में फ्रीपोर्ट के निवेश की कोई व्यावसायिक तार्किकता नहीं है। किसी सोने का खनन करने वाली कंपनी को तेल एवं गैस खोजने में क्यों निवेश करना चाहिए? इस सौदे से किस सहक्रियता की आशा की जा सकती है? क्या बोर्ड के पास इस पर चर्चा और परामर्श के लिए पर्याप्त सूचना थी?

फ्रीपोर्ट अपने अध्यक्ष के अन्य व्यवसायों में, इस मामले में विशेषकर ऊर्जा क्षेत्र में, हित के संवर्धन हेतु अपनी अधिशेष निधि को निवेश करने हेतु मजबूर कर दी हो गयी होगी।

गोल्डमैन सैक्स

कभी-कभी गोल्डमैन सैक्स जैसी कंपनियों को अपने उपभोक्ताओं को सेवा प्रदान करने और उनके स्वामित्व वाले व्यावसायिक कार्यों के बीच टकराव का सामना करना पड़ता हैं। जब निवेश सलाहकारों को अपने ग्राहकों को सौदों की स्थितियों में सलाह देते हैं, तो उनके ग्राहकों के हितों की रक्षा करना उनका पहला कर्तव्य और फिर उनके अपने या स्वामित्व वाले व्यवसायों के प्रभागों का। हालांकि, कुछ मामलों में गोल्डमैन सैक्स जैसी कंपनियाँ भी हितों के टकराव सम्बंधित मानकों को पूरा करने में असफल हो जाती हैं।

जनवरी 2010 में गोल्डमैन सैक्स ने अपने ग्राहकों के सामने स्वीकार किया कि निवेश के विचार अक्सर इसके अपनी व्यावसायिक शाखा के साथ बिना ग्राहकों को पहले बताए साझा किया जाता है।

रॉयटर

एक प्रतिष्ठित वित्तीय पत्रकार ने उस कंपनी के बारे में रिपोर्टिंग नहीं की जिस कंपनी में उसकी शेयर पूंजी भी लगी हुई थी। यह पत्रकार से सम्बंधित हित का टकराव था।

प्रसिद्ध ब्रिटिश स्तंभलेखक नील कॉलिंस, रॉयटर के ब्रेकिंग व्यू स्तंभ में अपने हितों के टकराव का बिना खुलासा किए कंपनियों पर रिपोर्ट दे रहे थे। उदाहरण के लिए, नील के पास, लेख लिखने से पहले और बाद में बीपी के काफी शेयर थे। उन्होंने बीपी पर अनेक लेख लिखे। रॉयटर ने अक्टूबर 2010 में पत्रकार को अपनी सेवा से हटा दिया।

जब पत्रकार उन कंपनियों के बारे में लिखते हैं या टिप्पणी करते हैं, जिनमें उनके व्यापक वित्तीय हित होते हैं, तो ऐसे पत्रकारों के द्वारा तथ्यों को लेख या टिप्पणी के पश्चात् घोषित कर देना चाहिए। यही नैतिकता है।

जापान टोबैको

तंबाकू कंपनियों मे शेयर रखने वाली सरकारों तक का हित का टकराव हो सकता है। सरकार द्वारा स्वस्थ जीवन को प्रोत्साहन देने और तंबाकू के उपभोग को हतोत्साहित करने के साथ-साथ सिगरेट कंपनियों में उनकी अंशधारिता या स्वामित्व के हितों का गंभीर टकराव रहता है। जापानी सरकार ने फरवरी 2013 में दुनिया की सबसे बड़ी तंबाकू कंपनी – जापान

टोबैको – पर अपनी पकड़ को ढीला करने तथा इसके 50% में से एक तिहाई को बेचने का निर्णय किया। जापान में अनेक लोगों ने सिगरेट कंपनियों में विशाल साझेदारी के कारण सरकार पर धूम्रपान नहीं करने वाले लोगों को सिगरेट के धुएँ से बचाने के लिये प्रभावी कदम नहीं उठाने का आरोप लगाया।

अमेरिकी कैंसर सोसायटी के द्वारा 2011 में संकलित किए गए आँकड़ों के अनुसार दुनिया में धूम्रपान करने वालों की सबसे बड़ी संख्या जापान में है, अमेरिका में प्रति व्यक्ति के द्वारा प्रति वर्ष पी जाने वाली 1,000 सिगरेट की तुलना में जापान में 1,840 सिगरेट प्रति व्यक्ति का आंकड़ा है।

अब तंबाकू उद्योग में हित के टकराव में कमी के साथ, उम्मीद है कि जापान हर किसी को सिगरेट के धुएँ से प्रभावित होने से बचाने में ज्यादा सक्रिय होगा।

पश्चलेख

खरीददार के लिए नियम है कि सामान खरीदने से पहले उसकी जांच करने की जिम्मेदारी खरीददार की ही है। इसी नियम के आधार पर हितों के टकराव का सामना करना चाहिए। यदि आप जानते हैं किसी विशेष पक्ष की रुचि है या अपने विचार को व्यक्त कर रहे व्यक्ति का विरोधाभासी हित है, तो इसे थूक के साथ निगलिए और सतर्क रहिए कि लेनदेन से आपको क्या प्राप्त होगा!

कपटी समझौता

प्राचीन कलाकृतियों के दो सबसे प्रसिद्ध नीलामकर्ता माने जाने वाले **क्रिस्टी'ज** एवं **सोदबी'ज,** कड़े प्रतिस्पर्धियों पर अपनी फीस, गोपनीय ग्राहक सूची के आदान-प्रदान, शर्तों पर सौदा करने और एक–दूसरे के कर्मचारियों को नौकरी नहीं देने का समझौता करने का आरोप लगा। यह एक ऐसी सांठगांठ थी, जिसने दोनों के लाभों को बढ़ा दिया।

खिलौनों के प्रसिद्ध विपणनकर्ता **टॉईज "आर"अस** ने निर्माताओं को, प्रतिस्पर्धी कम मूल्य की दुकानों को सामान्य कीमत से ज्यादा मूल्य पर उत्पाद बेचने पर मजबूर कर दिया। इसने निर्माताओंके द्वारा बार्बी, मि. पोटैटो हेड एवं अन्य लोकप्रिय खिलौनों के मूल्य को कृत्रिम रूप से ज्यादा रखवाने पर काम किया ताकि प्रतिस्पर्धी कम मूल्य की दुकानें इसे न रख सकें। यह एक सांठगांठ थी।

शेरिंग-प्लॉउ ने एक बार **अमेरिकन होम प्रोडक्ट्स** व **अप्शर-स्मिथ लैबोरेटरीज इंक.** को, हृदय के मरीजों के द्वारा इस्तेमाल की जाने वाली कम-मूल्य वाली जेनेरिक औषधि की बिक्री में देरी करने के लिए $90 मिलियन दिए, ताकि शेरिंग की औषधि का विकल्प सामने न आ सके। इसी तरह **एवेंटिस फार्मा लि.** ने **एंड्रक्स** को उसके लोकप्रिय हृदय की दवा के जेनेरिक प्रारूप को जारी करने में देरी करने के लिए $90 मिलियन दिए। यह सबसे घटिया प्रकार की सांठगांठ थी, जो मानव हित के विरुद्ध कार्य कर रही थी।

सांठगांठ क्या है? यह दो या ज्यादा पक्षों के बीच एक अनुपयुक्त या अवैध प्रायोजन या तृतीय पक्ष के प्रति पूर्वाग्रह के कारण हुआ एक समझौता या मेल है। यह आम तौर पर अन्य को धोखा देने, भ्रमित करने या कपट करने के लिए एक गोपनीय समझौता होता है। सांठगांठ में संगठनों या व्यक्तियों के बीच स्वयं को किसी बाजार में आवंटन करने, मूल्य तय करने या उत्पादन को सीमित करना भी शामिल है। आमतौर पर यह अवैध होता है और ऐसे समझौते अमान्य होते हैं।

हम कॉर्पोरेट जगत में सांठगांठ के कुछ और उदाहरणों को देखते हैं।

हैशेट, हार्पर कॉलिंस, साइमनएंड शुस्टर, पेंग्विन, मैकमिलन एवं एपल

बड़े प्रकाशन समूहों में से पाँच पर ई-बुकों का मूल्य तय करने के लिए ई-मेल और भोजन की बैठकों के माध्यम से षड्यंत्र करने और सांठगांठ करने का आरोप लगा। प्रकाशक बाजार द्वारा संभाले जाने लायक दर पर वितरकों को एक थोक मूल्य दर तय करने के मॉडल देता था, उससे आगे बढ़ कर एक ऐसी प्रणाली में आ गए थे, जो प्रकाशक को ई-बुक का मूल्य तय करने देती थी। यह 'एजेंसी प्राइसिंग मॉडल' के नाम से जाना जाता है। प्रकाशकों ने खुलासा किया कि वे अमेजन के ई-बुक के लागत-से-कम मूल्य निर्धारण से स्वयं को बचाने की कोशिश कर रहे थे, जो कुछ मॉडलों में मूल्य $9.99 निर्धारित किया गया था। प्रकाशकों द्वारा अपनाया गया तर्क था कि उन्हें अपनी खाल को बचाने के लिए सांठगांठ करना जरूरी था।

एपल के अलावा, सभी पाँच प्रकाशन गृहों ने सांठगांठ के आरोपों का निबटारा इस बात पर राजी हो कर किया कि वे 2012 के अंत या शुरूआती 2013 तक ई-बुक रिटेलरों द्वारा दी जाने वाले छूट और प्रोत्साहनों पर लगाए गए प्रतिबंधों को उठा लेने पर सहमत हैं। अतएव, ई-बुकों के मूल्य को रिटेलरों द्वारा कम किया जा सकता था। प्रकाशन गृहों को इसी प्रकार की शर्तों या प्रतिबंधों वाले नए समझौतों को 2014 के अंत तक करने से रोक दिया गया था।

गोल्डमैन सैक्स, बेन, टीपीजी, ब्लैकस्टोन, द कार्लाइल ग्रुप, केकेआर, सिल्वर लेक

सबसे बड़े निजी इक्विटी (पीई) फर्मों के 11 के समूह पर कॉर्पोरेट वृद्धि की अवधि के दौरान कॉर्पोरेट अधिग्रहणों के मूल्य को नीचे लाने के लिए आपस में सांठगांठ करने का आरोप लगा। यह आरोप लगाया गया कि पीई फर्मों ने सूचीबद्ध कंपनियों के दो दर्जन से ज्यादा मल्टी-बिलियन अधिग्रहण में बाजार भाव से छेड़छाड़ की। इसके परिणामस्वरूप सूचीबद्ध की गई कंपनियों में पेंशन निधि सहित, शेयर धारकों को उनके शेयरों के मूल्य में अरबों डॉलरों से वंचित रहना पड़ा।

प्रभावित शेयर धारकोंके द्वारा 2007 में नागरिक विश्वास विरोध के माध्यम के तहत शिकायतें दर्ज की गईं। ये 'तुम मेरी पीठ खुजलाओ, मैं तुम्हारी पीठ' और 'यदि तुमने मेरे सौदे में बोली नहीं लगाई, तो मैं तुम्हारे में नहीं लगाऊंगा' जैसे मुद्दे हैं।

2003–07 की अवधि में प्रभुता वाली खरीदों के प्रति एक उत्साह था, पीई फंडों द्वारा अपने पैसे को इकट्ठे करते और इस पैसे से कंपनियों को खरीदते थे। इस अवधि में खरीदी गई कंपनियों में रिटेलर टॉईज "आर"अस, चिप निर्माता फ्रीस्केल, लॉजर हिल्टन वर्ल्डवाइड और स्पैनिश प्रसारणकर्ता यूनिविजन.कॉम शामिल थे।

अनिश्चितता की एक लंबी अवधि के बाद यूएस फेडरल कोर्ट ने शेयरधारकों द्वारा दायर की गई याचिका को स्वीकार कर लिया और मान लिया कि मामले पर बहस और सुनवाई होगी। जून 2014 में गोल्डमैन सैक्स और बेन कैपिटल ने गलती स्वीकार किए बिना सांठगांठ के आरोपों का निबटारा करने के लिए $121 मिलियन का संयुक्त जुर्माना दिया। सिल्वर लेक ने अपने विरुद्ध आरोपों पर $29.5 मिलियन का भुगतान कर उनका अनुसरण किया।

पश्चलेख

मिलीभगत आमतौर पर सौम्य गति से बहने वाली अंतःधारा है। इसकी उपस्थिति प्रत्यक्ष नहीं होती है, लेकिन जागरूकता संभावित नुकसान और हानि से बचाव कर सकती है। उदाहरण के लिए, नीलामियाँ अक्सर पारदर्शिता का भ्रम फैलाने के लिए होती हैं, लेकिन सांठगांठ का भूत, बोली में छेड़छाड़ के द्वारा अक्सर उपस्थित रहता है।

मूल्य तय कर लेना – एक आसान तरीका

कॉर्पोरेट संगठन लाभ में रूचि रखते हैं। इस इच्छा को पूरी करने के तरीकों में से एक है उपभोक्ताओं के लिए मूल्यों को बढ़ा देना। क्या यह बेहतरीन नहीं होगा कि सभी उत्पादक एक हो जाएँ और अपने उत्पादों को पूर्वनिर्धारित वर्धित मूल्य पर बेचने के लिए सहमत हो जाएँ?

कभी-कभी उपभोक्ताओं की आँखों में धूल झोंकने और मूल्यों में हेर-फेर करने के लिए गुप्त मीटिंगें, अनजान स्थान, गोल्फ कोर्स और झूठे नाम दुनिया भर में कुछ कॉर्पोरेशनों द्वारा उपयोग किए जाते हैं।

यह सभी हम टेलीविजन देखते हैं। आप शायद ही महसूस करेंगे कि इसके प्रमुख घटक पिछले कुछदशकों से मूल्य-निर्धारण का विषय हैं। जब विशालकाय कैथोड रे ट्यूब टीवी, लिक्विड क्रिस्टल डिस्प्ले (एलसीडी) से बदले जा रहे थे, तब सात कंपनियाँ 1990 से 2006 तक टेलीविजन और कम्प्यूटर स्क्रीनों के पिक्चर ट्यूब्स का मूल्य तय करने के लिए गोल्फ मैदानों पर 'ग्रीन मीटिंग्स' कर रहे थे। **फिलिप्स, फिलिप्स-एलजी जेवी, पैनासोनिक, सैमसंग, तोशिबा** और **टेक्नीकलर** पर इसके लिए कुल मिलाकर $1.9 बिलियन का जुर्माना लगा।

जले पर नमक छिड़कने के रूप में, 2001–06 में जब फ्लैट-स्क्रीन टेलीविजन के लिए एलसीडी लोकप्रिय हो रहे थे, तो ताइवानी और दक्षिण कोरियाई निर्माता, मूल्य तय करने के लिए लगभग 60 बार मिले। 2010 में यूरोपीय कमीशन द्वारा ताइवानी कंपनियों जैसे **इन्नोलक्स कॉर्पोरेशन, एयू ऑप्ट्रोनिक्स कॉर्प., चुंग्वा पिक्चर ट्यूब्स लि. एवं हैन्नस्टार** पर कुल मिला कर $860 मिलियन का जुर्माना लगाया गया। दक्षिण कोरियाई कंपनी **एलजी डिस्प्ले** भी इस समूह का सदस्य थी।

उपभोक्ताओं को नए या पुराने टीवी खरीदने में दोनों तरफ से झेलना पड़ा – पिक्चर ट्यूब एवं एलसीडी – क्योंकि दोनों के मूल्यों के साथ छेड़छाड़ की गई थी!

मूल्यों के मोलभाव में उपभोक्ता का चुनाव प्रतिबंधित होने के लिए,विक्रेताओं के बीच मूल्य तय कर लेने पर पूरी दुनिया भर में रोक है। *प्रतिस्पर्धा* या *अविश्वास* – कानून को वैधानिक समर्थन प्राप्त है, जिसके द्वारा व्यावसायिक समूह (कार्टेलाइजेशन) या बाजार पर कंपनियों के प्रभुत्व पर नियंत्रण किया जा सके।

चीनी संगठन जुर्मानों से अछूते नहीं हैं। भोजन एवं कोका कोला सहित सॉफ्ट ड्रिंक्स का एक घटक एस्कॉर्बिक एसिड, या विटामिन सी, की विश्व की आपूर्ति का 80% का उत्पादन करने वाली चीनी कंपनियों के एक समूह पर मार्च 2013 में, एक अमेरिकी जिला अदालत

द्वारा $162 मिलियन का जुर्माना लगाया गया जब वे 2001 से मूल्य निश्चित करते हुए पकड़ी गईं। इस कहानी में एक अनूठा मोड़ तब आ गया, जब चीनी सरकार ने निर्माताओं के बीच मूल्य तय करने का प्रत्यक्ष समर्थन कर दिया। हालांकि, सरकार के समर्थन के बावजूद भी इन चीनी कंपनियों को अमेरिकी न्यायपालिका द्वारा दंड दिया गया और उनके साथ अन्य कंपनियों के समान व्यवहार किया गया।

विटामिन उत्पादक संघ (कार्टेल) एक पुराना मामला है, जहाँ 1999 में पहले भी जुर्माने लिए गए थे। यह यूरोपीय कंपनियाँ जैसे स्विस फार्मास्यूटिकल जायंट **रौश** और जर्मन रसायन कंपनी **बीएएसएफ** के नेतृत्व में हुआ था। उन पर $1.5 बिलियन का विशाल जुर्माना लगाया गया था।

कार के हिस्सों का प्रक्षेत्र उत्पादक संघ गतिविधियों का अड्डा है। टोयोटा, होंडा, निस्सान और रेनॉ को 2000–09 में निर्माताओं के बीच मूल्य तय कर लेने के कारण एक दशक तक बुरी तरह परेशान होना पड़ा। कार के हिस्सों के अनेक निर्माताओं पर यूरोपीय यूनियन प्रतिस्पर्धा नियामक द्वारा €142 मिलियन ($177 मिलियन) का जुर्माना लगाया गया। इसमें सबसे बड़ा जुर्माना जापानी कंपनी **याजाकी** पर लगाया गया जो वाहनों में विद्युत प्रवाहित करने वाले वायर हार्नेस की सबसे बड़ी निर्माता थी। कार के अन्य घटक निर्माताओं में जापानी कंपनी **फुरुकावा इलेक्ट्रिक** एवं जर्मन कंपनी **लियोनी** शामिल है, जिनको जुर्माना देना पड़ा।

उत्पादों का मूल्य बढ़ाने के लिए प्रतिस्पर्धा का गला घोंट देना अनेक कंपनियों द्वारा अपनायी जाने वाली कार्यप्रणाली है। **माइक्रोसॉफ्ट** को 2009 में इसके विंडोज सॉफ्टवेयर के उपभोक्ताओं को इंटरनेट ब्राउजर्स के ज्यादा विकल्पों को देने को कहा गया। हालांकि यह वादा किया गया था कि इसके नए कम्प्यूटर्स में इंटरनेट से अन्य ब्राउजर्स को आसानी से डाउनलोड की अनुमति रहेगी, लेकिन ऐसा करने में वह असफल रहा। जुलाई 2012 में प्रतिस्पर्धी कंपनियों के द्वारा शिकायत करने पर यह पाया गया कि माइक्रोसॉफ्ट इंटरनेट उपभोक्ताओं को वेब ब्राउजर्स के व्यापक विकल्पों को देने में असफल रहा और इसके विपरीत इसने अपने ब्राउजर को बढ़ावा दिया। मार्च 2013 में कंपनी पर $732 मिलियन का जुर्माना हुआ। बाद में इसने माफी मांगी।

मूल्य तय करने के युद्धक्षेत्र में खिलवाड़ कर रही खिलौनों की कई कंपनियाँ हैं। यूनाइटेड पार्सल **सर्विसेज, कुह्नएंड नागेल, पॅनअल्पिना वर्ल्ड ट्रांसपोर्ट लिमिटेड** एवं **डायचे बान** जैसे बड़े नामों सहित यूरोपीय परिवहन उत्पादक संघ, को 2002 से 2007 के बीच अपनी चर्चाओं को छिपाने के मौलिक तरीकों का उपयोग करते हुए पाया गया, जिन पर कुल $225 मिलियन का जुर्माना लगाया गया था। सहभागी उत्पादक संघ अनूठे ढंग से

अस्पारागास और *बेबी कोरगेट्स* जैसी सब्जियों के नाम को यूरोप एवं अमेरिका के बीच व्यापार मार्गों पर सरचार्ज लगाने के लिए गुप्त-शब्द के रूप में प्रयोग करते थे।

यदि मूल्यों का तय करने में शामिल उत्पादक संघ खिलाड़ियों में एक ही अधिकारी 'बडबडाता' है, तो वह संभवतः जुर्माने से बच सकता है। ऐसे उदाहरण विपुल हैं। डॉयचे पोस्ट की सहयोगी डीएचएल एवं एक्सेल, जो स्वयं उत्पादक संघ में शामिल थीं, ने अविश्वास-कानून की एजेंसियों को यूरोपीय परिवहन उत्पादक संघ के बारे में सचेत कर दिया। वे बिना सजा के निकल गए। दक्षिण कोरिया के सैमसंग पर कोई जुर्माना नहीं लगा क्योंकि यह फ्लैट पैनल स्क्रीन निर्माताओं के द्वारा मूल्य तय करने वाले घटनाक्रम में एक व्हिसिल ब्लोअर थी।

हालांकि, नियामक कदम उठाए जा रहे हैं, फिर भी कंपनियाँ मूल्य तय करने की महीन रेखा पर चल ही रही हैं। वे अक्सर बार-बार गलतियाँ करने वाले अपराधी हैं हालांकि उन्हें पहले भी सावधान किया गया है। उदाहरण के लिए जर्मन स्टील निर्माता **थिसन क्रप एजी** पर जुलाई 2013 में रेल-स्टील बाजार में मूल्य तय करने पर जुर्माना लगाया। यह एक दोहराया गया अपराध था।

पश्चलेख

गलत कामों के लिए भारी जुर्माने के बावजूद मधु-घट (लाभ का लालच) कॉर्पोरेट प्रक्षेत्र को लगातार इशारा करता रहता है, हालांकि इसमें उपभोक्ताओं को त्रस्त करने और उनका नुकसान करने का कार्य शामिल हो सकता है।

सीनियर मैनेजमेंट को धनी बनाना: स्टॉक ऑप्शन्स की तारीख बदलना

कोमवर्स टेक्नोलॉजीज, एक सॉफ्टवेयर संचार कंपनी के मुख्य व्यवस्थापकीय अधिकारी जैकब एलेक्जेंडर 2006 तक 15 साल लाखों डॉलर बनाने के बाद दक्षिण अफ्रीका के नामीबिया की खूबसूरत आबो हवा में आराम करने के लिए अमेरिका से भाग गया। एलेक्जेंडर ने स्टॉक ऑप्शन को पीछे की तारीख में कर $138 मिलियन बना लिए, एक ऐसा अपराध जिसकी सजा से वह बच निकला।

स्टॉक ऑप्शन क्या है?

'कर्मचारियों के स्टॉक ऑप्शन' (लोकप्रिय रूप से ईएसओपी के नाम से जाने जाने वाला), कर्मचारियों को कंपनियों द्वारा उनके कार्य को पुरस्कृत करने के लिए मालिकाना हित के रूप में उनकी आय में मदद करने के लिए समभाग शेयर्स दिये जाते हैं ताकि कर्मचारियों की उस कंपनी के विकास में भागीदारी बढ़े जिसमें वे काम करते हैं। यह मुख्यतः कर्मचारियों को प्रोत्साहित करने हेतु है और इसे उनकी नियुक्ति बनाएं रखने और प्रोत्साहित करने के लिए रणनीति के रूप में प्रयोग किया जाता है।

यह आमतौर से कैसे कार्य करता है?

ईएसओपी कर्मचारियों को उन कंपनियों के शेयरों को भविष्य की तारीख में एक पूर्व निधारित मूल्य पर खरीदने के प्रदत्त विकल्प हैं, जिनमें वे काम करते हैं। यह पूर्व निर्धारित मूल्य, जो स्ट्राइक प्राइस या एक्सरसाइज प्राइस के नाम से भी ज्ञात है, सामान्यतः शेयरों के प्रचलित बाजार मूल्य से रियायती मूल्य होता है। स्टॉक ऑप्शन बिना किसी मूल्य के भी दिया जा सकता है। कर्मचारियों को दिये जाने वाले शेयरों का मूल्य उस समय तय किया जाता है, जब ईएसओपी बांटने का निर्णय लिया जाता है, जो सामान्य तौर पर ईएसओपी पर चर्चा करने हेतु बोर्ड मीटिंग की तारीख होती है।

यह ऑप्शंस क्यों कहलाता है?

इस प्रणाली में कर्मचारियों को शेयरों की खरीदने का अधिकार होता है, लेकिन अनिवार्य रूप से वे नहीं हैं, जिनका प्रस्ताव दिया गया है। इसलिए वे उनको खरीदने के विकल्प को आरक्षित कर सकते हैं और ऐसा करने के लिए बाध्य नहीं हैं।

शेयरों को कब खरीदा जा सकता है?

कर्मचारियों को निहित अवधि के रूप में ज्ञात भविष्य की तारीख में शेयरों को खरीदने का विकल्प दिया जाता है। यह एक वर्ष या ज्यादा की हो सकती है। यह कुछ वर्षों तक विस्तृत हो सकती है। उदाहरण के लिए किसी कंपनी ने 31 दिसम्बर 2012 को प्रत्येक कर्मचारी को

1000 शेयर ईएसओपी के रूप देने का प्रस्ताव दिया। इसे ऐसे संरचित किया जा सकता है कि 20% या 200 शेयरों को पहले वर्ष के बाद या 2013 के अंत तक खरीदा जा सकता है, 30% या 300 शेयरों को दूसरे वर्ष के बाद या 2014 के अंत तक और बाकी बचे 50% या 500 शेयरों को तीसरे वर्ष के बाद या 2015 के अंत तक।

ईएसओपी कर्मचारियों के लिए लाभप्रद क्यों हैं?

स्टॉक ऑप्शन आम तौर पर बाजार मूल्य की तुलना में रियायती दरों पर जारी किए जाते हैं। वे बिना किसी मूल्य के भी जारी किए जा सकते हैं। परिणामस्वरूप, कर्मचारी उन्हें एक पूर्व-निर्धारित कम मूल्य पर खरीद सकते हैं और उन्हें व्याप्त बाजार मूल्य में बेच सकते हैं, जो आशा से ज्यादा होता है, और लाभ कमा सकते हैं। हालांकि, यदि शेयरों का बाजार मूल्य, प्रायोगिक मूल्य से कम होता है, तो कर्मचारियों को उन्हें खरीदने की जरूरत नहीं होती है।

धन में व धन के बाहर (इन द मनी व एट द मनी)

यदि प्रचलित बाजार मूल्य निहित तिथि पर स्टॉक ऑप्शन देय मूल्य से ज्यादा हो तो कर्मचारियों को लाभ होता है। लेकिन यदि प्रचलित बाजार मूल्य स्टॉक ऑप्शन देय मूल्य से कम हो, तो कर्मचारी बाहर हो जाते हैं और संभवतः शेयरों की खरीद के विकल्प का प्रयोग नहीं करते हैं। यदि बाजार मूल्य एवं शेयर ऑप्शन मूल्य समान हो तो यह *'एट द मनी'* कहलाता है।

लेखांकन व्यवहार

जब भी शेयर *'इन द मनी'* होते हैं, यह कंपनियों के कर्मचारियों के लिए लाभप्रद होते हैं। हालांकि कंपनियों को निहित तिथि को बाजार मूल्य एवं देय मूल्य के बीच के अंतर को अपने लाभ एवं हानि (पीएंडएल) खातों में (एक लागत के रूप में प्रदर्शित करने के लिए) उत्तरदायित्व को लेने की जरूरत होती है। यह कर्मचारियों के प्रदत्त 'मानद पारिश्रमिक' के रूप में जाना जाता है, क्योंकि जब वे शेयरों को वास्तविक रूप से खरीदने का और उन्हें बाजार में बेचने का निर्णय करते हैं, यह उनके लाभों में संयोजन करता है। क्योंकि खरीदने का

विकल्प कर्मचारियों के पास होता है, इस बात का ध्यान रखे बिना कि कर्मचारी इस विकल्प का प्रयोग करते हैं या नहीं, नियोजक को खातों को नवीनतम रखने की आवश्यकता होती है (क्योंकि शेयर *इन द मनी* में होते हैं)। यदि शेयर *एट द मनी* या *आउट ऑफ मनी* स्तर पर होते तो ऐसे किसी *प्रभार* की आवश्यकता नहीं होती हैं। लेखांकन व्यवहार स्थानीय लेखांकन निर्देशों या जीएएपी की आवश्यकताओं पर निर्भर करते हुए स्थान के अनुसार बदल सकते हैं।

ईएसओपी में धोखाधड़ी कैसे होती है?

ईएसओपी से सम्बंधित दो प्रकार की धोखाधड़ी होती है:

1. पहला स्टॉक ऑप्शन की तारीख पीछे करना है। स्पष्ट रूप से, नियोजक कंपनी में भविष्य की तारीख में इक्विटी शेयरों को खरीदने का विकल्प एक पूर्व-निर्धारित दर पर होना चाहिए, जो भविष्य की तिथि में प्रयोग्य हो। इसके पीछे का तर्क है कि भविष्य का मूल्य अज्ञात है। यह कर्मचारियों को शेयर धारकों के मूल्य को बढ़ाने हेतु निष्ठापूर्वक काम करने के लिए प्रोत्साहित करने के लिए हो सकता है, ताकि भविष्य में शेयरों के मूल्य में वृद्धि हो सके। लेकिन, जिस दिन निर्णय लिया जाता है, स्पष्ट रूप से मूल्यों के साथ खेलने का अवसर मिल सकता है यदि ऑप्शन की तारीख पिछली तिथि से निर्धारित की जाए तो।

   उदाहरण के लिए, 31 दिसम्बर 2012 (निहित तिथि) को स्टॉक ऑप्शन देने का निर्णय किया गया, जब बाजार मूल्य प्रति शेयर $20 था। हालांकि, कंपनी के खातों और दस्तावेजों में यह दिखाया गया कि निर्णय 30 जून 2012 (देय तिथि-गलत एवं पीछे की तारीख में) को हुआ था। जून 2012 में कोई नहीं जानता था कि दिसम्बर 2012 में क्या मूल्य होगा। अतः, यदि यह निर्धारित किया गया कि स्टॉक ऑप्शन का मूल्य $16 प्रति शेयर रहेगा, तो दिसम्बर 2012 में कर्मचारी अपने स्टॉक ऑप्शन का प्रयोग कर सकेंगे और $4 प्रति शेयर लाभ कमा सकेंगे ($20 के बाजार मूल्य से $16 के ऑप्शन मूल्य को घटा कर)। स्टॉक ऑप्शनों सम्बंधी लेनदेनों को पीछे की तारीख में करने का धोखाधड़ी सम्बंधी व्यवहार हो जाने की आशंका होती है।
2. धोखाधड़ी के दूसरे प्रकार का सम्बंध गलत लेखांकन व्यवहार से है और इसमें जब कर्मचारी के लिए शेयर्स *'इन द मनी'* हों तब आय विवरणी में कीमत की

जानकारी न देना शामिल है। स्टॉक ऑप्शन उनके भुनाने तक कर्मचारियों के मानद पारिश्रमिक हैं, हालांकि सिर्फ सैद्धांतिक रूप से। जब तक कि वे निहित तिथि को *'इन द मनी'* पर हैं, अंतर मूल्य को कंपनी के खातों में एक मूल्य के रूप में दिखाना जरूरी है।

स्टॉक ऑप्शन की तारीख पीछे करना–गैरकानूनी?

सैद्धांतिक रूप से, स्टॉक ऑप्शनों को कंपनी के बेहतर प्रदर्शन हेतु, इसके शेयर धारकों का मूल्य बढ़ाने के लिए और इस वर्धित मूल्य सृजन में भाग लेने हेतु, कर्मचारियों को सक्षम बनाने के लिए, कर्मचारियों को प्रोत्साहित करने हेतु दिया जाना चाहिए। यदि यह पिछली तिथि से है, तो मूल अवधारणा गुम हो जाती है। स्टॉक ऑप्शन को पिछली तिथि में करना किसी को लॉटरी खुलने की तारीख और जीतने वाले नंबर को जान लेने के बाद लॉटरी खरीदने की अनुमति देना है। हालांकि स्टॉक ऑप्शन को पिछली तिथि में करना अवैध तो नहीं, लेकिन अनैतिक है। यदि अवैधनीयता से बचना है, तो कंपनी के वित्तीय विवरण में पिछली तिथि पर किए गए देय स्टॉक ऑप्शनों के पूर्ण प्रभाव को दिखलाना चाहिए एवं विपरीत लागत प्रभावों (इन द मनी विकल्पों के मामले में) को इसकी आय विवरणी में पूरी तरह से इंगित किया जाना चाहिए। इसके अतिरिक्त, टैक्स प्रभाव, यदि कोई हों, का पूरा ध्यान रखना चाहिए। तारीख पीछे करने का खुलासा नहीं करना धोखाधड़ी का कृत्य है।

बिना खुलासे के स्टॉक ऑप्शन को पिछली तिथि पर करने में शामिल कंपनियाँ

अनेक कंपनियों ने कभी न कभी स्टॉक ऑप्शन को पिछली तिथि पर किया है और उनके प्रभाव को अपने खातों में गलत दर्ज किया है।

बहुराष्ट्रीय: **रिसर्च इन मोशन**, ब्लैकबेरी के निर्माता; **एपल**, पर्सनल-कम्प्यूटर निर्माता; **मैकैफी इंक.**, एंटीवायरस उत्पाद-निर्माता

बड़ी मात्रा शामिल: **ब्रॉडकॉम कॉर्पोरेशन**, खातों के प्रभार में $2.2 बिलियन की कमी; **सिम्बल टेक्नोलॉजीज**, $530 मिलियन लाभ का अतिशयोक्तिपूर्ण विवरण; **मॉन्स्टर वर्ल्डवाइड**, लागत में $340 मिलियन कम का विवरण

काफी लंबी अवधि तक पिछली तिथि करने वाली कंपनियां: **ट्राइडेंट माइक्रोसिस्टम्स**, 1993–2006; **ब्लैक बॉक्स कॉर्पोरेशन**, 1994–2006; **यूनाइटेड हेल्थ ग्रुप**, 1995–2005

और सूची जारी है।

शेयरों को वापस खरीद कर धन हथियाना

जब कोई कंपनी लाभ कमाती है और उसके पास कॉर्पोरेट आयकर चुकाने के बाद भी अतिरिक्त निधि होती है, तो यह अधिशेष आय को अपने कारोबार में पुनःनिवेशित या अपने शेयर धारकों में अतिरिक्त निधि को अंशतः या पूर्णतः वितरित कर सकती है। कंपनी के लाभ के अलावा शेयर धारकों के बीच नकद का भुगतान, डिविडेंड कहलाता है।

कंपनी के अंतिम मालिकों- शेयर धारकों के बीच नकद के भुगतान का एक और तरीका है। यह है शेयरों को वापस खरीदना या शेयरों की पुनः खरीददारी।

यह एक योजना है, जिसके द्वारा कंपनी, बाजार से या वर्तमान शेयर धारकों से अपने शेयरों को समानुपातिक आधार पर वापस खरीद सकती है। यह सामान्यतः तब किया जाता है, जब शेयर्स अवमूल्यित होते हैं। इसका अर्थ यह है कि शेयरों का बाजार मूल्य की उम्मीद से कम है। जब शेयर वापस खरीद लिए जाते हैं, तो यह बाहरी शेयरों की संख्या को कम कर देता है और कंपनी की प्रति शेयर आय बढ़ जाती है (अर्थात्, शेयरों की पुनः खरीददारी के बाद कम बाहरी शेयरों के साथ लाभ का समान स्तर प्रति शेयर आय बढ़ा देता है)। यह शेयर धारकों द्वारा रखे गए बाकी शेयरों के बाजार मूल्य को बढ़ाने में मदद करता है।

शेयर पुनः खरीददारी योजना के उद्देश्य से यह स्पष्ट है कि इसका लक्ष्य, उपक्रम में अपने अतिरिक्त नकद का उपयोग करना और इसके शेयरों का बाजार मूल्य बढ़ाना और इसके शेयर धारकों को कुछ उपलब्ध नकद को लौटाना है। इसलिए यह उम्मीद करना तार्किक है कि इस कार्यक्रम को तब ही उपयोग में लाया जाए जब किसी कंपनी के पास अतिरिक्त निधि है और इसके उपयोग की तात्कालिक योजना नहीं है। प्रत्यक्ष रूप से यह पहले से माना जाता है कि कंपनी अच्छा कर रही है।

परन्तु, कई उदाहरण हैं कि वास्तविकता में कोई कंपनी अच्छा नहीं कर रही है, लेकिन फिर भी अपनी शेयर वापस खरीद योजना के द्वारा अपने शेयर धारकों को नकद लौटा रही है। यह ठीक-ठीक से लेखांकन जालसाजी नहीं होती है, लेकिन इससे प्रबंधन द्वारा

कर्मचारियों की मांगों को पूरा करने के लिए कंपनी के फंडों का अनावश्यक उपयोग करने का पाप तो किया जा सकता है।

यह सामान्यतः तब होता है जब कुछ कर्मचारी कंपनी के कर्मचारी स्टॉक ऑप्शन स्कीम के अंतर्गत शेयर रखते हैं। यह कर्मचारियों को उस नकद वितरण के जरिये लाभ देने का अच्छा रास्ता होता है, जिसे तार्किक रूप से संगठन के अंदर इसके और अधिक विस्तार और कार्य-संचालन के लिए उपयोग होना चाहिए। यह कंपनी के द्वारा अपने खातों में कर्मचारी लागत को एक व्यय के रूप में बिना दिखाए शेयरों को वापस खरीद के अप्रत्यक्ष मार्ग के द्वारा अपने कर्मचारियों को पारिश्रमिक का भुगतान करना है।

इस प्रकार की धोखाधड़ीपूर्ण गतिविधि अमेरिका स्थित ऑटो-पार्ट डीलर **ऑटोजोन** द्वारा की गई थी। कंपनी शेयरधारकों की (–) $1.0 बिलियन की ऋणात्मक इक्विटी के साथ गहरी खाई में थी (शेयरधारकों की ऋणात्मक इक्विटी का अर्थ है कि इसकी कुल हानि ने इसके शेयर धारकों के योगदान को चट कर लिया है)। यह हानि की घोषणा कर रही थी, लेकिन तब भी अपने स्टॉक्स को वापस खरीद की योजना द्वारा वापस हटा रही थी। यह एक उपयुक्त उदाहरण है कि कंपनी की कड़ी-मेहनत से कमाया गया धन कर्मचारियों के लिए भुगतान के रूप में स्टॉक ऑप्शन का अस्तित्व होने के कारण शेयरों की पुनः खरीद में गंवाया जा रहा था। ऐसा करके ऑटोजोन कर्मचारी सम्बंधीव्यय या लागतों को खातों में दिखाने से बचने और उनके खजाने को भरने हेतु नकद का उपयोग करने में सफल थी (शेयरों की वापस खरीद आय विवरण में लागत नहीं है, बल्कि यह वितरणीय अतिरिक्त फंड में से बांटना है)।

कंपनी को कबाड़ तक ले जाने वाली क्या योजना थी!

पश्चलेख

एथलीटों के लिए जो काम स्टेरॉयड का है, वही कर्मचारियों के लिए स्टॉक ऑप्शन का है। दोनों तात्कालिक उत्तेजना एवं पुनर्योवन प्रदान करने वाले हैं–हालांकि यदि उचित ढंग से संभाला नहीं गया तो गंभीर दुष्प्रभावों के होने की आशंका भी है।

कर बहुत परेशान करते हैं : चलो करमुक्त स्वर्ग चलते हैं

अवीवा, एंग्लो अमेरिकन, एसोसिएटेड ब्रिटिश फूड्स, एस्ट्राजेनेका एवं एडमिरल ग्रुप में क्या समानता है? अल्फाबेट्स के पहले अक्षर से शुरू होने और एफटीएसई 100 (लंदन

स्टॉक एक्सचेंज में सूचीबद्ध मुख्य 100 शेयर्स) से सम्बंध रखने के अलावा इन कंपनियों की करमुक्त स्वर्ग (टैक्स हेवन्स) में उपस्थिति और उनका संपर्क।

करमुक्त स्वर्ग वे भौगोलिक प्रक्षेत्र हैं, जो गैर-निवासी निधि को आकर्षित करने के लिए कम या शून्य टैक्सदरों, गोपनीयता या आसान नियामक चौखट का प्रस्ताव देते हैं। दुनिया में तकरीबन 50-60 टैक्स हेवन हैं, जिनमें बरमूडा, द ब्रिटिश वर्जिन आइलैंड्स, केमैन आइलैंड्स, द चैनल आइलैंड्स, दुबई, लक्ज़मबर्ग, लिचेंस्टीन, मॉरिशस, मोनाको, पनामा, सिशेल्स, स्विट्जरलैंड और डेलावेयर (यूएसए) शामिल हैं।

फरवरी 2013 में, द *इकोनॉमिस्ट* ने अनुमान लगाया था कि इन स्थानों पर लगभग $20 ट्रिलियन जमा हैं, हालांकि इसने खुलासा किया कि किसी को पता नहीं है कि इन ऑफशोर टैक्स हेवन्स में वास्तव में कितना धन जमा है। लक्ष्य अपने वास्तविक कार्य प्रक्षेत्रों में ज्यादा कर से बचना तथा कारोबारी लेनदेनों को इस प्रकार संरचित करना कि यह दिखाया जा सके कि यह टैक्सहेवन्स में उत्पन्न हुए हैं।

हालांकि समस्या कम या शून्य करलगना नहीं, बल्कि अप-तटीय स्थानों की गोपनीयता है, जो कंपनियों एवं व्यक्तियों को कर धोखाधड़ी एवं अन्य कुटिल कार्यों की अनुमति देती है। यह अनुमान लगाया जाता है कि टैक्स हेवेन्स की उपस्थिति के कारण अकेले यूएसए हर वर्ष $40 बिलियन का कर राजस्व गंवा देता है।

अप-तटीय न्याय-प्रक्षेत्रों में वित्तीय गोपनीयता का प्रावधान कर जालसाजी, काले धन की वैधता और अंतरराष्ट्रीय आतंकवाद संगठनों को धन उपलब्ध कराने को जन्म तथा प्रोत्साहन देता है।

जब कॉर्पोरेशन अपनी धोखापूर्ण गतिविधियों को करने या टैक्स से बचने के लिए गोपनीय स्थानोंका उपयोग करने का निर्णय करती हैं, तो उनके गलत कामों को पकड़ने तथा उन्हें दंडाधीन लाने के बहुत कम अवसर होते हैं। विश्व के कई देशों को उन प्रक्षेत्रों जो पारदर्शिता नहीं रखते हैं और गोपनीयता में कारोबार करने को प्रोत्साहित करते हैं, के साथ अपने नागरिकों और बैंकों को किसी वित्तीय लेनदेन करने से रोकने के लिए तत्काल विधेयक पारित करना चाहिए।

हम एक ऐसे देश का उदाहरण लेते हैं, जो अच्छे कॉर्पोरेट प्रशासन की वकालत करता है और जहाँ कॉर्पोरेशनों को देश – *यूएसए* – में अर्जित लाभ पर कर देने के लिए मजबूर करने हेतु – लोकप्रिय आंदोलन होता है। दुर्भाग्यवश देश में एक स्थान है – जो वित्तीय गोपनीयता में अग्रस्थान पर है – *डेलवेयर*। यह उस शहर जो यूएसए को नियंत्रित करता है – वॉशिंग़टन से सिर्फ 100 मील की दूरी पर है। डेलवेयर की विशिष्टता एपल, बर्कशायर हैथवे, कार्गिल, कोका-कोला, फोर्ड, जेनेरल इलेक्ट्रिक (जीई) एवं गूगल, वॉलमार्ट और

सूची में क्रमशः, का मुख्यालय होने की है। यूएस के लगभग 50% सार्वजनिक कॉर्पोरेशन इस छोटे से शहर में हैं।

ऐसा क्यों? कारण अनेक हैं। एक ड्राइविंग लाइसेंस लेने में भी लगने वाले कुछ दिनों के विपरीत एक कंपनी की स्थापना करने में एक घंटे से भी कम समय लगता है; लाभप्रद कंपनियों से लाभ को अधिकार शुल्क एवं अन्य राजस्वों को डेलवेयर की शाखा वाली कंपनियों को भेजा जा सकता है, जहाँ बहुत कम टैक्स लगता है,; बिना किसी कर्मचारी, ऑफिस या अन्य के एक कंपनी को रजिस्टर करने के लिए सिर्फ एक ड्रॉप-बॉक्स की आवश्यकता होती है। और इन सबके ऊपर यह सर्वोच्च गोपनीयता के स्तर का प्रस्ताव देता है, जो प्रत्यक्ष कारणों से कंपनियों को डेलवेयर की ओर उमड़ने के लिए प्रोत्साहित करता है और *शहर को दुनिया के बेनाम कंपनियों का एकल हब* होने का एक दुर्लभ विशिष्टता प्रदान करता है।

[ताजा कथन: यदि कोई पाठक डैलवेयर में पंजीकरण कराने का सही में इच्छुक है, तो आपको सिर्फ CT कॉर्पोरेशन, *ड्रॉप-बॉक्स कंपनी* के तिहाई हिस्से वाले मध्यस्थ, से संपर्क करने की आवश्यकता है, जो आपको अनाम, टैक्स मुक्त और आशापूर्वक कलंक-मुक्त रखने के लिए सब कुछ करेगा!]

ऐसे बहुत से मामले हैं जहाँ अपतटीय संरचन के लिए कॉर्पोरेट संगठनों को लिया गया है। एक ऐसा उदाहरण ब्रिटेन के सबसे पुराने हेज फंडों में से एक $600 मिलियन का प्रबंधन करने वाले **वीवरिंग कैपिटल** का है, जिस पर अपनी सहयोगी फर्म के साथ अवैध अपतटीय लेनदेन करने का आरोप लगा। वीवरिंग कैपिटल के संस्थापक मैग्नस पीटरसन पर ब्रिटेन के गंभीर धोखाधड़ी कार्यालयद्वारा दिसम्बर 2012 में जालसाजीपूर्ण लेखांकन और कारोबार का आरोप लगाया गया। यह अनुचित मल्टी-मिलियन पाउंड अपतटीय लेनदेन से बद्ध होने के कारण हेज फंड के 2009 में ध्वस्त हो जाने के बाद की कार्रवाई थी।

पश्चलेख

जी.के. चेस्टरर्टन ने कहा है, ‘कोई नागरिक किसी टैक्स और किसी जुर्माने में मुश्किल से ही अंतर दिखा सकता है क्योंकि कोई भी जुर्माना सामान्य तौर पर हल्का होता है’। इसी प्रकार एरविन ग्रिसवल्ड ने कहा, ‘हमारे लिए मौत एवं टैक्स अपरिहार्यता के दो मानक हैं। लेकिन कुछ ऐसे हैं, जो यह मानते हैं कि दोनों में से मौत बेहतर है।’

बहुत ज्यादा टैक्स? योजना, त्याग या कपट

ब्रिटेन और फ्रांस **गूगल** एवं **अमेजन** और कुछ अन्य कंपनियों को निशाना बना रहे हैं, और शिकायत कर रहे हैं कि इन कंपनियों की विशाल स्थानीय बिक्रियाँ समुचित कॉर्पोरेट टैक्स भुगतान में परिणत हो रही हैं। यदि यह संगठन कम टैक्स दे कर बच सकते हैं, तो आप और हम क्यों नहीं?

हममें से अधिकतर महसूस करते हैं कि हम बहुत ज्यादा टैक्स भरते हैं। और यदि हम इसे कम कर सके तो हममें से बहुत खुश होंगे। कॉर्पोरेशन कोई अलग नहीं हैं। अधिकतर समय, वे टैक्स बचाने के अवसरों की खोज में रहते हैं। या क्या यह कर देने से बचने के लिए है?

टैक्स योजना और *टैक्स से बचने* के बीच बहस जारी है। कर-योजना वैधानिक है। यह प्रक्षेत्रवर रणनीति पर कर-विच्छेद (अर्थात कम कर दायित्व) को प्रदान करने के लिए टैक्स कानूनों का लाभ उठाने पर आधारित है। उदाहरण के लिए यदि एक नई फैक्टरी किसी पिछड़े इलाके में लगाई जाती है, सरकार ज्यादा अवमूल्यन प्रदान करती है (घटाये जाने वाली लागतों को बढ़ा कर कर दायित्व को घटा कर)। इसी तरह कर प्रोत्साहनों को शोध एवं अनुसंधान (आर एंडी) को रोजगार के अवसरों को बढ़ाने के लिए तथा नवाचारों का समर्थन करने के लिए बढ़ावा देने के लिए किया जा सकता है। इन साधनों की सहायता लेना और टैक्स दायित्वों को कम करना वैधानिक है और टैक्स योजना बनाने के दायरे में आता है।

लेकिन *टैक्स से बचना* या परिवर्जन वह है, जहाँ समस्या आती है। अनेक कॉर्पोरेशन तर्क देते हैं कि यह वैधानिक हैं और इन पर प्रश्न नहीं उठाया जाना चाहिए, उदाहरण के लिए, किसी टैक्स हेवन प्रक्षेत्र, उदाहरण के लिए कैमेन आइलैंड्स में, टैक्स लगाने लायक आय को रखना, तब भी जब कंपनी का कोई अर्थपूर्ण कारोबार वहाँ न हो, एक विवादित विषय है और कर अपवंचन की सीमा पर है, यदि टैक्स जालसाजी नहीं हो तो।

एपल

दुनिया की सबसे लाभप्रद कंपनियों में से एक, एपल, उससे भी आगे जाकर, अरबों डॉलर कर के रूप में देने से बचता है, और कई महादेशों में फैले सहयोगियों के क्लिष्ट जाल और जिसकी विशेषज्ञ सिर्फ कल्पना कर सकते हैं, शायद उससे भी आगे जाता है। यूएस कांग्रेसके अनुसंधानकर्ताओं ने मई 2013 बताया कि 2009 और 2012 के बीच एपल ने कर-अधिकारियों के जाल से $ 74 बिलियन की आय को बाहर निकाल लिया। कंपनी

जिसने यूएस करों के रूप में $6 बिलियन का भुगतान किया, यदि पूरी आय यूएसए के प्रक्षेत्र के अंदर आयी होती तो उसको और भी ज्यादा भुगतान करना पड़ता।

एपल ने यह कैसे किया? इसने कम-कर वाले देशों जैसे आयरलैंड, नीदरलैंड और लक्समबर्ग में अपनी सहयोगी कंपनियाँ स्थापित की, जो इसके यूरोप और एशिया में बिक्री से हुए फायदे के बड़े हिस्से को प्राप्त करती थीं, हालांकि कंपनी का संचालन इसके मुख्यालय कुपर्टिनो, कैलिफोर्निया, सं.रा. अमेरिका से होता था। अनिवार्यतः, इसकी आई-ट्यूंस या गानों का डाउनलोड एवं अन्य *बौद्धिक संपत्तियाँ* एपल को इसकी देश में यूएसए के बाहर की बिक्रियों से प्राप्त करयोग्य लाभों को जमा करने में मदद करते हुए, आयरलैंड में थी।

डिजिटल उत्पादों का निर्माता होने के कारण एपल के लिए किसी फर्नीचर या खिलौनों के दुकान, जिसकी भौतिक गतिविधियाँ संघनित हैं, के विपरीत अपने लाभों को कम-करवाले देशों में स्थानांतरित करना आसान है। भारत में एक आई-फोन खरीदें और सिर्फ 2% का तय कर देते हुए आयरलैंड पूरा लाभ कमा लेगा। लाभ को यूएसए लाने पर ही इस पर 35% कर, विदेश में दिए गए कर को घटा कर, लगेगा।

क्या यह बेहतर योजना या कर अपवंचन है?

फाइजर, माइक्रोसॉफ्ट, इंटेल, जे एंड जे, सिटी, फेसबुक, लिंक्डइन, एचपी – कॉर्पोरेट आयरलैंड से प्रेम करते हैं

आयरलैंड में 12.5% का निम्न कॉर्पोरेट करदर ने अनेक बहुराष्ट्रीय कंपनियों को आकर्षित किया है, जिन्होंने इस देश में अपनी दुकानों को स्थापित किया है। दशकों से इसकी निम्न करदरों का आयरलैंड द्वारा निवेश को आकर्षित करने में और फाइजर, माइक्रोसॉफ्ट, इंटेल, सिटी एवं अन्य कंपनियों द्वारा अपने कामों को स्थापित करने में फायदा उठाया जा रहा है। टैक्स को कम करने हेतु, कंपनियों ने आय को देश में लाने या ले जाने सहित अनेक इंतजामों को किया है। **गूगल** के राजस्व प्राप्ति का प्राथमिक स्रोत उपभोक्ताओं के विज्ञापनों से प्राप्ति है। कंपनी विज्ञापनों के अनुबंधों को स्थानीय यूरोपीय दफ्तरों की जगह अपने आइरिश कार्यालय से करती है। इसी तरह **अमेजन** से खरीद गई पुस्तकें हमेशा एक और निम्न-कर देश लक्समबर्ग आधारित एक निकाय द्वारा विक्रय के रूप में प्रदर्शित की जाती हैं। इन कंपनियों का एकमात्र उद्देश्य उनकी जमा आय को निम्न-कर प्रक्षेत्रों में स्थानांतरित कर देना है।

जनरल इलेक्ट्रिक (जीई)

जी ई की टैग लाइन – 'कल्पनात्मकता कार्यरत' – लगभग 1,000 कर्मचारियों के, हाथी के आकार के इसके कर-विभाग के लिए उपयुक्त है। कंपनी अमेरिका में, में नाममात्र का टैक्स देती है, जहाँ इसका मुख्यालय है। 2012 के $17 बिलियन के इसके वैश्विक लाभ के साथ अमेरिका के 35% कीदर के विरुद्ध इसका कर दायित्व सिर्फ 15% ($2.5 बिलियन) दिखाया गया।

कंपनियाँ यह कैसे करती हैं? उनके मैनेजमेंट की, कर बचाने की केंद्रीयता उनकी सफलता की कुंजी है। नवप्रवर्तक लेखांकन, लाभ को अपतटों में भेजना और टैक्स ब्रेकों के लिए तीव्र जनमत बनाना (परिणाम के रूप में उच्च अवमूल्यन भत्ते और विंड टरबाइन्स पर हरित ऊर्जाश्रेय) जीई की यह कुछ कार्यप्रणाली हैं। लेकिन इसके सबसे महत्वपूर्ण टैक्स योजना विधियाँ हैं इसके लीजींग और लैंडिंग के इसके लाभप्रद उद्यम – जी ई कैपिटल – को अपतटीय स्थानों से करना।

स्टारबक्स

प्रसिद्ध कॉफी वितरक स्टारबक को 2010–12 के बीच टैक्स नहीं देने के लिए ब्रिटेन में लोगों के गुस्से का सामना करना पड़ा, हालांकि इसने अपने 700 ब्रिटिश स्टोरों पर £400 मिलियन ($600 मिलियन) की स्वस्थ बिक्री की थी। कंपनी ने अपनी बिक्री, अपने सहयोगियों के माध्यम से की। निम्न – कर देशों में प्रदर्शित – कर एवं नीदरलैंड जैसे देशों, जहाँ टैक्सदर कम है, को रॉयल्टियाँ देकर ब्रिटेन में करों को बचा लिया। (यूके में दिखाई गयी लागत, जो कंपनी के लाभों में कमी लाने में मदद करती है) सार्वजनिक गुस्से को दबाने के लिए दिसम्बर 2012 में स्टारबक ने यह घोषणा करते हुए कि यह कुछ वर्षों तक अपने कर योग्य लाभ को सुधारने के लिए ब्रिटेन के बाहर रॉयल्टी नहीं देगा, ब्रिटेन में £10 मिलियन ($15 मिलियन) वार्षिक कॉर्पोरेट कर देना स्वीकार कर लिया।

पश्चलेख

विशाल कंपनियाँ जो उनके क्रमशः प्रक्षेत्रों में अर्जित लाभ पर उन पर कर लगाने के रास्तों को खोज रही हैं सरकार द्वारा निशाने पर ली जा रही हैं। ईयू बड़े उद्यमों के लिए देश-देश के आधार पर अपनी आय एवं करों की उद्घोषणा करने को अनिवार्य बनाने पर विचार

कर रहा है। ऑर्गनाइजेशन फॉर इकोनॉमिक को – ऑपरेशन एंड डेवलपमेंट (ओईसीडी) के तत्वाधान में 45 देशों ने अंतरराष्ट्रीय कर धोखाधड़ी, कर चुकाव, और आक्रामक कर योजना को निपटाने के लिए पहल किया है।

बड़ी कंपनियों द्वारा टैक्स चुकाव पर कोलाहल इतना जोर हो गया है कि राजनीतिक नेतृत्व के लिए इसको अनसुना कर देना संभव नहीं है।

जैसा कि ब्रिटिश इकोनोमिस्ट जे.एम. केयेंस ने कहा है, 'टैक्स परिवर्जन एकमात्र बौद्धिक धंधा है, जिसमें पुरस्कार है।'

गोपनीयता खुली किताब हो सकती है

वह जॉन के लिए एक विशेष दिन था – वह अपने दिल की रानी पॅट्सी के सामने विवाह प्रस्ताव रखना चाहता था। उन्होंने बाहर एक विशिष्ट होटल में अपने विशेष क्षणों को मनाने के लिए एक आरामदायक और शांत कोना पा लिया, लेकिन इस बात को बिना महसूस किए कि दूर की टेबल पर बैठा एक चश्मे वाला व्यक्ति उनकी निजी बातों को सुन रहा था और तस्वीरें ले रहा था। यह गूगल के पहने जा सकने वाले कम्प्यूटर *गूगल ग्लास* – दाहिने इयरपीस से जुड़े एक छोटे से कम्प्यूटर पर बिना लेंस के फ्रेमों के एक जोड़े से संभव हुआ था। एक पलक झपकाने से एक तस्वीर आती है। हमारे निजी जीवन में संभावित हमले, वह भी उस समय जब इसकी सबसे कम अपेक्षा हो।

डाटा या सूचना की गोपनीयतामें निजी पहचानयोग्य डाटा की सुरक्षा है, जिसे सामान्यतः बिना पूर्वानुमति के प्रकट नहीं किया जाना चाहिए। इस निजी सूचना में जैवविज्ञानी मैपिंग और जेनेटिक साहित्य, स्वास्थ्य सेवा तथा वित्तीय जानकारी के साथ-साथ नस्ल/जातीयता शामिल हैं।

उपभोक्ताओं की आदतों तथा पसंदों का पता लगाने के लिए विभिन्न डाटा कंपनियों के द्वारा डाटा का अभिवर्धित उपयोग किया जा रहा है। मास्टरकार्ड, उदाहरण के लिए, कंपनियों को उन उपभोक्ताओं, जिनके द्वारा एक विशेष प्रकार या वर्ग की वस्तुओं के खरीदने की ज्यादा संभावना है, हेतु विज्ञापन करने में मदद करने के लिए लेनदेन के डाटा का विश्लेषण करता है। इस प्रकार से, वह उन संभावित ग्राहकों का पता लगा सकता है, जो इलेक्ट्रॉनिक सामान खरीदेंगे।

डाटा की गोपनीयता के संरक्षण के नियम हर देश में बदलते हैं। गोपनीयता का संरक्षण यूरोप में, अमेरिका व एशियाई देशों की तुलना में ज्यादा सख्त है। यूरोपियन यूनियन में, निजी डाटा उन्हीं देशों में स्थानांतरित किए जा सकते हैं, जो डाटा संरक्षण के पर्याप्त स्तर को प्रदान

करेंगे। हालांकि, यूरोपियन यूनियनके देशों में डाटा संरक्षणसख्त नियमों को सौम्य करने का प्रयास हो रहा है, जो टेक-समूहों एवं डाटा-सम्बंधी कंपनियाँ, जैसे गूगल व फेसबुक, को राहत पहुँचाएगा जो निजी डाटा की विशाल मात्रा को जमा करती हैं।

कुछ उदाहरण दिखलाए गए हैं, जहाँ डाटा निजता के अधिकारों के साथ कॉर्पोरेशनों द्वारा समझौता किया गया है:

गूगल

अत्याधुनिक कैमरे एवं कम्प्यूटर्स से सज्जित कारें लोगों के घर से हो कर गुजरीं, लोगों के उनके घर एवं ऑफिसों में निवासियों की गोपनीय निजी सूचना को जमा करते हुए, ई-मेलों पर सूचना, वैद्यकीय व वित्तीय रिकॉर्ड और पासवर्ड एकत्रित कर लिए गए, जब गाड़ियाँ वहाँ से होकर गुजरीं जो कम्प्यूटर के अनजान उपयोगकर्ता थे। आप इसे जेम्स बॉन्ड क्वे सिनेमा के दृश्य के रूप में महसूस कर सकते हैं। वास्तविकता में, घरों और ऑफिसों की फोटोग्राफी कर, विश्व के रास्तों, मुख्यपथों और गलियों को रेखांकित कर इंटरनेट कंपनी 'गूगल' वर्षों से लोगों की जिंदगियों में ताक-झाँक कर रही है।

यह अनिवार्य रूप से लाखों अप्रकट वायरलेस नेटवर्क की गुप्तचरी थी। एक विश्वव्यापी कोहराम मच गया और ऑस्ट्रेलिया, जर्मनी और संयुक्त राज्य अमेरिका सहित कम-से-कम एक दर्जन देशों में जाँच हुई। मार्च 2013 में गूगल ने यूएस राज्य अधिकारियों के समक्ष यह स्वीकार किया कि इसके स्ट्रीट-व्यू मैपिंग प्रोजेक्ट में इसने लोगों की गोपनीयता का उल्लंघन किया है। उन्होंने $7 मिलियन का जुर्माना और छः महीने के भीतर एक गोपनीयता प्रोग्राम की स्थापना करना स्वीकार किया।

दुर्भाग्यवश, गूगल गोपनीयता नीति का वर्षों से उल्लंघन करता रहा है और अपनी पिछली गलतियों से नहीं सीखता प्रतीत हो रहा है। उदाहरण के लिए, 2012 में गूगल ने सफारी ब्राउजर में गोपनीयता नीति को बाइपास करने के जुर्म में अमेरिका के फेडरल ट्रेड कमीशन ने उनको $22 मिलियन का जुर्माना किया। 2011 में, अपने बझ्झ सोशल नेटवर्क को प्रारंभ करते समय भ्रामक रणनीति का प्रयोग करने का स्वीकार करके कमीशन द्वारा 20 साल के लिए लेखा परीक्षित होना स्वीकार किया।

विचित्र रूप से, अतीत में गूगल ने यह आश्वासन दिया था कि जो कर्मचारी गोपनीयता नीति के प्रावधानों का उल्लंघन कर सकते हैं उन पर नजर व नियंत्रण रखने के लिए, वह एक सशक्त निजता-निगरानी नीति बनाएगा। स्पष्ट रूप से, इस हैसियत व रसूख वाली एक कंपनी ने साल-दर-साल अपने वचनों का उल्लंघन किया।

फेसबुक

हममें से अधिकतर फेसबुक पर हैं। यदि आपकी आदतें, पसंदों, नापसंदों को दूसरों के साथ बाँटा जाए तो आप कैसा महसूस करेंगे? यह बिल्कुल वही है, जिसे सोशल नेटवर्किंग साइट ने किया है।

फेसबुक पर बार-बार वे सूचनाएँ जिनके बारे में उपयोगकर्ता मानते थे कि निजी रहेंगी, सार्वजनिक करके, उपभोक्ताओं को धोखा देने का आरोप लगा। कंपनी पर निजी सूचनाओं को उपयोगकर्ता के बीच बाँटने या सार्वजनिक करने की अनुमति दे कर बार-बार यूएस फेयर ट्रेड एक्ट का उल्लंघन करने का आरोप लगा। फेसबुक के सीईओ मार्क जुकरबर्ग यह कहते हुए राजी हुए, 'सबसे पहले मैं स्वीकार करता हूँ कि हमने कुछ गलतियाँ की हैं।'

नवम्बर 2011 में फेडरल ट्रेड कमीशन ने फेसबुक के साथ एक सामंजस्य करार किया जहाँ कंपनी को यह सुनिश्चित करने के लिए कि गोपनीयता नीति सम्बंधी अपने वचनों से वह वचनबद्ध है, अनेक कदम उठाने थे। इसमें फेसबुक द्वारा उपयोगकर्ता से उनकी गोपनीय सेटिंग से आगे की सूचना एकत्रित करने से पहले उनकी अनुमति लेना, व्यापक गोपनीयता कार्यक्रम को बना कर रखना और दो वर्षों में एकबार स्वतंत्र ऑडिटरों द्वारा गोपनीय ऑडिट करवाना शामिल था।

वॉट्सऐप

हम सब बहुत खुश हैं कि हम अपने मोबाइलों में लोकप्रिय वॉट्सऐप एप्लीकेशन का उपयोग कर अपने दोस्तों और परिवारजनों को नि:शुल्क टैक्स्ट भेज सकते हैं। लेकिन सावधान! संभवतः आपके ऐड्रेस बुक में कोई पहुँच रहा है!

लोकप्रिय मोबाइल फोन टैक्स्ट मेसैजिंग एप्लीकेशन वॉट्सऐप पर कनाडा और नीदरलैंड में डाटा-संरक्षा अधिकारियों द्वारा निजता कानूनों के उल्लंघन का आरोप लगाया है। इस पर स्मार्टफोन के उपयोगकर्ता के ऐड्रेस बुक, यहाँ तक कि उनके भी जिन्होंने वॉट्सऐप को इसकी अनुमति नहीं दी थी, को डाउनलोड करने का आरोप लगा। यह एप्लीकेशन अपने प्रयोक्ताओं की मशीन से फोन नंबरों का उपयोग उन अन्य लोगों की पहचान करने में करता है, जो इस सेवा का उपयोग कर रहे हैं। इसके अतिरिक्त, डाटा-सुरक्षा अधिकारी महसूस करते हैं कि वॉट्सऐप के पास गैर-उपयोगकर्ताओं के भी नंबर हैं – हालांकि यह इस डाटा को विश्लेषित स्वरूप में संरक्षित कर रहा होगा।

एक तरफ कनाडा के अधिकारी वॉट्सऐप के द्वारा अपने उपयोगकर्ताओं की गोपनीयता की रक्षा के लिए उठाए गए कदमों से संतुष्ट हैं, वहीं दूसरी तरफ डच अधिकारी नहीं हैं।

पश्चलेख

इस तार से जुड़ी दुनिया में विकास की कीमत हमारी गोपनीयता के साथ समझौते में परिणत हुई है। एक अमेरिकी कवि जॉन पेरी बार्लो ने आधुनिक दुनिया के द्विभाजन पर टिप्पणी करते हुए कहा, 'हमारी निजता की रक्षा के लिए सरकार पर भरोसा करने का अर्थ है छुपकर झांकने वाले टॉम को आपकी खिड़की पर पर्दे लगाने के लिए कहना है'।

राजनीतिक या आर्थिक प्रतिबंधों की परवाह क्यों करनी चाहिए

इराकी कुर्दिस्तान से आण्विक आकांक्षाओं की पूर्ति के लिए ईरान पर लगे प्रतिबंधों की परवाह किए बिना, हर रोज हजारों टैंकर तेल ईरान ले जाते हैं। इराक का **एलाफ इस्लामिक बैंक** और अन्य वित्तीय संस्थाओं का एक नेटवर्क, लाखों डॉलर की निर्यात प्रक्रिया को माध्यम उपलब्ध कराने में खुशी-खुशी मदद करता है। इस प्रकार ईरान के तेल का निर्यात अक्षुण्ण है, जो बदले में इराक को बिजली बेचता है। यह प्रतिबंधों के समक्ष एक आनंदप्रद सह-अस्तित्व है। प्रतिबंधों से बच निकलने के लिए अक्सर कुचक्रों का इस्तेमाल किया जाता है।

अनेक बैंक अमेरिकी प्रतिबंधों से बचने के दौरान विशेष देशों के विरुद्ध पकड़े गए हैं। ब्रिटिश बैंक **स्टैंडर्ड चार्टेड** ने ईरान के साथ कम-से-कम $250 बिलियन के लेन-देन के मुख्य विवरणों को छिपा लिया, नियामकों से झूठ कहा और रेकॉर्ड्स में जालसाजी की – जो कि इसके उपभोक्ताओं के बीच इसकी साख को देखते हुए एक गंभीर अपराध है। इसी तरह फ्रेंच बैंक **बीएनपी परिबास** ने 2002 से 2012 के बीच सुडान, क्यूबा व ईरान के निकायों से न्यूयार्क के बैंकों तक फंडों के स्थानांतरण में अरबों डॉलर छिपाना स्वीकार किया। इस पर जून 2014 में $8.9 बिलियन का जुर्माना लगा। **आई एन जी बैंक** ने क्यूबा, सुडान और लीबिया सहित अमेरिकी प्रतिबंधों को झेल रहे देशों से अरबों डॉलरों को स्थानांतरित किया और मध्य – 2012 में अनुपालन सम्बंधी पड़तालों के निबटारे हेतु $619 मिलियन का जुर्माना दिया।

विश्व राजनीति की अनिवार्यता के कारण दुनिया के कई देशों के साथ सम्बंधों को नियंत्रित करते हुए कभी-कभी प्रतिबंध लगा दिए जाते है। उदाहरण के लिए, ईरान के आण्विक कार्यक्रमों को देखते हुए, जिन्हें मानवता विरोधी माना जाता हैं, संयुक्त राज्य अमेरिका ने संयुक्त राष्ट्र के तत्वाधान के अनुसार इस देश के विरुद्ध प्रतिबंध लगा दिए। फिर सुडान, सीरिया व उत्तर कोरिया के विरुद्ध भी प्रतिबंध हैं। विश्व राजनीतियों की गतिविधियों के अनुसार ऐसी सूचियाँ बदलती व 'काट दी' जाती हैं।

हम एक ऐसे उदाहरण को लेते हैं, जहाँ प्रतिबंधों का व्यापक उल्लंघन हुआ है।

द *न्यूयार्क टाइम्स* ने मार्च 2010 में एक अध्ययन किया और सूचना दी कि 2000–09 के बीच में, जब ईरान पर प्रतिबंध लगे थे, 74 कंपनियों ने उस देश में या देश के साथ कारोबार किया। उल्लंघनकर्ताओं की सूची में **डाइलिम** (दक्षिण कोरिया), **ईएनआई** (इटली), **पेट्रोब्रास** (ब्राजील), **रेप्सोल** (स्पेन), **रॉयल डच शेल** (नीदरलैंड), **स्टैट ऑइल** (नार्वे) एवं **टोटल** (फ्रांस)। ये कंपनियाँ ईरान के ऊर्जा क्षेत्र से संलग्न हैं। उनके निवेशों को अमेरिकी कांग्रेस तथा अमेरिकी राज्य विभाग द्वारा ईरान प्रतिबंध कानून के संभावित उल्लंघन के रूप में देखा गया है, जो अमेरिका के राष्ट्रपति को उन कंपनियों पर प्रतिबंध लगाने को कहता है जो उस देश के तेल एवं गैस आरक्षण के विकास में एक साल में $20 मिलियन से ज्यादा का निवेश करते हैं।

पश्चलेख

प्रतिबंध राजनीतिक अधिरोपण हैं। जैसे पानी अपना रास्ता स्वयं खोज लेता है, वैसे ही कुछ कारोबार भी। वे लाभ के लिए नियंत्रणों की भूलभूलैया से प्रतिबंधित राष्ट्रों की सेवा के लिए मार्ग खोज ही लेते हैं। कुछ पकड़े जाते हैं, कुछ बच निकल जाते हैं। इस बात की रिपोर्ट है कि अमेरिकी प्रतिबंधों के बावजूद 2013 के मध्य में **डेल** कम्प्यूटरने बशर-अल-असद शासित सिरिया सरकार के पास कंपनी के वितरक **बीडीएल गल्फ** के द्वारा दुबई पहुँची थी। ऐसे बहुत से अन्य उदाहरण अवश्य होंगे।

प्रेस धोखाधड़ी से प्रभावित कर सकता है

द न्यूयॉर्कर के सबसे होनहार व सम्मानित लेखकों में से एक जोना लेहररने बॉब डायलन, सबसे लोकप्रिय संगीतकारों में से एक जो जीवित हैं, के साथ एक काल्पनिक वार्तालाप की। डायलन का बनावटी कथन था – 'इसको वर्णित करना मुश्किल है। यह एक अहसास

है कि आपसे कुछ कहलाना चाहता है'। लेहरर ने इस पत्रकारिता की धोखाधड़ी के चलते अपनी नौकरी को गवां दिया।

एक सदी से ज्यादा पुराने अखबार ***द न्यूयार्क टाइम्स*** के पत्रकार जैसन ब्लेयर ने वर्षों तक पत्रकारिता में धोखाधड़ी और कपट किया। वह आदतन पाठकों को यह विश्वास दिला कर भ्रमित करता था कि वह घटनास्थल से रिपोर्ट कर रहा है, जबकि वह न्यूयार्क से सैंकड़ों मील दूर टिप्पणियों तथा गतिविधियों की कल्पना कर रहा तथा गढ़ रहा होता था। जैसन को अंततः अखबार से त्यागपत्र देना पड़ा। *एनवाईटी* भी अमोघ नहीं है!

मीडिया कभी-कभी घटनाओं की रिपोर्टिंग करते समय अतिशयोक्ति कर देता है। जब नेल्सन मंडेला जून 2013 के अंत में एक अस्पताल में गंभीर हालत में थे, उस समय माध्यमों के जुनून को संभालने में असमर्थ होकर उनकी सबसे बड़ी बेटी माकाजिवे मंडेला रो पड़ी थी। उन्होंने माध्यमों कोऐसा 'गिद्ध' कहा, जो सिंह कब भैंसे को खा लेता है, वहाँ पर इंतजार करते हुए अंतिम कंकाल तक... वे हर नियम को तोड़ सकते हैं...। यह बहुत गंदा है। यह मूर्खता है।'

अखबारों, पत्रिकाओं तथा टीवी सहित माध्यमों में ख़बरें व्यक्तिपरक तथा निष्पक्ष होना चाहिए। विश्वसनीय पत्रकारिता सफलता की नींव है। जब हम टीवी शुरू करते हैं या कोई अखबार उठाते हैं, मूल धारणा यह होती है कि ख़बर निष्पक्ष, भरोसे के लायक और सच है। ऐसे कई उदाहरण हैं, जब इस विश्वास को तोड़ा गया है।

न्यूज कॉर्पोरेशन:
विश्व फोन हैकिंग घोटाले की खबर

अखबार-पत्रिकाओंकी निर्दयी प्रतिस्पर्धा की दुनिया में एक साप्ताहिक पत्र *न्यूज ऑफ द वर्ल्ड* के मुख्य संपादक एंडी कॉल्सन ने संगठन के अंदर कल्पित बातें, सनसनीखेज खबर और खुलासों के वार्तांकन के लिए एक अति-प्रतिस्पर्धी वातावरण को स्थापित कर दिया था। एक वार्ताहर इसे *'कुछ भी कर के करो'* वातावरण की संज्ञा दी। यह पत्रिका 2000 के मध्य में ब्रिटेन के शाही परिवार, प्रसिद्ध व्यक्ति और राजनीतिकों के मोबाइल फोन की बातचीत को अवैध रूप से छिप कर सुनते तथा बाधा डालते थे।

शाही परिवार, पर *न्यूज ऑफ द वर्ल्ड* के मुख्य वार्ताहर क्लाइव गुडमैन तथा एक जाँचकर्ता ग्लेन मुलकेयर ने ब्रिटेन के शाही घरों के वॉईस मेल को हैक कर लिया। स्कॉटलैंड यार्ड ने इस छिप कर सुनने का पता लगा लिया और ज्ञात किया कि इस पत्रिकाने 2005 में राजकुमार हैरी एवं विलियम सहित शाही परिवार के सदस्यों के निजी टेलीफोन की बातों

को छिपकर सुना था। इसने इसे गोपनीय सूचना की रिपोर्ट अगले ही दिन भयानक तत्परता और सटीकता से देने में मदद की। गुडमैन और मुलकेयर ने प्रारंभिक 2007 में गोपनीयता पर व्यापक हमले के लिए माफी मांगी। दोनों लोगों को कई महीनों की कैद हुई और वे *न्यूज ऑफ द वर्ल्ड* के द्वारा बर्खास्त कर दिए गए।

लेकिन यह अंत नहीं था। 2011 में यह खुलासा हुआ कि *न्यूज ऑफ द वर्ल्ड* ने एक ब्रिटिश स्कूल की लड़की जो 2002 में गुम हो गई थी और बाद में जिसकी हत्या हो गई थी, के वॉईस-मेल खाते को बार-बार हैक किया था। पत्रिका द्वारा फोन-टैपिंग तब किया गया जब कोई नहीं जानता था कि उसके साथ क्या हुआ है। इसके कृत्य निंदनीय हैं, क्योंकि इसने लड़की के फोन पर छोड़े गए संदेशों को देख, लेकिन इनमें से कुछ को मिटा दिया जब उसका मेलबॉक्स भर गया, ताकि नए संदेशों को टैप किया जा सके। इसने लड़की के परिवार को नई उम्मीद दिला दी और जाँचकर्ताओं को भ्रमित कर दिया कि शायद लड़की जिंदा है, क्योंकि वह संदेशों को डिलीट करती प्रतीत हो रही थी, हालांकि वह बहुत पहले मर चुकी थी। बहुतसे अन्य लोग पत्रिका पर मुकदमा कर रहे हैं क्योंकि उनके फोन्स को इसके द्वारा हैक कर लिया गया था।

द न्यूयार्क टाइम्स ने खबर दी कि *न्यूज ऑफ द वर्ल्ड* फोन टैपिंग में शायद ही अकेला है और यह रसीली कल्पित बातों को इकट्ठा करने का उद्योग करता है। एक प्रत्यक्षदर्शी को उद्धृत करते हुए अखबार के प्रवक्ता ने कहा, 'ब्रिटेन में किसी पत्रिका के पत्रकार से बात कीजिए और वे आपको हर फोन कंपनीके चार अंकों के कोड को बता सकते हैं' (हैक्ड फोन कोडों का उल्लेख करते हुए) और 'हर अखबार हर हैक के बारे में जानता था कि यह किया जाता है'।

रूपर्ट मर्डोक के न्यूज कॉर्पोरेशन के स्वामित्व वाले *न्यूज ऑफ द वर्ल्ड* को जुलाई 2011 में बंद कर दिया गया, जब यह स्पष्ट हो गया कि इसके रिपोर्टर एवं संपादक ने नियमित रूप से प्रसिद्ध व्यक्तियों के निजी फोन वार्तालापों के साथ-साथ उस किशोरी की भी बात छिप कर सुनते थे जिसका अपहरण तथा हत्या हो गई थी। फोन हैकिंग घोटालों की अभी कई जाँचें चल रही है। *न्यूज ऑफ द वर्ल्ड* के पूर्व संपादक संपादक एंडी कॉल्सन को जून 2014 में सजा हो गई।

बीबीसी: सेक्स, झूठ एवं वीडियो

इंटरनेट का उदय किसी और तरीके से ज्यादा टीवी सहित पारंपरिक माध्यम के नैतिक मूल्यको लान्छनास्पद कर रहा है। यहाँ तक कि बीबीसी भी विगत सालों में कई निंदाओं में शामिल है। इसने गलती से एक वरिष्ठ कंजर्वेटिव पार्टी के राजनीतिज्ञ एलिस्टर मैकएल्पाइन

को 1970 से 1980 के दशक में उत्तरी वेल्स में बालक गृहों में यौन उत्पीड़न करने का आरोप चस्पा कर दिया। फिर अक्टूबर 2012 में यौन शोषण का खुलासा हुआ जब यह पाया गया कि तीन दशक से बीबीसी के सर्वश्रेष्ठ प्रस्तुतकर्ताओं में से एक जिम्मी सैविलेने प्रसारणकर्ता की चारदीवारी के अंदर भी कुछ का, चार दशक से ऊपर 300 जवान व्यक्तियों का शोषण किया। अक्टूबर 2011 में सैविले की 84 वर्ष की आयु में मृत्यु के बाद भी बीबीसी ने उसके घिनौने कृत्यों पर पर्दा डालना जारी रखा और एक महिला टेप में खबर दे रही थी कि सैविले द्वारा उसका शोषण किया गया था इस बात के बावजूद अपने *न्यूजनाइट* कार्यक्रम में जांच की खबर को दबा दिया। जैसा कि *डेली मेल* के शीर्षक ने स्पष्टत: प्रस्तुत किया, 'बीबीसी ने जिम्मी सैविलेके यौन शोषण की जाँच को अपनी ख्याति को बचाने के लिए ताक पर रख दिया।'

2013 के मध्य तक, बीबीसी ने इसके वर्तमान व पूर्व कर्मचारियों से 150 से ज्यादा यौन शोषण एवं और 81 उत्पीड़न से सम्बंधित शिकायतों को प्राप्त किया था। ज्यादा महत्वपूर्ण यह था कि यह सारे भयावह प्रसंग तब सामने आए जब द *डेली टेलीग्राफ* ने उनका खुलासा 'सूचना का अधिकार' का अनुरोध देकर किया। यह खुलासे बीबीसी की कार्य संस्कृति पर प्रश्न उठाते हैं कि इसने वर्षों तक इसकी अनदेखी कर दी और ऊपर से देख कर छोड़ दिया (रहा है।)

सैविले के भयानक प्रसंग का खुलासा करने पर, ब्रिटिश पुलिस ने 2013 में *ऑपरेशन येवट्री* प्रारंभ कर दिया। पिछले कई वर्षों के प्रसिद्ध पुरुष भेडिये जिन्होंने लड़कियों को स्वयं के सुख के लिए लाया था जो उनको पसंद आयी थीं, गिरफ्तार हुए थे – ऐसे कई उदाहरण हैं, जब बीबीसी ने दूसरी ओर आँखें फेर ली।

पश्चलेख

डब्ल्यू. एच. औडेन ने कहा, 'माध्यम सिर्फ समाचार नहीं देता है, लेकिन मनोरंजन वह है जो भोजन की तरह खाया जाना चाहिए, फिर भूला कर एक नए पक्व्वान से प्रतिस्थापित से कर दिया जाना चाहिए। 'माध्यम के बारे एक बात कहते हुए सैमुएल बटलरने एकबार कहा, 'समाचारपत्र द्वारा दी गई सबसे महत्वपूर्ण सीख है कि लोगों को मुद्रित विषय पर विश्वास नहीं करना चाहिए।' मीडिया की ऐसी भूमिका है, जिसे हम चाव से देखते हैं, लेकिन यह स्वीकार करने में हिचकिचाते हैं कि हम उस पर विश्वास नहीं करते हैं।

खाना भी कपट से मुक्त नहीं है

चीन के **केएफसी** रेस्तराओं द्वारा पेश स्वादिष्ट चिकन लेग में 2012 में विशिष्ट रासायनिक अपशिष्ट पाए गए। केएफसी के पैतृक **यूम ब्रांड्स** ने अपने कुछ चिकन्स को उन कृषकों से लिया जिन्होंने अपने चिकन के अन्न मेंबहुत ज्यादा मात्रा में एंटी-बॉयोटिक का उपयोग किया था। पुनः, केचप की दुनिया का अग्रणी उत्पादक **क्राफ्ट्स फूड्स** ने 2009 में **एसके फूड्स** से फफूंदी के उच्च प्रतिशत वाले टोमैटो पेस्ट व प्यूरी को खरीदा और उत्पाद की सुरक्षा को खतरे में डाल दिया। एसके फूड्स ने स्पष्ट रूप से क्राफ्ट के खरीददारों को रिश्वत दी थी।

2013 की शुरुआत में **हुनान एवीए डेयरी इंडस्ट्री को. लि.** के द्वारा निर्मित ननशन बाइवाइज ब्रांड के बेबी फूड उत्पादों में एक कैंसरकारी पदार्थ, अफ्लाटॉक्सिन की अत्यधिक मात्रा पायी गयी थी। ब्रिटेन में **कैडबरी** चॉकलेटों को *'साल्मोनेला'* बैक्टीरियाद्वारा संक्रमित होने के कारण वापस ले लिया गया और कुछ समय पहले भारत के खाद्य अधिकारियों ने कैडबरी चॉकलेटों में कीड़ों को पाया। इसके अलावा **केलॉग्स** पिछले कुछ वर्षों से अपने उत्पादों को वापस ले रहा है, सबसे पहले 2011 में लोकप्रिय सिरिअल्स जैसे – एपल जैक्स, कॉर्न पॉप्स, फ्रूट लूप्स व हनी स्मैक्स को विचित्र बदबू व स्वाद के साथ-साथ उपभोक्ताओं को जी मिचलाने व हैजा से पीड़ित होने के कारण, और 2012 में धातुई हिस्से होने के संदूषण के कारण मिनी-व्हीट्स को।

विश्व-प्रसिद्ध ब्रांडस वाली वैश्विक कंपनियों ने कई अवसरों पर अस्वास्थ्यकारी खाद्य उत्पादों की बिक्री की है। अतः, हम कैसे जानते हैं कि जो हम खाते और पीते हैं, वह सुरक्षित है? किस प्रकार का भोजन हमारे लिए अच्छा है? हम रसायनों से सुरक्षित दूरी पर रहने के लिए हर्बल उत्पादों की ओर जाते हैं, लेकिन हम कैसे सुनिश्चित हैं कि हम संरक्षित हैं?

ग्रीनपीस अध्ययन में स्वास्थ्य के लिए अमृत मानी जाने वालीं, चीनी हर्बल दवाओं में कीटनाशकों के अंशों को पाया गया। चीनी हर्बल दवाओं में कीटनाशकों की कथा और भी भीषण हो गई जब नौ शहरों में नौ दवा-दुकानों से 65 नमूनों में से 58 में स्पष्ट रूप से मिलावट पाई गई, कुछ मामलों में प्रतिबंधित तत्वों की उपस्थिति एक उस स्तर पर जो ईयू अधिकतम से 500 गुना ज्यादा था। क्या आपको चीनी हर्बल चाय का दूसरा कप पीने से पहले दुबारा नहीं सोचना चाहिए?

खाद्य-सम्बंधी भयावह कथाएँ प्रकट होती रहती हैं। भारत देश में बेचे जाने वाले खुले या पैक्ड दूध के 68% को संदूषित पाया गया और केंद्र सरकार ने इस भयावह सांख्यिकी को जुलाई 2013 में सर्वोच्च न्यायालय को सूचित किया था।

खाद्य उद्योग में नकली उत्पाद बहुत हैं। 2013 के मध्य में एक अंग्रेज ग्रामीण क्षेत्र में लगभग अदृश्य फैक्ट्री वास्तविक वोडका बोतलों में भर कर नकली शराब की लाखों बोतलों का उत्पादन करते हुए और ग्लेन'स वोडका के रूप में बेचते हुए पकड़ी गई। विश्लेषण करने पर, इसमें मेथेनॉल पाया गया, जो अंधापन करता है।

यूएस निर्माता संगठन को उद्धृत करते हुए द *न्यूयार्क टाइम्स* ने खबर दी कि विश्व खाद्य एवं उपभोक्ता उत्पादों में प्रदूषण और नकली उत्पाद की हर वर्ष लागत तकरीबन $10–$15 बिलियन है। यदि यह सच है, तो यह कल्पना करना डरावना है कि हर रोज हमारे पेट में क्या-क्या जाता है।

विश्व भर में खाद्य धोखाधड़ी लगभग एक महामारी है। कपटपूर्ण गतिविधियाँ हर उस देश में पायी गई है, जहाँ भोजन उत्पादित होता है। चाहें वह हल्दी या तेल हो, चॉकलेट या चीनी, शहद या सिरका, आर्थिक मूल्य वाला हर खाद्य पदार्थ मिलावट के प्रति संवेदनशील है और संदूषित किया जा सकता है। हालांकि धोखेबाजों का उद्देश्य मनुष्यों को हानि पहुँचाना नहीं होता है, बल्कि लाभ कमाने की उनकी इच्छा उन्हें संवेदनहींन बना देती है कि उनके कृत्य, मृत्यु के कारण बन जाते हैं। अच्छे से बुरे का हम कैसे पता करते हैं?

पश्चलेख

हममें से अधिकतर खाने के लिए जिंदा रहते हैं, न कि जिंदा रहने के लिए खाते हैं! प्रसिद्ध नाटक लेखक जॉर्ज बर्नाड शॉ ने कहा कि खाने के प्रेम से ज्यादा कोई गंभीर प्रेम कोई नहीं है। यदि मूलभूत मानवीय आवश्यकताओं – भोजन एवं मद्य – में उनके उत्पादकों व आपूर्तिकर्ताओं द्वारा घालमेल किया जाता है तो और कुछ ही काम हैं, जो इससे ज्यादा घृणित हैं।

यदि मैं आपको बताऊँ कि **मैक्डोनाल्ड** के तथाकथित शाकाहारी आनंदों में, इसके मुँह में पानी ला देने वाले फ्रेंच फ्राइज, कभी-कभी बीफ स्वाद वाले तेल में स्वाद बढ़ाने के लिए छाना जाता है तो क्या होगा? **बर्गर किंग** घोड़े के मांस वाले व्हूपर–सैंडविच देते थे; प्रसिद्ध स्विस बेबी फूड कंपनी **बीच-नट** ने सेब की जगह कॉर्न सिरप वाले नकली एपल जूस बेच दिया ताकि बच्चे झपटके खा लें। यह सब कंपनियाँ गंभीर गलत कार्यों की दोषी पायी गई हैं।

क्या अब ऐसा समय नहीं आया है कि हम इन सब कृत्यों के खिलाफ कार्रवाई प्रारंभ करने के लिए उठ खड़े हों?

2

क्या हम अपने बैंकों पर विश्वास कर सकते हैं?

83 साल का एक वृद्ध व्यक्ति ब्रुनो कोच, जिस से बात करने वाला कोई नहीं था, एक शाम एक मधुर आवाज वाली महिला का फोन पाकर प्रसन्न हो गया, जिसने कहा कि वह नेशनल हेल्थ नेट ऑनलाइन से बोल रही है। उसने पूछा कि क्या ब्रुनो अपने स्वास्थ्य बीमा कार्ड को अपडेट करना पसंद करेंगे। 'जरूर', ब्रुनो ने कहा। उसने अपना बैंक खाता नंबर दे दिया–जो एक गलती थी। इसके बाद एक धोखाधड़ी शुरू हुई। उसके बैंक से पैसे निकाल लिये गये, लेकिन उसका नया स्वास्थ्य बीमा कार्ड कभी नहीं आया। इसमें शामिल बैंक अमेरिका के साल्ट लेक सिटी का 140 साल पुराना **जिऑन्स बैंक** था, जिसने टेलीमार्केटर की संदेहास्पद गतिविधि की जानकारी होने के बावजूद ब्रुनो के खाते से धन के प्रवाह को होने दिया। बैंक संभवतः धोखाधड़ी का एक सहायक था।

सिगरेट और किराना के एक करोड़पति थोक व्यापारी साकिब खान ने दो हफ्तों के अंतराल में अपने ही नाम से 82 मिलियन डॉलर के मूल्यहीन चेक लिखे, उन्हें अपने बैंक में जमा कर दिया और धन को अपने नियंत्रण वाले दूसरे बैंक खातों में जमा कर दिया। बैंक ने खान की पृष्ठभूमि को देखते हुए यह विश्वास करते हुए कि धन अंतरस्थानांतरित होगा, फंड स्थानांतरित करने की अनुमति दे दी, और बाद में बैंक को यह पता चला कि यह एक धोखाधड़ी थी। साकिब ने उस पर किए जाने वाले विश्वास का फायदा उठाया और बैंक पैसों को इससे स्थानांतरित होने से पहले उनके फंडों के जमा होने की जाँच करने में लापरवाह रहा।

बैंकिंग कपट की प्रकृति एवं तरीके अनेक हैं। ये हैं – (i) बैंकों द्वारा की जाने वाली जालसाजी, जहाँ स्व-विकास (अपना धन बढ़ाना) प्रमुख प्रयोजन होता है; (ii) बैंक में धोखाधड़ी होती है,जहाँ धोखेबाज बैंक प्रणाली के अंदर काम कर रहे होते हैं और (iii) बैंक के साथ धोखाधड़ी जहाँ बाहर के धोखेबाज जालसाजी करते हैं।

बैंक भी धोखाधड़ी करते हैं

क्या लोग बैंकों पर भरोसा करते हैं? बहुत से लोग तो नहीं करते। कम से कम कहने के लिए तो यह एक बुरी ख़बर है।

2013 में एडेल्मैन द्वारा 26 देशों में किए गए एक सर्वेक्षणने स्पष्ट रूप से इंगित किया कि 20 देश बैंकों पर भरोसा नहीं करते हैं। वे देश, जिनके वित्तीय प्रक्षेत्र विश्वव्यापी मंदी से प्रभावित नहीं हुए थे, बैंकों पर विश्वास करते हैं। भारत, सिंगापुर, कनाडा, मलेशिया, इंडोनेशिया और यूएई में ज़्यादातर लोगों को लगता है कि बैंक अच्छी सेवाएँ देते हैं। हालांकि, दुनिया की विशाल जनसंख्या ऐसा नहीं सोचती थी। स्पेन, आयरलैंड और इटली में दो-तिहाई जिम्मेदार व्यक्ति बैंकिंग प्रक्षेत्र में विश्वास नहीं करते थे। वस्तुतः, विश्व भर में आधे से ज्यादा जिम्मेदार व्यक्ति अब बैंकों पर विश्वास नहीं करते थे।

यहाँ तक कि भारत में जहाँ बैंकों पर भरोसा किया जाता है, यह जानकर आश्चर्य होता है कि मार्च 2013 तक तीन वर्ष की अवधि में सार्वजनिक क्षेत्रों के बैंकों ने धोखाधड़ी और जालसाजी में लगभग 230 अरब रुपए (3.7 बिलियन डॉलर) गँवा दिये – एक ऐसा आंकड़ा जिसका खुलासा किसी और ने नहीं, बल्कि जाँचकर्ता पुलिस एजेंसी–सीबीआई के निदेशक रंजीत सिन्हा ने किया था।

आप और हम अपनी जीवन भर की आय एवं बचत को बैंकों में जमा करते हैं। हम अपने धन को हमेशा सुरक्षित रखने की आशा करते हैं और यह कि जब भी हम चाहें, अपने धन को निकाल सकते हैं। हम बैंकों में अपने बचत से अच्छी आमदनी को प्राप्त करने की भी प्रत्याशा करते हैं।

किसी बैंक के साथ व्यवहार, विश्वास का विषय है। हम यह मान लेते हैं कि बैंक हमारे पैसों को ध्यानपूर्वक और देयों को कर्मठतापूर्वक एकत्र कर सुरक्षित रख रहे हैं। फिर भी, यदि बैंक कोई अनिष्ट करते हैं तो यह विश्वास टूट जाता है और बैंकिंग प्रणाली पर हमारा विश्वास हिल जाता है। बैंक की तरफ से किया गया कोई गलत कार्य व्यापार, वाणिज्य और उद्योग के पहियों को जाम कर देता है, जिन्हें बैंकिग प्रणाली आपके और मेरे पैसों से चलाने में मदद करती है।

दुर्भाग्यवश, पूरी दुनिया में किसी न किसी समय बैंकिंग प्रणाली उस पर किए गए विश्वास पर खरा उतरने में असफल रही है। बैंकों द्वारा किए गए विश्वासघात, धोखाधड़ी, घपले और धोखेबाजी के अनेक उदाहरण दुनिया भर में हुए हैं।

विश्व विश्वसनीय सर्वेक्षण के अनुसार बैंकिंग-घपलों का सबसे बड़ा कारण मुख्यतः बैंकों के आंतरिक घटक हैं, उदाहरण के लिए, भ्रष्टाचार, वर्धित पारश्रमिक का लालच और हितों के टकराव।

हम हाल में बैंकों में हुए घोटालों एवं घपलों के कुछ उदाहरणों की चर्चा करते हैं।

लाइबोर स्कैंडल: बैंक सब कुछ तय कर सकते हैं

'क्या हम अपनी दरों को आज कम कर सकते हैं?' एक व्यापारी ने आग्रह किया। 'हाँ कोई समस्या नहीं है', दरों के प्राथमिक प्रस्तावक ने कहा। 'मैं एक वेश्या का धन निकालने वाले की तरह हूँ', व्यापारी ने प्रत्युत्तर दिया। ये हैं लाइबोर के निर्देशचिन्हों से छेड़छाड़ करते समय एक व्यापारी और प्रस्तावक के बीच की कुछ बातचीत, जिसके आधार पर दुनिया भर में लाखों लोग ब्याज लेते–देते हैं।

लंदन अंतःबैंक प्रस्तावित दरें (लंदन इंटरबैंक ऑफर्ड रेट्स – लाइबोर) सर्वाधिक प्रभावी ब्याज दरें हैं और हाल ही में सर्वाधिक विवादित भी हैं। यह एक निर्देशचिन्ह ब्याजदर है जो दुनिया भर में उपभोक्ता एवं कंपनियाँ कैसे पैसे लेती हैं को प्रभावित करता है। यह उस लागत को प्रभावित करता है जिस पर कुछ बड़े बैंक अन्य बड़े बैंकों से असुरक्षित फंडों को एक निश्चित अवधि और एक निश्चित मुद्रा में उधार ले सकते हैं। यह दर दुनिया भर के सैंकड़ों ट्रिलियन डॉलरों के कर्जों, बॉन्डों और डेरिवेटिवों के मूल्य को तय करने में उपयोग होती है। लाइबोर वित्तीय समुदाय द्वारा लगाए जाने वाले ब्याजदरों का निर्देशचिन्ह तय करने के लिए उद्धरण के रूप में उपयोग किया जाता है। यह लंदन की एक औद्योगिक समूह ब्रिटिश बैंकर्स एसोसिएशन (बीबीए) के द्वारा तय किया जाता है।

लाइबोर कैसे तय किया जाता है? हम देखते हैं कि लाइबोर दरें कैसे तय होती हैं, क्योंकि यह हमें यह समझने में मदद करेगा कि क्या गलत हुआ और कैसे कुख्यात लाइबोर स्कैंडल हुआ? बेंचमार्क दरों को तय करने के लिए दुनिया भर के अग्रणी बैंक हर कार्य दिवस पर बीबीए को आंकड़े प्रस्तुत करते हैं। ये वे दर हैं जिन पर बैंक अन्य बैंकों से उधार लेते हैं। इन दैनिक दरों को प्राप्त करने पर एसोसिएशन सर्वोच्च एवं न्यूनतम 25% प्रविष्टियों को अनदेखा कर देता है। बाकी बचा हुआ लाइबोर दर को प्राप्त करने के लिए औसत कर दिया जाता है, जो 10 विभिन्न मुद्राओं तथा 15 कर्जों की अवधि के लिए ज्ञात किया जाता है। 18 बैंक अपनी-अपनी दरों को यूएस डॉलर लाइबोर को ज्ञात करने के लिए प्रस्तुत करते हैं।

लाइबोर को क्या प्रभावित करता है? यदि लाइबोर दरों को सदोष या गलत ढंग से तय किया जाता है, तो यह वित्तीय अस्थिरता, वित्तीय जोखिमों एवं संपत्ति की खोखली योजनाओं को जन्म देती है। निर्लज्ज भेदिये वित्तीय प्रणालियों में हाहाकार मचा सकते हैं और धोखाधड़ीपूर्ण निर्देशचिन्ह को तय कर अन्यायसंगत लाभों को प्राप्त कर सकते हैं।

किन क्षेत्रों को लाइबोर प्रभावित करता है? हम लाइबोर द्वारा प्रभावित होने वाले दो सबसे महत्वपूर्ण क्षेत्रों को देखते हैं – *डेरिवेटिव्स* तथा डैट्स *(कर्ज)*। डेरिवेटिव्स के मामले में, लाइबोर वित्तीय उपकरणों जैसे *स्वैप्स* एवं *फ्यूचर* लेनदेन का मूल्य का बेंचमार्क तय करने के लिए उपयोग किया जाता है। यह अनुमान किया जाता है कि 350 ट्रिलियन डॉलर डेरिवेटिव्स से जुड़े हैं। जहाँ तक डेब्ट या कर्जों की बात है, लाइबोर अक्सर कर्जों पर लगाए जाने वाले ब्याज के लिए आधार के रूप में उपयोग होता है। यह माना जाता है कि यूएसए में लगभग आधे बंधक एवं विद्यार्थी ऋण लाइबोर पर निर्भर है।

ब्याजदरों को कैसे तय किया जाता है? लाइबोर न्यूनतम आधार के रूप में उपयोग किया जाता है और फिर डेब्ट की जोखिम प्रोफाइल पर अतिरिक्त मुनाफा लगाया जाता है।

लाइबोर स्कैंडल क्या था? निर्धारित किए गए निर्देशचिन्ह दरों के साथ छेड़छाडी की गई थी। सूचना को संकलन के समय प्रवृष्ट करते हुए बैंक ने दरों को बदल दिया। घोषित अंतिम दर वास्तविक ब्याज लागतों की जगह पर बैंकों के लक्ष्यों के आधार पर या तो ऊँचे या नीचे होते हैं।

क्या इसने ग्राहकों को प्रभावित किया? हाँ, इसने दोनों तरह से किया। कुछ ग्राहक, जिन्होंने लाइबोर दरों के आधार पर कर्ज लिया था, को दरों से खेलने के लिए बार्क्लेस को धन्यवाद कहने की जरूरत है, क्योंकि ज्यादातर दर बढ़ने की जगह कम ही हुए थे। कृत्रिम रूप से ही सही,उनके घर और गाड़ी के कर्ज कम कर दिए गए थे। लेकिन उपभोक्ता आधारित उत्पादों के निवेशकों को हानि सहनी पड़ी। उन्हें अपने निवेश पर कम आय प्राप्त हुई, क्योंकि दरें कम कर दी गईं थी।

किसने चाल चली? लाइबोर स्कैंडल में शामिल बैंको की सूची में बैंकिंग समुदाय की गणमान्य हस्तियाँ, शामिल हैं। 5 बिलियन डॉलर के जुर्माने लगाए गए। **बार्क्लेस, यूबीएस, राबोबैंक, द रॉयल बैंक ऑफ स्कॉटलैंड** तथा **आईसीएपी,** लंदन आधारित एक डीलर ब्रोकर, सभी पर उनके कर्मचारियों के गलत कृत्यों के लिए व्यक्तिगत रूप से जुर्माना लगाया गया। यूरोपीय संघ ने दिसम्बर 2013 में विश्व के सबसे बड़े बैंकों के समूह पर जुर्माना लगाया। उद्दंडों की टोली में **सिटीग्रुप, जेपी मोर्गन चेज, डॉयचे बैंक** और **सोसाइटी जेनेराल** पाए गए।

यह स्थानीय था या वैश्विक? यदि पश्चिमी जगत गलत तरीके से प्रभावित हुआ तो पूर्वी गोलार्ध को क्यों छोड़ दिया जाए – यह बैंकों का शीर्ष वाक्य रहा है। सिंगापुर के अधिकारियों ने विश्व के 20 सबसे बड़े बैंकों के द्वारा सिंगापुर अंतःबैंक दरों (सिबोर) के साथ खेल करने के लिए उनके प्रयास की निंदा की। इसमें शामिल बैंक थे **बैंक ऑफ अमेरिका,**

जेपी मोर्गन, क्रेडिट सुइस तथा आयएनजी। इन फर्मों पर 133 व्यापारियों ने 2007 से अपने वित्तीय लाभ के लिए सिबोर को प्रभावित करने का प्रयास किया।

अब हम कुछ बैंकों और कैसे उन्होंने अपने लाभ के लिए लाइबोर गेम खेला, को देखते हैं।

बार्क्लेस बैंक

बार्क्लेस, एक ब्रिटिश बहुराष्ट्रीय बैंक, ने लाइबोर दर से खेलने में महत्वपूर्ण भूमिका निभाई। 2005 से 2007 के बीच इसके ट्रेडिंग डेस्कों पर काम कर रहे कर्मचारियों ने लाइबोर दरों को तय करने और बैंक की दरों में बदलाव करने के लिए अन्य कर्मचारियों को दैनिक ब्याज दरों को एकत्र करने तथा प्रतिवेदित करने के लिए तैयार कर लिया। ट्रेडिंग डेस्कों की डेरिवेटिव ट्रेडिंग स्थानों के आधार पर बैंकों के लाभ को बढ़ाने के लिए इन फेरबदलों की सलाह दी गई और वे किए गए। यदि दरों को घटा दिया गया था या ऊपर की ओर दिखाए गए थे, तो बेंचमार्क दरों में संगत रूप से फेरबदल किया गया था, जो परिणामस्वरूप उन दरों जिन पर बैंक स्वैपों और कर्ज बाजारों में व्यापार करते थे, को घटाया या बढ़ाया गया। ट्रेडिंग डेस्कों के आग्रह के आधार पर बार्क्लेस के कुछ कर्मचारियों ने अन्य बैंकों से उनके दरों में भी फेरबदल करने के लिए भी समन्वयन किया। अन्य बैंकों को भी प्रभावित करने के द्वारा बार्क्लेस ने ये सुनिश्चित किया कि बेंचमार्क दर प्रभावित हो जाएँ।

बार्क्लेस यहीं पर नहीं रुका। सितम्बर 2008 से मार्च 2009 के बीच जब वित्तीय संकट अपने चरम पर था, इसने यह आभास देने के लिए कि यह सस्ते में उधार ले सका है और यह वास्तविक रूप से जितना स्वस्थ था उससे ज्यादा दिखाने के लिए कृत्रिम रूप से निम्न दरों को प्रतिवेदित किया।

2005–07 में जब दरों में फेरबदल किए जा रहे थें, बार्क्लेस के कर्मचारियों में एक दूसरे को बाजार में खेलने के लिए प्रेरित करने के लिए दिलचस्प बातें हुई।

13 सितम्बर 2006 को न्यूयार्क में बैंक के ट्रेडिंग डेस्क के वरिष्ठ ट्रेडर ने दर प्रस्तावकर्ता को लिखा, 'हैलो दोस्त! हमने अगले तीन दिनों के लिए 3 मिलियन लाइबोर में बड़े सौदे को पाया है। क्या हम अगले कुछ दिनों के लिए लाइबोर को तय कर सकते हैं? यह सही में मदद करेगा। हम इसे इससे उच्च दर पर तय नहीं करना चाहते हैं', यह स्पष्ट रूप से सुझाव थाकि ग़लत तरीके से दर को तय करना था। 14 दिसम्बर 2006 को एक और ट्रेडर ने दर प्रस्तावकर्ता को लिखा, 'सोमवार को न्यूयार्क की शाखा में बहुत बड़ी, 3 मिलियन नकद हैं और हम सेटिंग्स को जितना संभव हो सके उतना कम रखना पसंद करेंगे', इस तरह एक कम

दर की सलाह देते हुए, पुनः एक और ट्रेडर ने अपने सहयोगी दर प्रस्तावकर्ता को जितना ऊँचा हो सके, उतना ऊँचा रखने का आदेश दिया, 'कृपया 5.36 लाइबोर के लिए पुनः जाएँ, बहुत महत्वपूर्ण है कि सेटिंग जितना ऊँचा हो सके उतना रख सकें'।

संक्षेप में, बार्क्लेस स्वयं की मदद हेतु दो प्रकार की हेराफेरी में शामिल रहा। सर्वप्रथम, इसने मुख्यतः,घरेलू कारोबारियों की मदद के लिए, लेकिन कभी-कभी अन्य फर्मों की मदद के लिए भी, लगाए गए सट्टों से धन बनाने में उन्हें सक्षम बनाने के लिए भी गलत दरों को प्रस्तावित किया। दूसरा, स्वयं की वित्तीय स्थिति वास्तविकता से बेहतर दिखाने के लिए इसने उधार की लागतों को घटा दिया।

लाइबोर में छेड़छाड़ की थी, यह स्वीकार करते हुए बार्क्लेस ने यूके एवं यूएसए में अधिकारियों को 450 मिलियन डॉलर का भुगतान किया।

यूबीएस

स्विस बैंक 2001 और 2010 के बीच धोखाधड़ी में संलग्न रहा, जहाँ इसने अपने लिए अतिरिक्त लाभ निचोड़ने के लिए जाली दरों को रिपोर्ट किया और अपने वित्तीय स्वास्थ्य की तहक़ीकात को विषयांतरित किया। दर्जन भर कर्मचारियों से संलग्न अवैध गतिविधियों के 2000 से ज्यादा उदाहरण थे।

यूबीएस में गलत कृत्य मुख्यतः इसकी जापानी इकाई में हुए, जहाँ कारोबारियोंने अन्य बैंकों और 'ब्रोकरेज फर्मों' के साथ येन के प्रभुत्व वाले लाइबोर दरों के साथ 'खेलने' के लिए और खजाने को भरने के लिए सांठगांठ कर ली थी। इसकी दर्ज नियामक सूचनाएँ इंगित करती हैं कि बैंक ने दलालों एवं अन्य बैंकों को दरों में परिवर्तन हेतु 1900 से ज्यादा अनुरोध किये थे। यूबीएस के कर्मियों ने बाहरी दलालों को भी 18 महीनों तक 24000 डॉलर प्रति तिमाही की दर से भुगतान किया, जिन्होंने हेराफेरी की प्रक्रिया में मदद की थी। इसके अतिरिक्त अनेक रंगीन ई-मेल पटल पर हैं, जो 'यूबीएस' कर्मियों द्वारा अपने बैलेंसशीट में तरो-ताजगी लाने के लिए खेले जा रहे 'गेम' का खुलासा करता है।

सितम्बर 2008 में, प्रस्तुत ब्याज दरों को कम रखना चाहने वाले एक कर्मचारी ने लिखा, 'मैं आपके द्वारा इसे जितना संभव हो सके, उतना नीचे रखना चाहता हूँ। यदि आप यह करते हैं, तो आपको आपकी इच्छानुसार भुगतान हो, मैं अपने शब्दों पर कायम रहने वाला व्यक्ति हूँ'। दरों को अपरिवर्तित रखने के लिए, एक यूबीएस कारोबारी ने एक दलाल को लिखा, 'आप जानते हैं, 50,000 डॉलर या 100,000 डॉलर जो भी आप चाहेंगे, मैं आपको दूंगा।'

उस समय जब कर्ज लेने की दरें ऊँची थीं, बैंक के कर्मचारी दरों को संकुचित करने के लिए और एक स्वस्थ छवि को प्रस्तुत करने के लिए कृत्रिम रूप से कार्य कर रहे थे। जुलाई 2007 में, इसके कर्मचारियों को दर प्रस्तावनका निचली तरफ विचलन करने के लिए निर्देशित किया गया। एक कर्मचारी ने महसूस किया कि कुछ गलत है और अन्य को यह कहते हुए चेतावनी दी कि, 'मैं बहुत सतर्क रहूंगा कि आप इसे कैसे खेलते हैं... लोग आप से प्रश्न कर सकते हैं', चीजें कुछ 'गोलमाल' लग रही हैं।

गलतदरों की सूचना देते समय चीजों को वास्तविक बनाने के लिए कर्मचारियों ने कम्प्यूटर स्क्रीनों पर की दरों को भी बदल दिया। जब कर्मचारियों द्वारा अपने एक सहयोगी कर्मी को एक *सुपरमैन* बताते हुए टिप्पणी की गई उन्होंने जलसा मनाया और अन्य को यह कहते हुए 'आज एक हीरो बनें' कह प्रोत्साहित किया।

यूबीएस ने ना केवल लाइबोर के साथ छेड़छाड़ की बल्कि यूरो अंतरबैंक प्रस्तावित दरों या यू-रिबर तथा टोक्यो अंतरबैंक प्रस्तावित दरों या टिबर के साथ जालसाजी करने में वह शामिल रहा था।

यूबीएस अपने विरुद्ध बहु-वर्षीय ब्याजदरों में छेड़छाड़ के आरोपों के निबटान के लिए कुल मिला कर 1.5 बिलियन डॉलर ब्रिटिश एवं अमेरिकी अधिकारियों को देने के लिए राजी हो गया – यह हेरफेर पर लगा सबसे बड़ा जुर्माना था। बैंक के जापानी सहयोगी ने इस धोखाधड़ी में अपनी गलती मान ली।

आरबीएस

रॉयल बैंक ऑफ स्कॉटलैंड ने लाइबोर दरों में लापरवाह ढ़ंग से छेड़छाड़ की। एक कारोबारी ने मजाक किया था कि उसने 'दरों को ऐसे बदला था, जैसे एक वेश्या अपने अंतःवस्त्रों को ऊपर-नीचे करती हो।' आरबीएसने स्वीकार किया कि उसने 2006 और 2010 के बीच जापानी येनों और स्विस फ्रांकों में लाइबोर दरों में हेराफेरी की थी। ब्रिटिश वित्तीय सेवा नियामक के अनुसार 21 आरबीएस कर्मी कारोबारी प्रस्तावकों को दरों में बदलाव के 96 अनुरोधों के साथ इस हेराफेरी में शामिल रहे।

फरवरी 2013 में आरबीएस ने यूके एवं यूएस नियामकों को £390 मिलियन ($600 मिलियन) का जुर्माना देना स्वीकार कर लिया और लाइबोर के मूल्य–तय करने के आपराधिक आरोपों को मान लिया।

पश्चलेख

अंतसौंदाई (इंटर डीलर) दलाल और लाइबोर–सम्बंधित घपलों ने लंदन शहर के नाम को मलिन कर दिया, एक दर्जन बैंक जो लाइबोर निर्देशचिन्ह दरों के साथ छेड़छाड़ करने के लिए वाहक था। लाखों कर्जे लेने और देने वालों को बचाने के लिए ट्रांस-अटलांटिक एक्सचेंज ऑपरेटर एनवाईएसई यूरो नेक्स्टने 2014 से बहुत ज्यादा खोखले हो चुके लाइबोर दरों की प्रक्रिया का अधिग्रहण कर लिया। कुछ बैंकों ने इस तरह जनता की कीमत पर लाभ कमाने के अवसर को खो दिया है।

लाइबोर दरों को तय करने का धक्का केवल एकमात्र नहीं है, जहाँ लालची बैंकर्स ने दरों के साथ हेराफेरी की थी। कम-से-कम 15 बैंकों पर 5 ट्रिलियन डॉलर-ए-डे फॉरेक्स स्पॉट मार्केट में विदेशी विनिमय स्पॉट दरों के साथ छेड़छाड़ करने का संदेह गहराया है।

धन की जालसाजी (काले धन को वैध बनाना – मनी लॉन्डरिंग)

वेनेज़ुएला में सवाना की गहराईयों में कहीं एक हवाई पट्टी है जो सामान्यतः कोलंबिया से आया हुआ कोकीन अमरीका को भेजने के लिए एक महत्वपूर्ण परिवहन मार्ग है। कोकीन अमरीका में रिटेलरों को बेचा जाता है और थोक प्रेषकों को 10 डॉलर या 20 डॉलर के छोटे नोटों में नकद भुगतान किया जाता है। धन तब सीमावर्ती शहरों जैसे एल-पासो में लाया जाता है और रखरखाव में आसानी के लिए 100 डॉलर के बड़े नोटों में बदल दिया जाता है। फिर यह मैक्सिको में जाता है, जहाँ कारोबारी समूहों रेस्तरां और सैलूनों जैसे नकद-आधारित रिटेलरों के बीच पहुँच जाता है, यह फिर अनेक इच्छुक बैंकों जैसे **एचएसबीसी** या **वाकोविया** द्वारा खरीद लिया जाता है। अब यह दुनिया में कहीं भी इन बैंकों द्वारा भेज दिया जा सकता है। इसके बाद धन की जालसाजी शुरू होती है। यह श्रृंखला जारी रहती है,अंत में धन संभवतः पुनः कोकीन डीलरों और अवैध व्यापारियों के हाथों में ड्रग डीलिंग के दूसरे चक्र को प्रारंभ करने के लिए पहुँच जाता है।

धन की जालसाजी लगभग संपूर्ण विकसित दुनिया में प्रतिबंधित है, क्योंकि अंततः बैंकिंग प्रणाली से फंड ड्रग डीलरों एवं आतंकवाद का वित्त पोषण करने प्रयुक्त हो जाता है। अंतरराष्ट्रीय मुद्रा कोष (आईएमएफ) और विश्व बैंकने अनुमान लगाया है कि हर वर्ष विश्व भर में 2 या 3 ट्रिलियन डॉलर का विशाल धन की जालसाजी होती है।

नियामक अब सक्रिय हो गए हैं और धन–की जालसाजी के प्रावधानों के नियमों का अनुपालन करने में असफल हो जाने वाले संस्थाओं पर दंड लगाने में भयभीत नहीं हैं।

इन प्रावधानों में क्या-क्या सम्मिलित है? धन–जालसाजी विरोधी तथा आतंकवाद के वित्त-पोषण विरोधी नियमन सामान्यतः बैंकों, बीमा कंपनियों, भविष्य के व्यापारी तथा विक्रेता, ट्रस्टियों तथा वित्तीय कंपनियों, क्रेडिट यूनियनों, विशिष्ट वित्त सलाहकारों, कैसिनों तथा वित्तीय लीजिंग कंपनियों सहित कारोबारी निकायों के व्यापक प्रक्षेत्र को आच्छादित करते हैं।

इन निकायोंको क्या करना चाहिये? संभावित धन की जालसाजी के समक्ष अनावृत संस्थाओंको लिखित जोखिम मूल्यांकन और धन–की जालसाजी की जोखिमों का पता लगाने, रोकने, प्रबंधन एवं शमन के लिए कार्यक्रमों की स्थापना करने की आवश्यकता है। उन्हें अनुपालन अधिकारियों की भी नियुक्ति करनी चाहिए। उपभोक्ताओं को सामान्यतः धन के स्रोतों के सहित ज्यादा सूचना उपलब्ध कराने की आवश्यकता होती है।

सरकारें जोर देती हैं कि धन की जालसाजी एवं आतंक के वित्त पोषण केद्वारा निर्मित, किसी विदेशी बैंक की शाखा में पड़ा हुआ गंदा धन 'जब्त' हो और उस प्रक्षेत्रीय सरकार जहाँ बैंक अवस्थित है, को हस्तांतरित हो जाए। आमतौर पर अंतरराष्ट्रीय विधि प्रवर्तन संधियों के द्वारा जघंन्य गतिविधियों के वित्त पोषण को जब्त करने और रोकने में मदद करने के द्वारा सक्रिय रूप से कार्य करने के लिए देश को अनुरोध किया जाता है। हालांकि ये प्रयास तभी काम करते हैं जब दो देश संधियों द्वारा आबद्ध होते हैं, लेकिन यह एक बंद सुरंगवाला मार्ग है।

वेटिकन बैंक: ईश्वरीय बैंक भी धन की जालसाजी करता है

इटालियन आद्याक्षर आईओआर, पहले इंस्टिट्यूट फॉर द वर्क ऑफ रिलीजन के नाम सजाना जाता था, पोप पायस XII द्वारा वेटिकन के वित्त मामलों के प्रबंधन के लिए 1942 में स्थापित किया, द वेटिकन बैंक, अपनी धन की जालसाजी की गतिविधियों के चलते अनेक जाँचों का सामना किया है।

बैंक काफी समय से इसकी वित्तीय पारदर्शिता के अभाव के कारण प्रतिष्ठा में बट्टा लगने के विवाद में है। यह सामान्यतः कर्ज नहीं देता है, लेकिन विशिष्ट धार्मिक संस्थानों, धर्माधिकारियों तथा प्रमाणित कूटनीतिज्ञों के लिए जमा एवं गिरजे की संपत्तिका प्रबंधन करता है।

2010 में इटालियन अभियोजकों ने रोम के एक बैंक खाते में €23 मिलियन (29 मिलियन डॉलर) जब्त किए, जो धन–की जालसाजी के आरोपों के बीच आईओआर के नाम से पंजीकृत था। बैंक के अध्यक्ष एटोरे गोट्टी टेडेशी को मई 2012 में निकाल दिया गया और वह धन जालसाजी की जाँच के अधीन हैं।

यूरोपीय संघ वेटिकन पर अपने कामकाज को साफ करने तथा यूरोपीय बैंकिंग नियमनों को पूरी तरह से लागू करने के लिए दबाव बना रहा है। वेटिकन बाहरी मुद्रा अधिकारियों के समक्ष अपने खाताधारकों की पहचान को उजागर करने तथा इसके अतीत के लेनदेन के सम्बंध में किसी भी संविक्षा कराने का अनिच्छुक था। इसने इस बात का विश्वास बना दिया है कि यह इटली के राजनीतिकों के अवैध कामों के धन या संगठित अपराध से इसके खातेजुड़े हुए हैं। इटली के अधिकारी इस बात की जाँच कर रहे होंगे कि क्या पादरियों द्वारा धारित खाते वस्तुतः किसी और के हित के लिए अग्रणी का कार्य कर रहे हैं? वस्तुतः, जुलाई 2012 में बीमा धोखाधड़ी के लिए अपने वेटिकन खातों को एक वकील को उपयोग करने देने के आरोप में एक पादरी को गिरफ्तार किया।

एक उच्च–पदस्थ पादरी को जुलाई 2013 में 26 मिलियन डॉलर इटली से स्विटजरलैंड तस्करी करने का षड्यंत्र रचने के आरोप में गिरफ्तार किया गया। धोखाधड़ी से घिरे इस बैंक के दो उच्च अधिकारियों ने इसके तुरंत बाद इस्तीफा दे दिया।

ईश्वर का आधुनिक घर वेटिकन, वेटिकन बैंक के वित्तीय मामलों को दैवीय विधान से संचालन करने में शायद अपना आशीर्वाद नहीं दे रहा है!

पोप फ्रांसिस ने धोखाधड़ी से दूषित वेटिकन के वित्तीय छवि को पूर्णतः बदलने के लिए क्रांतिकारी परिवर्तन करना प्रारंभ किया है। एक महालेखापरीक्षक की समीक्षा के अधीन अरबों यूरों के प्रबंधन को बाहरी बैंकिंग विशेषज्ञों के हाथों में सौंपने की योजना तैयार है।

एचएसबीसी: एक बहुराष्ट्रीय धन जालसाजीदार

अनेक वर्षों से जाँच कर रही एक बहु-एजेंसी जाँच ने पाया कि एचएसबीसी मैक्सिको ड्रग कार्टेलों के अरबों डॉलरों को अमेरिकी वित्तीय प्रणाली के द्वारा दूषित धन की जालसाजी करने के लिए धन–जालसाजी गतिविधियों में लिप्त रहा है।

बैंक ने स्वयं को आतंकी संगठनों के साथ संयोजित होने के लिए सौदी अरब की बैंकिंग प्रणाली के साथ स्पष्ट रूप से हाथों-में-हाथ डाल कर काम किया है।

यह एक प्रभावी धन–जालसाजी विरोधी कार्यक्रम को बनाए रखने में, इसके विदेशी संबद्धों पर समुचित उद्यम करने में असफल रहा है तथा इसने संयुक्त राष्ट्र प्रायोजित प्रतिबंधों का उल्लंघन किया है। नशीली दवाओं के तस्करोंने एचएसबीसी के सहयोगियों में धारित खातों का उपयोग फंडों के स्थानांतरण में किया है। फंड उन प्रतिबंधित देशों में भी पहुँच गए हैं जिनके साथ बैंक को कोई कारोबार नहीं करना चाहिए था।

एचएसबीसी ने धन जालसाजी, मैक्सिको ड्रग कार्टेलों तथा सौदी अरब के आतंकवाद संगठनों के वित्त पोषण के आरोपों के निबटान के लिए दिसम्बर 2012 में 1.9 बिलियन का भुगतान किया। बैंक ने अभियोग स्वीकार करने की जगह निपटान किया। इसने यह स्वीकार करते हुए कि इसने न्यूयार्क राज्य कानून का उल्लंघन किया है, एक विलंबित अभियोग समझौते को किया। इसके समूह सीईओ स्टुअर्ट गलिवर के अनुसार 'हम अपने अतीत की गलतियों की जिम्मेदारी लेते हैं।'

आईसीआईसीआई, एचडीएफसी तथा एक्सिस बैंक

भारत आधारित निजी क्षेत्र के इन बैंकों पर मार्च 2013 में देश भर में हुई एक गुप्त जाँच में धन जालसाजी का आरोप लगा। चौंकाने वाले वीडियों का खुलासा हुआ, जिसमें एक मंत्री के सहायक का रूप धारण किए गुप्त रिपोर्टर को काला धन जालसाजी करने में बैंक के कार्यकारियों को कथित रूप से मदद करते हुए दिखाया गया। उनका प्रयास (बैंकिंग नियमों के विरुद्ध) बैंकिंग प्रणाली का उपयोग कर के अवैध–रूप से प्राप्त धन को सफेद करना था। कथित रूप से, इन प्रस्तावित योजनाओं में शामिल थे बीमा उत्पादों एवं सोने में निवेश, नकली खातों को खोल कर बैंक की खुद की निवेश योजनाओं में नकद निवेश, एक शुल्क पर दूसरे के खातों के द्वारा काला धन का प्रवाह और डिमांड ड्राफ्टों का निवेश में प्रयोग, ताकि वे उपभोक्ताओं के बैंक खातों में नहीं दिखे। हालांकि बैंक के लॉकरों का तथा अन्य का इस प्रायोजन के लिए प्रयोग नहीं किया जाना चाहिए उपभोक्ताओं को नकद रखने के लिए बड़े लॉकरों का बँटवारा किया गया।

यह आरोप लगाया जाता है कि भारतीय बैंकों के मामले में धन जालसाजी का एक लोकप्रिय तरीका बीमा उत्पादों में निवेश है। भरपूर धनी लोग बीमा एजेंटों के बैंक खातों में कम मात्रा में पैसे जमा करते हैं। इसके बाद, एजेंट प्रतिसंवेद बैंकों में मित्र संपर्कों के द्वारा जमा नकद से डिमांड ड्राफ्ट बना कर इन लोगों को बीमा उत्पादों में निवेश करने में मदद करते हैं। भारत में 50,000 रुपए (800 डॉलर) से ज्यादा के किसी भी धन को चेक के द्वारा जमा करना होता है, और इस प्रकार बिना हिसाब के धन वाले लोग काले धन को सफेद करने के लिए बीमा के मार्ग को अपना सकते हैं। बीमा कंपनियों द्वारा आकर्षक कमीशन एजेंटों और बैंकों को इन नापाक गतिविधियों में लिप्त होने के लिए उकसाता है और धन जालसाजी अवैध रूप से जमा किए गए धन को वैधानिक बना लेने में समर्थ हो जाते हैं।

भारतीय रिजर्व बैंक (आरबीआई) ने जून 2013 में उपभोक्ताओं के पहचान हेतु 'अपने उपभोक्ता को जानिए – नो योर कस्टमर (केवाईसी)' नियामकों के उल्लंघन करने के लिए इन तीनों बैंकों पर जुर्माना किया। जब इसने धन–जालसाजी नियमनों का उल्लंघन के प्रमाणों को पाया तो अपनी जाँच को जारी रखते हुए आरबीआई ने 22 अन्य बैंकों पर 500 मिलियन रुपयों (8 मिलियन डॉलर) का जुर्माना किया। इनमें भारतीय स्टेट बैंक, बैंक ऑफ बड़ौदा एवं पंजाब नेशनल बैंक शामिल थे।

धन जालसाजी में बैंकिग प्रणाली से फंड को निकालना या इसे प्रणाली से हो कर गुजारना और अवैध प्रायोजनों में उपयोग करना शामिल है। बैंकों को धन का अवैध उद्देश्यों हेतु – जैसे नशे की तस्करी या आतंकवाद में उपयोग करने से रोकने हेतु समुचित कार्य करना चाहिए। और यही करने में अधिकतर बैंक असफल हो जाते हैं, चाहे लाभ के लालच में या उनके प्रभावहीन आंतरिक नियंत्रण के कारण।

पश्चलेख

धन जालसाजी के नए तरीके एकतान नियमितता से आविष्कृत हो रहे हैं। धोखेबाजों ने अपनी धन जालसाजी गतिविधियों को छिपाने के लिए कला के सौदों को खोज लिया है; कला जगतमें सौदे गोपनीयता और गुमनामी के पर्दे तले ढ़ंके होते हैं। उदाहरण के लिए 2007 में एक पेंटिंग ब्राजील से यूएसए में 100 डॉलर के हवाई बिल के साथ पहुँची। 2013 के प्रारंभ में यूएस संघीय जाँचकर्ताओं को पता चला कि अमेरिकी कलाकार जीन–मिशेल बास्क्विएट की पेंटिंग का मूल्य 8 मिलियन डॉलर था। धन को अमेरिका में नकद की जगह एक वस्तु (पेंटिंग) के रूप में जमा करने का उद्देश्य था।

बैंकों द्वारा गलत-विक्रय

बैंक वे संस्थान हैं जिन पर हम लोगों का सर्वदा विश्वास रहता है। परन्तु, हाल में, कुछ बैंकों के द्वारा आम आदमी की कीमत पर अपने खजाने भरने के सरल तरीकों को अपनाने से यह विश्वास कुछ मामलों में कम हो गया है। कुछ बैंक संदेहहीन उपभोक्ताओं को जोखिम भरे उत्पादों की गलत–बिक्री भी करते रहे हैं।

बंधक–समर्थित प्रतिभूतियाँ (मॉर्टगेज्ड–बैक्ड सिक्योरिटीज)

शिकागो के व्यापारिक केंद्र का प्रसिद्ध हार्ड रॉक होटल को 2007 के प्रारंभ में एक कर्ज की आवश्यकता थी। ठीक उस समय जब बढ़ते दामोंका समय समाप्त हो रहा था, इसने **जेपी मॉर्गन** से अनेक घर मालिकों की तरह एक जोखिम वाले बंधक कर्ज को लिया। इसे कर्ज की अवधि के दौरान बिना किसी बाध्यता मूल को चुकाए बिना सिर्फ ब्याज देना था। उस समय कर्ज में न्यूनतम रकम बाहर ले जाने वाला यह सौदा हार्ड रॉक के लिए एक अच्छा सौदा था। जेपी मॉर्गन ने इस कर्ज को दूसरे कर्जों के साथ एक बॉन्ड या वाणिज्यिक बंधक समर्थित प्रतिभूतियों के साथ विलय कर दिया। परिणामी कर्ज पूल वाणिज्यिक रूप से समर्थित ऋण अनुबंध (सीडीओ) के नाम से जाना जाता था। क्रेडिट रेटिंग एजेंसियों ने इसे कर्ज पुनःभुगतान की सर्वोच्च सुरक्षा ट्रीपल एएए की रेटिंग दी थी। जेपी मॉर्गन ने इन सीडीओ को निवेशकों को बेच दिया। 2008 में मंदी प्रारंभ हो गई। हार्ड रॉक अपने ब्याज भुगतान के दायित्व को पूरा नहीं कर पाया। पुरोबन्ध (फोरक्लोजर) एकमात्र विकल्प रह गया। निवेशकों को सीडीओ पर नुकसान झेलना पड़ा क्योंकि इसका मूल्य कम हुआ था, लेकिन जेपी मॉर्गन ने अपने कमीशन को कमा लिया।

2000 से 2006 के बीच, अनेक यूएस बैंकरों ने वित्तपोषित संपत्तियों के आधार पर घर के कर्ज दिए। इनमें से अनेक कर्ज लेने वालों के पास कर्ज के पुनर्भुगतान की क्षमता नहीं थी,फिर भी उस समय जब घर का बाजार हरा था, तो कर्ज दिए गए। इस तरह के कर्ज *सब-प्राइम मॉर्गेज लोन* के नाम से जाने जाते हैं। बैंकों ने ऐसे सैंकड़ों कर्जों को सीडीओ के नाम से ज्ञात पुलिंदा उपकरण में बांध दिया। इन सीडीओ को या सरकार प्रायोजित एजेंसियों जैसे **फैनी मे** व **फ्रेडी मैक** के द्वारा प्रत्याभूत या **एआईजी** जैसी कंपनियों के द्वारा बीमित किया गया। पुनः इनमें से अधिकतर सीडीओ को रेटिंग एजेंसियों द्वारा 'एएए' जैसी रेटिंग दी गई। हाथ में सर्वोच्च रेटिंग्स को पाकर बैंकों ने आराम से उनके संलग्न जोखिमों के साथ इन उपकरणों की बिक्री वैश्विक निवेशकों को कर दी। यहीं से समस्या प्रारंभ हुई।

समस्या क्या थी? बैंकों ने अप्राथमिक, अप-सामान्य कर्जों को कुछ प्राथमिक बंधकों के साथ बांध दिया, क्रेडिट बीमा की व्यवस्था कर दी, इन कर्जों की रेटिंग करवाई और फिर इन्हें निवेशकों को बेच दिया। इन अपस्तरीय कर्जों को बैंकों ने निवेशकों को सौंप दिया।

इसे धोखाधड़ी क्यों कहें? निवेशकों ने सोचाकि वे जोखिम-रहित निवेशों को खरीद रहे हैं, लेकिन ये लिए गए कर्जों को चुकाने की बहुत कम क्षमता रखने वाले कर्जदारों द्वारा समर्थित खराब गुणवत्ता वाले ऋण थे। इसके अलावा, इन मॉर्टगेज प्रॉपर्टी की गुणवत्ता भी घटिया थी। पूरी दुनिया में 2.5 ट्रिलियन डॉलर सीडीओ को एएए रेटिंग के साथ जारी किया

गया। दुर्भाग्यवश इन एएए में से 90% का दर्जा, 2007 में जब वित्तीय संकट प्रारंभ हुआ, कबाड़ के स्तर तक गिर गया था। अनेक निवेशकों ने धन गँवा दिया और वित्तीय संकट प्रारंभ हो गया।

बैंकों के विरुद्ध दावे? अमेरिकी बैंक अनेक मुकदमों का सामना कर रहे हैं, जिनमें आरोप लगाया है कि उन्होंने घटिया बंधक प्रतिभूतियों को बेच दिया जो वित्तीय संकट के दौरान ध्वस्त हो गए। **बैंक ऑफ अमेरिका, जेपी मॉर्गन, वेल्स फार्गो, सिटीग्रुप** तथा अन्य के विरुद्ध निवेशकों, बीमा कर्ताओं, अभियोजकों तथा नियामकों के द्वारा1 ट्रिलियन डॉलर से अधिक कीमत की प्रतिभूतियों का (घरों के बन्धक द्वारा समर्थित).) दावा किया गया है।

मुकदमे किस बात पर हैं? निवेशकों द्वारा ख़राब कर्जों को उनके द्वारा वापस खरीदने के लिए दबाव बनाने, अभियोजकों के द्वारा धोखाधड़ी के आरोप तथा नियामकों द्वारा यह दावा करने कि उन्होंने ग्राहकों को खराब बंधक प्रतिभूतियों की खरीद में ठग लिया है, जैसे कई मोर्चों पर बैंक लड़ रही हैं।

बैंकों के उत्तरदायित्व क्या हो सकते हैं? यदि बैंक ये सभी मुकदमों को हार जाते हैं, उनकी अनुमानित हानि 300 बिलियन डॉलर तक जा सकती है। इस बात का अंदाजा लगाना मुश्किल है कि वित्तीय संकट के उदय के समय से अब तक बैंकों ने कितना भुगतान किया है और बंधक संकट को पीछे छोड़ने के लिए उन्हें कितना भुगतान करने की जरूरत है? लेकिन इस बात की संभावना है कि भविष्य के भुगतान अभी तक के निबटारा किए गये भुगतानों को बौना बना देंगे, क्यों कि अभी तक बैंकों के विरुद्ध मुकदमों का सिर्फ एक छोटा सा हिस्सा ही टिका हुआ है।

बंधक कर्जों का नतीजा: बंधक कर्जों के इतने वर्षों के बाद, अभी भी लाखों घर के मालिक ऐसे हैं, जिन पर उनके घर के मूल्य से ज्यादा कर्जे हैं। ये लोग अतएव् अभी भी पानी में हैं। परिणामस्वरूप, अनेक लोगों ने अपने घरों को छोड़ दिया है और अपने कर्जों को जिस हद तक वे चुका सकते थे,चुका दिया है या सिर्फ उनसे बाहर निकल आए हैं, जो *पुरोबन्ध* समतुल्य है। बैंक और निवेशक दोनों बिना ज्यादा कुछ किए किनारे पर बैठे हैं, क्योंकि उनके द्वारा किया गया कोई भी कार्य उनके लिए नुकसानदेह होगा। जैसे घर का बाजार सुधरेगा, तो परिदृश्य को भी सुधरना चाहिए और घरों का मूल्य बकाया कर्जे की राशि से ज्यादा हो जाना चाहिए।

हम गलत-विक्रय के कुछ उदाहरणों को देखते हैं। न्यूयार्क का एक छोटा-सा बैंक, **अबेकस फेडरल सेविंग्स बैंक,** जो मुख्यतः स्थानीय चीनी समुदाय की जरूरतों को पूरा करता है, को बंधक आवेदनकर्ताओं की योग्यताओं को संघीय कर्जों के मानकों को पूरा करने के लिए बढ़ा–चढ़ा कर दिखाते हुए पाया गया।

बैंक ने सिर्फ बंधक कर्ज चाहनें वालों की साधारण हेराफेरी की। कर्जों के सैंकड़ों आवेदकों में भावी कर्जे लेने वालों को अपनी वास्तविक आय और परिसंपत्ति से ज्यादा दिखाने और अपने काम को गलत रूप से प्रदर्शित करने का निर्देश दिया गया। अबेकस ने नकली कागजात भी बनाएं, जिसने इंगित किया कि कर्ज आकांक्षियों के पास तत्काल भुगतान (डाउन पेमेंट) के लिए पर्याप्त धन है और यह धन उन्हें उपहार में मिला है। ऐसा इसलिए किया गया था ताकि कर्ज लेने वालों को दिए गए कर्ज (विशेषकर बंधक-समर्थित कर्ज) फन्नी मई की आवश्यकताओं को पूर्ण करने के लिए कर्ज आकांक्षियों की संपत्ति प्रतिभूति द्वारा समर्थित हो। (फॅनी मे सरकार प्रायोजित एक बंधक बैंक है, द फेडरल नेशनल मोर्टगेज एसोसिएशन, जो छोटे बैंकों द्वारा जारी न्यूनतम प्रारंभिक गुणवत्ता के बंधक-समर्थित कर्जों का प्रत्याभूति लेता है, ताकि बंधक-समर्थित कर्ज दस्तावेजों की आगे के निवेशकों को पूर्व–निर्धारित छूट पर पुनः–बिक्री की जाए।)

यह धोखाधड़ी घटनाओं की श्रृंखला की तरह है जिसने 2008 के वित्तीय संकट की आगुवाई की, जब कर्ज लेने वालों के बंधकों के जोखिम को छिपाया गया था और सीधे-सादे निवेशकों को यह इंगित करते हुए सौंप दिया कि कर्ज के दस्तावेज अपनी गुणवत्ता में चट्टान की तरह हैं। अबेकस ने इस धोखाधड़ीपूर्ण गतिविधि का अनुपालन मई 2005 से फरवरी 2010 तक किया। मैनहैटन के अभियोजकों ने अबेकस के 19 कर्मचारियों पर सरकार समर्थित प्रत्याभूतियों को प्राप्त करने के लिए कर्ज के दस्तावेजों में जालसाजी तथा हेरफेर करने का आरोप लगाया।

एक और उदाहरण में जहाँ निवेशकों को एक अच्छी सैर पर ले जाया गया था, **जेपी मॉर्गन** पर नवम्बर 2013 में यूएस न्याय विभाग के द्वारा अभूतपूर्व 13 बिलियन डॉलर का जुर्माना लगाया गया। बैंक ने 2005 से 2008 के बीच आवासीय बंधकों को संश्लिष्ट प्रतिभूतियों में एक साथ रख दिया और इन्हें इस झूठे दावे पर बेच दिया कि ये पूरी तरह से सुरक्षित हैं। इसने इन प्रतिभूतियों में संभावित खतरों के बारे में निवेशकों को सतर्क करने का वचन दिया और यह धारणा बना दी कि जेपी मॉर्गन ने भरोसे की एक और सतह को उपलब्ध करा दिया है। हालांकि इनमें से किसी का भी भुगतान बैंक ने नहीं किया–बंधक समर्थित प्रतिभूतियों के गलत–विक्रय का एक स्पष्ट उदाहरण।

पश्चलेख

बैंक अपने घटिया बंधक कार्यव्यवहारों को नियामक संस्थाओं के साथ निपटान करने में बहुत दिलचस्पी दिखा रहे हैं। **सिटीग्रुप** ने संदेहित बंधक कुकृत्यों को जुलाई 2014 में 7

बिलियन डॉलर का विशाल नकद भुगतान कर और **मॉर्गन स्टेनली** ने फरवरी 2015 में 2.6 बिलियन डॉलर पर सहमत हो कर निपटाया। बहुत से अन्य बैंक प्रलंबित मुकदमों से वास्तविक खतरों का सामना कर रहे हैं।

क्या बैंकों को दंडित करना, उनके लापरवाह कार्यपद्धतियों का अंत करने में मदद करेगा?

कर वंचन (चोरी) योजनाएँ

विश्व भर में लगभग 145 सरकारों को कर वंचन के कारण 3 ट्रिलियन डॉलर के वार्षिक कर राजस्व का नुकसान सहना पड़ता है। बैंक कभी-कभी अपने ग्राहकों को अपने लेनदेनों का कर बचाने या देने से बचने के लिए संरचित करने में मदद करते हैं।

एक लोकप्रिय प्रकार है स्विस बैंकों की बैंकिंग गोपनीयता की परंपरा का लाभ उठाते हुए बेहिसाबी या अघोषित धन को उनमें जमा करना। अनेक स्विस बैंक जमाकर्ताओं को प्रोत्साहित करते हैं, बैंक खातों के विवरण में गोपनीयता का वादा करते हैं और अपने ग्राहकों को जमा राशि और आ रहे ब्याज पर कर देने से बचने में मदद करते हैं। उनका मत रहा है कि चूँकि विदेशों में उनकी शाखाएँ नहीं हैं, इसलिए इन देशों के जमाकर्ताओं को कर वंचन का जिम्मेदार नहीं ठहराया जा सकता है, क्योंकि यह बैंकिंग गोपनीयता को प्रोत्साहन देने के लिए स्विस कानूनों के अनुरूप है।

कुछ देश, विशेषकर अमेरिका, जर्मनी, ब्रिटेन तथा फ्रांस कुछ समय से गोपनीयता के पर्दे में ढंके अप–तटीय खातों की विश्व राजधानी–स्विस बैंक खातों के द्वारा कर–वंचन को नियंत्रित करने के लिए कठिन संघर्ष कर रहे हैं।

वैगेलिन बैंक, सबसे पुराना स्विस बैंक, ने अनेक अमेरिकी करदाताओं को कर अधिकारियों से 1 बिलियन डॉलर से ज्यादा को छिपाने में मदद की। ऐसा प्रतीत होता है कि कुछ करदाता पहले यूबीएस के पास पहुँचे, जहाँ उन्हें ज्ञात हुआ कि अमेरिकी कर अधिकारी 2008 से उद्घोषणा सम्बंधी मामलों को लेकर उनके पीछे थे। वैगेलिन जैसे छोटे बैंक ने तब बड़े बैंकों से भाग रहे ग्राहकों को अपने पाले में कर लिया और उन्हें गोपनीयता के लिए आश्वस्त किया। 2002 से 2010 के बीच, इसने ग्राहकों को बैंक में गोपनीय खाताओं को खोलने में मदद की तथा उन्हें इन स्विस बैंक खाताओं तथा इससे उत्पादित आय के अस्तित्व को कर अधिकारियों से छिपाने में उनकी मदद की।

जनवरी 2013 में वैगेलिन बैंक ने स्वीकार किया कि इसने अमेरिकी नागरिकों को अमेरिकी करों से बचाने में मदद की और जुर्माने में 74 मिलियन डॉलर दिये। यह पहली बार है, जब किसी विदेशी वित्तीय संस्थान ने कर उल्लंघन में गलती स्वीकार की है।

सबसे बड़ा स्विस बैंक यूबीस भी अपने ग्राहकों को कर से बचने में मदद करने का दोषी पाया गया और उसे 780 मिलियन डॉलर जुर्माने में देना पड़ा तथा अभियोग से बचने के लिए 4,500 गुप्त खातों को खोलना पड़ा। सं.रा. अमेरिका स्विस बैंकों के कर अपवंचन योजना के विरुद्ध मुकदमा जीत गया।

स्विस बैंकों से गुप्तता का आवरण कभी उठ सकेगा? इस बात की कुछ संभावना दिखती तो है। स्विट्जरलैंड सहित साठ देशों ने इन बैंकों के अमीर उपभोक्ताओं का खुलासा करने के लिए इस समझौते पर हस्ताक्षर किए हैं। कुछ बैंकों ने अपने गोपनीय आंकड़ों को साझा करना प्रारंभ कर दिया है। परन्तु, दिक्कत यह है कि स्विट्जरलैंड का 1934 से एक कानून है, जो बैंक प्रबंधकों के द्वारा ग्राहकों की गोपनीयता का उल्लंघन करना एक अपराध घोषित करता है। अनेक प्रभावित देशों के द्वारा और ज्यादा खुलासे की मांग स्विस बैंकों की गोपनीयता की परंपरा को खतरे में डाल रही है। कुछ लोगों के अवैध-रूप से प्राप्त धन की रक्षा करने वाली स्विस बैंकों की गोपनीयता कुछ और समय तक जारी रहने की संभावना है।

पश्चलेख

कर बचाने की इच्छा अतृप्ति की है। जब बैंक अपने उपभोक्ताओं को कर बचाने में मदद करते हैं, अक्सर लालच विवेक पर हावी हो जाता है। अत: जोखिमों को कम करने वाली कार्यनीति का ही पालन करना चाहिए।

धन व्यवस्थापन

बैंकों को सामान्यतः धन प्रबंधन सेवा (विवेकाधीन या सलाहकार सेवाओं सहित) प्रस्ताव देने की अनुमति है, लेकिन अपने छोटे उपभोक्ताओं के लिए गैर-विवेकाधीन या निवेश प्रबंधन की नहीं। हालांकि वे जो कुछ भी करते हैं, वह उनके उपभोक्ताओं के हित में होने की आवश्यकता है।

भारत में **सिटी बैंक** की गुड़गाँव शाखा के एक धन व्यवस्थापक ने 2010 में 20% मुनाफे का वायदा कर के धन व्यवस्थापन उत्पादों को बेच कर लगभग तीन दर्जन उच्च-

आय की संपत्ति वाले व्यक्तियों के 4,60 करोड़ रुपये (74 मिलियन डॉलर) ठग लिए। बैंक के कर्मचारी ने इसके लेटरहेड पर एक काल्पनिक उत्पाद का प्रस्ताव किया और अपने ग्राहकों को फंडों को निवेश के लिए एक सिटीबैंक खाते में स्थानांतरित करने को कहा। यह खाता तथाकथित रूप से कर्मचारी के सम्बंधी के नाम से था। पैसे बेईमानी से निकाल लिए गए। अपने 'ग्राहकों को जानिए' (केवाईसी), सेवा के होते हुए भी सिटी की आंतरिक प्रणाली ने ऐसे बैंक खाते को खोलने की अनुमति कैसे दी?

कुछ सम्बंध व्यवस्थापकोंने **स्टैंडर्ड चार्टेड बैंक** की भारतीय शाखाओं से एक ऋण उत्पाद, ऋण पत्र अपने निजी बैंकिंग ग्राहकों को बेच दिया। यह आरोप लगाया जाता है कि बैंक ने 2010–11 में इन्हें अधिक ऊँची कीमत पर वापस खरीदने का वादा किया। इसमें शामिल धनराशि 150–200 करोड़ रुपए (24–32 मिलियन डॉलर) थी। यह बैंकिंग नियमों के विरुद्ध था।

बैंकों सम्बंधित धन-प्रबंधन उत्पाद बिक्री नियमन सिटीबैंक तथा चार्टेड बैंक के धोखाधड़ीपूर्ण विक्रय घोटालों के चलते आरबीआई के जाँच के अधीन हैं।

उत्पाद सीमा को प्राप्त कर लेने के लिए चीन में **चायना कंस्ट्रक्शन बैंक** (सीसीबी), **सिटिक** एवं **हुवाशिया बैंक** ने 2012 में धन प्रबंधन उत्पाद बेचे। ये सामान्यतः बैंक जमा दरों से 4%–5% अधिक दरों का प्रस्ताव करते हैं। बैंक ज्यादा ऊँचे मुनाफ़े का वादा कर इन कर्ज उत्पादों को आगे के निवेशकों को बेच रहे थे, इसके चलते एक धन उत्पाद घोटाले का जन्म हुआ। सीसीबी के उत्पाद में इक्विटी, डेब्ट तथा धन बाजार उपकरणों का मिश्रण था, सिटीक ने इस्पात कंपनियों को कर्ज दिया एवं हुक्सिआ के निवेश गिरवी की दुकानों तथा स्वास्थ्य देखभाल सेवाओं में थे। इनमें से अनेक कर्ज लेने वाले भुगतान नहीं कर पाने के परिणामस्वरूप वादा किया गया मुनाफा देने में असफल हो गए। उत्पाद निष्फल हो गए।

पश्चलेख

धन व्यवस्थापन पूरी तरह से भविष्य के बारे में है – अतीत केवल एक निर्देशक है। बुरे समय में संदेह इच्छा के ऊपर हो जाता है। अच्छे समय में, जब आशावाद का राज होता है, तो धन गँवा देना अक्सर आसान होता है। अतएव धन व्यवस्थापन में उमंग तथा अभिलाषा को चलाने के लिए ध्यान एवं सावधानी की जरूरत होती है।

डेरिवेटिव्स

डेरिवेटिव्स या तो अनुबंध या जोखिमों की सुरक्षा करने के लिए होते हैं या फिर कंपनियों को सट्टा लगाने के लिए उनका उपयोग होता है। बैंकों ने डेरिवेटिव्स को अतीत में प्रत्यक्ष रूप से जोखिम शमन के लिए संरचित किया था, लेकिन वास्तविकता में सट्टेबाजी प्रपत्र बेच रहे थे। उन्होंने कॉर्पोरेट संस्थाओं पर भी ज्यादा शुल्क लगाया था और अर्थव्यवस्था के सामने खतरा उत्पन्न कर दिया। **एआईजी ने** डेरिवेटिव्स पर लगाई शर्तें बहुत ही गलत हो गई और इसने बीमा कंपनी को ध्वस्त हो जाने की कगार पर पहुँचा दिया था तब इसे सरकार द्वारा बचा लिया गया।

अनेक मामलों में बैंकों ने डेरिवेटिव्स को धोखाधड़ी गतिविधियों के प्रपत्रों के रूप में बेचा है। ऐसे कुछ उदाहरण नीचे वर्णित हैं।

भारत में बैंकों ने विदेशी मुद्रा डेरिवेटिव्स में 25 ट्रिलियन (400 बिलियन डॉलर) रुपये एक भारतीय कॉर्पोरेशन को उस समय बेच दिया जब भारतीय मुद्रा में व्यापक रूप से उतार-चढ़ाव हो रहा था। जनवरी 2007 में 44 रुपए प्रति अमेरिकी डॉलर से जनवरी 2008 में 39 रुपया तक चढ़ गया था और फिर जनवरी 2009 में 49 रुपए तक कमजोर हो गया। इस अस्थिर समय में बैंकों ने उन दरों की भविष्यवाणी की जिसने कॉर्पोरेट संगठनों को डरा दिया और उन्हें अपने अंतःप्रभावों को सुरक्षित करने के लिए डेरिवेटिव संरचनाओं में प्रवेश करने के लिए प्रेरित किया। उदाहरण के लिए, 2007 की शुरुआत में बैंकों ने डॉलर के 39 रुपए से और भी ज्यादा मजबूत हो कर 35 रुपए हो जाने की भविष्यवाणी की। हालांकि, इसके विपरीत हुआ और रुपया दूसरी दिशा में लटकने लगा। उनकी रक्षा करने के लिए अनुमनित कॉर्पोरेट जगत को बेचे गए डेरिवेटिव उत्पादों ने पहले के तात्कालिक मूल्य तथा विदेशी मुद्राओं के अनुबंधित मूल्य के बीच के अंतर के कारण उन्हें बड़ी हानि झेलनी पडी।

सीबीआईने 2009 में सूचना दी कि इन अंतरणों ने भारतीय विदेशी अंतरण प्रबंधन अधिनियम का उल्लंघन किया है, हालांकि यह आपराधिक षड्यंत्र के बराबर नहीं माना गया। 2011 में आरबीआईने 19 बैंकों से प्रतीकात्मक जुर्माना लिया। यह 5 लाख रुपए (8,000 डॉलर) से लेकर 15 लाख रुपए (25,000 डॉलर) तक था और इसने सिद्ध किया कि बैंकों ने डेरिवेटिव्स की गलत बिक्री की थी और भविष्य में उन्हें ऐसे गलत कामों से बचना चाहिए।

ब्रिटेन में, वित्तीय सेवा प्राधिकार मानता है कि *ब्याज दर विनिमय* या *डेरिवेटिव* 2002 से छोटे उद्योगों को गलत बेचा जा रहा है। यूके के चार सबसे बड़े बैंक **बार्क्लेस, एचएसबीसी**

और द **रॉयल बैंक ऑफ स्कॉटलैंड** व्यक्तिगत विक्रय की समीक्षा तथा आवश्यकता पड़ने पर उपभोक्ताओं को मुआवजा देने पर सहमत हो गए हैं।

पश्चलेख

डेरिवेटिव्स को प्रशासित करने वाले नियामक कमजोर हैं और हालांकि दुनिया इस 'सामूहिक संहार के हथियार' (वॉरेन बफे द्वारा समुचित रूप से वर्णित) को काबू में करने का प्रयास कर रही है, बैंक अपने लाभ को संरक्षित करने का प्रयास कर रहे हैं। यह बुद्धि की जोर-आजमाइश है और यह देखना बाकी है कि कौन जीतेगा।

खतरनाक बैंक: गैर-बीमाकृत या गैर-लाइसेंसधारी

बैंक, अर्थव्यवस्था की नसें हैं जिसके द्वारा इसकी वित्तीय प्रणाली का रक्त प्रवाहित होता है। अतएव हर देश में राष्ट्रीय सरकारों के द्वारा इनका नियमन किया जाता है। इन्हें लाइसेंस दिये जाते हैं, इन्हें बनाये गए कानूनों तथा नियमनों का पालन करना होता है, आवश्यकता पड़ने पर बीमाकृत एवं देश की नियामक संस्थाओं के द्वारा पर्यवेक्षण तथा लेखा-परीक्षण होना चाहिए।

पोलिश लोग एक समांतर-बैंक **एंबर गोल्ड** में निवेश करके प्रसन्न थे जो तथाकथित रूप से प्याज और आलू में निवेश करता था और जिसने अपने गैर-संदेही जमाकर्ताओं को 5 साल में 100% वार्षिक मुनाफा का वादा किया था। इसकी वेबसाइट ने 500 ज़्लॉटी (160 डॉलर) जमा होने के पाँच वर्ष के बाद नकदीकरण पर 13,000 ज़्लॉटी हो जाने की घोषणा की थी। पुलिस ने संगठन के प्रमुख को अवैध बैंक सेवा देने के संदेह में गिरफ्तार कर लिया। निवेशक इस बात का दावा कर रहे हैं कि इसने 300 मिलियन ज़्लॉटी से ज्यादा लूट लिये हैं और इस मूल्य के एक-तिहाई की भी इसकी संपत्ति नहीं है। कोई बैंक कैसे 100% मुनाफा दे सकता है जब तक कि यह अवैध न हो?

धोखाधड़ी तथा घपले तब होते हैं जब किसी अर्थव्यवस्थामें पाखंडी बैंक उग आते हैं।

सूदखोरी, असंगठित तथा गैर-प्राधिकृत, कर्ज बाजार के तीखे कुशल उपद्रवी, जो काले-कर्ज बाजार के नाम से भी जाने जाते हैं; अधिकतर देशों में एक समस्या है। अपनी गतिविधियों को भूमिगत होकर चलाने वाले ऐसे अपराधी, कर नियामकों की नजरों से छुप जाते हैं। न्यूनतम हलचल के साथ फंडों के तीव्र संवितरण में विस्मयकारी रूप से कुशलता

उनकी लोकप्रियता की एक बानगी है। परन्तु, नकारात्मक पहलू हैं उनकी बहुत ज्यादा ऊँची ब्याज दरें और उनकी टक्कर की हिंसा या धमकियों के द्वारा उनकी अपनी वसूली विधियाँ, वित्त पोषण के इस तरीके को गैर-सामाजिक, अवांछित और अवैध बना देती हैं।

पश्चलेख

गैर-अनुज्ञाप्ति प्राप्त बैंकों का शिकंजा गुमनामी के प्रक्षेत्र तक पहुँचा हुआ है – साइबरस्पेस प्रक्षेत्र तक। **लिबर्टी रिजर्व,** एक डिजिटल वैश्विक मुद्रा विनिमय संस्था, ने जालसाजी तथा बैंकिंग नियमनों से बचकर दुनिया भर में 6 बिलियन डॉलर के धन को साढ़े पाँच करोड़ लेनदेन करने में मदद किया। बैंकिंग नियमों का उल्लंघन कर साइबर अपराधी एवं धोखेबाज धन को निर्बाध रूप से मलेशिया, नाइजीरिया, वियतनाम एवं रूस एवं अन्य देशों में ले जा सकते हैं।

हालांकि लिबर्टी रिजर्व के मुख्य षड्यंत्रकारी मई 2013 में गिरफ्तार हो गए, लेकिन जब आप इसे पढ़ रहे हैं, उस समय बहुत से और गैर अनुज्ञाप्ति वित्तीय संस्थान गैर संदेहियों को धोखा दे रहे हैं।

दिखावटी सौदे

कुछ बैंक दिखावटी हो सकते हैं, कुछ बैंक के सौदे भी दिखावटी हो सकते हैं। सामान्यतः बैंक के लेन-देनों को वास्तविक माना जाता है और यह वह धनात्मक अनुभूति है जिसका बैंक अतिरिक्त लाभ कमाने के लिए कभी-कभी फायदा उठाते हैं।

एनरॉन ने खंडित हो रही संपत्ति को छिपाने के लिए निवेशकों, नियामकों और कर्मचारियों से झूठ बोला था, और अपने उच्च ऋणदायित्व तथा हानियों को छिपाने के लिए कई दिखावटी सौदों को किया।

तो, बैंकों ने क्या किया? 1992 से 2001 के बीच कई बहुत ही भरोसेमंद बैंक ठगी के 'खेल' में शामिल थी। एनरॉन परियोजना की वित्तीय विवरण को मजबूत दिखलाने में मदद करने हेतु कई दिखावटी सौदों को संरचित किया गया।

बार्क्लेस बैंक ने एक विशेष प्रयोजन अस्तित्व (एसपीई) का निर्माण किया, जिसमें एनरॉन के ऋणों को छिपाया गया था, कई दिखावटी सौदों को अंजाम दिया। एसपीई का नाम *कोलोनेड* उस सड़क के नाम पर रखा गया था जहाँ बार्क्लेस का मुख्यालय है। उस समय के कानून के तहत यदि एसपीई में 3% से ज्यादा बाहरी शेयर हो तो इसका वित्तीय

विवरण पैतृक कंपनी के वित्तीय विवरण के साथ संगठित करने की जरूरत नहीं थी। एनरॉन के ऊँचे ऋणों के कुछ भाग को दिखावटी एसपीई के द्वारा इसके विशाल ऋणों को छिपाने के लिए वर्णित किया गया था। बार्क्लेस ने अपने विरुद्ध धोखाधड़ी के दावों के निबटान के लिए 144 मिलियन डॉलर का भुगतान किया।

एनरॉन ने **मेरिल लिंच** को अपनी वित्तीय स्थिति को सुधारने में लगाया। मेरिल लिंच ने क्या किया? इसने दो प्रकार के लेनदेनों को संरचित किया— (i) एक वर्षांत लाभ को बढ़ाने के लिए दिखावटी बिक्री तथा (ii) दूसरे एनरॉन की वित्तीय परिणामों को सुधारने के लिए दिखावटी शेयरों की बिक्री। दिखावटी बिक्री को कैसे संरचित किया गया? मेरिल लिंच ने एनरॉन के साथ 29 दिसम्बर 1999 को अनुवर्ती के विक्रय तथा लाभ को बढ़ाने के लिए दिखावटी *परिसंपत्ति पड़ाव* की व्यवस्था की। इसने एनरॉन से कुछ नाइजीरिया की नौकाओं को खरीदने पर सहमति जताई। इसमें स्पष्ट समझौता था कि एनरॉन इन नौकाओं को छः महीने के अंदर एक पूर्व-निर्धारित मुनाफे पर फिर से बेचने की व्यवस्था करेगा।

यह एक दिखावटी लेनदेन था, क्योंकि पारितोषिक तथा जोखिम दोनों एनरॉन का था और यह मेरिल लिंच के पास नहीं जा रहा था। कोई भी बिक्री विक्रेता के खातों में तब तक नहीं आ सकती थी जब तक कि कोई संपत्ति या विक्रय की गई परिसंपत्ति से जुड़े जोखिम को खरीददार को हस्तांतरित नहीं किया जाये। परन्तु इस परिस्थिति में ऐसा नहीं हुआ। सिर्फ यही नहीं, मेरिल लिंच को पता था कि एनरॉन इस सौदे से 28 मिलियन डॉलर राजस्व तथा 12 मिलियन डॉलर लाभ के रूप में प्रदर्शित कर रहा है। सन 2000 में एनरॉन ने मेरिल लिंच को नौकाओं के सौदे से निकालने के लिए व्यवस्थाकी और इसे पूर्व-सहमत दरों को मुनाफा दिया।

दिखावटी *शेयर विक्रय* कैसे हुआ? 1999 के अंतिम दिनों में मेरिल लिंच और एनरॉन ने चार वर्ष की नामित अवधि के लिए दो ऊर्जा ऑप्शन लेनदेन किए। परन्तु प्रायोजन स्पष्ट था कि कम-से-कम अगले नौ महीनों तक कोई शेयर व्यापार नहीं होगा, जिसके बीच के अंतराल में लेनदेन को पुनः खोल दिया जाएगा (उलटा कर दिया जाएगा)। शेयर का सौदा जून 2000 में नौ महीने के पूर्ण होने से पहले उल्टा कर दिया गया। इसने एनरॉन की आय में 50 मिलियन डॉलर का योगदान दिया। मेरिल लिंच को, जिसने इसे संरचित करने में 8.5 मिलियन डॉलर का शुल्क लिया था, इस धोखाधड़ी की गतिविधि में एसईसी ने पकड़ लिया और 80 मिलियन डॉलर का जुर्माना वसूल किया।

कपटपूर्ण कर्ज

बैंक जन सामान्य से छोटी या बड़ी अवधि के लिए जमा राशि लेते हैं। परन्तु, बैंकों में जमा फंड बेकार नहीं पड़ा रहता है। इन्हें उन लोगों को दे दिया जाता है जो इसे कारोबार व्यापार तथा वाणिज्य में उपयोग करते हैं।

इस धन को देने से पहले बैंकों को हालांकि यह सुनिश्चित करना होता है कि उधार दी गई राशि विधिवत लौटेगी और सहमत ब्याज का भुगतान होगा। लेकिन वे कर्ज जो आवश्यक पूर्व- सावधानी के बिना दिए जाते हैं, वापस नहीं आ सकते हैं।

कभी-कभी बैंक उन पर लोगों के विश्वास को तोड़ते हुए कपटपूर्ण कर्जों को दे देते हैं।

अफगान बैंक – बैंक ऑफ काबुल

काबुल बैंक, अफगानिस्तान के सबसे बड़े निजी बैंकों में से एक, तालिबान युग की समाप्ति के बाद देश को वापस पटरी पर लाने के लिए एक स्वस्थ वित्तीय प्रणाली को लागू करने की व्यापक योजना के एक भाग के रूप में स्थापित किया गया था।

लेकिन अगस्त 2010 में घबराए हुए जमाकर्ताओं ने अपनी बचतों को निकालना प्रारंभ कर दिया और नवजात अर्थव्यवस्था को एक विध्वंस का सामना करना पड़ा। जनवरी 2011 में यह खुलासा हुआ कि 900 मिलियन डॉलर उच्च-संपर्क वाले बैंक अधिकारियों, राजनीतिज्ञों एवं कुलीन तथा शक्तिशाली व्यक्तियों ने, जिनमें अफगानिस्तान के तत्कालीन राष्ट्रपति हामीद करजई के भाई और प्रथम उपराष्ट्रपति मोहम्मद कासिम फहीम के एक भाई शामिल थे, गायब कर दिए।

बैंक ने जिस तरह से कार्य किया था, वह साधारण था। इसने आकर्षक विज्ञापनों तथा लकी ड्रा योजनाओं (लकी ड्रा के विजेता हमेशा बैंक के कर्मचारी होते थे!) के द्वारा आम जनता से पैसा जमा कर लिया। कर्ज सिर्फ कुछ ज्ञात व्यक्तियों को एक अलिखित समझौते पर, कि वे *उपहार* हैं, ही दिए जाते थे। यह दिखाने के लिए कि कर्ज वास्तविक कारोबारी प्रायोजनों के लिए दिए जा रहे हैं, काल्पनिक कंपनियों को रबर स्टैंपों के साथ खड़ा किया गया एवं अन्य नकली कागजातों को बनाया गया। यह लगभग एक *पोंजी स्कीम* थी। प्राप्तकर्ता को दिए जाने वाले कर्ज आमतौर पर नहीं लौटाए गए और बैंक के खजाने आम लोगों ने ताजा जमाओं द्वारा भर थे। इन्हें फिर न लौटाने के समझौते के साथ 'कर्ज' दे दिया जाता था।

बैंक प्रक्षेत्र में सुधार के लिए अफगान सरकार ने काबुल बैंक को अप्रैल 2012 में दो भागों में बाँट दिया। एक था जमा और वास्तविक कर्ज वाला अच्छा बैंक और दूसरा भ्रष्ट कर्जों के लाखों डॉलरों का संचालन करता था। अप्रैल 2012 में बैंक के लगभग विध्वंसित हो जाने में शामिल सभी लोगों पर अभियोग चलाने के लिए एक विशेष अभियोजक की नियुक्ति की गई और नवम्बर 2012 में सुनवाई शुरू हो गई। मार्च 2013 में एक अफगान न्यायालय ने बैंक के संस्थापक तथा पूर्व सीईओ को सजा दी और उन्हें पाँच वर्ष की कैद तथा 500 मिलियन डॉलर के जुर्माने की सजा दी। कुल मिला कर बैंक की असफलता में अपनी भूमिका के लिए 21 प्रतिवादियों को दोषी पाया गया। इस बचाव अभियान की लागत देश के सकल घरेलू उत्पाद 5% के इतनी थी और अपने आकार के अनुपात में सबसे बड़ा जमानत पर छुटने वाला अकेला बैंक था।

सिटी, बैंकएम, एमेक्स, स्टैन सी, एचएसबीसी, ग्रिंडलेज, डॉयचे बैंक, फेडरल बैंक, बैंकइंडो-सुवेज तथा द ब्रिटिश बैंक ऑफ मिडिल ईस्ट

भारत को 1991 में एक विशाल शेयर बाजार घोटाले का सामना करना पड़ा तथा अनेक बैंकों के हाथ इसमें रंगे थे।

1994 में आरबीआई ने 10 विदेशी बैंकों पर प्रतिभूति घोटाले में शामिल होने के लिए 42 मिलियन डॉलर का जुर्माना लगाया। इस सूची में **सिटी बैंक** तथा कई अन्य हैं। **स्टेट बैंक ऑफ इंडिया** सहित 20 भारतीय वाणिज्यिक बैंकों पर भी जुर्माना लगाया।

बैंकों पर सरकारी बॉन्डों को शेयर बाजार में सट्टा लगाने में मदद करने के लिए अवैध रूप से कुछ शेयरदलालों की ओर मोड़ देने तथा 1991 के भारतीय शेयर बाजार घोटाले में फंडों के अधिशेष की गलत सूचना देने का अभियोग लगा। बैंकों ने बिना किसी वास्तविक कारण के अतर्कसंगत ऊँचाईयों तक पहुँचाने के लिए शेयर मूल्यों के साथ छेड़छाड़ की।

आरक्षित नकद अनुरक्षण – आरबीआई के दिशानिर्देशों के अनुसार न्यूनतम नकद अधिशेष को बनाएं रखने में असफलता, आवश्यकता को पूरा करने में असफल रहने के लिए बैंकों पर जुर्माने लगाए गए। ऐसे बहुत से अन्य उदाहरण हैं जहाँ बैंकों को दुनिया भर में कपटपूर्ण कर्जों को देते पाया गया।

एक ग्रीक उच्च वर्गीय कुलीन लॉरेंवटिस लॉरेंटिआडिस तथा उनके सहयोगियों द्वारा नियंत्रित ग्रीक वित्तीय संस्थान, **प्रोटॉन बैंक**ने निष्क्रिय कंपनियों को लाखों यूरो के भ्रष्ट कर्जे

दिए। ग्रीक अधिकारियों ने दिसम्बर 2012 में अपने संघर्षरत कारोबार की मदद करने के लिए बैंक से गबन करने के आरोप में उसे गिरफ्तार कर लिया और उसकी संपत्ति को जब्त कर लिया।

एक अन्य उदाहरण में अनेक छोटे **ब्राजील बैंक** पिछले दो वर्षों में असफल हो गए हैं और एक ज्यादा शक्तिशाली निगरानी हेतु प्रयास हो रहा है। अक्टूबर 2012 में ब्राजील में कुछ अजीब हुआ। अधिकारियों ने एक छोटे बैंक जो तथाकथित रूप से एक लेखांकन एवं कर्ज घोटाले में शामिल था के सीईओ, अच्छे संपर्कों वाले पिता-पुत्र की जोड़ी, लुइस फिलीप इंडियो डिकोस्टा तथा लुइस ऑक्टावियो इंडियो डिकोस्टा को गिरफ्तार कर लिया। इस देश का बैंक घोटालों का इतिहास रहा है, लेकिन बहुत कम ही बैंककर्मी कभी गिरफ्तार या कैद हुए हैं। लोग इस बात से प्रसन्न हैं कि अंततः एक बैंक निगरानी प्रणाली के बारे में ब्राजील में सोचा जा रहा है।

पश्चलेख

हम में से बहुत लोगों ने कर्ज लिए हैं। धोखाधड़ी कर्ज देते या लेते समय हो सकती है, क्योंकि इसमें बड़ी राशि शामिल रहती है। अतएव, रिक्त स्थान पर हस्ताक्षर करने से पहले लेने या देने वाले को रुकना, सोचना और तब हस्ताक्षर करना चाहिए, ताकि कहीं से धोखाधड़ी न हो!

छलावरण और पर्दा: छुपे हुये कर्ज

बैंक कर्ज देते हैं जिन्हें लेने वालों को कर्ज के नियमों के अनुसार लौटाने की आवश्यकता होती है। ऋण उधार लेने वालों पर कर्ज हैं। परन्तु, यदि कर्ज के सौदों को कर्जग्राही के खातों में (ऋण की जगह) इक्विटी के रूप में डाल कर संरचित किया जाए, तो कर्जग्राही की वित्तीय विवरणी की गुणवत्ता तुरंत ही सुधर जाती है (क्योंकि *इक्विटी ऋण* की अपेक्षा हमेशा अनुकूल ढ़ंग से देखी जाती है)। बैंक अक्सर अपने ग्राहकों (अर्थात कर्जग्राही) को अपने कर्ज के सौदों को ऐसे संरचित करने के तौर तरीकों की सलाह देने के लिए अच्छी स्थिति में होते हैं ताकि इन्हें उनके खातों से छिपा कर रखा जा सके।

1999 में बुकोनेरो (*ब्लैक होल* के लिए इटालियन शब्द) कहलाने वाली एक डेलावेयर कंपनी के द्वारा **सिटीग्रुप** के द्वारा एक सम्मिश्र वित्तीय सौदा किया गया। सिटीग्रुप ने बुकोनेरो को 137 मिलियन डॉलर का कर्ज दिया तथा अनुवर्ती ने इस धन को *पार्मलाट* की एक

स्विस सहयोगी को कर्ज दिया, इसने इसके बाद इसे *इक्विटी* (ऋण नहीं) के रूप में *पार्मलाट* की कई अन्य सहयोगियों को हस्तांतरित कर दिया। सिटी ग्रुप ने 6% की ऊँची दर पर 7 मिलियन डॉलर का मोटा शुल्क प्राप्त किया। यह आरोप लगाया जाता है कि सिटी ग्रुप ने ऋण को इस प्रकार संरचित किया था कि पार्मलाट समूह कंपनियों को (बुकोनेरो के द्वारा) दिया गया कर्ज अंततः पार्मलाट के द्वारा डाले गए इक्विटी के रूप में दिखाया जाए, हालांकि यह सब ऋण का जाल था।

पश्चलेख

158 साल पुराना **लेहमैन ब्रदर्स** सितम्बर 2008 में ध्वस्त हो गया, न केवल अपने बेवकूफी भरे निवेशों के कारण, बल्कि इसलिए भी कि यह अरबों डॉलरों के अपने कर्जों को छिपा रहा था। लेखांकन में हाथ की सफाई कंपनी को ध्वस्त हो जाने से नहीं बचा सकी।

विविध बैंक धोखाधड़ी: अनंत संभावनाएँ

स्विस बैंक **यूबीएस** की यूके शाखा (अंतरराष्ट्रीय धन प्रभाग में) के चार कर्मचारी 39 बार गैर-अधिकृत कारोबार में शामिल हुए। बैंक में प्रणाली तथा नियंत्रण असफलताए थीं, जिन्होंने जनवरी 2006 से दिसम्बर 2007 तक मुद्रा एवं कीमती धातुओं के कारोबार में गैर-अधिकृत लेनदेनों को होने दिया। इस धोखाधड़ी की खोज एक सचेतक-व्हिसल ब्लोअर ने की। जिसने शिकायत की कि एक उपभोक्ता के खाते से एक बैंक कर्मी के निजी खाते में एक फंड हस्तांतरण होने जा रहा है। यूबीएसने 8 मिलियन पाऊंड (13 मिलियन डॉलर) को नवम्बर 2009 में एक जुर्माने के रूप में और 42 मिलियन डॉलर अपने ग्राहकों को मुआवजे के रूप में दिया।

बैंक अपकरण के क्षेत्र में उदाहरण विपुल हैं। इसके अतिरिक्त, बैंक प्रक्षेत्र में धोखाधड़ी के सटीक कारण की पहचान करना अक्सर मुश्किल होता है। अक्सर, यह प्रबंधन के लालच और खराब प्रशासन का मिश्रण होता है।

इटालियन बैंक – मॉन्ते दि पाश्की दि सियेना: तोड़ा-मरोड़ा हुआ लेखांकन

1472 में स्थापित दुनिया का सबसे पुराना विद्यमान बैंक लोकप्रिय रूप से एमपीएस के नाम से ज्ञात मॉन्ते दि पाश्की दि सियेना सदियों से अच्छे और बुरे समय में परीक्षा में उत्तीर्ण होता आया है। परन्तु, अंत में इसने लालच के सामने घुटने टेक दिये। कुछ समय के लिए विशाल समस्याओं को छिपाने तथा गुप्त रखने के लिए गोपनीय सौदे किए गए।

अंततः, फरवरी 2013 में आम लोग को जानकारी हुई कि बैंक के द्वारा बहुत से संदेहास्पद लेन-देनों के कारण 730 मिलियन यूरो (लगभग 1 बिलियन डॉलर) का नुकसान हुआ है। जबकि की गई धोखाधड़ी तथा इन मामलों के कारणों की आधी-अधूरी जानकारी उपलब्ध कराई गई थी, यह प्रतीत होता था कि बैंक की संशयात्मक गतिविधियों में गलत लेखांकन तथा इसका खराब तरीके से संरचित डेरिवेटिव लेन-देन शामिल थे।

एमपीएस की समस्याएँ इसके द्वारा 2008 में **एंटोवेनेटा बैंक** को €9 बिलियन युरो (लगभग 11 बिलियन डॉलर) में अधिग्रहण करने के बाद बढ़ गई। यह एक बहुत ही ऊँची रकम थी, जो अभी भी तर्क को निष्प्रभ करती है। और विचित्र यह था कि एमपीएसने स्पेनी बैंक सॅन्टडर के द्वारा €6.6 बिलियन युरो (लगभग 8 बिलियन डॉलर) में खरीदने के कुछ ही महीनों बाद एंटोवेनेटा का अधिग्रहण किया था। इस सौदे में रिश्वतखोरी के आरोप लगे थे।

स्पेन-बैंकिया: लेखांकन छलकपट

बैंकिया, एक स्पेनी बंधक ऋणदाता, पर 2010 में लेखांकन अनियमितता का आरोप लगा है, जिसने इसे 2011 में अपने वित्तीय परिणामों को पुनः घोषित करवाया – 300 मिलियन का इसका लाभ पुनःघोषित हुआ 3 बिलियन की हानि में! मई 2012 में स्पेन की सरकार के द्वारा बैंकिया को जब्त कर लिया गया।

यह बैंक वित्तीय तूफान के केंद्र में था, जिसने 2012 में स्पेन को 100 बिलियन (लगभग 125 बिलियन डॉलर) के यूरोपीय संकट निवारण की जरूरत ला दी। यह मामला बहुत ही राजनीतिक रहा है और कोई आश्चर्य कर सकता है कि बैंक के विरुद्ध आरोप वास्तविक हैं या राजनीतिक प्रतिशोध के कारण लगे हैं। यह माना जाता है कि उस समय शासन कर रहे दल, द पॉपुलर पार्टी के साथ बैंक का बहुत पुराना सम्बंध था। परन्तु, मुख्य राजनीतिक विपक्षी दल इस पर गलत या सही आक्षेप लगाने के झुंड में शामिल हो गए। बैंकिया के पूर्व अध्यक्ष रोड्रिगो रातो पॉपुलर पार्टी के 2012 के प्रश्नों का तब से जोरदार विरोध करते रहे हैं,

यह कहते हुए कि उन्होंने अपने दो वर्ष के कार्यकाल का प्रारंभ करते समय से बैंक को एक बेहतर स्थिति में लाकर छोड़ा है।

कर्ज देने के अलावा बैंक कारोबार सहित कई अन्य गतिविधियों को करते हैं। वे सिर्फ विदेशी मुद्रा में ही नहीं, बल्कि ऊर्जा सम्बंधित उत्पादों में भी कारोबार करते हैं। बिजली बेचना एक ऐसा ही उद्यम है।

जनवरी 2013 में अमेरिकी अधिकारियों ने पाया कि **डॉयचे बैंक एजी** बिजली में कारोबार करते समय अतिरिक्त धन बनाने के लिए *बाजार हेराफेरी* में शामिल है। बैंक पर 1.7 मिलियन डॉलर का जुर्माना ठोका गया, क्यों कि यह पाया गया कि इसका ऊर्जा व्यापार विभाग ने 2010 में कैलिफॉर्निया विद्युत बाजारस्थली से अवैध लाभ कमाया था। यह हतप्रभ कर देने वाला था कि डॉयचे बैंक की एक प्रतिष्ठित स्तर बैंक विनियमित विद्युत बाजारस्थली में गलत तथा भ्रामक सूचना देकर अपने कारोबार का मूल्य बढ़ाचढ़ा कर अतिरिक्त लाभ कमाने के लिए एक धोखाधड़ी वाली योजना में शामिल था।

डॉयचे बैंक एकमात्र नहीं था। ऊर्जा बाजार में हेराफेरी में शामिल अन्य बैंक थे **बार्क्लेस** एवं **जेपी मॉर्गन**।

पश्चलेख

किसी का बैंक में विश्वास रखना अच्छा है, लेकिन उन पर अंधविश्वास रखना दुस्साहस हो सकता है! दिखावा और दगाबाजी को खारिज नहीं किया जा सकता है। बैंक के कार्यों में ध्यान तथा सावधानी बरतें। यह हमेशा फायदेमंद होगा।

बैंक उत्पीड़ित हैं (बैंक में धोखाधड़ी)

क्या यह डराने वाला विचार नहीं है कि बैंक, जहाँ हम अपने जीवन की कमाई जमा करते हैं, स्वयं धोखाधड़ी से पीड़ित हैं? दुर्भाग्यवश यह कई बार सत्य होता है। बैंक अक्सर अपने कर्मचारियों, ठेकेदारों, ग्राहकों या अन्य जो उनसे सम्बंधित हैं, के द्वारा धोखाधड़ी हेतु असुरक्षित हैं। कारण कई हैं, और इसमें आंतरिक नियंत्रण प्रणालियों की असफलता, लालची मैनेजमेंट द्वारा बैंक के मुनाफे को अधिकतम करने या सिर्फ धोखेबाजों द्वारा वित्तीय सेवा व्यापार का शिकार शामिल हैं।

धूर्त व्यापारी (रॉग ट्रेडर्स)

1999 की एक फिल्म, *रॉग* ट्रेडर, जिसमें मुख्य कलाकार व्यवस्था को हराने के लिए हर चीज को खतरे में डाल देता है, वास्तविक जीवन के धूर्त व्यापारी – निक लेसन को चित्रित करती है। उसने न केवल लाखों चुराए, बल्कि जुए के द्वारा अपने नियोक्ता **बैरिंग्स बैंक** को दिवालियापन की ओर ले गया।

बैंक चतुर लोगों द्वारा चलाए जाते हैं। लेकिन कुछ लोग अन्य से ज्यादा चालाक होते हैं, सामान्य व्यापार से ज्यादा में सहभागी होने के लिए सृजनात्मक होने वाले तेज दिमाग होते हैं। आपदा तब आती है, जब ये तथाकथित सुपर बैंकर बैंकों में महत्वपूर्ण स्थानों पर होते हैं, अक्सर बैंकों को धन-कमाने वाले साधन बनाने की जगह उनकी विशाल हानियों के कारक होते हैं। बहुत बार, इन क्रियाप्रणालियों से निजी हित जुड़े होते हैं विशेषकर जब कारोबार के आकार तथा बैंकों के लाभ के परिमाण पर बोनस दिए जाते हैं।

ऐसे बहुत से उदाहरण हैं जब बैंकों में जो कर्मचारी अतिविशेष कार्यप्रदर्शन के लिए जाने जाते हैं, ऐसी गतिविधियों में उलझते हैं, जो उनके नियोक्ताओं को अतिविशेष हानि पहुँचाती हैं।

सोसाइटी जनरल

फ्रांस के सबसे बड़े तथा प्रतिष्ठित बैंकों में से एक सोसाइटी जनरल में ऐसे हालात थे कि एक निचले स्तर के कर्मचारी ने शेयरों पर भ्रष्ट सट्टों के माध्यम से बैंक की 4.9 बिलियन (6 बिलियन डॉलर) की हानि के द्वारा वित्तीय विवरण में तबाही ला दी थी। एक साधारण बैंक कर्मचारी, जिरोम कर्वियेल इस बहु-सतही कम्प्यूटर नियंत्रणों तथा लेखा परीक्षाओं से एक साल से ज्यादा समय बचकर धोखाधड़ी करने में कामयाब रहा। इसका पर्दाफाश जनवरी 2008 में हुआ, जब बैंक के जोखिम-मैनेजमेंट दल ने पाया कि कर्वियेल अपने नुकसान सह रहे व्यापारों को, उसके द्वारा दिए गए हर वास्तविक आदेश को नकली आदेशों से प्रति-संतुलित कर छिपा रहा था।

कर्वियेल ने स्पष्ट रूप से हानियों को छिपाना बैंक के जोखिम-व्यवस्थापन कार्यालय में अपने प्रारंभिक दिनों में सीखा था और वह इसके पश्च-कार्यालय प्रणालियों तथा नियंत्रणों को बहुत अच्छी तरह से जानता था। उसने दलालों के साथ अनधिकृत सट्टों को छिपाने के लिए एक नकली ग्राहक का निर्माण किया था और उसे 'मैट' नाम दिया था। जब कोई दलाल मैट के बारे में प्रश्न करता था, कर्वियेल स्पष्टीकरण देता था कि उसका रग्बी-प्रेमी

ग्राहक एक हेज फंड के लिए काम करता है और एक बिलियन डॉलर लाभ कमाना चाहता है, और वह परिणामस्वरूप ज्यादा कारोबार कर रहा था।

कर्वियेल को एक फ्रेंच अदालत ने तीन वर्ष के कारावास की सजा सुनाई।

यूबीएस

क्वेकू एडोबोली एक्सचेंज पर व्यापार किए जाने वाले फंडों का तथा यूबीएस के अति प्रसिद्ध डेल्टा वन डेरिवेटिव डेस्क का एक निदेशक था। यह उस डेस्क के समान था जिसके लिए कर्वियेल सोसाइटी जनरल में काम करता था। एडोबोली ने अनधिकृत ट्रेडिंगों की एक पूरी श्रृंखला बना दी जिसका परिणाम 2008 से 2011 के बीच बैंक को 2.3 बिलियन डॉलर के भारी नुकसान के रूप में हुआ। ब्रिटिश नियामक ने यूबीएस पर 48 मिलियन डॉलर का जुर्माना लगाया, जो उनके सबसे बड़े जुर्मानों में से एक था और एडोबोली को सात वर्षों के लिए जेल भेज दिया। यूबीएस के निवेश बैंकिंग प्रभाग के आंतरिक नियंत्रणों में गंभीर कमजोरियाँ पाई गईं। बैंक के मुख्य मैनेजमेंट की ओर से पर्यवेक्षण का अभाव, गंभीर रूप से त्रुटिपूर्ण आंतरिक प्रणालियों एवं नियंत्रणों ने एडोबोली को इस विस्तृत अवधि में अनधिकृत व्यापार में संलग्न रहने में समर्थ बना दिया।

यह पहली बार नहीं था जब यूबीएस को बदमाश व्यापारियों के चलते नुकसान सहना पड़ा। 2009 में ब्रिटिश नियामक ने यूबीएस पर £8 मिलियन (12 मिलियन डॉलर) का जुर्माना लगाया जब बैंक के लंदन धन प्रबंधन इकाई में एक कर्मचारी ने इसके ग्राहकों के धन से अनधिकृत व्यापार किया था। ब्रिटिश नियामक के एक निदेशक – वित्तीय सेवा प्राधिकार ने टिप्पणी की 'यूबीएस के आकार और पदवी के फर्मों में इस प्रकार की असफलताएँ न केवल संगत फर्म को ही नहीं, बल्कि बाजारों और वित्तीय प्रणालियों की समग्रता में व्यापक यकीन को भी नुकसान पहुँचाती हैं।'

बैरिंग्स बैंक

विख्यात ब्रिटिश व्यापार बैंक, बैरिंग्स, 1995 में एक धूर्त व्यापारी निक लिसन के कारण ध्वस्त हो गया। सिंगापुर आ जाने के बाद एक छोटी सी अवधि में वह एक प्रसिद्ध प्रदर्शनकर्ता हो गया। उसने नाकामयाब जापानी शेयर मूल्यों तथा बॉन्ड बाजारों पर सट्टा लगाया और दो हफ्ते की अवधि में 1 बिलियन डॉलर का नुकसान कराया। लिसन ने धोखाधड़ी तथा जालसाजी में दोष स्वीकार किया और उसे सिंगापुर में चार वर्ष की जेल हुई।

कोई इकलौता व्यक्ति, चाहें वो कितना भी भ्रष्ट या पथभ्रष्ट हो, कैसे किसी बैंक को हफ्तों के भीतर फर्श पर ला सकता है? यह प्रतीत होता है कि लागत में कटौती ने पर्यवेक्षण का अभाव कर दिया और लिसन को अपने व्यापारों की पुष्टि करने को कहा गया, क्योंकि वह मुख्य व्यापारकर्ता तथा निगरानीकर्ता था। इसने इसका पूरा लाभ उठाया और अपने नियोक्ता का खात्मा कर दिया।

उसके बाद निक लिसन अमीर तथा प्रसिद्ध हो गया। उसके द्वारा छद्म रूप से लिखित संस्मरण *रॉग ट्रेडर* (1997) ने उसे 700,000 डॉलर की सूचित अग्रिम आय दिलवाई। यह संस्मरण बाद में एक फिल्म बन गई जो उसके कारावास से निकलने के कुछ दिन पहले रिलीज हुई। *रॉग* प्रसिद्ध हो गया। यहीं पर नहीं रुकते हुए निक ने अपने अनुभव को एक और पुस्तक *बैक फ्रॉम द ब्रिंक: कोपिंग विद स्ट्रेस* को 2005 में लिख कर साझा किया!

सिटीग्रुप

सिटी ग्रुप की कारोबारी गैल एडमंडस 2002 तथा 2003 में सोने और चाँदी खरीदने एवं बेचने के अनधिकृत व्यापार में संलग्न रही थी। इसका परिणाम बैंक को 20 मिलियन डॉलर के नुकसान में हुआ। इस धूर्त व्यापारी ने अनुबंधों को छिपाया एवं नकली मूल्यों की सूचना दी और जब छिपी गई स्थितियों का पता चला, जनवरी 2003 में बर्खास्त होने के एक महीने पूर्व तक अपनी व्यापार सीमा को 75 बार से ज्यादा पार किया था।

सिटी ग्रुप पर न्यूयार्क स्टॉक एक्सचेंज (एन वाई एस ई) ने 0.5 मिलियन डॉलर का जुर्माना लगाया।

इस बात की भी सूचना दी गई कि 2000 में एक आंतरिक लेखांकन में पाया कि सिटीग्रुप के मौल्यवान धातु डेस्क में अपर्याप्त नियंत्रण था, लेकिन इसके मैनेजमेंटने इसके बारे में कुछ नहीं किया। यह स्पष्ट है कि नियंत्रणों में लापरवाही ने इस विफलता को जन्म दिया।

एमएफ ग्लोबल

बहुत बड़ा कमॉडिटी दलाल एमएफ ग्लोबल एक व्यापारी इवान डूली का शिकार हो गया, जब उसने वाल स्ट्रीट की पागल हो रही भीड़ से दूर व्हीट फ्यूचर्स पर, जो धन उसके पास था ही नहीं, उससे अनधिकृत सट्टों को लगाया। डूली ने ऐसे अनुबंधों के मासिक बाजार के आकार के 10% के समतुल्य 15,000 व्हीट फ्यूचर अनुबंधों को खरीद लिया। जब एमएफ

ग्लोबल ने इसे पाया, तब व्यापारी पहले ही फर्म के 141 मिलियन डॉलर नुकसान में चल रहा था। हालांकि इसके पास दलालों को एक सीमा से ज्यादा व्यापार करने से रोकने के लिए एक इलेक्ट्रॉनिक प्रणाली थी, लेकिन एमएफ ग्लोबल ने इन नियंत्रणों को डूली के लिए निष्क्रिय कर दिया था, क्योंकि उन्होंने इन सौदों को संपादित होते दिखाया था। डूली ने नियंत्रणों की इस कमजोरी का फायदा उठाया।

बदमाश व्यापरियों द्वारा बैंकों को 'धूल में मिलाने' के ऐसे बहुत से उदाहरण हैं।

न्यूयार्क आधारित धूर्त/बदमाश बॉन्ड व्यापारी तोशिहिदे इगुची ने 1990 के दशक के मध्य में **दाइवा बैंक** को बिलियन डॉलर से ज्यादा का नुकसान करा दिया। उसने *वर्ल्डस्ट्रीट जर्नल* को स्पष्ट रूप से कहा कि जेल में उसके दिन उनसे कम पीड़ाजनक थे जब वह अपने धूर्त व्यापार को छिपाने का प्रयास कर रहा था। उसने भी एक पुस्तक द *कंन्फेशन* लिखी जो जापान में व्यापक रूप से पढ़ी गई।

कम्प्यूटरों की खराबी धोखेबाजों के लिए भगवान के भेजे अवसर बनते हैं। कम्प्यूटरों में कमियों का फायदा उठाते हुए एक पूर्व व्यापारी एवं **किडर, पीबॉडी एंड को.** के सरकारी बॉन्ड डेस्क का प्रमुख जॉसेफ जेट ने अपने नुकसान सह रहे व्यापारों को लाभ में परिणत कर दिया। उसने कंपनी के कम्प्यूटर प्रणाली में अस्तित्वहीन व्यापारों को दर्ज कर के नकली लाभ कमाए। हालांकि, जेट पर कभी आपराधिक आरोप नहीं लगा, उसकी फर्म ने 1994 में 350 मिलियन डॉलर के नुकसान के चलते उसे बर्खास्त कर दिया।

धूर्त व्यापारी इतने शक्तिशाली हो सकते हैं कि उनकी बाजार की शक्ति को दिखलाने के लिए उन्हें उपनाम दे दिए जाते हैं। जापान के **सुमिटोमो कॉर्पोरेशन** के ताँबे के व्यापार कार्यक्रम के प्रमुख यासुओ हामानाका, उसकी गलत गतिविधियों के खुलासे से पहले ताँबे के बाजार का बड़ा सितारा, मिस्टर 5 प्रतिशत कहलाता था, विश्व ताँबा बाजार में उसके हिस्से को इंगित करते हुए, जिस पर उसका नियंत्रण माना जाता था। अपने धूर्त व्यापारों से हामानाका ने बैंक का लगभग 2.6 बिलियन डॉलर का नुकसान कर दिया। उसने दोष स्वीकार कर लिया और उसे 2005 तक के लिए जेल हो गई।

बैंक भी अविश्वसनीय हैं: आंतरिक नियंत्रणों की असफलताएँ

आंतरिक नियंत्रण असफलताओं एवं डेरिवेटिवों पर गलत-निर्णित सट्टों ने जेपी मॉर्गन चेझ का 6.2 बिलियन डॉलर का भारी-भरकम नुकसान कर दिया। अमेरिकी बैंक नियामकों ने बैंक पर इसके जोखिम व्यवस्थापन पर असफलता का आरोप लगाया था, जब *वोल्डमोर्ट*

तथा *लंदन व्हेल* उपनाम वाले एक व्यापारी के द्वारा अप्रैल 2012 में विशाल सौदों की स्थितियों को भयावह रूप से गलत हो जाने के चलते इसको नुकसान करा दिया गया था। बैंक संरक्षक घेरा स्थापित करते हैं और अपने पास अतिरिक्त जमाओं को वहाँ जमा करते हैं, लेकिन यह वही है जहाँ इसने आंतरिक प्रणालीगत असफलताओं, अक्षम प्रशासन, आंतरिक लेखांकन प्रक्रिया की असफलता, इसके वित्तीय मॉडलों का अपर्याप्त प्रबंधन एवं अपने बोर्ड को अपर्याप्त रूप से सूचित करने में असफलता के कारण नुकसान को सहा।

जेपी मॉर्गन के आंतरिक नियंत्रण साधनों से डेरिवेटिव्स की विशाल जोखिम कैसे बची? बैंक ने अविवेकता से व्यापार में अधिकतम संभावित नुकसान के संकेतक जोखिम पर मूल्य (वीएआर) की बहुत ऊँची सीमाओं को तय कर दिया। अतएव, ऊँची सीमा के कारण सक्रिय नहीं हुई, इसने व्यापारी को जोखिम सीमा तोड़ने के लिए सक्षम बना दिया। परन्तु, वह अपनी जोखिम स्थितियों को तय की गई सीमाओं के अंदर रख रहा था और नुकसान उठा रहा था, बैंक की आंतरिक प्रणालियों ने इसे रेखांकित नहीं किया, या न ही इसे रोकने के लिए कदम उठाए।

जेपी मॉर्गन जमाकर्ताओं के धन का उपयोग कर विश्वास भंग में शामिल था। अमेरिकी तथा ब्रिटिश अधिकारियों ने सितम्बर 2013 में इस विफलता के लिए बैंक पर 920 मिलियन डॉलर का जुर्माना किया।

बैंकों में समुचित आंतरिक नियंत्रण, जोखिम मूल्यांकन एवं बोर्ड निगरानी होनी चाहिए। इनमें से किसी प्रणाली की असफलताएँ धोखाधड़ी का अड्डा बना सकती है। विशाल बैंकों में इस प्रणालीगत कमी के कारण ही नुकसान हुए हैं।

बैंकों में नियंत्रणों की असफलता के अन्य उदाहरण में एक भारत आधारित बैंक **यस बैंक** के एक सम्बंधी मैनेजर पर 66 लाख रुपयों (110,000 डॉलर) की धोखाधड़ी का आरोप लगा। कर्मचारी, जो बैंक के धन व्यवस्थापन प्रभाग में कार्य कर रहा था, अपने ग्राहकों में से एक के हस्ताक्षर की उसने जालसाजी की, ग्राहक-कंपनी की नकली मुहर बनाई, बैंक के वास्तविक अनुज्ञा पत्रों को जाली हस्ताक्षरों और मुहरों के माध्यम से बदल दिया और पूरे हो रहे म्युचुअल फंड निवेश से धन को निकाल लिया।

बैंक अधिकारियों के मध्य रिश्वतखोर, बैंकों की आंतरिक नियंत्रण प्रणाली की असफलता का संकेतक है। यह आरोप लगाया जाता है कि **बैंक ऑफ इंडिया, सेंट्रल बैंक ऑफ इंडिया, पंजाब नेशनल बैंक** तथा **एलआईसी फायनान्स** के मुख्य अधिकारियों ने राजेश शर्मा के नेतृत्व वाले मुम्बई स्थित वित्तीय सेवा फर्म **मनी मैटर्स ग्रुप** से हजारों डॉलर रिश्वत के रूप में लिए। ये रिश्वत उन कॉर्पोरेट संगठनों के कर्जों को मंजूर करने के लिए दी गई थी जिन्होंने कर्ज के लिए आवेदन किया था, लेकिन बैंकिंग प्रणाली के द्वारा प्रभावित

हो रहे थे। 2009 से 2010 के बीच 21 कंपनियों का नाम (**डीबी रियल्टी** तथा **हिंदुस्तान कंस्ट्रक्शन** सहित) ऋण प्राप्त करने के लिए रिश्वत देने हेतु मनी मैटर्स के साथ जुड़ा। वित्तीय संस्थानों के आठ वरिष्ठ अधिकारियों और मनी मैटर्स ग्रुप के तीन अधिकारियों को गिरफ्तार किया गया और कुछ समय के लिए जेल में डाल दिया गया।

पश्चलेख

एक अमेरिकी लेखक विलियम फेदरने एक बार कहा, 'कारोबार एवं जीवन एक बैंक खाते की तरह है – आप जितना जमा करते हैं, उससे ज्यादा नहीं निकाल सकते हैं।' परन्तु धोखेबाज ठीक यही करने का प्रयास करते हैं!

बैंक भी असुरक्षित हैं (बैंकों के साथ जारी धोखाधड़ी)

सिर्फ कल्पना करें कि आप एक सुबह जागते हैं, अखबार खोलते हैं और गहरे अक्षरों में लिखा पाते हैं – 'बैंक धोखाधड़ी ने लाखों साफ किया'! जब आप गहराई में जाते हैं तो आप पाते हैं कि सम्बंधित बैंक वह है जहाँ आपकी जीवन भर की बचत है!' आपका दिल इस तात्कालिक सोच से डूबने लगेगा – 'क्या मेरा पैसा सुरक्षित है?' बैंकों में सुरक्षा एवं विश्वास का यह महत्व है।

जहाँ तक उनके जमाकर्ताओं के पैसों का सम्बंध है, बैंकों को पूरी तरह से सुरक्षित तथा विश्वसनीय होने की जरूरत है। जब उन्हें जरूरत हो तब अपने पैसों को निकालने में सक्षम होने में कोई शंका नहीं होनी चाहिए। नहीं तो, बैंकों में कोई भी कभी भी पैसा जमा नहीं करेगा। परन्तु, ये आम जानकारी है कि बैंकों के साथ अक्सर धोखा होता है और कपटपूर्ण तरीकों से धन को निकाल लिया जाता है।

बैंकों की सुरक्षा प्रणाली मजबूत होनी चाहिए ताकि पैसों की चोरी असंभव हो।

हम ऐसे कुछ उदाहरणों को देखते हैं जहाँ बैंकों के साथ धोखाधड़ी हुई है।

धोखेबाज, हमारे क्रेडिट-डेबिट कार्डों से प्रेम करते हैं

क्या आप कल्पना कर सकते हैं कि बैंक ऑफ मस्कट के द्वारा दिए गए प्री-पेड डेबिट कार्डों से 10 घंटों में 24 देशों में 36,000 लेनदेनों के माध्यम से 40 मिलियन डॉलर चोरी

कर लिए गए? यह 19 फरवरी 2013 को हुआ। यह साइबर स्पेस में हुई सबसे आधुनिक धोखाधड़ियों में से एक थी, जहाँ हैकरों ने भारत में मास्टर तथा वीसा कार्डों को संभाल रहीं पुणे की **इलेक्ट्राकार्ड सिस्टम्स** एवं बैंगलोर की **एनस्टेज** क्रेडिट कार्ड प्रसंस्करण कंपनियों में घुसपैठी की। धोखेबाजों ने पहले से ही जारी किए गए कार्डों के 12 खाते के नंबरों को लिया और प्रसंस्करण फर्म की प्रणाली को हैक कर उनकी निकासी सीमाओं को बढ़ा दिया। आठ लोगों को आरोपी बनाया गया, जिसमें से एक डोमिनिक रिपब्लिक में मृत पाया गया।

एक और उदाहरण में, लगभग दो दर्जन शालीन दिखने वाले युवा क्रेडिट कार्ड डाटा को आदतन चुरा रहे थे एवं इसे नकली क्रेडिट कार्डों को बनाने के लिए उपयोग कर रहे थे। 2009 से 2011 के बीच जाली कार्डों से इलेक्ट्रॉनिक सामानों को खरीदने और उन्हें पूरे अमेरिका में फिर से लाभ पर बेचने में उपयोग किया गया। उन्होंने एक मिलियन डॉलर से ज्यादा चुराए और अपने याहू ई-मेल खातों के प्रयोग सामानों को खरीदने, जमा करने और बेचने में किया। इस घोटाले को यूएस खुफिया सेवा ने उजागर किया, क्योंकि वास्तविक कार्डधारक इस तथ्य के अज्ञान की वजह से आनन्दित थे कि उन पर उनके बैंक के देय जमा होते जा रहे हैं, जब तक निपटान के बिल उनके पास एक महीने बाद नहीं आए थे।

डेबिट-क्रेडिट कार्ड की चोरियाँ किसी को भी प्रभावित कर सकती हैं, क्योंकि हम उन सबका उपयोग करते हैं और वे नियमित रूप से साधन के रूप में कार्य करते हैं जिसके द्वारा हम रिटेल आउटलेटों में भुगतान करते हैं। परन्तु, जब कोई क्रेडिट कार्ड बाजार में स्वाइप किया जाता है, तो किसी के द्वारा कार्डसंख्या को बाद में अनधिकृत रूप से उपयोग करने के लिए चुराए जाने की कोई संभावना हो सकती है? क्या हो सकता है यदि कार्ड एक से ज्यादा बार स्वाइप किया जाए और धन को कई बार निकाला जाए?

क्रेडिट कार्ड धोखाधड़ी कई प्रकार की हो सकती है और अनेक स्वरूपों को धारण कर सकती है। किसी धोखेबाज का उद्देश्य सामानों का मूल्य चुकाए बिना खरीदना या किसी बैंक खाते से अनधिकृत फंडों को पाना हो सकता है।

क्रेडिट कार्ड धोखाधड़ी *पहचान चोरी* या *पहचान घोटाले की धोखाधड़ी* से संबद्ध है। इस मामले में, झूठे दावेदार नाम, जन्मतिथि एवं सामाजिक सुरक्षा संख्या (जहाँ भी प्रायोज्य हो) सहित धारकों की क्रेडिटकार्ड पहचानों को चुरा लेते हैं और इन पर अपने विवरणों को डालने के लिए उपयोग करते हैं। इसके द्वारा, झूठे दावेदार सुस्थित क्रेडिट वर्णित वाले ग्राहकों की पहचान को धारण कर लेते हैं, और उसके बाद पीड़ित की पहचान-चोरी की कीमत पर खरीददारी करने के लिए नए क्रेडिट कार्डों को प्राप्त कर लेते हैं।

क्रेडिट कार्ड चोरों को पकड़कर उन्हें फँसाने के लिए एफबीआई ने जून 2012 में एक जाल बिछाया। हैकर आमतौर पर क्रेडिट कार्ड संख्या जैसी जानकारी की तलाश में रहते हैं। एफबीआई ने कार्डर प्रॉफिट नामक एक वेबसाइट बनाया, जो चोरों को कार्ड विवरणों की चोरी करने के लिए आकर्षित करने के लिए बहुत कुछ ई-बे जैसी थी। हैकर वेबसाइट के द्वारा एक बार प्रलोभित हो जाते थे और कार्ड विवरणों को चुराने की कोशिश करते थे तब वे एफबीआई द्वारा पकड़ लिए जाते थे। दो वर्षों की गुप्त कार्यवाही के बाद 13 देश के अधिकारियों ने 26 लोगों को पकड़ा जो साइबर अपराधों में सम्मिलित थे। ये गिरफ्तारियाँ ब्रिटेन, बोस्निया, बुल्गारिया, नॉर्वे एवं जर्मनी सहित देशों में हुई। इस प्रकार का क्रियाकलाप हैकरों को चेतावनी देता है कि इंटरनेट पर बिना किसी पीड़ा के शिकार करने की क्षमता बहुराष्ट्रीय संयुक्त प्रवर्तन कार्रवाई द्वारा बाधित की जा रही हैं। परन्तु, अभी भी उनका, अक्सर विदेशी सर्वरों पर निजी डाटा एवं कार्ड विवरणों के लिए सुरक्षित वेबसाइटों में आना जारी है।

मछली के लिए *जाल* (Fishing for *Phishing*)

फिशिंग की जालसाज गतिविधि में ऑनलाइन धोखेबाजों द्वारा ईमेल्स भेजने तथा ऐसी वेबसाइटों का निर्माण जो इतनी वास्तविक लगती हैं, कि उन्हें अनदेखा नहीं किया जा सकता है, जैसे अनेक धोखापूर्ण तरीकों द्वारा अत्यंत महत्वपूर्ण निजी सूचनाओं पर नजर डालना शामिल है।

जब आपके मेल बॉक्स में एक नाइजीरियाई मंत्री के द्वारा आपके निजी विवरणों को माँगते हुए ताकि उसके विश्वसनीय चुनिंदा के रूप में उसकी विरासत को आपको स्थानांतरित किया जा सके, एक ई-मेल आती है, तो आप तुरंत ही जान जाते हैं कि इस ईमेल पर ध्यान नहीं देने या मिटा देने की जरूरत है। लेकिन जब यह आपके पिता द्वारा आपका विवरण माँगते हुए आता है कि ताकि वे अपनी वसीयत को पूरी कर सकें, तो आप संभवतः विवरण दे देंगे। एकमात्र अंतर यह है कि दूसरी ई-मेल भी जाली है। यह *स्पीयर फिशिंग* कहलाती है, जो तेजी से फैल रही है, और विश्वसनीय प्रतीत हो रहे संदेश के साथ एक विश्वस्त चेहरे से आती है। गूगल, सिमेंटेक एवं आरएसए ऐसे नुकसानदायक हमलों के आक्रमण का शिकार रहे हैं।

जनवरी 2013 में द *न्यूयार्क टाइम्स* साइबर हमलों और अपने कर्मचारियों को ई-मेलों के द्वारा संदेहित स्पीयर फिशिंग का पीड़ित हुआ। स्पीयर फिशिंग एक कला है – उपयुक्त संदेश नीचे के कॉरिडॉर के एक सहयोगी से आती प्रतीत होती है, उपयुक्त शब्दावली,

आधिकारिक भाषा एवं सामान्य रूप से प्रयुक्त संक्षेपों से भरपूर। भूसे के ढेर से सूई निकालना बहुत मुश्किल है!

एक विशाल वित्तीय धोखाधड़ी (फिशिंग पर आधारित) का खुलासा ऑपरेशन फिश फ्राई द्वारा हुआ, जो 2009 में अमेरिका में एफबीआई द्वारा कार्यान्वित हुआ था। पीड़ितों का खाता, बैंक ऑफ अमेरिका एवं वेल्स फार्गो में था। धोखेबाजों ने 2007–09 के बीच लोगों से निजी बैंकिंग सूचनाओं को लेकर चूना लगाया और लगभग 2 मिलियन डॉलर चुरा लिये। इस धोखाधड़ी की योजना, मिस्र में बनी, जहाँ से बैंकों के आधिकारिक संदेशों की तरह दिखने वाले ई-मेल भेजे गए। जिन्होंने भी इन ई-मेल संदेशों पर क्लिक किया, उन्हें समान दिखने वाली बैंक साइटों पर नकली निर्देशित कर दिया गया, जहाँ उन्हें उनके बैंक खातों सम्बंधी निजी सूचना विवरणों के साथ-साथ उनकी सामाजिक सुरक्षा संख्याओं एवं ड्राइविंग लाइसेंसों को दर्ज करने को कहा गया। इस सूचना के आधार पर, अमेरिका में धोखेबाजों ने फंडों को अपने खातों में स्थानांतरित कर दिया और कुछ को मिस्र में उनके सहयोगियों के खातों में जमा कर दिया।

प्रारंभिक 2011 में एक व्यापक सुरक्षा अतिक्रमण हुआ जहाँ एक विपणन फर्म **एलांयस डाटा** की इकाई **एप्सिलॉन** से नामों एवं ई-मेल पतों को चुरा लिया गया। पीड़ित बड़े नाम जैसे – जेपी मॉर्गन, सिटीबैंक, टारगेट, बार्क्लेस, यूएस बैंककॉर्प, वाल्टडिज्नी, रिट्ज-कार्ल्टॉन एवं बेस्टबाई के ग्राहक थे। इन प्रकारों की धोखाधड़ीपूर्ण गतिविधियाँ फिशिंग हमलों की ओर ले जाती हैं, जिनमें ई-मेल ऐसे प्रतीत होते हैं, मानो वे वास्तविक कारोबारी साझेदारों से आए हों, परन्तु धोखेबाजों का मूल उद्देश्य सिर्फ उनके पीड़ितों की खाता संख्या तथा अन्य निजी विवरणों को प्राप्त करना है।

खतरा बढ़ जाता है यदि धोखेबाज बैंकों के साथ नाम जोड़ पाते हैं। तब वे निजी जानकारी को चुराने के लिए विशिष्ट रूप से निर्मित तरीकों का उपयोग करते हैं – स्पीयर फिशिंग प्रकार का। अतएव्, सबसे साधारण – ई-मेल विपणन को बाहरी स्रोतों को देना एक सुरक्षा अतिक्रमण हो सकता है और लोगोंको फिशिंग का लक्ष्य बना सकता है।

फिसिंग हमले बढ़ते जा रहे हैं। 2012 के 1.5 बिलियन डॉलर की तुलना में 2013 में दुनिया भर में 6 बिलियन डॉलर का नुकसान फिशिंग हमलों के कारण हुआ। और जनवरी 2014 में प्रकाशित आरएसए धोखाधड़ी प्रतिवेदन के अनुसार भारत को एपीएसी देशों में सर्वाधिक 225 मिलियन डॉलर का नुकसान सहना पड़ा।

धोखेबाजों का स्वर्ग: इंटरनेट बैंकिंग

एक युवा धोखेबाज ने अपने लैपटॉप का उपयोग कर पैसे कमाने की योजना बनाई। उसने एक असंदेही स्थानीय साजो-सज्जा की दुकान के इंटरनेट डाटाबेस को हैक किया एवं इसके कर्जदारों की सूची प्राप्त कर ली (अर्थात् वे उपभोक्ता जिन पर दुकान का कर्ज था)। इसके बाद, उसने दुकानदार को झूठे चेक भेजे और उन्हें *ज्यादा भुगतान* किया। उसने तब अधिक भुगतान की तत्काल वापसी के लिए आग्रह किया, साजो-सज्जा की दुकान ने तुरंत सच्चे चेक दे दिये। इस आदमी ने सिर्फ घर पर रह कर पैसे बना लिए। यह एक सामान्य इंटरनेट धोखाधड़ी है।

ई-कॉमर्स, ऑनलाइन नीलामियों, क्रेडिट कार्डों एवं इंटरनेट बैंक के अतिरिक्त भुगतान से सम्बंधित अपराध सभी इंटरनेट धोखाधड़ी की परिधि में आते हैं, जो नई तकनीकी गैजेटों के आने तथा विकास के साथ पूरी दुनिया भर में व्याप्त हो गया है।

सिटीबैंक: सिटी को भी मूर्ख बनाया जा सकता है!

व्यक्तियों के बैंक खाते धोखाधड़ी के प्रति संवेदनशील हैं। लेकिन जब सिटी बैंक में यह होता है, तो यह स्तंभित कर देता है।

सिंगापुर में रहने वाला एक नाइजीरियाई पॉल अमोस और उसके कुछ सहयोगियों ने सिटी बैंक को ठगने की व्यापक योजना बनाई। सितम्बर 2008 में बैंक ने अपने फैक्स भुगतान निर्देशों को निबाहने के लिए इथोपियन बैंक के अधिकारियों से आधिकारिक प्रतीत होने वाले दस्तावेजों को प्राप्त किया। अधिकारियों की एक सूची थी जिन्हें ऐसे अनुरोधों की पुष्टि करने के लिए संपर्क किया जा सकता था। हस्ताक्षर सिटी बैंक के रिकार्डों से मेल खाते प्रतीत होते थे। उसी वर्ष अक्टूबर में बैंक ने धन स्थानांतरण के कई फैक्स पाए। सिटी ने 27 मिलियन डॉलर को जापान, दक्षिण कोरिया, साइप्रस एवं अन्य देशों में धोखेबाजों द्वारा नियंत्रित खातों में स्थानांतरित कर दिया।

यह एक विशाल धोखाधड़ी थी जिसे बैंक के साथ किया था इथोपियन बैंक के निर्देश नाइजीरिया से आए थे, न कि अदिस अबाबा स्थित नेशनल बैंक ऑफ इथोपिया से। पुष्टि के लिए बुलाए गए व्यक्ति धोखेबाज थे। षड्यंत्रकारियों ने बैंक अधिकारियों का रूप धारण किया था एवं धन स्थानांतरण को मंजूर किया था। एवं सिटी को इस बात का पता इस धन के स्थानांतरण से पहले नहीं लगा।

बैंक ऑफ न्यूयार्क मेलन: धोखेबाज दान की राशि से भी मूर्ख बनाता है

बैंक ऑफ न्यूयार्क मेलन में कार्यरत एक युवा कम्प्यूटर अनुबंध तकनीकी एडेनी एडेमी, ने अपने कौशल का प्रयोग अनेक धर्मादाय (चैरिटी) एवं 150 से ज्यादा बैंक कर्मचारियों से 1 मिलियन डॉलर से ज्यादा की चोरी करने में किया। यह 2001 से 2009 के बीच बिना किसी के ध्यान दिए जारी रही। धर्मदायों एवं कर्मचारियोंसे चुराए गए धन को जाली खातों में हस्तांतरित कर दिया गया और बाद में निकाल लिया गया या जाली खातों की दूसरी जगह जमा कर दिया गया।

पश्चलेख

इंटरनेट धोखाधड़ी की पहुँच, आच्छादित इंटरनेट जुए तक हो गई है। अधिकतर देशों में इंटरनेट पर जुआ अवैध है। तीन सबसे बड़े इंटरनेट पोकर कंपनियों **एबसॉल्यूट पोकर, फुल टिल्ट पोकर** व **पोकर स्टार्स** के मालिकों पर 2006 से 2011के बीच बैंकिंग चैनलों के माध्यम से इंटरनेट सट्टेबाजी गतिविधियों को चलाने का आरोप लगा। उन्होंने अमेरिकी बैंकों को अपने जुए से प्राप्तियों के प्रसंस्करण को भुगतान के प्रायोजन द्वारा आवृत कर धोखा दिया। कंपनियों ने एक विशेष उद्देश्य के लिए खिलाड़ियों से क्रेडिट कार्डों को स्वीकार किया, लेकिन धन का उपयोग नेट पर सट्टेबाजी के लिए किया गया।

कर्ज लेने के लिए बैंकों को चकमा

यूएसस्थित **रिपब्लिक बैंक** के पूर्व अध्यक्षने 1990 के दशक के अंत में चार वर्ष की अवधि में जब वह कार्यालय में थे, स्वयं के लिए 5 मिलियन डॉलर के असुरक्षित कर्ज का इंतजाम कर लिया। उसे इन विशाल कर्जों को धोखे से प्राप्त करने के लिए 155 वर्ष की कैद की सजा हुई।

मूल रूप से कराची तथा लंदन में मुख्यालय वाला निष्क्रिय **बैंक ऑफ क्रेडिट एवं कॉमर्स इंटरनेशनल** के अलिखित नियम थे जिसके अनुसार कुछ विशेष कर्जों को लेखापरीक्षकों से भी गुप्त रखा गया था। बैंक ने अपने अरबी एवं पाकिस्तानी मालिकों तथा सिर्फ कुछ पसंदीदा ग्राहकों को कर्ज़ देने के लिए दुनिया भर से लगभग दस लाख उपभोक्ताओं से जमाराशिली थी। बैंक की उधार-सीमाओं का उल्लंघन कर, बिना उचित

दस्तावेजों के इन कर्जों को दे दिया गया था। इस तरह, बैंक के कर्जों को, इसके शेयर धारकों ने धोखाधड़ी कर के प्राप्त कर लिया।

ये धोखापूर्ण साधनों के द्वारा दिए गए बैंक कर्जों के उदाहरण हैं। तरीके अनेक हैं, लेकिन उद्देश्य समान है – बैंकों से अवैध तरीके से धन बाहर निकालना।

1995 के दौरान इटालियन डेयरी जायंट **पर्मालाट** ने कपटपूर्ण साधनों के द्वारा अपने खातों के बाहर से कर्जों को पाने का निर्णय किया, क्योंकि कंपनी नए कर्जों के लिए अयोग्य थी (यह अपने कार्यों में नुकसान झेल रही थी, जो बाहरी दुनिया से छिपी थी)। लेनदेन कैरिबियन द्वीपों पर आधारित तीन अपतटीय शेल कंपनियों के माध्यम से हुआ। उन्होंने पर्मालाट के उत्पादों की बिक्री का दिखावा किया और नकली बिलों को प्रस्तुत किया, जिसे बैंकों के समक्ष कार्यशील पूंजी ऋण वित्त पोषण हेतु प्रस्तुत किया गया। इस धोखापूर्ण गतिविधि से दो उद्देश्य पूरे हुए। पहला, नकली बिल, जो अस्तित्व में नहीं थे, उनपर निधि प्राप्त हुई। दूसरा यह निधिकरण अपतटीय स्थितियों के लिए थी और इसने अतिरिक्त ऋणों को पैतृक कंपनी (इटली में पर्मालाट) के वित्तीय विवरणों में प्रदर्शित करने से बचा लिया।

कपूर का तेल बनाने वाली **बायोटोर इंडस्ट्रीज** थी, इस भारतीय कंपनी ने बैंक ऑफ महाराष्ट्र, ऑरियेंटल बैंक ऑफ कॉमर्स, आईडीबीआई बैंक तथा सेंट्रल बैंक ऑफ इंडिया सहित अनेक बैंकों को 15 अरब रुपयों (240 मिलियन डॉलर) का धोखा दिया। कंपनी ने बीजों को तेल में परिवर्तित करने के लिए किसानों से सीधे खरीदने के लिए बैंकों से उपज-पश्चात् कर्जों की अनुमति पा ली। अपनी वास्तविकता प्रदर्शित करने के लिए बैंकों ने सीधे किसानों को कर्ज़ देने चाहिये थे। लेकिन इसकी जगह काल्पनिक नामों से 8000–9000 बैंक खाते खोले गए और राशि को इनके द्वारा गायब कर दिया गया। यह बात जनवरी 2011 में तब प्रकाश में आई जब सीबीआई ने जाँच हाथ में ली। बैंकों ने इतने सारे काल्पनिक खातों को खोलने की अनुमति कैसे दी? केवाईसी नियमनों का क्या हुआ? बायोटोर ने बैंकों को अपने कारोबार मॉडल के बारे में संतुष्ट किया?

कर्ज वापस क्यों करें?

जो कुछ भी हम उधार लेतें हैं, उसे अवश्य वापस लौटाया जाना चाहिए। बैंकों से उधार कुछ अलग नहीं हैं।

परन्तु, ऐसे बहुत से उदाहरण हैं जहाँ कर्ज धोखापूर्ण उद्देश्य से लिए जाते हैं। उधार ली गई निधि का अन्य कारोबारों या निजी कार्यों के लिए उपयोग कारोबारी दुनिया में आम है।

कर्जों को नहीं चुकाया जाना कर्ज लेने वालों के द्वारा विपरीत कारोबारी परिस्थितियों का सामना किए जाने के कारण भी हो सकता है।

यहाँ तक कि अखबार, जिन्हें वस्तुनिष्ठता के प्रतीक माना जाता है, कभी-कभी जब कर्ज की बात होती है, तो निष्पक्षता त्याग देते हैं। *डेक्कन हेरॉल्ड* अखबार प्रकाशित करने वाली एक भारत आधारित मीडिया कंपनी **डेक्कन क्रॉनिकल होल्डिंग्स** पर सार्वजनिक क्षेत्र के प्रदाता कैनरा बैंक ने इसे दिए गए कर्जों की चोरी का आरोप लगाया गया। *डेक्कन क्रॉनिकल* पिछले कई वर्षों से धोखाधड़ी गतिविधियों में संलिप्त होता प्रतीत होता है। पहले, इसने बहु बैंकिंग व्यवस्थाओं में प्रवेश किया, जिससे इसे बैंकों से संघ प्रणाली को स्थापित किए बिना एकल आधार पर कर्जों को लेने की अनुमति दे दी।

यह आरोप लगाया जाता है कि जब कम्पनी ने इन फंडों को उधार लिया, तो इसने सभी बैंकों को इसके ऋणों की वास्तविक स्थिति को जानने नहीं दिया। यह वास्तविक सूचना का स्थगन था। पुनः, इसकी मार्च 2011 के वित्तीय विवरण में सिर्फ 2012 के अंत तक ही 43 अरब रुपयों (690 मिलियन डॉलर) की खबर दिखाने के लिए खातों में पहले छेड़छाड़ करके लगभग 4 अरब रुपयों (65 मिलियन डॉलर) की नकद दिखायी। तीसरा, इसके कॉर्पोरेट प्रशासन पर शंका करते हुए सितंबर 2012 में कैनरा बैंक ने डेलॉयट को इसका न्यायिक लेखांकन करने के लिए नियुक्त किया। डेलॉयट इसे दिए गए धन का पता नहीं लगा पाया, जिसने इस विश्वास को जन्म दिया कि उधार ली गई राशि को संभवतः गायब कर दिया गया है।

धोखे का शिकार हुए 28 बैंकों के द्वारा वापसी की अनेक प्रक्रियाएँ शुरुकी गई हैं और कुछ बैंकों ने बंधक शेयरों तथा संपत्तियों को बेच कर बाकी कर्जों की उगाही करना प्रारंभ कर दिया है।

सदोष सुरक्षा के द्वारा बैंकों को मूर्ख बनाना

जब कोई कर्ज लिया जाता है, तो यह स्वाभाविक है कि कर्ज लेने वाले को सुरक्षा देने के लिए कहा जाता है, जो एक जायदाद जैसे संपत्ति या सावधि जमा प्राप्तियाँ हो सकती हैं। यदि कर्ज समय पर चुकता नहीं किया जाता हो, तो बैंक को जमानत के रूप में जमीन या वस्तु रखकर कर्ज की राशि की वसूली करने का अधिकार है। इसलिए, दी गई सुरक्षा को अवश्य वास्तविक होना चाहिए तथा इसका स्वामित्त्व कर्जदार के पास होनी चाहिए।

परन्तु, कंपनियों द्वारा कभी-कभी कर्ज उन ऋणाधारों को दे कर लिया जाता है, जिसे पहले ही अन्य संस्थान को सुरक्षा के रूप में दिया जा चुका है।

एक भारतीय कारोबारी कंगलोमेरेट **मेस्को समूह** का एक भाग **मिडईस्ट इटिग्रेटेड स्टील लि.** ने औद्योगिक प्रोत्साहन तथा निवेश निगम से लिए गए कर्ज के लिए शेयरों को प्रस्तुत किया। इन शेयरों को एक और प्रदाता इंड्रस्टियल डेवेलपमेंट बैंक ऑफ इंडिया के पास पहले ही बंधक रखे गए थे। कर्ज की राशि 17 करोड़ रुपए (3 मिलियन डॉलर) थी। यह प्राकृतिक रूप से एक धोखाधड़ी गतिविधि है, क्योंकि कर्ज के लिए सुरक्षा दो बार बंधक रखी गई थी।

मेस्को समूह के प्रवर्तक रीता सिंह एवं उसके पति जे.के सिंह पर ठगी, धोखाधड़ी, जालसाजी, फंडों के विचलन तथा कर वंचन का आरोप लगा।वे मध्य–2000 में कुछ समय के लिए जेल में रहे। यह समूह जूतें, दवाईयाँ, शिपिंग, हवाई जहाज, इस्पात समेत अनेक कारोबारों में शामिल था।

छोटी-मोटी बैंक धोखाधड़ी: विविध कारण

संगठनों के उच्चाधिकारी भी बैंकों को धोखा देने में शामिल हो सकते हैं। अगस्त 2014 में **सिंडिकेट बैंक** के अध्यक्ष एस के जैन को बैंक के नियमों को बाइपास कर कुछ कंपनियों की उधार लेने की सीमा बढ़ाने के लिए 50 लाख रुपयों (80,000 डॉलर) की रिश्वत लेने के तथाकथित आरोप में गिरफ्तार कर लिया गया। उनकी गिरफ्तारी भारत के हाल के बैंक इतिहास में अपने प्रकार की पहली थी।

ईरान के इतिहास में 9.5 अरब दिरहम (2.5 बिलियन डॉलर) मूल्य की सबसे बड़ी धोखाधड़ी जून 2009 से अगस्त 2011 के बीच घटित हुई, जहाँ कई **ईरानी बैंक** व्यापक धोखाधड़ी के शिकार हुए। यह आरोप लगाया गया कि इसे स्थानीय मीडिया में 'श्री एक्स' कहे जाने वाले एक व्यक्ति ने किया था। इस व्यक्ति ने प्रत्यक्ष रूप से एक नेटवर्क विकसित कर लिया था, परिसंपत्तियों को खरीदने के लिए जाली ऋणपत्रों का उपयोग किया था तथा धोखाधड़ी पूर्ण साधनों से ईरान की सबसे बड़ी इस्पात उत्पादक कंपनी, खुजेस्तान इस्पात कंपनी को खरीद लिया। उसने एक बैंक की स्थापना का एक असफल प्रयास भी किया। यह एक अच्छी चाल थी – स्व-उत्थान योजनाओं को जारी रखने के लिए एक अवैध बैंक को खोल कर सामान्य बैंक के मार्ग से धन चुराना। **बैंक ऑफ सादेरात** एवं सात अन्य बैंक इस धोखाधड़ी से बुरी तरह से प्रभावित हुए।

एक अन्य उदाहरण में कुछ *बुद्धिमान* धोखेबाजों ने टोरंटो – डोमिनियन बैंक समूह के भाग **टीडी बैंक एनए** में इसके शिथिल आंतरिक नियंत्रण प्रणालियों का फायदा उठते हुए एक धन स्थानांतरण धोखाधड़ी करने के लिए 94 लोगों की नियुक्ति की। यह 2010–11

में हुआ। धोखेबाजों ने जो किया वह आर्थिक अपराध, पहचान-चोरी एवं साइबर अपराध का मिश्रण था।

प्रक्रिया यह थी कि नए भर्ती किए हुए सदस्यों ने टीडी बैंक बचत खातों में अपर्याप्त धन वाले बंद या अस्तित्वहीन टीडी बैंक खातों से जाली चेकों को जमा कर दिया। टीडी बैंक की कमजोर प्रणाली ने स्थानांतरण से पहले बचत खातों में धन की सुनिश्चिती करने हेतु लागू इंतजार की अवधि को बाइपास कर नए खाता धारकों को, जो अपने वास्तविक नामों को प्रयोग कर रहे थे, उनके नए बचत खातों से उनके चालू खातों में धन स्थानांतरित करने की अनुमति दे दी। लेनदेन में चालू खातों में अस्तित्वहीन धन का स्थानांतरण हुआ। इन पैसों को अंततः टीडी बैंक के द्वारा जारी किए गए एटीम कार्डों द्वारा तुरंत निकाल लिया गया, जिसने 5,000 डॉलर जैसे विशाल धन को निकालने की अनुमति दी जिसकी अधिकतम सीमा नहीं थी। काफी विचित्र रूप से इस धोखे को करने वालों को ऐसे सफल अपराध के पुरस्कार के रूप में सिर्फ अल्प मात्रा (लगभग सौ डॉलर तथा मैकडनॉल्ड्स में भोजन) ही दी गयी। कुल राशि 1 मिलियन डॉलर से ज्यादा नहीं थी, लेकिन लाभ कमाने के लिए कल्पनाशील मस्तिष्क तथा आपराधिक विचारों वाले लोगों के छोटे समूह का यह काम था।

टीडी बैंक की समस्याएँ यहीं पर खत्म नहीं हुई। जनवरी 2012 में यह पाया गया कि एक टीडी बैंक शाखा के एक खाते का व्यापक उपयोग हुआ और इसने 1.22 बिलियन डॉलर पोंजी स्कीम में एक भूमिका निभाई है, जब एक नकली टीडी बैंक वेबसाइट को भी स्थापित कर दिया गया, जहाँ निवेशकों के गलत खाते शेषों को प्रदर्शित किया गया था।

पश्चलेख

एक रूसी कहावत है, 'जब पैसा बोलता है, तो सत्य मौन रखता है'। बैंक धोखाधड़ी इस बात से कुछ अलग नहीं है।

बैंकों की धोखाधड़ी की कथाएँ

विश्व में जानी मानी सुपर ब्रांड एवं बहुत बड़े बैंक जो असफल नहीं हो सकते हमारी अर्थव्यवस्था का अविभाज्य हिस्सा हैं। लेकिन कभी-कभी उनका व्यवहार भी निष्कपट नहीं होता है। विश्वास के दुरुपयोग, व्यवस्थापन का लालच तथा बैंकों में आंतरिक नियंत्रण के अभाव की भयावह कहानियाँ है, जब उन्हें ईमानदार, कुशल, पारदर्शी, अपने ग्राहकों के

भरोसे के काबिल, नैतिक तथा अच्छे प्रशासन वाला होने की जरूरत थी। परन्तु बार-बार कई लड़खड़ाए हैं।

यूबीएस

जब बैंक घपलों की बात आती है, तो यूबीएस सभी को हरा देता है। स्विस महाकाय बैंक की हाल के अतीत में गलत कदमों की एक श्रृंखला थी। अंत में, इसके मुख्य कार्यकारी ओसवाल्स ग्रुबेल ने, बैंक में पर्याप्त वित्तीय नियंत्रण तथा पर्यवेक्षण पर नए प्रश्न उठाने वाले एक भ्रष्ट कारोबार घपले के कारण नवम्बर 2011 में त्यागपत्र दे दिया। ग्रुबेल ने तब इस्तीफा देने का निर्णय किया जब बैंक के एक निचले स्तर का धूर्त व्यापारी बैंक के आंतरिक नियंत्रण की कार्यविधि को टालकर अनधिकृत व्यापार किए जाने के कारण 2.3 बिलियन डॉलर का नुकसान झेल रहा था। धूर्त व्यापारी ने किए नुकसान सहित संकटों की श्रृंखलाके कारण ग्रुबेल को बैंक चलाना असंभव कर दिया। इसकी ख्याति में सुधार की जरूरत थी। नवम्बर 2011 में यूबीएस को अपर्याप्त आंतरिक नियंत्रण प्रणालियों के कारण £30 मिलियन (45 मिलियन डॉलर) का जुर्माना भरना पड़ा, क्योंकि उसी के कारण बदमाश व्यापारी को ठगी करने में सक्षम बना दिया था, ।

यूबीएस नाम का कोई अर्थ नहीं होता है। यह पूर्व यूनियन बैंक ऑफ स्विट्ज़रलैंड, स्विस बैंक कॉर्पोरेशन तथा अमेरिकी निवेश बैंक, पैनी वेब्बर का अम्मिलित नाम था। यह बताया जाता है कि किसी भी कीमत पर बैंक ने आगे बढ़ने के प्रयास में बैंक व्यवहार की अपनी नैतिकता तथा मानकों के साथ समझौता किया है। इसके कारण यह अपने विकास एवं समृद्धि के पथ पर कई बार डगमगाया है।

यूबीएस लाइबोर एवं यूरीबर के दर की हेरफेर में शामिल था। बैंक ने अपने व्यवहारियों के विशाल समूह कोदलालों के साथ सांठगांठ कर बेंचमार्क दरों के साथ हेराफेरी करने की अनुमति दी थी। इसके चलते इसे दिसम्बर 2011 में 1.5 बिलियन डॉलर का जुर्माना भरना पड़ा। यूबीएस के सीईओ सर्जियो एर्मोटी ने स्वीकार किया 'हमने पाया कि कुछ कर्मचारियों का व्यवहार अस्वीकार्य था। हम उनके अनुचित तथा अनैतिक व्यवहार पर गहरा खेद जताते हैं'।

यूबीएस के कर्मचारियों ने 2001–06 के बीच म्यूनिसिपल बॉन्ड डेरिवेटिव बाजार में बोलियों में हेराफेरी करने का षड्यंत्र किया। जब स्थानीय सरकारी निकायों एवं गैर-लाभकारी संगठन इन बॉन्डों में निवेश करना चाहते थे, इसके कई पूर्व कर्मचारियों ने म्यूनिसिपल बॉन्ड प्रस्तावों की प्रक्रिया में बार-बार हेराफेरी की। मई 2011 में यूबीएस ने अपनी गलत हरकतों के लिए 160 मिलियन डॉलर जुर्माने के रूप में चुकाना स्वीकार किया।

2007 और 2009 के बीच यूबीएस ने अमीर अमेरिकियों के लिए कर वंचन उत्पादों को संरचित करने में सक्रिय भूमिका निभाई। संयुक्त राष्ट्र अमेरिका के न्याय विभाग ने सार्वजनिक रूप से इस पर आपराधिक अभियोग चलाने की चेतावनी दी, क्योंकि यह सभी बैंकों में *संदेहात्मक* उत्पादों को बेचने में सर्वाधिक आक्रामक था। बैंक के कार्यकारी उन जगहों पर पहुँच जाते थे, जहाँ अमीर लोग आम तौर पर एकत्र होते थे, उदाहरण के लिए, गोल्फ कोर्सों में तथा सेलिब्रेटी समारोहों में – जहाँ पर भी अत्यधिक अमीरों की गंध मिलती थी। 2009 में न्याय विभाग ने घोषणा की कि यूबीएस ने 17,000 लोगों को कर वंचन में शामिल होने के लिए षड्यंत्र किया। बैंक ने 780 मिलियन डॉलर जुर्माने के रूप में देना और 4500 ऐसे खातेधारकों के नाम का खुलासा करना स्वीकार किया।

यूबीएसने अपने ग्राहकों को भ्रम में रख कर उत्पादों को बेचा था। 2008 में जब यह स्पष्ट हो गया कि बैंक ने वह बेच कर जिसे उसने 'लगभग जोखिम मुक्त बोलीदर प्रतिभूतियाँ' कहा था, अपने ग्राहकों के साथ धोखाधड़ी की है, बैंक ने 150 मिलियन डॉलर जुर्माना देना तथा अपने ग्राहकों को 19 बिलियन डॉलर वापस लौटाना स्वीकार किया। वह पूरी तरह से जानता था कि बाजार नष्ट होने की कगार पर है और जो उत्पाद वह बेच रहा है, जोखिमपूर्ण है। बाजार में अवमूल्यन हो गया तथा निवेशक यूबीएस के अस्वीकृत उत्पादों में फंस गए।

यूबीएस का परिसंपत्ति व्यवस्थापन विभाग जून 1994 और मार्च 1998 के बीच अपने एक पूर्व दलाल को अपने ग्राहकों को ठगने से रोकने में पर्याप्त प्रक्रियाओं को लागू करने में असफल हो गया। व्यापारी ने ग्राहकों के पैसों को ऊँची सट्टेबाजी वाले सोने का उत्खनन करने वाली कंपनियों में लगाया, जहाँ से उसने 1 मिलियन डॉलर का गुप्त भुगतान पाया। यूबीएस की प्रणालियाँ इन अवैध गतिविधियों को *पकड़ने* में काफी कमजोर थीं। इस पर अगस्त 2003 में 0.5 मिलियन डॉलर पर जुर्माना लगाया गया।

बैंक सिद्धांतों के सबसे बुरे विपरीत व्यवहारों में से एक था यूबीएस का 2008 में वित्तीय संकट के दौरान ध्वस्त होने से पहले के बंधक-समर्थित प्रतिभूति बाजार में शामिल होना। बैंक को 38 बिलियन डॉलर का नुकसान हुआ, जिसे स्विस सरकार ने संकट से उबारा। इसके विरुद्ध मामले दर्ज हुए, यह आरोप लगाते हुए कि उसने जानते हुए इसे निवेशकों को सब-प्राइम उत्पादों को बेचा।

बारबार यूबीएस ने स्वयं को संदेहास्पद लेनदेनों में शामिल किया है। इसके अतिरिक्त अपने कामकाज को सुधारने के इसके वादों तथा इसकी माफी मांगने के बावजूद इसका समस्याओं में घिरना जारी है।

जेपी मॉर्गन चेज़ बैंक

द *न्यूयार्क टाइम्स* की रिपोर्ट के अनुसार, अमेरिकी नियामक ने जेपी मॉर्गन पर 'नुकसान सह रहे विद्युत संयंत्रों को शक्तिशाली लाभ केंद्रो' में बदलते हुए तथा 'गलत एवं भ्रामक वक्तव्यों' को देते हुए चालाकी से नियंत्रित योजनाओं में शामिल होने का आरोप लगाया। इन योजनाओं को बैंक द्वारा सितम्बर 2010 एवं जून 2011 के बीच गलत गणना, जिसने इन्हें आकर्षक बना दिया था, के आधार पर विद्युत को राज्य की ऊर्जा निकायों को बेच कर 83 मिलियन डॉलर के अवैध लाभ के लिए अपनाया गया। इसका अमेरिकी ऊर्जा बाजार पर हानिकारक प्रभाव पड़ा।

राष्ट्र के बैंको को संकट से निकालने के बाद अमेरिकियों का मत था कि उन्हें अपने तरीकों में सुधार करना होगा और जिम्मेदार व्यवहार करना होगा तथा यह लापरवाही एवं विफलता दुबारा नहीं होगी जिसने इस वित्तीय संकट को जन्म दिया। लेकिन ऐसी आशाएँ एवं शुभकामनाएँ अल्पजीवी थीं।

वित्तीय संकट से उबरने के लगभग तत्काल बाद जेपी मॉर्गनने आर्थिक नुकसानों का सामना किया, जो 2012 में लगभग 6.2 बिलियन डॉलर के गड़बड़ व्यापारी तरीकों के कारण उत्पन्न हुआ – जिसे *लंदन व्हेल* के नाम से जाना गया। बैंक के मुख्य कार्यकारी पदाधिकारी जैमी डिमोन ने नुकसानों के लिए 'गलतियों, लापरवाही तथा गलत निर्णय' को उत्तरदायी ठहराया और कहा कि वे वायदा रणनीतियों के कारण हुए जो गलत साबित हो गए। स्पष्ट रूप से यह एक संरक्षक वायदा रणनीति थी जिसमें डेरिवेटिव शामिल थे, जिन्हें बॉन्ड एवं कर्जों के बैंक के अंशों में संभावित नुकसानों को प्रतिसंतुलित करने के लिए स्थापित किया गया था, परन्तु, वायदा निष्फल हो गया और नुकसान कर दिया। डेरिवेटिवों में लाभ के माध्यम से अन्य संभावित नुकसानों को प्रतिसंतुलित करने की जगह उत्पादने नुकसान को संभालने के विपरीत कार्य किया। यह हास्यास्पद प्रतीत होता है (और इसका मैनेजमेंट भी ऐसा सोचता है) कि जेपी मॉर्गन के आकार के एक बैंक ने ऐसी बुनियाद गलतियाँ कीं।

जेपी मॉर्गन ने जनता से इन नुकसानों को छिपाने के लिए सब कुछ किया। सीनेट की रिपोर्ट, जिसने इस झमेले की जाँच की, ने पाया कि इसने अपने धन की डेरिवेटिव स्थितियों की हानि को छिपाया, नुकसान की रोकथाम हेतु बनाएं गए जोखिम सीमाओं को बैंक ने नियमित रूप से पार किया था और वास्तविक नुकसान से कम दिखाने के लिए इसके जोखिम मॉडलों को परिवर्तित किया गया था। ऐसी अच्छी प्रतिष्ठा का कोई बैंक सफेद झूठ कैसे बोल सकता है? इसकी आंतरिक प्रणाली ऐसे स्तर पर कैसे असफल हो सकती है कि

ऐसा विशाल नुकसान हो गया और इसका अंतर्निहित व्यापार ऐसी बड़ी हानि को करते हुए 200 बिलियन डॉलर को पार कर गया?

एक और उदाहरण में जनवरी 2013 में जेपी मोर्गन अपने विरुद्ध इस आरोप के निपटारे के लिए 227 मिलियन डॉलर चुकाने के लिए तैयार हो गया जिसमें इसने (13 अन्य बैंकों सहित) गृह कर्ज पूर्व-भुगतान नियमनों का दुरुपयोग किया था। बैंकों ने गलत तरीके से उन घर मालिकों को प्रतिबंधित किया, जिन्हें उनके घरों में रहने देना चाहिए था, जो उन्होंने गृह कर्ज लेकर खरीदा था। इन दुरुपयोगों में गलत कागजी-कार्रवाई, अत्यधिक शुल्क, कच्चा कर्ज आवेदन तथा गलत निष्कासन शामिल था।

जुलाई 2011 में, जेपी मॉर्गन इन आरोपों के समाधान के लिए 211 मिलियन डॉलर देने को तैयार हो गया कि इसने म्यूनिसिपल बॉन्ड लेन-देन की प्रक्रिया के पुनः निवेश की बोली प्रक्रिया में हेरफेर कर अमेरिका के राज्य सरकारों को धोखा दिया है। प्रत्यक्ष रूप से बैंक निवेश व्यापार को जीत गया क्योंकि इसने बोली एजेंट से प्रतिस्पर्धी की बोलियों के बारे में जानकारी निकाल ली।

हाल में, अमेरिका का सबसे मजबूत बैंक जेपी मॉर्गन स्वयं को अनैतिक गतिविधियों के केंद्र में विस्तृत रूप से पा रहा है, इस पर बर्नार्ड माडोफ के द्वारा संचालित कुख्यात पॉन्जी स्कीम की संदेहपूर्ण लेन-देनों का खुलासा न करने के लिए 2.6 बिलियन डॉलर का जुर्माना किया गया। माडोफ पोंजी स्कीम, जेपी मॉर्गन के विविध खातों के द्वारा अनन्य रूप से चलायी जा रही थी, लेकिन यह चेतावनी की आंतरिक सूचनाओं के आने के बावजूद भी अलार्म बजाने में असफल रहा।

इन सबके ऊपर बैंक ने नवम्बर 2013 में खराब बंधक प्रतिभूतियों के सौदों तथा 2005 से 2008 के बीच बंधक प्रतिभूतियों को खरीद रहे निवेशकों के सामने जोखिमों का पूरी तरह से खुलासा न करने के लिए 13 बिलियन डॉलर के आज तक का सबसे बड़ा कॉर्पोरेट जुर्माना भरा। ऊपर से यह इसके द्वारा प्रश्न योग्य बंधक समर्थित प्रतिभूतियों, की बिक्री पर निवेशकों के समूह के साथ 4.5 बिलियन डॉलर के निबटान के तुरंत बाद हुआ था जो बाद में ध्वस्त हो गईं थीं।

2013 के दौरान बैंक ने अपनी गलत गतिविधियों के निबटारे के लिए 20 बिलियन डॉलर का जुर्माना भरा।

जेपी मॉर्गन के प्रवक्ता ने मार्च 2013 में यह कहते हुए संक्षेपित किया, 'हमारी गलतियों के लिए हम पूरी तरह से जिम्मेदार हैं' और मैनहटन में अमेरिकी अॅटर्नी प्रीत भरारा ने इस पर पोंजी सम्बंधित जुर्माना लगाते हुए जनवरी 2014 में टिप्पणी की, 'जेपी मॉर्गन असफल हुआ – और बुरी तरह से असफल हुआ'।

गोल्डमैन सैक्स

एक समय धन बनाने की मशीन जिसे हाथ भी नहीं लगाया जा सकता था वॉल स्ट्रीट की ताकत का प्रतिमान गोल्डमैन सैक्स दशकों से सर्वश्रेष्ठ शेयर जोखिम अंकन सौदों का मूर्त रूप था तथा सर्वश्रेष्ठ प्रतिभाओं को आकर्षित करता था। बैंक ने अमेरिकी सरकार में सर्वश्रेष्ठ बुद्धिमत्ता का योगदान किया था। इनमें इसके पूर्व सीईओ हेनरी पॉल्सन जूनियर, जो पूर्व खजाना सचिव थे, एक और पूर्व सीईओ जॉन कोर्जीन, जो एक पूर्व न्यू जर्सी गवर्नर थे, शामिल थे।

गोल्डमैन सैक्स का ऐसा आभामंडल था कि बैंक के बारे में बहु-विक्रित पुस्तकें लिखी गई, और शायद ही किसी बैंक के नाम का सबसे ज्यादा बार उपयोग किया गया। इनमें विलियम कोहन के द्वारा लिखी गई *मनी एंड पावर: हाऊ गोल्डमैन सैक्स केम टू रुलद वर्ल्ड* शामिल थी, जो कहती है कि गोल्डमैन सैक्स एक परिपूर्ण कंपनी होने का दावा करती है, लेकिन बंद दरवाजों के पीछे यह हितों के टकराव तथा वैधानिक सौदों को करने के दोनों ओर पाँव रखकर ख़ड़ी है और इसने सत्ता संघर्ष की संस्कृति एवं जहरीले व्यामोह को बनाएं रखा है।

2010 में एसईसी ने यह कहते हुए कि बैंक ने उन बंधक निवेश का निर्माण तथा विक्रय किया जो ध्वस्त होने के गुप्त अभिप्राय थे, गोल्डमैन सैक्स पर प्रतिभूति धोखाधड़ी का आरोप लगाया। गोल्डमैन सैक्स ने फरवरी 2007 में एक निवेश वाहन अबेकस 2007–एसी1 का निर्माण किया ताकि बैंक और उसके कुछ ग्राहक गृह बाजार में सट्टा लगा सकें और पैसे बना सकें। एक प्रमुख हेज फंड ने दांव लगाया कि घर की खोखली योजना का विस्फोट हो जाएगा। और यही हुआ। हेज फंड ने धन कमाया लेकिन निवेशकों, जिन्होंने बॉन्डों को खरीदा था, ने 1 बिलियन डॉलर गंवा दिए। इनमें पेंशन फंड, बीमा कंपनियाँ, यूरोपीय बैंक आईकेबी तथा एबीएन एमरो शामिल थे, जो यदि बॉन्डों का मूल्य बढ़ा होता तो लाभ कमाते । उन्होंने नहीं कमाया, क्योंकि गृह बाजार ध्वस्त हो गया। एसईसी ने गोल्डमैन सैक्स पर जुर्माना लगाया, जो 550 मिलियन डॉलर का भुगतान करने के लिए सहमत हो गया (किसी वॉल स्ट्रीट फर्म पर धोखाधड़ी के आरोप को निपटाने के लिए लगाया गया सबसे बडा जुर्माना)।

गोल्डमैन सैक्स उन बैंकों में से एक है जिसने अब बदनाम सीडीओ – क्लिष्ट बंधक प्रतिभूति – का निर्माण किया – जब गृह बाजार 2004 से 2007 के बीच व्यापक उत्थान पर था। पूर्व गोल्डमैन सैक्स व्यापारी, फैब्रिस टॉउर को भ्रामक वक्तव्यों को देने तथा नैतिक मानकों से समझौता करने का दोषी पाया गया एवं बैंक पर इसके लिए अगस्त 2013 में 50 मिलियन डॉलर का जुर्माना किया गया।

गोल्डमैन सैक्स के उपाध्यक्ष नील मॉरिसन ने एक राजनीतिज्ञ टिमोथी काहिल को 2008 एवं 2010 के बीच प्रचार में मदद की। उन्होंने बैंक को मैसाचुसेट्स में आकर्षक बैंक कारोबार को दिया। गोल्डमैन सैक्स पर ऐसे प्ले टू पे आरोपों को सुलझाने के लिए 12 मिलियन डॉलर का जुर्माना लगा। मॉरिसन कामकाजी घंटों में प्रत्यक्ष रूप से निधि निर्माता एवं भाषण लेखक के रूप में थे जब उन्होंने गोल्डमैन सैक्स के कार्यालय की संरचना का उपयोग किया था।

बैंक एक बदमाश व्यापारी मैथ्यू टेलर पर निगरानी रखने में असफल रहा जो इक्विटी डेरिवेटिवों में 2007 से कारोबार कर रहा था। इसने 8.3 बिलियन डॉलर के जोखिमों पर नुकसान को छिपाने और अपने बोनस की रक्षा करने के लिए बड़े सौदों का नकली निर्माण किया था। व्यापारी ने मिथ्याकरण की गलती मान ली; गोल्डमैन सैक्स ने इस मामले के निपटान के लिए 1.5 मिलियन डॉलर का भुगतान किया और 118 मिलियन डॉलर गंवाए जब तथाकथित सौदे खुले। बैंक का नियंत्रण क्रियाविधि जाँच नहीं सका एवं खोज नहीं सका कि व्यापारी ने उनके द्वारा निर्धारित सीमाओं को पार कर लिया है।

एक पूर्व-कार्यकारी निदेशक द्वारा लिखित एक बेस्ट सेलर गोल्डमैन सैक्स की गतिविधियों को संभवतः सबसे अच्छे तरीके से अक्षरबद्ध करता है। ग्रेग स्मिथ द्वारा लिखित *व्हाय आय लेफ्ट गोल्डमैन सैक्स,* इस पुस्तक में गोल्डमैन सैक्स को सिर्फ लाभ के लिए वास्तव में एक कुटिल बैंकर तथा अपने ग्राहकों को *मप्पेट्स* (कठपुतलियाँ) कहा जाना वर्णित करती है।

एचएसबीसी

एचएसबीसी की 80 से ज्यादा देशों में उपस्थिति है और 5 करोड़ से ज्यादा उपभोक्ता हैं। यह स्वयं को 'स्थानीय सोच वाला वैश्विक बैंक' के रूप में विज्ञापित करता है। परन्तु, यह कार्पोरेट प्रशासन सम्बंधी मामलों की लंबी सूची से सम्बंधित विवादों से दूषित है। 'विश्व के स्थानीय बैंक' को इस झमेले से निकलने में काफी समय लगेगा जिसमें यह स्वयं उलझा हुआ है।

हम उन मामलों को देखते हैं, जिनसे बैंक जूझ रहा है।

उस पर मैक्सिकन ड्रग कार्टेल तथा सौदी आतंकवाद संगठनों को धन स्थानांतरण सहित धन-उपयोगिता नियमनों के उल्लंघन तथा बैंक प्रणाली में दागी धन के प्रचलन के लिए आरोप लगे।

बर्नार्ड माडोफ द्वारा संचालित अरबों डॉलरों की पोंजी स्कीम की मदद करने के लिए बैंक कई अभियोगों का सामना कर रहा है। जेपी मॉर्गन के साथ इस पर यह आरोप लगा कि

जब यह अंदर से जानता था कि माडोफ का मुनाफा वास्तविक नहीं है, इसने आँखें फेर लीं। 2009 में माडोफ ने गलत कामों के लिए दोष स्वीकार किया। एचएसबीसी के विरुद्ध अनेक वर्गों के आरोपों में से बैंक ने 2011 में थेमा इंटरनेशनल फंड आयरलैंड के द्वारा दाखिल किए गए एक का 6.25 मिलियन डॉलर का भुगतान कर (गलती को बिना स्वीकार किए) निबटान कर दिया।

अनेक बैंकों में जिन पर लाइबोर बेंचमार्क दरों के साथ हेरफेर करने तथा सोने के मूल्यों को तय कर देने हेतु सांठगांठ करने के सम्बंध में जाँच हो रही है, उनमें से एचएसबीसी भी जाँच के अधीन है।

बैंक की उंगलियाँ इसके अमीर ग्राहकों के द्वारा कर-वंचना के लिए इसके स्विस विभाग में खातों को रखने सहित हाल के कुछ बड़े घपले वालों घी में रही हैं। इसकी गंभीर सरकारी तथा नियामक छानबीन हो रही है – संभवतः बैंक इतिहास में की गई सबसे सख्त छानबीन।

'मैं एचएसबीसी की अतीत की असफलताओं के लिए बहुत खेद प्रकट करता हूँ तथा उनके लिए माफी माँगता हूँ। हमारे नियंत्रणों को ज्यादा मजबूत तथा ज्यादा प्रभावी होना चाहिए था।' जुलाई 2012 में बैंक के सीईओ स्टुअर्ट गुलिवर ने कहा। यह बैंक की जारी समस्याओं को सारबद्ध करता है।

पश्चलेख

रॉबर्ट फ्रॉस्ट ने एक बार कहा था, 'कोई बैंक वह स्थान है जहाँ वे आपको एक अच्छे मौसम में छाता देंगे और बरसात शुरू होने पर उसे लौटाने को कहेंगे'। कभी-कभी यह बहुत परिचित महसूस होता है।

3

जल्द अमीर करने वाली वित्तीय योजनाएँ

धनलोलुपता, या लाभ की इच्छा, सार्वभौमिक अभिलाषा है, जो हर समय, हर स्थान तथा सभी व्यक्तियों पर कार्य करती है।

डेविड ह्यूम, स्कॉट दार्शनिक

यह तेजी से अमीर होने की इच्छा है, जो धोखेबाजों तथा उनके पीड़ितों दोनों को प्रेरित करती है। योजनाकारों द्वारा काल्पनिक योजनाओं एवं काल्पनिक कहानियों को अक्सर लालचियों में चाहत की आग भड़काने के लिए तथा उन्हें धोखाधड़ीपूर्ण वित्तीय योजनाओं को गढ़ने हेतु प्रोत्साहित करती हैं।

एक जर्मन मनोवैज्ञानिक एनरिक फ्रॉम ने एक बार कहा था, 'लालच तलहीन गड्ढा है, जो किसी व्यक्ति को बिना कभी संतुष्ट हुए जरूरतों को पूरा करने के अनंत प्रयास में थका देता है।'

पैसे बनाने के रैकेट का शहंशाह: पोंजी स्कीम

ब्रिटिश लोककथाओं का नायक रॉबिन हुड, गरीबों को मदद पहुँचाने के लिए अमीर लोगों को लूटता था। रॉबिन हुड की सफलता अमीर लोगों को ज्यादा-से-ज्यादा लूटने की उसकी क्षमता पर निर्भर करती थी। यदि उसकी अमीर लोगों को लूटने की क्षमता रुक जाती, तो गरीबों को उसके द्वारा राहत पहुँचाना भी बंद हो जाता। यह पॉल को देने के लिए पीटर को लूटना था। मूल स्तर पर पोंजी स्कीमों का सिद्धांत यही है।

किसी पोंजी स्कीम में निवेशकों को एक ऐसी योजना में जुड़ने के लिए प्रलोभित किया जाता है जहाँ वे बाजार से ज्यादा मुनाफा पाएंगे; इस बहकावे में कि निवेश प्रबंधक एक

जानकार है और उसके पास निवेशित धन से औसत से ज्यादा मुनाफा कमाने का गुप्त नुस्खा है। प्रारंभिक चरणों में ब्याज का समय पर पुनःभुगतान किया जाता है। नए निवेशकों के निवेश को पहले के निवेशकों को देय धन का भुगतान करने के लिए उपयोग किया जाता है। एक बार जैसे ही नए निवेशकों से धन का प्रवाह बंद हो जाता है, श्रृंखला टूट जाती है और योजना ध्वस्त हो जाती है।

चार्ल्स पोंजी वित्तीय धोखाधड़ी का संभवतः सबसे प्रसिद्ध धोखेबाज है। पोंजी स्कीम का नाम उसके नाम पर रखा गया है। उसने दिसम्बर 1919 में एक प्रतिभूति विनिमय कंपनी प्रारंभ करने के वास्तविक इरादे से इसे शुरू किया था। उसकी योजना यूरोपीय मुद्रा में एक निश्चित तथा मुख्यतः अप्रचलित विनिमय दरों वाले अंतरराष्ट्रीय विनिमय कूपनों या डाक प्रत्युत्तर को खरीदना तथा हमेशा एक लाभ कमाते हुए उन्हें अमेरिका में ज्यादा ऊँची कीमत पर खरीदना था (वाणिज्यिक रूप से *अंतर–पणन* दर के नाम से ज्ञात)। लेकिन जैसे-जैसे समय गुजरा वह विनिमय योजना से वादा किए गए मुनाफों को पूरा नहीं कर सका और पहले के निवेशकों को नए लोगों से धन लेकर भुगतान करने लगा। पोंजी स्कीम का जन्म हुआ। चार्ल्स अगस्त 1920 में गिरफ्तार हुआ जब वह निवेशकों को 45 दिन में 50% का मुनाफा का वादा करते हुए उन्हें विदेशी डाक कूपनों को खरीदने के लिए प्रलोभित करते समय ठगते हुए पकड़ा गया।

पोंजी स्कीम आने वाली नई निधि को प्राप्त पुरानी निधि के लिए भुगतान करने पर कार्यकरती है। यह ऐसा इसलिए है क्योंकि इन योजनाओं के पास आय का कोई वैधानिक स्रोत नहीं होता है। आर्थिक परेशानियों के समय लोगों के पास कम या अतिरिक्त पैसा नहीं होता है। पोंजी योजनाएँ आमतौर पर मुश्किल समयों में प्रकाश में आती हैं जब उनके द्वारा लोगों को लगातार मूर्ख बनाते हुए ऊँचे मुनाफे की विषाक्त उम्मीदें सूख जाती हैं। ध्वस्त होना तो पोंजी योजना का लक्षण ही है। हमेशा प्रश्न यह है कि – ये कब खत्म होंगी?

पोंजी स्कीम का एक और परिप्रेक्ष्य यह है कि ये उन भोले–भाले निवेशकों को आकर्षित करता है जो इस बारे की अपनी मूल जानकारी हासिल करने में असफल रह जाते हैं। यह मनुष्यों की तुरंत लाभ की अतृप्य आकांक्षा है जो लोगों को इन धोखापूर्ण योजनाओं की ओर आकर्षित करती है। जिस क्षण किसी ऐसी योजना का प्रवर्तक प्रारंभ में ऊँचा मुनाफा देना प्रारंभ करता है, तो निवेशकों में तेजी से पैसे बना लेने की भावना का संचार हो जाता है। अब हम कुछ कुख्यात पोंजी योजनाओं पर नजर डालते हैं, जो काफी एक समान हैं।

- **बर्नार्ड माडोफ**

  आज तक की सबसे बड़ी एवं व्यापक पोंजी योजना बर्नार्ड माडोफ के द्वारा की गयी

थी। जिसे 71 वर्ष की आयु में 150 वर्ष की सजा हुई। इस धोखाधड़ी ने सैंकडों छोटे निवेशकों, लखपतियों, सेलिब्रेटियों, हेज फंडों, निजी प्रतिष्ठानों तथा नोबेल पुरस्कार विजेता एली विसेल के द्वारा चलायी जाने वाली एक धर्मादाय संस्था को भी फंसा लिया था।

माडोफ की योजना में भोलेभाले निवेशकों के द्वारा खलबली मचा देने वाले 65 बिलियन डॉलर का निवेश किया गया था और सभी गँवा दिया गया। माडोफने मार्च 2009 में दोष स्वीकार किया था, तब बताया कि उसकी धोखेधड़ी वाली योजना प्रारंभिक 1990 के दशक में शुरू हुई थी न कि 1980 में, जैसा कि सरकार ने दावा किया था।

उसकी कार्यप्रणाली सटीकता से स्पष्ट नहीं थी, क्योंकि उसने इसे बताने से इंकार कर दिया था। उसने सिर्फ यह कहा, 'मैं इस महान पीड़ा तथा दर्द के लिए जिम्मेदार हूँ। मैं इसे समझता हूँ।'

- **एलेन स्टैनफोर्ड – स्टैनफोर्ड इंटरनेशनल बैंक**

स्टैनफोर्ड इंटरनेशनल बैंक जैसे भरोसेमंद नाम के साथ जुड़े एक कैरिबियाई द्वीप एंटिगुआ के एक बैंक ने धोखापूर्ण उच्च ब्याज जमा प्रमाणपत्रों को जारी कर 113 देशों के 30,000 निवेशकों से 7 बिलियन डॉलर का नुकसान किया। यह योजना दो दशक से अधिक काल के लिए संचालित रही और किसी ने संदेह तक नहीं किया कि कुछ गायब है। टेक्सास आधारित निवेश बैंकर धोखेबाज एलेन स्टैनफोर्ड का ऐसा नाम एवं प्रतिष्ठा थी कि उसे नाईट (सर) की उपाधि मिली थी, वह एक क्रिकेट टीम, यॉट, जेटों तथा महलों का मालिक था।

स्टैनफोर्ड ने उन नकली वित्तीय विवरणों को जारी करके, जो दिखाते थे कि निवेशकों के जमा के प्रमाणपत्र सुरक्षित हैं; और एंटिगुआ के लेखा-परीक्षकों को रिश्वत देकर लेखा-परीक्षक प्रमाणपत्रों का इंतजाम करके, 2 बिलियन डॉलर अपने निजी खर्चों के लिए गायब कर दिये।

स्टैनफोर्ड को मार्च 2012 में सजा हुई और उसे 110 वर्ष का कारावास हुआ।

- **शारदा रियल्टी लि.**

जब धोखेबाज सुदप्तो सेन ने पश्चिम बंगाल, भारत में शारदा रियल्टी लि. शुरू की दस हजार लोग उसके लुभावने जाल में फंस गए। स्थावर संपदा कारोबार के नकली ढोंग में कंपनी ने वादा किए गए 12–24% वार्षिक मुनाफे पर जमाराशी एकत्र की। धन नए फ्लैटों या जमीन के नाम पर जमा किया गया। सेन ने बाजार नियामक सेबी के आँखों में तीन साल से अधिक धूल झोंकी और ६० नकली दस्तावेजोंको जमा

किया और अन्य 170 का वादा किया। अप्रैल 2008 तथा अप्रैल 2013 के बीच में 21 अरब रुपयों (340 मिलियन डॉलर) के जमा होने का अनुमान लगाया जाता है। कंपनी अप्रैल 2013 में बैठ गई। 2000 किमी से ज्यादा को पार कर कश्मीर के स्वप्नील घाटियों में शरण लेने के लिए कार में भागते हुए सेन को गिरफ्तार कर लिया गया।

भारत में पोंजी योजनाएँ

भारत में पोंजी या पिरामिड योजनाओं का लंबा इतिहास है। चिट फंडों के नाम से भी कभी-कभी ज्ञात वित्तीय उत्पाद अंततः पोंजी ही हैं। 1980 के दशक में **संचयिता इंवेस्टमेंट्स** ने लोगों पर 1.2 अरब (20 मिलियन डॉलर) का डाका डाला। प्रारंभिक 1990 के दशक में **संचयनी सेविंग्स एंड इनवेस्टमेंट्स** ने निवेशकों से 2.1 अरब रुपयों (35 मिलियन डॉलर) का धोखा किया; 1997 में **गोल्डन फॉरेस्ट्स** ने जमाकर्ताओं से 30 अरब रुपयों (480 मिलियन डॉलर) को गायब कर दिया; 2012 में **स्टॉकगुरु** ने निवेशकों से 10 अरब रुपयों (160 मिलियन डॉलर) को चुरा लिया, और सूची अभी जारी है।

भारतीय बाजार निगरानीकर्ता सेबी पहले जमा लेकर रातों-रात भाग जाने वाली निवेश योजनाओं को रोक नहीं पाता था, क्योंकि ये उसके अधिकार क्षेत्र से बाहर थीं। परन्तु, 2013 से पोंजी तथा अन्य निवेश धोखाधड़ियों पर कार्रवाई करने लिए नियामक सेबी को शक्तिशाली बनाते हुए सरकार की शक्ति बढ़ रही है।

बाजार में बढ़ रही जागरूकता तथा न्यायिक सक्रियता बदमाशों तथा रैकेटबाजों को नियंत्रति करने में मदद कर रही है। भारत के सबसे बड़े निजी वित्तीय संस्थान को प्रवर्तित करने वाला **सहारा समूह** भारत के सर्वोच्च न्यायालय तथा बाजार नियामक सेबी के जाँच के अधीन है। समूह को 200 अरब रुपयों (3 बिलियन डॉलर) को लौटाने के लिए कहा गया, जिसे इसने प्रत्यक्ष रूप से लाखों जमाकर्ताओं से प्राप्त किया था। क्या यह एक पोंजी योजना है या भारत के महा-अमीरों के लिए धन-धोखाधड़ी का मार्ग या दोनों का सम्मिश्रण, यह अभी भी ज्ञात नहीं है। परन्तु, बाजार में ज्यादा बड़ी जागरूकता से इसके संस्थापक के द्वारा प्रवर्तित इस 35 साल पुरानी कंपनी की गतिविधि पर ब्रेक लगने की संभावना है, और अन्य कई धोखेबाजों को यह संभवतः हतोत्साहित करती है।

रशिया में पोंजी योजनाएँ

पैसे बनाने के अवैध साधनों की जब बात आती है, तो रशिया लगातार आश्चर्यचकित कर देता है। शेयर बाजार नियामक के अध्यक्ष ईगोर कोस्तिकोव ने भी 2011 में टिप्पणी की, 'सैंकड़ों विदेशी विनिमय क्लब (एफएक्स) हैं जो पिरामिड (मतलब पोंजी) योजनाओं से कुछ ज्यादा ही हैं। उन्हें रोकने के लिए कुछ नहीं किया जाता है, क्योंकि वे इस समय पूरी तरह से कानूनी हैं।'

पोंजी योजनाएँ निवेश फंडों का स्वांग रचाती हैं। एफएक्स क्लबों के बड़े चमकीले विज्ञापन आकर्षक मुनाफा कमाने की आशा रखने वाले छोटे निवेशकों को प्रलोभित करते हैं। रशिया में तब वे अपनी बचतों का निवेश करने से पहले कार्यालयों में अनुबंध पर हस्ताक्षर करते हैं। जब वे अपने पैसों को निकालना चाहते हैं, उन्हें कहा जाता है, 'क्षमा करें! निवेश क्लब ने कुछ गलतियाँ कर दीं और आपके सभी पैसों को डूबा दिया'। परन्तु, क्लब हर किसी को धोखा नहीं देते हैं। कुछ निवेशक अपने धन को वापस पा लेते हैं, लेकिन अधिकतर नहीं, क्योंकि शेष को प्रवर्तकों के द्वारा हड़प लिया जाता है और इस गलती को रोकने के लिए कोई कानून नहीं है!

पश्चलेख

लालच तथा भोलापन पोंजी योजनाओं के प्रसार को जन्म देते हैं। जब आप इसे पढ़ रहे हैं, उस समय दुनिया में कहीं एक पोंजी स्कीम कार्यरत में है और भोलेभालों तथा निर्दोषों के बचतों को पचा रही है। यह स्कीम पहले से ही सौ वर्ष पुरानी है और संभवतः एक और सदी तक जारी रहेगी जब तक हम ज्यादा समर्थ एवं कम धनलोलुप नहीं हो जाएँ।

पोंजी लाल झंडियाँ (सावधानी)

सांड़ भी लाल झंडों को देख कर बौखला जाता है। ऐसा ही लोगों के साथ क्यों नहीं होना चाहिए?

- *बड़े मुनाफे देने वाले बकरियाँ, चिड़ियाँ, लकड़ियों से बचें।*
  धोखापूर्ण योजनाएँ नीरस नियमितता के साथ बड़े वादों के साथ शुरू की जाती हैं। पिछले कुछ वर्षों में बकरियों, पक्षियों, टीकवुड और हाल ही में आलू में निवेश

धोखेबाजों के पसंदीदा हैं। ऐसी सभी योजनाएँ असामान्य ऊँचे मुनाफ़े का वादा करती हैं। पश्चिम बंगाल में सेबी ने अप्रैल 2013 में **सुमंगल इंडस्ट्रीज** के द्वारा शुरू किए आलू-बॉन्ड योजना को रोक दिया। यह योजना निवेशकों की ओर से फसल के समय आलू खरीदने, उन्हें शीतगृहों में भंडारित करने तथा जब मूल्य बढ़ जाएँ तो बेच देने की धोखापूर्ण परिकल्पना करती थी। इसने 15 महीनों में 20%–100% मुनाफा देने का वादा किया था–भोलेभाले निवेशकों को लक्ष्यित एक सामान्य पोंजी योजना।

- *दोस्तों तथा रिश्तेदारों से बचें*

  पोंजी योजनाओं की सफलता तथाकथित गैर-पेशेवर विक्रय एजेंटों की विशाल संख्या के कारण है, जो योजनाओं को दोस्तों तथा रिश्तेदारों की परिधि में बेचते हैं। उनकी विश्वसनीयता इन योजनाओं की प्रमाणिकता पर प्रश्न उठाने से रोक देती है। केरल में **सुसी इमू फार्म** के द्वारा इमू (एक आस्ट्रेलियन पक्षी) पक्षी योजना की शुरुआत की गई, इस वादे के साथ कि 150,000 रुपयों (2,500 डॉलर) का निवेश दो वर्षों में 330,000 रुपया (5,500 डॉलर) हो जाएगा। इस योजना का विपणन दोस्तों, सहयोगियों तथा रिश्तेदारों के बीच किया गया और निवेशकों का पैसा डूब गया।

- *अपना शोध-कार्यस्वयं करें*

  किसी योजना में निवेश करने से पहले शोध करने का बड़ा महत्वपूर्ण मूल्य है। कंपनी, इसमें शामिल लोगों तथा प्रबंधकों के नाम के बारे में साधारण गूगल खोज पर बहुत कुछ का खुलासा कर सकती है। सरल है, लेकिन बहुत से लोग इसे नहीं करते हैं! आसान धन का लालच मुश्किल से प्रतिरोध किया जा सकने वाला आवेग है। उदाहरण के लिए **बीटल लाइवस्टॉक एंडफार्म (प्रा) लि.** ने 2011–12 में 2% के मासिक मुनाफे वाली उनके *आप अपनी बकरी का मालिक बनें* योजना में निवेश माँगा। इसके व्यापारी नमुने के अनुसार बीटल निवेशकों की ओर से बकरियों का पालता। चूँकि हर बकरी हर साल चार बच्चों को जन्म देती है, पहले साल में चार गुना मुनाफा कमाते हुए बच्चों को अन्य निवेशकों को बेच दिया जाएगा। समुचित शोध आसानी से इस योजना के खोखलापन का खुलासा कर सकता था, क्योंकि इस बात की कोई सुनिश्चितता नहीं थी कि कोई बकरी है भी या नहीं, और यदिवे हों भी तो, उनका हर साल चार गुना होना अव्यावहारिक था। यह एक पोंजी स्कीम थी।

- *ऊँचे मुनाफे से बचें*

  ऊँचा जोखिम-मुक्त मुनाफा देने वाली किसी भी योजना को यदि अनदेखा नहीं किया जाए, तो बहुत ही सावधानी से देखना चाहिए। मुम्बई आधारित एक कंपनी **सिटी लिमोजिन (इंडिया)** ने निवेशकों को पाँच वर्ष की अवधि तक हर महीने 4,000 रुपयों (65 डॉलर) का वादा किया, यदि उनमें से प्रत्येक इस योजना में 97,000 रुपयों का निवेश करते हों। यह परियोजना 2002 में शुरू की गई, तथाकथित रूप से कारों की खरीद में निवेश करने के लिए जो टैक्सियों के रूप में चलतीं। एक अच्छा विचार, लेकिन कमी यह थी कि वादा किया गया मुनाफा देने योग्य नहीं था। कंपनी ने विश्वसनीयता अर्जित करने के लिए बाद की तारीखों के चेकों को भी जारी कर दिया था। यह योजना 2007 में ठप हो गई।

- *सतत् आय चिंताजनक हैं*

  निवेश पर मुनाफों में उतार-चढ़ाव होता है। उन मुनाफों पर संदेहित हो जाइए जो बाजार की सामान्य की स्थितियों से अप्रभावित रह कर लगातार नियमित तथा ऊँची आय दे रहे हों। फ्लोरिडा आधारित **जेम्स रिशर** व **डैनियेल सेबस्टीन** ने पीई फंड का रूप धारण किया तथा 100 से ज्यादा निवेशकों को 124% के वार्षिक मुनाफे के वादे से प्रलोभित किया। युगल ने सफल इक्विटी कारोबारी होने का स्वांग रचा और विज्ञापित किया कि उनकी परिष्कृत रणनीतियाँ अच्छा–खासा मुनाफा कमाएँगी। उन्होंने 22 मिलियन डॉलर की योजना तब तक चलायी जब तक पोंजी श्रृंखला प्रचलन में रही।

- *देयों को प्राप्त करने में हो रही दिक्कत*

  यदि भुगतान सही समय पर प्राप्त नहीं हो या निवेश के नकदकरण में दिक्कत पेश आती हो, तो तुरंत संदेह किया जाना चाहिए। अक्सर, कोई पोंजी योजना एक ज्यादा मुनाफ़े का वादा कर पात्रता को आगे बढ़ाना चाहती हैं। मंडरा रहे खतरे का यह एक निश्चित चिह्न है। जार्जिया विश्वविद्यालय के प्रतिष्ठित पूर्व फुटबॉल प्रशिक्षक, हॉल ऑफ फेम में शामिल, **जिम डोनान** ने **जीएलसी लि.** में तथाकथित कम जोखिम वाले निवेश में 50%–200% मुनाफे का प्रस्ताव दिया। उसने एक थोक वितरक होने का दावा किया जो अतिरिक्त सौदों को डिस्कांउट स्टोरों को देकर तथा वितरित कर लाभ कमाता था। अधिकतर निवेशक कॉलेज प्रशिक्षक तथा पूर्व ऍथलीट थे। 2009 के अंत में तथा 2010 के शुरू में डोनानदरों को नहीं चुका सका एवं कंपनी निवेशकों को देय ब्याज भुगतानों से चूकने लगी। यह ऊँची प्रतिष्ठा वाले एक पूर्व प्रशिक्षक के विश्वास पर निर्मित 80 मिलियन डॉलर की पोंजी योजना थी।

- *अपंजीकृत या गैर लाइसेंसी निवेश एवं विक्रेता*

  पोंजी योजनाएँ आम तौर पर पंजीकृत नहीं होती हैं एवं न ही उन्हें बेचने वाले लोग। अधिकतर प्रक्षेत्रों में किसी वित्तीय उत्पाद को बेचने के लिए निवेश योजना के साथ–साथ विपणनकर्ताओं का पंजीकरण अनिवार्य है। इस प्रक्रियागत आवश्यकता की अनुपस्थिति पर बड़े लाल झंडों को लहराने की जरूरत है। 2005–08 के दौरान **अगापे वर्ल्ड इंक.** ने कुछ ही हफ्तों में 12%–14% मुनाफे का झूठा वादा किया। यह योजना लॉन्ग आयलैंड के मध्य–वर्ग समाज में जंगल के आग की तरह फैल गई, क्योंकि प्रवर्तकों ने इस प्रस्तावों का सुरक्षित तथा लाभप्रद होना विज्ञापित किया था। इनका कोई भी विक्रय एजेंट उपयुक्त पंजीकरण प्राधिकारों – इस मामले में एसईसी – के समक्ष पंजीकृत नहीं था और ना हीवे किसी पंजीकृतदलाल या डीलर के साथ जुड़े थे। **अगापे** ने इन अस्तित्वहीन निवेशों को बेचा और निवेशकों को एक पोंजी योजना के लिए प्रलोभित किया।

- *पुनः वितरकों की नियुक्ति करने से बचें*

  कई ऐसी बचत योजनाएँ हैं जहाँ कमीशनों का भुगतान नियुक्त किए गए वितरकों की संख्या पर निर्भर करती है, और इन्हें अन्य लोगों की जगह उनको बेचती हैं। **स्पीकएशिया** एक बाजार शोध कंपनी के रूप में भारत में बड़े तामझाम से टीवी तथा प्रिंट मीडिया में विज्ञापन देते हुए शुरू की गई। लोगों को सर्वेक्षण पत्रों को भरना था, एवं हर व्यक्ति को आकर्षक इनामों के लिए और ज्यादा लोगों को जोड़ना होता था। यह भी एक पोंजी योजना थी।

- *चिट फंडों से बचें*

  इन बचत योजनाओं में किसी समूह में हर एक व्यक्ति को एक अंश के रूप में एक निश्चित धन को जमा करना होता है। एक आवर्ती लॉटरी होती है तथा विजेता एक ईनाम पाता है। सामान्य तौर पर, ये पोंजी योजनाएँ हैं, जहाँ सामान्यतः उपभोक्ताओं को भुगतान नए सदस्यों से प्राप्त भुगतानों पर निर्भर करता है। ओडीसा स्थित एक ऑनलाइन चिट फंड **फाइन इंडिया सेल्स प्रा.लि.** टैक्सी चालकों, दुकानदारों, रिक्शाचालकों आदि से जमाराशी लेती थी। यह पोंजी योजना दो वर्षों में ध्वस्त हो गई। परन्तु, वास्तविक कई ऐसे चिट फंड भी हैं, जो एकत्र की गई जमा को वैधानिक कार्यक्रमों में निवेश करते हैं, और अपने सदस्यों को अच्छा मुनाफा देते हैं।

- *इंटरनेट लाभों से बचें*

  चेहराविहीन उपकरण, साइबर–स्पेस के पास भोलेभाले लोगों को अच्छे से दस्तावेजित की गई योजनाओं तथा आकर्षक वेबसाइटों के माध्यमों से

अस्तित्वरहित सपनों को खरीद लेने के लिए राजी करने की ताकत होती है। अगर ठीक से शोध नहीं किया हो, तो ऐसी योजनाएँ गबन साबित हो सकती हैं। **रेक्स वेंचर ग्रुप** द्वारा आरंभ की गई **ज़ीक रिवॉर्डस डॉट कॉम** पर शुरू की गई एक योजना उनमें से एक थी। निवेशकों को निवेश अनुबंधों के स्वरूप में खरीद गई प्रतिभूतियों के बदले में कंपनी के दैनिक लाभों में 50% भाग देने का वादा किया गया। परन्तु, ये अपंजीकृत प्रतिभूतियाँ थी। यह 600 मिलियन डॉलर की एक पोंजी योजना थी।

"तेजी-से-अमीर-हो-जाओ" योजनाओं से सावधान रहें, क्योंकि पैसे बनाने के कोई आसान तरीके नहीं हैं!

झूठ के द्वारा सपने बेचना: पिरामिड योजना

छः चतुर व्यक्ति तेजी से अमीर बनाने वाली एक योजना प्रारंभ करते हैं तथा प्रत्येक एक उपभोक्ता उत्पाद के विपणन के लिए 10 डॉलर का अंशदान करते हैं और लाभों को बराबर–बराबर बाँटते हैं। दूसरे चरण में, 36 सदस्य (छः गुना छः) अपने कुल अंशदान के रूप में 360 डॉलर के साथ एकत्र होते हैं। तीसरे चरण में 36 सदस्यों में से प्रत्येक अन्य छः सदस्यों को जोड़ता है और कुल सदस्य संख्या 216 हो जाती है। वितरण या एकत्रित किए गए धन के उपयोग से पहले कुल एकत्रित की गई राशि 2,160 डॉलर है। चौथे चरण में सदस्य संख्या 1,296 हो जाती है, पाँचवें चरण में 7,776, छठे चरण में 46,656 और यदि कोई सातवें, आठवें, नौवें तथा दसवें चरणों में जाता है तो प्रत्येक स्तर में छः से गुना कर तथा यह मानते हुए कि हर नया प्रवेशी छः नए सदस्यों को ला रहा है, सदस्यता संख्या बढ़कर 279,936, 1,679,616, 10,077,696 एवं अंततः 60,466,176 हो जाती है। इस स्तर पर एकत्रित की गई राशि 600 मिलियन डॉलर होती है। यदि आप 11 वें चरण की ओर बढ़ें तो सदस्यता संख्या 362 मिलियन (10 वें चरण की 60,466,176 से छः से गुणित) तक बढ़ जाती है, 3.6 बिलियन डॉलर की कुल एकत्रित धनराशि के साथ यूरो झोन की जनसंख्या से भी ज्यादा! परन्तु, आपको यह महसूस होना चाहिए कि इस प्रकार का विस्तार कभी संभव नहीं है।

अतएव्, पुराने सदस्यों के द्वारा लाए जाने वाले नए सदस्यों की श्रृंखला के माध्यम से संख्याओं के गुणित होने की इस योजना का असफल होना तय है। यह एक पिरामिड स्कीम है और हमेशा ध्वस्त होने की ओर अग्रसर होती है।

एक पिरामिड स्कीम किसी पोंजी स्कीम की तरह होती है। दोनों अस्तित्वहीन कारोबार या निवेश योजनाओं के बारे में वादे करती हैं। मुनाफों को नए फंडों के क्रमशः आगमन के द्वारा दिया जाता है। पोंजी योजनाओं में कुछ समय के लिए नए निवेशकों के योगदान से मुनाफों को दिया जाता है। यह तब तक जारी रहती है जब तक निवेशकों को जोड़ा जाता है और नई नकद प्रवाहित होती रहती है और पुराने निवेशक अपने बहुत ज्यादा धन को निकालने की कोशिश नहीं करते हैं।

पिरामिड योजनाओं के मामले में पहले के निवेशकों को लाभ उपलब्ध कराने के लिए नए निवेशक की एक हमेशा बढ़ती सतह की आवश्यकता होती है। सामान्य तौर पर, धोखेबाज अपने कार्यक्रमों को वैधानिक बहु-स्तरीय विपणन कार्यक्रमों की तरह प्रदर्शित करने के लिए काफी प्रयास करते हैं, लेकिन पहले के चरणों के निवेशकों को भुगतान करने के लिए नए निवेशक से आ रहे धन का उपयोग करते हैं। अंततः पिरामिड अवश्य ध्वस्त हो जाएगा।

बहु-स्तरीय विपणन: हममें से अधिकतरों ने *टपरवेयर* पार्टियों के बारे में सुना है, जहाँ ऊँचे स्तर वाले रसोई के सामानों को बेचा जाता है। यह एक व्यक्ति को बिक्री की प्रतिष्ठित विपणन रणनीति है – एक सामान्य बहु-स्तरीय विपणन या प्रत्यक्ष विक्रय पहल है। यह एक गृह-आधारित कारोबार है और एक पिरामिड योजना नहीं है। इसमें कोई अग्रिम भर्ती या नए निवेशक से बड़ा निवेश शुल्क नहीं होता है। यह नहीं लौटाए जाने वाले सामानों की विशाल मात्रा को खरीदने हेतु वितरकों की आवश्यकता के माध्यम से *माल भरने* को प्रोत्साहित नहीं करती है। दुर्भाग्यवश, इस बहु-स्तरीय विपणन को कुछ अति-बुद्धिमान लोगों द्वारा अवैध धन कमाने के लिए तोड़-मरोड़ दिया गया है – उत्पादों की बिक्री के एक वास्तविक उद्देश्य को त्याग दिया है। इसका और एक ऐसा उदाहरण *ऐमवे कॉर्पोरेशन* है, उत्पादों की प्रसिद्ध *न्यूट्रिलाइट* व *आर्टिस्ट्री* श्रृंखला का बहु-स्तरीय वैश्विक विक्रेता।

खतरों के संकेत: कोई पिरामिड योजना किसी उत्पाद की बिक्री का दावा करती है, लेकिन ऐसी संरचनाओं में अक्सर दो कमियाँ होती हैं – मालों का लदान तथा खुदरा विक्रय का अभाव।

मालों की लदाई होती है, जब कोई कंपनी भर्ती किए गए लोगों को जितना वे बचते हैं, उससे ज्यादा बढ़ाए हुए दामों पर खरीदने के लिए मजबूर करती है। यदि ऐसा होता है तो उच्च पदस्थ लोग, जिन्होंने योजना प्रारंभ की थी, उनके नीचे के लोगों की श्रृंखला के द्वारा किए गए योगदान के लाभों को उठाते हुए खुशी-खुशी संचालन में लगे रहते हैं। पिरामिड का आधार नुकसान सहता है, क्योंकि वे माल को बेचने में असफल रहते हैं और उत्पादों के ज्यादा मूल्यों के कारण सीधे-सीधे *फंस* जाते हैं।

खुदरा बिक्री का अभाव पिरामिड योजनाओं के लिए एक और धोखे का निशान है। धोखेबाज अक्सर दावा करते हैं कि उनके उत्पाद आसानी से बिक रहे हैं। वास्तविकता में ऐसी बिक्री सिर्फ पिरामिड संरचना के भीतर के लोगों या नई भर्तियों के बीच होती है, न कि उपभोक्ताओं के बीच।

एक विशाल पिरामिड योजना में पिरामिड अंततः बहुत बड़ा हो जाता है। प्रवर्तक नए निवेशकों से पहले के निवेशकों को देने के लिए पर्याप्त धन की वसूली नहीं कर पाते हैं और लोगों के धन की हानि होने लगतीहै।

यह अच्छे से ज्ञात है कि एक विशालकाय पिरामिड योजना, जो अल्बानिया में अस्तित्व में थी, ने समाजवाद के पतन के तुरंत बाद देश को एक तरह से दिवालिया बना दिया था। अल्बानिया की तीस लाख की जनसंख्या के 15% से ज्यादा को पिरामिड योजनाओं ने ठगा था।

कोस्कोट

प्रारंभिक 1970 के दशक में अमेरिकी बाजार नियामक एसईसी ने एक वैधानिक बहु-स्तरीय विपणन उद्यम के रूप में स्वयं को प्रस्तुत कर रही एक पिरामिड योजना की जाँच की। कोस्कोट इंटरप्लॅनेटरी इंक. ने आम लोगोंको सौदर्य सलाहकार बनने तथा इसके कॉस्मेटिकों को बेचने का प्रस्ताव दिया। कंपनी की प्रोत्साहन संरचना ने खुदरा व्यापार को प्रोत्साहित नहीं किया। बल्कि इसने सदस्यों को *पर्यवेक्षक* के पद के लिए 2,000 डॉलर का भुगतान करने तथा 5,400 डॉलर के कोस्कोट कॉस्मेटिकों को खरीदने को बढ़ावा दिया। समान योजनाओं में नए लोगों की भर्ती के लिए बोनस दिए गए। यह एक अवैध उद्यम श्रृंखला थी – एक पिरामिड योजना।

एक फिलिपीनो योजना

प्रारंभिक 2000 के दशक में फिलिपाईन्स में समुद्रपार कर्मचारियों के परिवारों को एक पिरामिड योजना का शिकार बनाया गया। निवेशकों को एक वार्षिक योजना में 60% का मुनाफा देने का वादा किया था, के साथ जुड़ने हेतु प्रोत्साहित किया गया। निवेशकों को अन्य को इसी प्रकार के मुनाफे का वादा जोड़ना था। इसके अतिरिक्त उन्हें नए सदस्यों को लाने के लिए एक कमीशन का भुगतान किया जाता था। यह योजना तब तक चली जब तक नए उपभोक्ता जुड़ते रहे। 2 बिलियन डॉलर गंवाने वाले बीस लाख पीड़ितों वाली यह

योजना अन्य दो के साथ एक ही समय पर ध्वस्त हुई – फिलिपाईन्स के इतिहास की सबसे बड़ी धोखाधड़ी।

क्रेडिट डेवेलपमेंट कॉर्पोरेशन (सीडीआई)

वित्तीय प्रक्षेत्र में एक पिरामिड योजना चला कर सीडीआई ने निवेशकों को 130 डॉलर का एक प्रारंभिक भुगतान माँगते तथा बाद में 30 डॉलर के मासिक भुगतानों का वायदा कर उपभोक्ताओं को प्रलोभित करते थे। उसके बाद वे उसके *प्लैटिनम इनफिनिटी रिवार्ड प्रोग्राम*के सदस्य हो सकते थे, और उसके बाद इसके 3*7 *फोर्स्ड मैटिक्स* के, जिसने सात सतहों तक नीचे जाकर कमीशनों का वादा किया था। इसके लिए हर भागीदार को सिर्फ तीन सदस्यों को भर्ती करना थी। सीडीआई ने उन्हें 18,000 डॉलर प्रति माह मुनाफे का वादा किया। इसके अलावा, इसने उन्हें 6.9% के कम ब्याज पर 5,000 डॉलर की उधार सीमा वाले एक *असुरक्षित* वीसा या मास्टर कार्ड का भी प्रस्ताव दिया। यह प्रस्ताव खराब उधार इतिहास वाले ग्राहकों के लिए आकर्षक था। *प्रत्याभूति स्वीकृति, कोई उधार जाँच नहीं, कोई पुष्टिकरण नहीं वाला* एक ऐसा प्रस्ताव था जिसे नकार देना उनके लिए मुश्किल था। यह एक पिरामिड योजना थी, जिसने सैंकड़ों भोले-भाले उपभोक्ताओं को ठग लिया।

पिरामिड स्कीम के लोभ से बचने के कदम

यदि हम किसी निवेश से पहले स्वयं अपनी मदद न करें, तो कोई हमारी मदद नहीं कर सकता है। निम्नलिखित सरल 'करें' तथा 'न करें' हमें जालसाजों तथा धोखेबाजों की लालची निगाहों से बचा लेंगे:

1. आय सम्बंधित बढ़ा–चढ़ाकर किए गए दावों से सावधान रहें।
2. उन योजनाओं से सावधान रहें, जो नए सदस्यों की भर्ती पर कमीशन का प्रस्ताव देती है।
3. यदि किसी उत्पाद की बिक्री शामिल है, तो इस तथ्य की पुष्टि करें कि क्या इसके माल का मूल्य बढाया हुआ है और क्या सदस्यों को ऐसे महंगे मालों को खरीदने की जरूरत है?
4. पता करें कि क्या सदस्य अपनी अधिकतर बिक्री *पिरामिड योजना के अंदर करते* हैं या इसके बाहर?

5. ऐसी किसी योजना से सावधान रहें जो किसी गुप्त योजना, विशिष्ट रणनीति, विदेशी संपर्कों या जिनकी पुष्टि मुश्किल है, ऐसे विशेष रिश्तों, का दावा करती हैं।
6. ऐसी किसी योजना से सावधान रहें, जो अपने सदस्यों को *उन पर विश्वास बनाए रखने* को कहते हुए अपने वादों को पूरा करने में देर करे।
7. चूँकि कोई पिरामिड स्कीम सिर्फ नई भर्तियों के द्वारा बनी रह सकती है, प्रवर्तकों द्वारा बाहरियों एवं आलोचकों की निंदा करते हुए समुदाय या एकता की भावना के आह्वान पर सावधान रहें।
8. आधुनिक, हाई-टेक या नए नियंत्रण-मुक्त बाजार सम्बंधी योजनाओं से सावधान रहें।

पश्चलेख

दो बार सोंचे! हम सब रातों-रात अमीर होना चाहते हैं। कई बार हम इसके बार में ख्वाब देखते हैं। परन्तु धन जमा करने का कोई सरल मार्ग नहीं है। इसके लिए धीरज, पसीना बहाना, बुद्धिमत्ता सिद्ध करना और थोडे–बहुत भाग्य की आवश्यकता होती है।

सचेत रहें, अविवेकी न बनें, समझ प्रदर्शित करें – तत्काल अमीर बनाने वाली योजनाओं को आपको गुलाम नहीं बनाना चाहिए न ही आपकी आँखों पर परदा डालना चाहिए। हर उस किसी से सावधान हो जाइए जो आपको बकरियों, पक्षियों, आलू तथा टीकवुड से सम्बंधित योजनाएँ बेच रहा हो – ये दिवा स्वप्नों के पिरामिड हो सकते हैं!

4

शेयर बाजार धोखा देता है

इंफोसिस या यूनिलीवर जैसे उज्ज्वल भविष्य वाले शेयर सस्ते होने जा रहे हैं, यह घोषणा करते हुए विश्वसनीय प्रतीत होने वाले वित्तीय फर्मों से ऐसे फोन अक्सर आते हैं। दोस्तों तथा सहयोगियों के बीच यह खबर अक्सर फैलती है कि एक विशेष कंपनी लाभांश घोषित कर रही है, जिन्हें शेयर मूल्यों के बढ़ने से पहले खरीदना चाहिए; कंपनी के प्रदर्शन की गलत सूचना अक्सर इंटरनेट पर डाली जाती है; लाखों डॉलरों के इस प्रचार के साथ कि इसकी भविष्य की योजनाएँ कितनी बेहतरीन हैं, नकली कंपनियों को शुरू किया जाता है। ये सब प्रलोभित भोले–भाले निवेशकों के द्वारा इसकी इक्विटी पूँजी में लगाने के लिए है और शेयर बाजार में ऐसे झाँसों तथा धोखों के उदाहरण अनेक हैं।

शेयर बाजार धोखाधड़ी सभी रंगरूपों में होती है।

कपटी भेदिये: भेदिया व्यापार

मैककिंसे एंड कंपनी के पूर्व अध्यक्ष तथा *गोल्डमैन सैक्स* में एक निदेशक रजत गुप्ता का एक बहुत अच्छा दोस्त था, राज राजरत्नम, **गैलिअन ग्रुप** हेज फंड का पूर्व प्रमुख। दोनों ने एक निजी इक्विटी फंड 'गैलिअन' की शुरुआत की, जिसमें गुप्ता ने अपनी सोना चढ़ाई हुई रोलोडेक्स घड़ी फंड के लिए धन एकत्रित करने के लिए योगदान के रूप में दे दी। वे 2007 से 2009 के बीच कई अवसरों पर गोल्डमैन सैक्स तथा प्रॉक्टर एंड गैम्बल के बोर्ड रूम रहस्यों को राजरत्नम के समक्ष उजागर करने के आरोपी थे। 2008 के एक ऐसे उदाहरण में गुप्ता, जो वित्तीय संकट के समय गोल्डमैन सैक्स के एक बोर्ड कॉल मे शामिल हुए थे, ने जाना कि अरबपति वॉरेन बफेट फर्म में 5 बिलियन डॉलर का निवेश करेंगे। कॉल दोपहर 3.53 को खत्म हुआ। कुछ ही सेकेंडों में गुप्ता ने राजरत्नम को यह खबर दे दी। एक मिनट बाद राजरत्नम ने गोल्डमैन में 35 मिलियन डॉलर के शेयरों को खरीदने के निर्देश दे दिए। बाजार 4 बजे बंद हुआ। यह एक भेदिया व्यापार था। अक्टूबर 2012 में गुप्ता को दो वर्ष की कैद की सजा सुनाई गई।

भेदिया व्यापार के लिए अब कड़ी सजा होती है।

मई 2013 में मैनहटन के संघीय न्यायालय ने हेज फंड **लेवल ग्लोबल इंवेस्टर्स** के संस्थापक एंथोनी चियासन को डेल तथा *एन्विदिया* में शेयरों में कारोबार कर अवैध लाभ कमाने के अपराध में साढ़े छः वर्ष का कारावास तथा 7 मिलियन डॉलर का जुर्माना ठोका। यह कंपनियों में भेदिया स्रोतों से प्राप्त गोपनीय सूचनाओं पर आधारित था। चियासन ने गोपनीय सूचनाओं को प्राप्त करने के लिए विशेषज्ञ नेटवर्क फर्मों का उपयोग किया, जो सार्वजनिक कंपनियों के कर्मचारियों से धन प्रबंधकों को जोड़ने वाले शोध केंद्र थे।

ऐतिहासिक रूप से भारतीय बाजार नियामक सेबी का भेदिया कारोबार से लड़ने का घटिया इतिहास रहा है। परन्तु, अब यह प्रतीत होता है कि यह अपने कर्तव्यों को निभाने लगा है। 2007 में **रिलायंस पेट्रोलियम लिमिटेड (आरपीएल)** का **रिलायंस इंडस्ट्रिज लि. (आरआईएल)** में विलय हो रहा था। आरपीएल के शेयर मूल्यों को बनाए रखने के लिए आरआईएल ने आरपीएल 4% शेयरों की फ्यूचर्स मार्केट में शॉर्ट सेल कर दी, जिनका मूल्य 40 अरब रुपए (650 मिलियन डॉलर) था। विलय योजनाओं के चलते बाद में आरपीएल के शेयर बेचने होंगे, यह बहुत अच्छी तरह से जानते हुए भी यह बिक्री की गई थी; आरआईएल ने बाद में शेयरों को स्पॉट मार्केट में बेच दिया और एक अच्छा लाभ कमाया। इसे भेदिया कारोबार के लिए सजा मिली तथा जून 2014 में 11 करोड़ रुपयों (2 मिलियन डॉलर) का जुर्माना लिया गया।

इक्विटी बाजार में निवेशक शेयरों को खरीदने या बेचने का विचार सार्वजनिक परिक्षेत्र में उपलब्ध सूचना के आधार पर बनाते हैं। यह एक सही तरीका है, क्योंकि सभी संभावित निवेशकों को किसी कंपनी की सूचना तक पहुँच होनी चाहिए और जो सूचनाएँ शेयरों के बारे में लिए जाने वाले निर्णयों को प्रभावित कर सकती हैं, ऐसी सूचनाओं के संदर्भ में उनमें से हर किसी को समान स्थिति में होना चाहिए।

परन्तु, जब किसी की पहुँच गैर-सार्वजनिक सूचना तक होती है, तो ऐसा व्यक्ति शेयर के मूल्यों के सम्बंध में निर्णय लेने में अन्य की अपेक्षा ज्यादा अच्छी स्थिति में होता है। यह *भेदिया कारोबार* है। उदाहरण के लिए किसी कंपनी का वित्त निदेशक जानता है कि वह अपने ऋणों का पुनःभुगतान करने में असफल हो सकती है। वह कंपनी के शेयरों के बुरी खबर के कारण बाजार मूल्य में कमी होने की आशंका से अपने पास के शेयरों को बेच सकता है। वह उन्हें शेयर मूल्य में कमी की आशंका से पहले भी बेच सकता है और इस तरह स्वयं को संभावित नुकसान से बचा लेता है। वह कुछ शेयरों को वर्तमान मूल्य पर बेच सकता है (तकनीकी रूप से *शॉर्ट सेल* के नाम से ज्ञात) और तब फिरसे खरीद लेता है जब

मूल्य गिर जाता है। इस तरह वह इस गैर-सार्वजनिक सूचना के होने से एक लाभ कमा लेता है। यह भेदिया कारोबार है।

ऊपर दिए गए उदाहरणों को संख्याओं में परिवर्तित करते हैं। जैसा कि वित्तीय निदेशक जानता है, उसकी कंपनी उसके कर्जों के भुगतान में चुकने वाली है, जैसे ही यह ख़बर बाजार में पहुँचेगी, वह सामान्य तौर पर शेयर मूल्यों में गिरावट की उम्मीद करता है। वह 1,000 शेयरों को 10 डॉलर प्रति शेयर (वर्तमान बाजार मूल्य) पर 15 दिन के बाद की देयता पर बेच देता है। दस दिनों में कर्ज भुगतान में चूक हो जाती है। कंपनी के शेयर मूल्य 8 डॉलर प्रति शेयर तक गिर जाते है। तब वह बाजार से 8 डॉलर में शेयर खरीद लेता है और 10 डॉलर प्रति शेयर के मूल देयता को पूरा कर लेता है। वह इस तरह 1,000 शेयरों पर 2 डॉलर प्रति शेयर (या 2,000 डॉलर) से जेब भरता है, सिर्फ इसलिए क्योंकि उसके पास एक संभावित कर्ज चूक की गैर-सार्वजनिक सूचना थी। भेदिया कारोबार के ऐसे कार्यों को अनैतिक एवं अवैध माना जाता है।

हम भेदिया कारोबार के कुछ उल्लेखनीय उदाहरणों पर नजर डालते हैं।

एसएसी कैपिटल एडवाइजर्स (एसएसी)

सन 1992 से स्टीवन कोहेन द्वारा स्थापित 14 बिलियन डॉलर का इस स्टॅमफोर्ड स्थित हेज फंड ने निवेशकों को नियमित 30% मुनाफा देकर लगातार आसमान छुआ था। स्वाभविक रूप से इसके संभावित छल तथा योजनाओं पर उंगलियां उठीं।

कंपनी अल्जाईमर की नई दवा से जुड़े अवैध शेयर कारोबार में शामिल थी। एसईसी ने आरोप लगाया कि एसएसी कैपिटल पोर्टफोलियो प्रबंधकों ने कंपनी को जुलाई 2008 में दो औषधि कंपनियों एलान तथा वायेथ के लगभग 1 बिलियन डॉलरके शेयरों को बेचने में मदद की क्योंकि उन्होंने इन संगठनों के द्वारा विकसित किए जा रहे एक दवा के चिकित्सकीय परीक्षणों के बारे में पेश आ रही समस्याओं के बारे में एक डॉक्टर से खुफिया सूचनाएँ प्राप्त कर ली थीं।

एसएसी ने नवम्बर 2013 में भेदिया कारोबार उल्लंघन में गलती मान ली और 1.8 बिलियन डॉलर जुर्माने का भुगतान किया जो किसी वॉल स्ट्रीट फर्म के लिए एक रिकॉर्ड था। इसके अतिरिक्त उसने बाहरी निवेशकों के धन प्रबंधन के कारोबार को रोक देने पर स्वीकृति दे दी।

एसएसी निबटान ने राज राजरत्नम जिसे 2011 में (156 मिलियन डॉलर) तथा इवान बोएस्की, जिसे 1980 के दशक में (100 मिलियन डॉलर) कारोबारी घोटालों में सजा हुई थी, सहित अन्य सभी को तुच्छ साबित किया कर दिया।

गैलिअन समूह

गैलिअन समूह के संस्थापक राज राजरत्नम को अक्टूबर 2011 में भेदिया करोबार के लिए सबसे लंबी 11 वर्ष जेल की सजा हुई। उसने आईबीएम, इंटेल एवं मैक-किंसे के पूर्व कर्मचारियों सहित उच्च-पदस्थ पूर्व कर्मचारियों के भ्रष्ट नेटवर्क का उपयोग किया था। इसने उसे अपने हेज फंड के लिए 72 मिलियन डॉलर के अवैध शेयर लाभों को प्राप्त करने में मदद की।

राजरत्नम को फँसाने के लिए सरकारी एजेंसियों ने 2008 में नौ महीने की अवधि तक गुप्त रूप से उसके फोन को टैप किया था। उन्होंने उसे कॉर्पोरेट भेदियों तथा गैलिअन कारोबारियों के साथ व्यापक परिमाण में लेकिन गुप्त रूप से शेयर सूचनाओं का आदान-प्रदान करते पाया। ‘कल वे सहमत हो गए, कम-से-कम उन्होंने हाथ मिलाया’; होने वाले सौदे की खबर एक खबरी को देते हुए राजरत्नम के संवाद को रिकॉर्ड किया गया; ‘मैंने कल किसी से जो गोल्डमैन सैक्स को बोर्ड में हैं, सुना कि वे प्रति शेयर 2 डॉलर का नुकसान सहने जा रहे है’, राजरत्नम को अपने कारोबारियों में से एक को आय पर एक उद्घोषणा के अग्रिम के बारे में बताते सुना। यह उसे भेदिया कारोबार के आरोपों में पकड़ने के लिए पर्याप्त सबूत था।

केपीएमजी

केपीएमजी में एक वरिष्ठ सहयोगी स्कॉट लंदन ने एक जोहरी ब्रायन शॉ से नियमित रूप से 10,000 डॉलर के बंडलों में 100 डॉलर के नोटों, संगीत कार्यक्रम के मंहगे टिकटों तथा एक महंगी रॉलेक्स-ग्राफ डेटोना घड़ी को पाया। ये उपहार उसे केपीएमजी के ग्राहकों के बारे में गोपनीय सूचनाओं को देने के बदले में मिले थे। इन खबरों के आधार पर शॉ ने 1 मिलियन डॉलर के अवैध लाभ को प्राप्त करने के लिए शेयरों मे कारोबार किया।

केपीएमजी सहायक के द्वारा दी गई गुप्त सूचनाओं में एक पोषक तत्व पूरक कंपनी हर्बालाइफ; जूते-चप्पल के निर्माता स्केचर्स एवं कई अन्य की सूचनाएँ शामिल थीं। त्रैमासिक आयों की रिपोर्ट, होने वाले विलयों तथा अधिग्रहणों की सूचनाएँ भी दे दी गई।

लंदन तथा शॉ दोनों ने अप्रैल 2013 में अपनी गलतियों को स्वीकार कर लिया।

मार्था स्टीवर्ट लिविंग ओम्नीमीडिया

पूरी दुनिया भर में अनेक महिलाएँ मार्था स्टीवर्ट के जीवनशैली सुझावों को पढ़ती हैं तथा उनमें दिलचस्पी लेती हैं, उंगलियां चाटने वाली उनके व्यंजनों को बनाने की कोशिश करती हैं, उनकी हमेशा बदलते रहने वाले मौलिक विचारों से घर सजाती हैं और उनके टीवी कार्यक्रमों को घंटों देखती हैं। वह आधुनिक युग की एक जीवनशैली पहचान हैं। परन्तु, ऐसी अमीर तथा प्रसिद्ध महिला ने भी एक कंपनी जिसमें उनके शेयर थे, के बारे में भेदिया सूचना को प्राप्त कर पैसे बनाने के लोभ के सामने घुटने टेक दिये।

गलती पाई जाने पर उन्हें एक वर्ष की जेल हुई,195,000 डॉलर का जुर्माना हुआ तथा पाँच साल के लिए किसी सार्वजनिक कंपनी के निदेशक के रूप में सेवा देने से रोक लगा दी गई।

2001 में एसईसी ने शिकायत की, कि सुश्री मॅक-स्टीवर्ट ने अपने दलाल से अवैध सूचनाओं को प्राप्त किया है, जिसने उन्हें इमक्लोन सिस्टम्स के लगभग 4000 शेयरों को बेच कर अवैध लाभ कमाने में मदद की है, जब उन्हें पता चला कि उनके एक मित्र समुएल वॅक्सल, कंपनी के संस्थापक, और उनकी पुत्री कैंसर की एक दवा के परीक्षण में असफलता के कारण अपने शेयरों को बेच रहे हैं। जाँच के दौरान मार्था स्टीवर्ट ने झूठ बोला तथा अपने दलाल के संदेशों को बदल कर अपनी गतिविधियों को छिपाने का प्रयास किया।

हमारे समाज के कुछ पहचानों का नैतिक मानदंड कुछ ऐसा है!

पोलरिस सॉफ्टवेयर लैब्स

सभी शेयर मूल्य संवेदनशील सूचनाओं को सभी के जानने के लिए शेयर बाजार को देने की आवश्यकता होती है।

परन्तु, एक भारतीय कंपनी पोलरिस के अध्यक्ष अरुण जैन ने इस बात का खुलासा नहीं किया कि सितम्बर 2000 के दूसरे हफ्ते में गहन विमर्श के बाद अमेरिका-स्थित एक आईटी उपक्रम डाटा इंक. का प्रस्तावित अधिग्रहण वापस ले लिया है। उन्होंने शेयर बाजार को इसकी सूचना दो हफ्ते बाद दी।

इस मूल्य-संवेदनशील सूचना को जानबूझ कर छुपाए रखने के दौरान जैन ने इस बीच की अवधि में अनुचित लाभ कमाने के लिए 15,000 शेयरों में कारोबार किया।

अक्टूबर 2012 में भेदिया कारोबार धोखाधड़ी की सजा के रूप में भारतीय बाजार नियामक सेबी ने जैन को प्रतिभूति बाजार में दो वर्ष के लिए प्रतिबंधित कर दिया।

नोमूरा

अत्यधिक महत्वाकांक्षी जापानी बैंक नोमूरा को भेदिया कारोबार घोटालों के कारण जन्मे विश्वास के ह्रास के कारण धक्का सहना पड़ा। जापान एक सार्वजनिक निर्गम के बाद शेयरों की भारी बिक्री का गवाह बना, जब शेयरों के मूल्य बहुत ज्यादा गिर गए। भेदिया कारोबार तथा गैर-सार्वजनिक गोपनीय सूचना की साझेदारी इस प्रवृत्ति के पीछे के कारण प्रतीत होते हैं।

2010 के दौरान नोमूरा के संस्थागत इक्विटी विक्रय प्रभाग के कर्मचारियों ने तीन अवसरों पर बैंक के द्वारा शेयरों के बारे में उद्घोषणा करने से ठीक पहले फंड प्रबंधको को खबर दे दी थी। इन खबरों के आधार पर मूल्य गिरने होने की प्रत्याशा में फंड प्रबंधकों ने इन कंपनियों के शेयरों की शॉर्ट सेल कर दी (और शेयरों को एक पूर्वनिर्धारित तिथि को आगे की तिथि पर पर शेयरों को बेच दिया) और जब सार्वजनिक निर्गम के बाद मूल्य कम हुए तो उन्हें वापस खरीद लिया और इस तरह विशाल लाभ कमाया।

नवम्बर 2012 में जापानी चिप निर्माता एल्पिडा के सार्वजनिक निर्गम के पहले भेदिया कारोबार की और रिपोर्टें थीं।

पुरानी आदतें मुश्किल से जाती हैं!

बैंक ने अपनी गलतियों को स्वीकार किया। इसके सीईओ तथा मुख्य परिचालन अधिकारी ने बैंक में भेदिया कारोबार के आरोपों के बाद जुलाई 2012 में इस्तीफा दे दिया।

नोमूरा का घोटालों का इतिहास है। नब्बे के दशक में इसने अपने अमीर ग्राहकों के कारोबारी नुकसानों को छुपाने के लिए भुगतान करने तथा रैकेटबाजों को धन देने को आरोपों को स्वीकार लिया था।

पश्चलेख

भेदिया कारोबार पूरी दुनिया भर में खेला जाने वाला ठगी का खेल है। महत्वपूर्ण सूचनाओं को दे कर तेजी से लाभ कमाना तथा गोपनीय अप्रकाशित सूचनाओं को प्राप्त कर दूसरों को खबर दे कर दूसरों से बढ़त लेना तथा किसी के लाभ की कीमत पर शेयर बाजार से खेलना इस रैकेट का भाग है। जब तक शेयर बाजार अस्तित्व में है, तब तक इस बात की संभावना नहीं है कि ऐसी लाभप्रद खरीद-बिक्री कभी बंद हो पाएगी।

दलाल: प्रतिबंधित एवं कलंकित

जब कोई शेयर बाजार में धन गंवाता है, तो यह काफ़ी बुरा है। लेकिन ज्यादा बुरी बात यह है कि जब कोई दलाल जिस पर कोई विश्वास कर रहा हो कि वह मदद कर रहा है, धन के साथ गायब हो जाता है। यह एक दोहरा-मार झेलना है!

हर्षद मेहता

नब्बे के दशक में एक चमत्कारी शेयर दलाल हर्षद मेहता, भारतीय शेयर बाजार का लाड़ला था। इस अवधि में उसने शेयर बाजार में विशाल चढ़ाव लाए, इसके कारण वह *बिग बुल* के नाम से लोकप्रिय था। उसने यह चढ़ाव, शेयर के मूल्यों में छेड़छाड़ कर हासिल किया था। मेहता एवं अन्य 101.3 बिलियन डॉलर के भारत के सबसे बड़े बैंक तथा प्रतिभूति घोटाले के जिम्मेदार थे। लगभग 10 बैंकों ने छद्म वचन पत्रों पर दलालों को लाखों डॉलर कर्ज दिए, इससे उनके कर्ज असुरक्षित बनें। इन कर्जों का उपयोग शेयरों के सट्टे वाले सौदों में किया गया। मध्य 1992 में इस धोखाधड़ी का खुलासा होने के समय अनेक बैंक स्वयं को दिवालियापन से बचाने के लिए संघर्ष कर रहे थे। बिग *बुल* ने एक व्यापक *बेयर* मार्केट बना दिया था और भारत के बाजार की पूंजी के एक चौथाई को चट कर गया था!

इस घोटाले के एक दशक बाद हर्षद अपने दोनों भाइयों अश्विनी एवं सुधीर के साथ 2001 में गिरफ्तार कर लिया गया। उन पर 90 से ज्यादा कंपनियों के लाखों शेयरों को गायब कर देने का आरोप लगा। हर्षद मेहता का दिसम्बर 2001 में न्यायिक हिरासत में निधन हो गया।

केतन पारेख

हर्षद मेहता का पूर्व प्रशिक्षणार्थी, भारत का एक दलाल, केतन पारेख ने नकली बैंक ड्राफ्टों पर क्रेडिट स्विस समूह से 8 अरब रुपए (130 मिलियन डॉलर) उधार लिए। वह 1999–2001 के बीच अभियांत्रिकी तथा तकनीकी घोटाले में शामिल रहा। यह रिपोर्ट किया जाता है कि बाजार में सौदा करने से प्रतिबंधित होने के बाद भी पारेख ने लाभ-साझा करने के आधार पर विभिन्न *मोर्चों* से कार्य करना जारी रखा। उसने 2004–2008 के बीच अच्छा मुनाफा कमाया और इसका उपयोग अपने पहले के कर्जों को चुकाने में किया।

2003 में सेबी ने पारेख को भारतीय शेयर बाजार में 2017 तक कारोबार करने के लिए अयोग्य घोषित कर दिया गया। परन्तु, सूचनाओं के अनुसार उसने बाजार में *मित्रों* के माध्यम से कार्य करना जारी रखा है। पारेख, शेयर बाजार में माहिर प्रचालक है और उसे बाजार की नब्ज को पहचानने की धूर्त समझ है।

जब दलाल धोखा देते हैं

जब दलाल धोखा देते हैं, तो विश्वासघात होता है।

दलालों के पास ठगने के कई तरीके हैं। वे अपने ग्राहकों की जानकारी के बिना उनके खातों का प्रयोग कर सकते हैं। पुलिस को संदेह है कि कुछ दलाल भारतीय व्यापारी बाजार नेशनल स्पॉट एक्सचेंज में (एनएसईएल) इसे कर रहे हैं – यह घोटाला 2014 में प्रकाश में आया था; दलाल पैसों के साथ भाग गए – शेयर के दलाल, हितेन दलाल तथा आंध्र बैंक के दो अधिकारियों ने 1991 में नकली सौदों के तहत 1.3 अरब रुपयों (2.1 मिलियन डॉलर) को गायब कर दिया था; दलाल कंपनियों को अवैध रूप से शेयरों को हड़पने में मदद करते हैं (उदाहरण के लिए – दलाली फर्म **मोतीलाल ओसवाल** ने 2003–05 के बीच समान पते पर 697 डिमैट खातों को खोल कर आईपीओ में छोटे निवेशकों के शेयरों को हड़पने में कंपनियों की मदद की)।

पीटर बैकानोविक, मार्था स्टीवर्ट लिविंग ओम्नीमीडिया की संस्थापिका, मार्था स्टीवर्ट का एक पूर्व **मेरिल लिंच** दलाल, बाजार से दो वर्ष के लिए बाहर कर दिया गया तथा एसईसी के द्वारा दलाली के कार्य से दो वर्ष के लिए प्रतिबंधित कर दिया गया। यह सुश्री मार्था को इमक्लोन सिस्टम्स में अपने शेयरों की बिक्री में झूठ बोलने में मदद तथा प्रोत्साहित करने के लिए था। यह आरोप लगाया जाता है कि उसने इमक्लोन की कैंसर की एक दवा एर्बिटक्स को दवा नियामकों के द्वारा अस्वीकृत करने की *सार्वजनिक सूचना के एक दिन पहले अपने शेयरों की बिक्री से* 51,000 डॉलर का लाभ कमाया। (एर्बिटक्स को बाद में अमेरिका के खाद्य एवं औषधि प्रशासन के द्वारा मंजूरी दे दी।) ख़बर फैलने के बाद मेरिल लिंच ने बैकानोविक को अक्टूबर 2002 में ख़ारिज़ कर दिया।

अमेरिका में वित्तीय उद्योग नियामक प्राधिकारने अक्टूबर 2012 में घोषणा कि **डेविड लर्नर एसोसिएट्स,** एक दलाली फर्म, के संस्थापक डेविड लर्नर को अपनी स्वयं की फर्म या किसी अन्य दलाली फर्म से जुड़ने पर प्रतिबंधित कर दिया गया है। फर्म *लगातार मिथ्या वक्तव्य* दे रही थी, इतना कारण ऐसे प्रतिबंध के लिए भरपूर है।

उपरोक्त मामले, अनेक मामलों में सिर्फ कुछ हैं जहाँ दलालों को नियामक इकाई या सम्बन्धित न्यायिक प्राधिकरण द्वारा लागू किए गए समय-सीमाओं की समाप्ति तक प्रतिबंधित, रोकने या काम करने से निलंबित कर दिया गया है। प्रतिबंध के दौरान लागू की गई सीमाओं की शर्तों के अनुपालन की प्राथमिक जिम्मेदारी दलालों पर होती है। परन्तु आपको भी सावधान रहने की जरूरत है!

पश्चलेख

एक बच्चे ने अपने शिक्षक से अपने शेयर–दलाल पिता का वर्णन किया, 'डैडी एक मछुआरा हैं – हर समय जब वह अपना फोन रखते हैं, तो दोनों हाथों को रगड़ते हैं, और खुशी से चिल्लाते हैं, 'एक और मछली फंसी'!

सावधान! एक दलाल आपको सस्ते में *शेयरों को* खरीदने में मदद कर सकता है, लेकिन इससे सस्ते में बेच भी सकता है!

जल्द धन के लिए तेज़ व्यापार

140 शब्दों की शक्ति – अप्रैल 2013 में आखिर में एक नकली ट्वीट आया, 'व्हाइट हाउस में हुए एक धमाके में राष्ट्रपति ओबामा घायल हो गए'। हाई फ्रीक्वेन्सी ट्रेडिंग प्रोग्राम वाले अनेक कम्प्यूटरों ने मुख्य शब्दों को मिलिसेकेण्डों में पकड़ लिया, *'राष्ट्रपति विस्फोट में घायल'* और धारित शेयरों को बेचने के स्वचालित आदेशों को दे दिया। बाजार मूल्य में 136 बिलियन डॉलर को नष्ट करते हुए अमेरिका में शेयर बाजार ध्वस्त हो गए। मिनटों में राष्ट्रपति के सुरक्षित होने की ख़बर आ गई। बाजार संभल गया। कारोबार की शक्ति पूरी तेजी पर थी। यह निवेश सूचि को बनाने या खत्म करने की सारे गणनाओं को अस्तव्यस्त कर सकता है।

फास्ट ट्रेडिंग शेयर या व्यापारी दलालों, निवेश बैंकों तथा हेज फंडों द्वारा प्रयोग की जाने वाली एक उच्च हाई फ्रीक्वेन्सी तकनीक है। शेयरों या माल को बाद में ज्यादा खरीदने से पहले एक सेकेंड या उसके आसपास के समय में लेन-देन में निकाल दिया जाता है। लाखों सौदों को यदि सेकेंडों में नहीं तो मिनटों में लेने-देन तथा लाया-ले जाया जा सकता है। ये न्यूनतम मुनाफा कमाते हैं। लेकिन सौदों के विशाल परिमाण फास्ट ट्रेडरों को पैसे बनाने में समर्थ कर देते हैं। कम्प्यूटर तथा उच्च सॉफ्टवेयरों को ऐसे अवसरों को खोजने के लिए प्रयुक्त किया जाता है। इसमें एक खंडित-सेकेंड कारोबार प्रविधि शामिल है, जो लगभग 10 साल

पुरानी है और छोटे व बड़े दोनों खिलाड़ियों के द्वारा उपयोग की जाती है। यह अवैध नहीं है, लेकिन बाजार की गति को सेकेंडों में बदल सकती है, जैसा इसने बाजार में ओबामा के घायल होने की झूठी खबर फैलने के दौरान किया था। फास्ट ट्रेडिंग की ऐसी लोकप्रियता है कि अब यह अमेरिकी शेयर बाजार के सारे सौदों में से लगभग आधे के लिए कार्य करता है।

अब फास्ट ट्रेडिंग कारोबारियों के द्वारा बाजार के साथ छेड़छाड़ करने का खतरा है, क्योंकि सौदों के अक्सर संश्लिष्ट तथा कम्प्यूटरीकृत प्रकृति के कारण नियामक सौदों की निगरानी करने में दिक्कत महसूस करते हैं।

प्रणाली मुख्य शब्दों की खोज के लिए समाचार पत्रों की साइटों तथा सोशल मीडिया व इंटरनेट पर कम्प्यूटर खोज प्रविधि सहित अनेक प्रकारों के गणन-विधि का उपयोग करती है। इसके बाद, कारोबारियों द्वारा लिए जाने वाली स्थिति के अनुरूप मिलीसेकेंडों के अंदर यह शेयरों को खरीदने या बेचने के आदेशों को जारी करता है। यह *समाचार संचयन* कहलाती है। ये गणन-विधि ऐतिहासिक डाटा का विश्लेषण कर शेयर बाजार के प्रचलन की भविष्यवाणी कृत्रिम बुद्धिमत्ता प्रणालियों का उपयोग कर के भी कर सकते हैं।

भेदिया कारोबार का एक और क्षेत्र है जहाँ फास्ट ट्रेडिंगके माध्यम से धोखाधड़ी की जा सकती है, जब बिक्री पक्ष के दलाल क्रय पक्ष के फर्मों के साथ लाभ के लिए जानकारी साझा करते हैं। विश्व के सबसे बड़े हेज फंडों में से एक **एसएसी कैपिटल एडवाइजर्स** को भेदिया कारोबार के माध्यम से प्राप्त की गई सूचना को फास्ट ट्रेडिंग करने का दोषी पाया गया।

अगस्त 2012 में फास्ट ट्रेडिंग शेयर बाजार एक गंभीर नुकसानी का गवाह बना जब बड़े कारोबारी फर्मों में एक **नाइट कैपिटल समूह** ने एक दोषपूर्ण सॉफ्टवेयर (उभरते हुए बाजारों में अनुमानों के अनुरूप आवृति कारोबार करने के लिए बना) को डालने के 45 मिनट के बाद 440 मिलियन डॉलर गंवा दिये।

मार्च 2013 में एफबीआई तथा अमेरिका में एसईसी की नई इकाई ने हाथ मिलाए, उन हेज फंडों तथा फर्मों की जाँच करने के लिए, जो एल्गोरिद्म आधारित कारोबारी प्रणालियों तथा कार्यप्रणालियों का उपयोग कर रही थीं।

ऐसा मानना है कि फास्ट ट्रेडिंग करने वाले कारोबारी ऊँचे भाव बोलकर बाजार के साथ छेड़छाड़ करते हैं। यह *भाव भरण (कोट स्टफिंग)* के नाम से जाना जाता है। इसका मतलब है लाखों ऐसे आदेश देना (और तुरंत उनको निरस्त करना) जो अन्य लोगों को अपनी स्थितियों से लाभ उठाने के हेतु से लेन-देन करने के लिए प्रेरित करें। इस प्रक्रिया को *सतहीकरण (लेयरिंग)* कहा जाता है। यह आरोप लगाया जाता है कि यह बाजार को अस्थिर कर देती है, छोटे व्यवसायियों को नुकसानदायी स्थान पर रख देती है और उन्हें बाजार में प्रवेश करने से हतोत्साहित करती है।

पश्चलेख

सिर्फ 2 सेकेंडों का हिसाब! दुनिया के सर्वोच्च वित्तीय डाटा प्रदाताओं में से एक **थॉमसन रायटर्स** ने एक महीने के लिए 6,000 डॉलर के अतिरिक्त शुल्क को देकर नए *उपभोक्ता–मनोभाव* डाटा को बेचने का प्रबंध कर दिया, अन्य ग्राहकों से सिर्फ 2 सेकेंड पहले! इसने उच्च–आवृति व्यवसायियों को इन दो मध्यवर्ती सेकेंडों के बीच हजारों सट्टों को लगाने में समर्थ बना दिया। फास्ट ट्रेडिंग की शक्ति ऐसी है! (यह मामला न्यूयार्क राज्य के एटॉर्नी जनरल के द्वारा जुलाई 2013 से जाँच के अधीन है)।

झूठी/धोखेबाज़ सूचीबद्धता

फेसबुक के बारे में किसने नहीं सुना है? क्या आप विश्वास करेंगे कि ऐसी उच्च विश्वसनीयता वाली कंपनी, जो हमारे साइबर–सम्बंधी जीवनशैली का अभिन्न हिस्सा है, ने मई 2012 में एनवाईएसई में अपने शेयरों को सूचीबद्ध – लिस्टेड करने में धोखाधड़ी की? अपने शेयरों के सार्वजनिक निर्गम से पहले फेसबुक ने 2012 की दूसरी तिमाही में अपनी बिक्री में साधारण धीमापन देखा, लेकिन इस महत्वपूर्ण सूचना की उद्घोषणा को कुछ विश्लेषकों को छोड़ कर आम जनता से छुपाया गया था। संभवतः कुछ गिने–चुने लोग बढ़े हुए मूल्यों पर प्रस्तुत शेयरों को खरीदने से दूर रहे। शेयरों को 38 डॉलर पर जारी किया था, कारोबार के पहले ही दिन वे शिकस्त खाकर 27 डॉलर के मूल्य तक आ गिरे। निवेशकों की एक विशाल संख्या ने लाखों डॉलर गंवा दिए!

बैंक कभी-कभी आईपीओ (प्रारंभिक सार्वजनिक निर्गमों) के समय गलत खेल खेलते हैं। वे नियमित रूप से संभावित निवेशकों को उनके अपने शेयरों के लिए अग्रिम पैसे दे देते हैं। सुनने में यह विचित्र लगता है, लेकिन 2003 में **यूको बैंक** के 2.4 अरब रुपयों (40 मिलियन डॉलर) के आईपीओ के समय यह हुआ। पहले ही दिन शेयर अति–अधिदत्त (ओवरसबस्क्राइब) हो गए। यह बाद में पाया गया कि बैंक ने कुछ कंपनियों को उसके शेयरों की खरीद के लिए कर्ज दिया था। यह एक धोखाधड़ी थी।

सूचीबद्धता धोखाधड़ी (लिस्टिंग फ्रॉड) शेयरों की खरीद का एक और प्रकार है, बाजार मूल्य से सस्ते दरों में प्राप्त करने के लिए शेयर आवेदनों को एक साथ खरीदना और उनकी सूचीबद्धता पर मुनाफा कूटना। निजीक्षेत्र का एक भारतीय बैंक 'यस बैंक' ने 2005 के अंत में इक्विटी बाजार में प्रवेश किया। यह पाया गया कि कम-से-कम एक व्यक्ति ऐसा था जिसने प्रणाली को हरा दिया है। उसने जो किया वह सरल है। उसने अलग-अलग नामों से, परन्तु

एक ही पते पर शेयरों के 6,315 विभिन्न आवेदनों को जमा किया। उसका उद्देश्य जितना संभव हो सके उतने शेयरों को प्राप्त कर लेना था। शेयर जमाकर्ता (इस मामले में **कार्वी स्टॉक ब्रोकिंग**) इन विसंगति पर ध्यान देने में कैसे असफल हो गया? यह एक रहस्य ही है।

जब आम जनता से इक्विटी या ऋण के रूप में धन मांगा जाता है, तो यह महत्वपूर्ण है कि कंपनी अपने कारोबारी मामलों की स्थिति का सत्य तथा पर्याप्त खुलासा करें। गलत, धोखापूर्ण या अपर्याप्त खुलासे का परिणाम है बिना सही सूचना दिए बाजार से पैसा ले लेना। ऐसी गतिविधियों को दंडित किया जा सकता है और किए गए अपराध की प्रकृति के अनुसार इसका परिणाम दीवानी या आपराधिक (या दोनों) दोषसिद्धि में हो सकता है।

जनता से धन उठाने के लिए किसी शेयर बाजार में शेयरों की पहली सूचीबद्धता को आईपीओ के नाम से जाना जाता है। यह सामान्य तौर पर निवेशकों को शेयरों को खरीदने तथा लाभ कमाने का प्रथम अवसर प्रदान करता है, क्योंकि कंपनी के भविष्य में विकास पूर्वानुमान को प्रतिबिंबित करते हुए पहली बार शेयरों का बाजार मूल्य होगा। धोखाधड़ी तब हो सकती है जब कोई व्यक्ति ऐसे शेयरों के बड़े हिस्से को अन्य के नुकसान की कीमत पर हड़प लेता है।

2003 से 2005 के बीच भारत में आईपीओ रंगमंच के चरम समृद्धि की अवस्था में पुरुषोत्तम बुधवानी ने सुझलॉन एनर्जी सहित 13 कंपनियों के शेयरों को हड़प लिया। उसने बड़ी संख्या में काल्पनिक नामों से डिमैट तथा बैंक खाते खोले। अलग तथा विभिन्न नामों से आवेदन के द्वारा, *छोटी* श्रेणी में सभी सामान्य निवेशकों को वंचित करते हुए उसे शेयर बाँट दिए गए। फिर उसने बांटे हुए शेयरों को खुले बाजार में बेच दिया और विशाल लाभ कमाया। बुधवानी पर दिसम्बर 2012 में आईपीओ धोखाधड़ी के लिए डेढ़ करोड़ रुपयों (0.25 मिलियन डॉलर) का जुर्माना लगाया गया।

चीन में प्रबंधित एक कपड़ा तथा वस्त्र निर्माता **होंटेक्स इंटरनेशनल होल्डिंग्स,** ने हांगकांग में एक आईपीओ किया तथा 1 बिलियन डॉलर (130 मिलियन हांगकांग डॉलर) कमाया। मार्च 2010 में हांगकांग निगरानीकर्ता द सिक्योरिटीज एंड फ्यूचर्स कमीशन ने होंटेक्स तथा उसकी चार सहयोगियों की परिसंपत्तियों पर रोक लगा दी। नियामक ने आरोप लगाया कि होंटेक्स ने दिसम्बर 2009 के अपने विवरण में वस्तुपरक गलत तथा भ्रमकारी सूचनाएँ दी थीं। सूचना ऐसी थी जो निवेशकों को इसके शेयरों को खरीदने के लिए प्रेरित कर दे।दरअसल, कंपनी की वित्तीय स्थिति को बहुत बढ़ाचढ़ा कर बताया गया था। आश्चर्यजनक रूप से आईपीओ सम्बंधित वित्तीय विवरणों को **केपीएमजी** द्वारा तैयार किया गया था! सूचीबद्धता के सिर्फ दो महीने के बाद जैसे ही नियामक को धोखाधड़ी का पता चला, कंपनी के शेयरों में कारोबार को निलंबित कर दिया गया।

एक और मामले में **वनलाइफ कैपिटल एडवाइजर्स** ने अपने व्यापारी बैंक **एथरस्टोन कैपिटल मार्केट लि.** के साथ सांठगांठ कर बाजार निवेशकों की आँखों में धूल झोंकने में सफलता पा ली, जब सितम्बर 2011 में इसका आईपीओ आया। कंपनी के खराब वित्तीय परिणामों के बावजूद इसके शेयर एक मंहगे मूल्य पर जारी किए गए। जाँच में खुलासा हुआ कि वनलाइफ ने अपने प्रस्ताव दस्तावेजों में गलत वक्तव्य दिया था। शेयरों की बिक्री के तीन चौथाई प्राप्तियों को – 37 करोड़ रुपए (6 मिलियन डॉलर) – को गायब कर के **फिनकेयर फाइनेंशियल एंड कंसलटेंसी सर्विसेज** तथा **प्रिसाइज कंसल्टिंग एंड इंजीनियरिंग** को दे दिया गया। सेबी ने सभी चार कंपनियों को भारत के पूंजी बाजार में कार्य करने से प्रतिबंधित कर दिया है।

पश्चलेख

आईपीओ अनेक को धन कमाने के अवसरों को प्रदान करते हैं – कंपनियाँ, प्रारंभिक निवेशक, सलाहकार, शेयर विश्लेषक तथा बैंकर। इतने सारे निकायों के हाथ में कुल्हाड़ियाँ होने पर ध्यान और सतर्कता क्या लोकप्रिय शब्द नहीं होने चाहिए?

उत्तरी अमेरिका में सूचीबद्ध चालाक चीनी कंपनियाँ

अपने उच्च विकासदर तथा मजबूत वित्तीय संकेतकों के साथ चीन पूरी दुनिया भर में एक बेहतरीन प्रशंसनीय कहानी है। इसका फायदा उठा कर अनेक चीनी कंपनियों ने अपनी कंपनियों को अमेरिकी तथा कनाडा के शेयर बाजारों में सूचीबद्ध कर इक्विटी फंडों को उठाने का तरीका खोज लिया है।

किसी बाजार से फंडों को उठाने के लिए कंपनी के निर्दोषता के पूर्ण खुलासे की जरूरत होती है। परन्तु, अनेक उदाहरण हैं, जहाँ उत्तरी अमेरिका के शेयर बाजारों में पहुँच रही चीनी कंपनियों की जानकारी में से तथा कॉर्पोरेट प्रशासन मानकों में कमी को पाया गया है। चीनी कंपनियों के शेयर मूल्यों में धोखाधड़ी होती है, यह कोई नई बात नहीं है, लेकिन खराब कंपनी नियंत्रण की समस्या, थोड़ी या बिना किसी पृष्ठभूमि वाली छोटी चीनी कंपनियों के मामले में बढ़ जाती है, जो अमेरिकी प्रतिभूति सूचीबद्धता हेतु जाना चाहती हैं।

धोखेपूर्ण गतिविधियों में शामिल अनेक कंपनियों ने अमेरिकी बाजार में सार्वजनिक निधि तक *विपरीत–विलय (रिवर्स मर्जर)* के माध्यम से पहुँच बनाई है; संदेहास्पद संगठनों के द्वारा काफी समय से अपनाया जाने वाला तरीका! यह रास्ता स्थानीय बाजार नियामक जैसे

अमेरिका में एसईसी द्वारा बिना किसी महत्वपूर्ण जाँच परख के शेयर बाजार में आसानी से प्रवेश दिलाता है। इसके अतिरिक्त अनेक ऐसी कंपनियाँ छोटे अमेरिकी लेखांकन फर्मों का उपयोग करती हैं, जिनके पास किसी विदेशी देश, इस मामले में चीन, में व्यापक कारोबारी उपस्थिति वाले कंपनियों की लेखापरीक्षण के लिए पर्याप्त साधन नहीं होते हैं।

2011 के अंत में अमेरिकी अधिकारियों ने अमेरिकी बाजारों में सूचीबद्ध चीनी कंपनियों पर किए गए लेखांकन धोखाधड़ियों तथा अन्य वित्तीय अपराधों के मामलों में कड़ी कार्रवाई शुरू की। स्पष्ट रूप से अनेक निवेशक क्रोधित हैं और खुद को ठगा हुआ महसूस कर रहे हैं।

लेखापरीक्षक अब ज्यादा सतर्क हो गए हैं कि वे किस पर हस्ताक्षर कर रहे हैं तथा कुछ उन कार्यों से त्यागपत्र दे रहे हैं, जहाँ वे पाते हैं कि ऐसे नैतिक मामले हैं, जिनकी वे पुष्टि करना नहीं चाहेंगे। उदाहरण के लिए 2011-12 में डेलॉयट टूशे तोहमात्सु ने **बोशिवा इंटरनेशनल होल्डिंग्स** से इस्तीफा दे दिया, क्योंकि फर्म एक आपूर्तिकर्ता को 392 मिलियन येन (60 मिलियन डॉलर) के पूर्व-भुगतान के बोशिवा के आचरण से संतुष्ट नहीं थी। डेलॉयाट ने इसी आधार पर डाकिंग डेयरी होल्डिंग लि. के लेखा-परीक्षक पद से त्यागपत्र दे दिया।

2007 से मध्य – 2011 के बीच जिसके लिए सार्वजनिक कंपनी लेखांकन निगरानी बोर्ड (पब्लिक कम्पनी अकाउंटिंग ओवरसाईट बोर्ड) ने सूचना उपलब्ध करायी थी, 13 बिलियन डॉलर से ज्यादा बाजार पूंजी के साथ 150 से ज्यादा चीनी कंपनियों ने अमेरिकी बाजारों में प्रवेश किया, मुख्यतः विपरीत-विलय-शेल मार्ग के माध्यम से। इसमें से लगभग 50 कंपनियों ने आईपीओ के लिए आवेदन दाखिल किया। स्पष्ट रूप से सार्वजनिक समीक्षासे बचने के छोटे मार्ग को चीनी कंपनियाँ प्राथमिकता देती हैं।

हम उत्तरी अमेरिका प्रक्षेत्र में बाजार से धन उठाने के दौरान चीनी मूल की कंपनियों के द्वारा की गई कुछ धोखेपूर्ण गतिविधियों को देखते हैं।

अपर्याप्त कम्पनी नियंत्रण

एक कंपनी जो फंडों के जुटाने का प्रस्ताव देती है, उसके लिए आवश्यक है कि समुचित कम्पनी नियंत्रण कार्यप्रणाली को प्रदर्शित करे तथा वित्तीय सूचना को सटीकता से संचारित करे। परन्तु, नवम्बर 2010 में अमेरिकी शेयर बाजार से 168 मिलियन डॉलर उठाने के लिए जो **सिनो टेक एनर्जी**, चीन आधारित एक तेल प्रक्षेत्र सेवा कंपनी पहुँची थी, उसकी सूचीबद्धता कागजातों में दावा था कि हाइड्रॉलिक वेधन उपकरणों को खरीदने में 120 मिलियन डॉलर खर्च किए जाएंगे, परन्तु, वास्तविकता में इसने बहुत कम दामों में खरीदा।

इसके अलावा कंपनी ने इसके द्वारा खरीदे गए उपकरणों के बारे में झूठ कहा तथा उनके मूल्यों को काफी बढ़ा-चढ़ा कर बताया। इन सबके ऊपर कंपनी के अध्यक्ष तथा नियंत्रक शेयरधारक क्विंग्जेंग लिऊ ने इसके बैंक खातों से 40 मिलियन डॉलर चुरा लिए। कंपनी के लेखापरीक्षक अर्नस्ट एंड यंग हुआ मिंग ने सितम्बर 2011 में लेखापरीक्षक की भूमिका से त्यागपत्र दे दिया, नैस्डेक ने कंपनी को जनवरी 2012 में असूचीबद्ध कर दिया और अप्रैल 2012 में इसकी गलत गतिविधियों के कारण एसइससी ने इस पर अभियोग दायर कर दिया।

गंभीर लेखांकन समस्याओं ने **चाइना मीडिया एक्सप्रेस** के लेखापरीक्षक डेलॉयट को परेशान कर दिया। लेखापरीक्षक ने मध्य 2011 में इसके खातों में गायब नकद अधिशेष सहित इसके खातों में गंभीर समस्याओं को पाकर त्यागपत्र दे दिया। डेलॉयट द्वारा बनाई गई परेशानियों की सूची लंबी थी और संदेहास्पद बैंक अधिशेष पुष्टि प्रक्रियाएँ, कंपनी के कुछ उपभोक्ताओं की पुष्टिता और नकद में इसकी तनख्वाह भुगतान की पुष्टि शामिल थे।

2010 में चाइना मीडिया एक्सप्रेस को क्लीन चिट देने वाले डेलॉयट ने भयावह विवरणों को पाकर 2011 में कंपनी में अपनी भूमिका से त्यागपत्र दे दिया। यह समझना तथा विश्वास करना मुश्किल है कि कुकर्मों की ऐसी लंबी सूची का पता सिर्फ एक साल में ही चला!

खराब कंपनी नियंत्रण का एक सामान्य उदाहरण **चाइना मेडिकल टेक्नोलॉजीज,** चिकित्सीय उपकरणों को बनाने तथा एनवाईएसई में कारोबार करने वाली एक चीनी कंपनी का है। मध्य 2012 से कंपनी ने रेटिंग एजेंसियों के सवालों का जवाब देना बंद कर दिया। इससे स्टैंडर्ड एंड पूअर्स को इसकी रेटिंग सबसे नीचे की श्रेणी डी (चूक स्तर) पर ला देने और इसके साथ लेनदेन रोकने के लिए मजबूर कर दिया। इसके बाद, पहले जारी किए हुए बॉन्डों के इसके भुगतान में कंपनी द्वारा चूक हो गई। इसके आगे चाइना मेडिकल टेक्नोलॉजीज ने लेखांकन धोखाधड़ी एवं विलय तथा अधिग्रहण (एम एंड ए) सम्बंधी सौदों को पूरा करने के लिए धोखापूर्ण शेल कंपनियों (शेल कम्पनी, एक गैर-ट्रेडिंग कंपनी होती है जो विभिन्न वित्तीय रणनीति के लिए एक वाहन के रूप में इस्तेमाल की जाती है या कुछ अन्य क्षमता में भविष्य में उपयोग के लिए निष्क्रिय रखी जाती है।) का प्रयोग करने के लिए वर्गीय कार्रवाई (वर्गीय कार्रवाई, क्लास एक्शन एक ऐसा मुकदमा होता है, जिसमें एक या कई व्यक्तियों का गुट, एक बड़े समूह का – वर्ग या क्लास का – प्रतिनिधित्व करता है।) का सामना किया। जून 2012 में अस्थायी रूप से इसके शेयरों के कारोबार को निलंबित करते हुए एसईसी ने स्पष्ट रूप से कहा कि कंपनी के अधिकारियों तथा निदेशकों की स्थिति, इसके वित्तीय विवरणों की सटीकता और इसके वित्तीय स्वास्थ्य के वर्तमान स्थिति के बारे में प्रश्न थे। एसइससी के वक्तव्य ने सब कुछ कह दिया! यह उस प्रकार की कंपनी है जिससे सावधान रहने की जरूरत है।

बाजार में हेरफेर

यदि यह दिखाया जा सके कि कंपनी के शेयरों में व्यापक कारोबार होता है, तो ज्यादा निवेशक इसके शेयरों में निवेश करने के लिए आकर्षित होंगे। **ऑटोचाइना इंटरनेशनल** ने अपने शेयरों में तरलता तथा सक्रिय बाजार की एक गलत धारणा बनवाई। कंपनी के निदेशक तथा कुछ अन्य ने कारोबारी परिमाण को बढ़ाने के लिए इसके शेयरों में धोखापूर्ण कारोबार किया। एसईसी ने कंपनी, इसके निदेशक तथा 11 निवेशकों पर बाजार में हेराफेरी के साथ धोखाधड़ी का अभियोग लगाया।

कंपनी ने जो किया वह सरल था। 2010 में शुरुआत करते हुए तथा अगले तीन महीनों के लिए तथा-कथित इच्छुक पक्षों ने शेयरों में धोखापूर्ण कारोबार किया तथा अपने आदेशों की प्रतिपूर्ति की। इसमें एक खाते द्वारा दूसरे को एक ही समय पर तथा समान मूल्य पर शेयरों को बेचना शामिल था। यह *वॉश ट्रेडस्* के नाम से लोकप्रिय है, जिसमें शेयरों के लाभप्रद मालिकाना हक में कोई परिवर्तन नहीं होता है। एसईसी ने आरोप लगाया कि 18,000 शेयरों के औसत दैनिक परिमाण के विरुद्ध 1 नवम्बर 2010 तथा 31 जनवरी 2011 के बीच उनका दैनिक औसत परिमाण 139,000 तक उछल गया और इससे उनके शेयरों की बाजार तरलता की झूठी धारणा बनाई।

अस्तित्वहीन नकद की झूठी उद्घोषणा

एक चीनी वित्तीय सॉफ्टवेयर कंपनी **लॉन्गटॉप फाइनेंशियल टेक्नोलॉजीज** का लेखापरीक्षक डेलॉयाट टूशे तोहमात्सु ने 31 मार्च 2011 को इसके खातों को प्रमाणीकृत करते समय खुद सोचा कि लॉन्गटॉप के नकद अधिशेष में कुछ गड़बड़ है। ऐतिहासिक रूप से कंपनी बैंकों की स्थानीय शाखाओं से इसके बैंक अधिशेषों सम्बंधित पुष्टियों को उपलब्ध कराती रही थी। डेलॉयट ने बाजार में सुना, विशेषकर *मंदड़ियों से (बेअर),* कि लॉन्गटॉप के सॉफ्टवेयर इतने अच्छे नहीं लगते हैं, जितना उन्हें होना चाहिए और इसके वित्तीय परिणाम कुछ ज्यादा ही अच्छे लग रहे थे। कुछ गड़बड़ लग रहा था!

मार्च 2011 में डेलॉयटने कंपनी के नकद अधिशेष की पुष्टि इसकी स्थानीय शाखा, जैसा कि पहले की परिपाटी थी, की जगह बैंक के मुख्यालय से करनी चाही। लॉन्गटॉप को इसकी जानकारी मिली। कुछ घंटों के भीतर इसने पुष्टि की प्रक्रिया को यह कहते हुए रोक दिया कि डेलॉयट इसका लेखापरीक्षक नहीं है। डेलॉयाट ने कंपनी के लेखापरीक्षक पद से इस्तीफा दे दिया, वह निश्चित था कि इसके पास सूचित नकद अधिशेष नहीं है, इसने अपने

वित्तीय विवरण में किसी महत्वपूर्ण बैंक उधारी को नहीं प्रदर्शित किया है, जो नकली है। मध्य मई 2011 में दोनों के बीच एक आमना-सामना हुआ।

लॉन्गटॉप लगभग 12 बिलियन डॉलर की बाजार पूंजी के साथ एनवाईएसई में सूचीबद्ध थी। अपने लेखापरीक्षक के साथ झगड़े के बाद इसके शेयरों में कारोबार रुक गया और यह रातोरात मूल्यहीन हो गई।

यह न केवल कंपनी के द्वारा बल्कि स्थानीय चीनी बैंकों के द्वारा भी की गई धोखाधड़ी का एक मामला है।

निधियों का स्थानांतरण

केयुआन पेट्रोकेमिकल्स, एक चीन-स्थित पेट्रो-रसायन कंपनी सम्बंधित पक्षों के लेन-देन की उद्घोषणा करने में बाकायदा असफल हुई तथा निधियों का स्थानांतरण कर दिया। इन सौदों में इसके सीईओ के अलावा नियंत्रक शेयरधारक तथा प्रबंधन एवं उनके परिवार के सदस्यों द्वारा नियंत्रित इकाईयाँ शामिल थीं। इसके अतिरिक्त कंपनी ने एक असंतुलित नकद खाता चलाया था, जिसे वरिष्ठ अधिकारियों की यात्रा तथा मनोरंजन के खर्चों के साथ-साथ सीईओ के घर के किराए का भुगतान करने के लिए, नकद बोनस देने के लिए किया जाता था। नकद खाते का उपयोग चीन में सरकारी अधिकारियों को नकद तथा गैर-नकद उपहारों को देने के लिए भी किया जाता था। कंपनी अपने विरुद्ध आरोपों के निबटान के लिए 1 मिलियन डॉलर के जुर्माना भरने के लिए तैयार हो गई।

निधियों का स्थानांतरण एक विशाल समस्या है। जनवरी 2010 में एसईसी ने चीन स्थित एक प्राकृतिक गैस कंपनी **चाइना नेचुरल गैस इंक.** और इसके अध्यक्ष क्विनान जिवेरे पर अध्यक्ष के बेटे तथा भतीजे को कंपनी की निधि से (लगभग 14 मिलियन डॉलर) गुप्त कर्ज दे कर निवेशकों के साथ धोखाधड़ी करने का आरोप लगाया। ऊपर से कंपनी ने कर्जों की वास्तविक प्रकृति का खुलासा नहीं किया।

सम्पत्ति का स्थानांतरण

निवेशकों से एक ऐसी कंपनी में निधियों को प्राप्त किया गया जिसकी परिसंपत्ति शून्य थी। चीनी कोयला समूह **पुडा कोल** ने एक धोखापूर्ण योजना बनाई जिसमें निवेशकों को विश्वास दिलाया गया कि वे एक चीनी कोयला कंपनी में निवेश कर रहे हैं, जो वास्तविकता में एक *खाली शेल* कंपनी थी जिसमें कोई कोयला-उत्पादन नहीं होता था। एसईसी ने

आरोप लगाया कि पुडा के अध्यक्ष मिंग झाओ तथा इसके पूर्व सीईओ लिपिंग झू ने सितम्बर 2009 में निवेशकों को ठगने के लिए एक अधम योजना की शुरुआत की।

पुडा कोल इंक की एक कोयला उत्खनन सहायक कंपनी, शान्क्सी पुडा कोल थी; जो पुडा कोयला समूह की पैसा कमाने वाली एकमात्र परिसंपत्ति थी। झाओने पुडा कोयला समूह के शान्क्सी कोयला के 90% को स्वयं के नाम से हस्तांतरित कर दिया। यह करने के बाददो आईपीओ के माध्यम से अमेरिकी निवेशकों से पुडा कोल इंक. के नाम से निधि बटोरा गया। कथित रूप से यह निधि पुडा कोल की सबसिडिअरी शांक्सी कोल को कोयले खदान खरीदने में समर्थ होने के लिए जुटाई गई थी।

निवेशकों को ख़बर तक नहीं थी कि जिस पुडा कोल में वे निवेश कर रहे हैं, शांक्सी कोल की एकमात्र मूल्यवान संपत्ति की अब मालिक नहीं थी, क्योंकि झाओने कुछ समय पहले एक गुप्त उद्यम के द्वारा इसे अपने निजी नाम पर कर लिया था। पुडा कोल बिना किसी जारी कारोबार वाली एक शेल कंपनी बन गई थी, लेकिन सार्वजनिक धन को धोखापूर्ण उद्घोषणा तथा नकली वादें करके जुटाया गया था। झाओ तथा झू के द्वारा सैंकड़ों लाखों डॉलर गायब कर दिये गये और भोलेभाले निवेशकों को निस्सहाय छोड़ दिया गया।

परिसंपत्तियों का अतिरंजित विवरण

विदेशी निवेशकों को यह विश्वास दिलाना कि वे व्यापक संपत्तियों वाले एक चीनी कंपनी में निवेश कर रहे हैं, जबकि ऐसा कुछ नहीं है, एक धोखाधड़ी है। एक ऐसा मामला टोरंटो शेयर बाजार में लिस्टेड **साइनो-फॉरेस्ट कॉर्पोरेशन,** एक चीनी लकड़ी कंपनी, का है। ओंटारियो प्रतिभूति आयोग ने साइनो फॉरेस्ट पर अपने लकड़ी संसाधनों को बढ़ाचढ़ा कर दिखाने का आरोप लगाया है।

कंपनी ने क्या किया? पहले, इसने संबद्ध कंपनियों के बीच नकद घुमाकर आमदनी बढ़ा-चढ़ाकर दिखाने के लिए उनसे जटिल व्यवहार किए। दूसरा, इसने अपने लकड़ी संसाधनों के मूल्य को बढ़ा-चढ़ाकर दिखाने के लिए एक ही जंगल परिसंपत्तियों को कई बार प्रदर्शित किया। तीसरा, इसने जंगल संसाधनों के वास्तविक मालिकाना हक को छल से छिपाने के लिए दस्तावेजों में जालसाजी की।

साइनो-फॉरेस्ट कॉर्पोरेशन के पूर्व अध्यक्ष ऍलेन चेन, पर गलत कार्यों तथा प्रतिभूति कानूनों के उल्लंघन का आरोप लगा है। यह ध्यान देना उचित होगा कि कनाडा के राष्ट्रीय अखबार और प्रतिष्ठित प्रकाशन *फाइनेंशियल पोस्ट* के द्वारा ऍलेन को कनाडा के *महानतम मुख्य कार्यकारियों* की सूची में जगह दी गई थी।

शेयर धारण की कृत्रिम भावना

आपको यह जान कर धक्का लग सकता है कि चीनी परिसंपत्तियों में निवेश कर रहे विदेशियों का वास्तविकता में कोई मालिकाना हक़ नहीं है। विदेशों में लिस्टेड कंपनियों की अक्सर *वेरिएबल इंटरेस्ट एन्टिटी* के नाम से ज्ञात संदेहास्पद संरचना होती है।

इसका मतलब है चीन की मुख्य भूमि में विदेशी स्वामित्व वाली कम्पनियों का, काम कर रही कंपनियों में लाभ-साझेदारी लाइसेंस अनुबंध के माध्यम से हिस्सा रखना। यह प्रभावी रूप से विदेशी शेयरधारकों को चीन आधारित कंपनियों में परिसंपत्ति रखने से रोक देती है। जब विदेशी शेयर धारक अपने अधिकारों को लागू करना चाहें, तो उनके पास सिर्फ लाइसेंस देने वाली कंपनी पर मुकदमा चलाने का विकल्प होता है, लेकिन वे काम करने वाली कंपनी पर अपना हाथ सीधे नहीं डाल सकते हैं। असामान्य परन्तु, उत्तरी अमेरिकी बाजारों में लिस्टेड बहुत सी चीन-आधारित कंपनियों के लिए यह सत्य है।

चाइनाकास्ट एजुकेशन कॉर्पोरेशन, शिक्षा प्रदाता, **वीआईपीशॉप**, ऑनलाइन चीनी वितरक; **Baidu.com** तथा **Sohu.com,** लोकप्रिय इंटरनेट कंपनियाँ, सहित विदेशी निधि चाहने वाली बहुत सी चीनी कंपनियों ने इस संरचना का उपयोग किया है।

परन्तु, तीन वर्ष पहले ऐसे दुर्भाग्यपूर्ण अनुभवों के बावजूद भी जब 2014 में अनेक चीनी इंटरनेट कंपनियों के आईपीओ को लाया गया उनके शेयरों को तेजी से झपटकर ले लिया गया। कहने की आवश्यकता नहीं है, कि इन कंपनियों को *वेरिएबल इंटरेस्ट एन्टिटी* के रूप में संरचित किया गया था।

ऐसे निवेशकों को शुभकामनाएँ, क्यों कि चीनी कानूनी प्रक्रियाओं में किसी विवाद के होने पर स्वामित्व अधिकारों के निपटान में युग लग सकते हैं!

सलाहकार स्थितियों का पूरा फायदा उठा रहे हैं

एक ऐसे वातावरण में जहाँ चीनी उद्यमी अमेरिका में निवेशकों को चीन की कहानी बेच रहे थे, अनेक सलाहकारों ने उन्हें लापरवाह सलाह दे कर फायदा कमाया। अमेरिका स्थित एक सलाहकार फर्म, **वार्नर टेक्नोलॉजीज एंड इनवेस्टमेंट कॉर्पोरेशन,** और इसके मालिक हुआकांग डेविड झाऊ ने विपरीत-विलय मार्ग के द्वारा अमेरिकी सार्वजनिक निधियों तक पहुँच में 20 से ज्यादा कंपनियों की मदद की। 2012 के उत्तरार्ध में एसईसी ने फर्म तथा इसके मालिक पर कंपनियों को सलाह देते समय प्रतिभूति कानून के अनेक उल्लंघनों का आरोप लगाया। डेविड झाऊ ने इनमें से कुछ कंपनियों में कार्यकारी भूमिका भी ली थी।

डेविड झाऊ तथा उसके दल के द्वारा (मुख्यतः 2007–10 के दौरान) किए गए गलत कार्यों की सूची में शामिल थे उनके पुत्र के निवासस्थान के बंधक भुगतानों के लिए जुटाई गई निधि में से धन की चोरी, प्राप्तियों के धन को अपने निजी खातों में एकत्र करना और बाद में निर्णय करना कि किसको और कितना देना है।

यह पर्याप्त रूप से स्पष्ट है कि डेविड झाऊ ऐसे अनेक रातों-रात गायब हो जाने प्रचालकों में से एक है, जिन्होंने संदेहात्मक सौदों द्वारा चीनी उद्यमियों को अमेरिकी स्वप्न बेचा था, और अमेरिकी उद्यमियों को चीनी स्वप्न।

पश्चलेख: ड्रैगन से सावधान

धोखाधड़ीपूर्ण तथा खराब लेखांकन प्रक्रियाओं के आरोपों ने अमेरिकी शेयर बाजार में लिस्टेड चीनी कंपनियों के शेयर मूल्यों पर दबाव बना दिया है। अमेरिकी बाजार नियामक एसईसीने लगभग 50 चीन-स्थित कंपनियों की प्रतिभूतियों को अपंजीकृत कर दिया है और उनमें से कुछ पर 40 धोखाधड़ी सम्बंधित मामलों को दायर कर दिया है। इसने हाल में चीनी उद्यमियों के लिए अमेरिकी वित्त पोषण को कम आकर्षक बना दिया है। पासे अब चीनी ड्रैगनों के अनुकूल नहीं प्रतीत हो रहे हैं।

5

हमारे वायर्ड विश्व में अपराध

2011–12 में स्पेन में एक रूसी के नेतृत्व में एक टोली लगभग 30 देशों में असंदेही प्रयोक्ताओं के कम्प्यूटर में इंटरनेट के माध्यम से वायरसों को घुसेड़ने के लिए एकत्रित हुई। वायरसों ने कम्प्यूटरों में ताला लगा दिया। धोखेबाजों ने फिर नकली पुलिस चेतावनी के रूप में प्रयोक्ताओं को उनके कम्प्यूटरों को खोलने के लिए 100 युरो (120 डॉलर) की मांग करते हुए वसूली के लिए *रैंसमवेयर* कहलाने वाले ऑनलाइन संदेश भेजे। परन्तु, जिन्होंने भुगतान किया, उनके कम्प्यूटरों में फिर भी ताला लगा रहा। यह *साइबर अपराध* है। इस नेटवर्क का भंडाफोड़ प्रारंभिक 2013 में यूरोपीय पुलिस के द्वारा किया गया।

एक आपराधिक उद्देश्य से कम्प्यूटरों में हैकिंग तथा दुष्ट (*malicious*) कोड का उपयोग कर के एवं साइबर अपराध के अन्य माध्यमों के द्वारा दुनिया भर में घरों तथा कार्यालयों में रोज घुस जाता है, तालों को तोड़ कर नहीं या खिड़कियों को जबर्दस्ती खोल कर नहीं, बल्कि साइबर अपराध, कम्प्यूटर पर इंटरनेट के माध्यम से किया जाने वाला एक आर्थिक अपराध है। इस में हमेशा बदलने वाले अनेकों करामातों का उपयोग शामिल है और इस में फाइलों की अवैध डाउनलोडिंग, डाटा चोरी व नुकसान, वायरसों का वितरण, *फार्मिंग* (वेब सूचना को दुष्ट उद्देश्यों वाली किसी धोखाधड़ीपूर्ण साइट की ओर पुनः-निर्देशित कर देना), फिशिंग (निजी सूचनाओं जैसे बैंक पासवर्डों एवं खाता विवरणों को चुराना) तथा कम्प्यूटर हैकिंग का समावेश है।

विकास तथा प्रगति कई बार पीड़ा के साथ आते हैं। साइबर अपराध इस क्षेत्र का नवीनतम खिलाड़ी है, जिसने धोखाधड़ी की दुनिया में चुपचाप अपनी पहुँच बना दी है। और हमारी जिंदगियों में तकनीकी तामझाम के अधिकाधिक आक्रमण के साथ साइबर अपराध का व्यापक रूप से हाथ-पाँव फैलाना निश्चित है।

साइबर अपराध अब एक बड़ा खतरा है, किसी भी संगठन, जहाँ इंटरनेट उनकी कार्यनीति का एक भाग है, वहाँ तत्काल ध्यान देने लायक; इस तरह परोक्ष रूप से हर एक

उद्यम को अपने में समाहित करता है। जिसे आप और हम छू नहीं सकते या महसूस नहीं कर सकते हैं, उसे साइबर घपलेबाज कर सकते हैं।

यूरोपोल के अनुसार दुनिया भर में डिजिटल अपराध के कारण हर साल पीड़ित 290 बिलियन युरो (350 बिलियन डॉलर) इतनी बडी रकम गंवा देते हैं। यह इसे मरिजुआना, कोकीन और कोकीन के संयुक्त वैश्विक कारोबार से ज्यादा लाभप्रद बना देता है। प्रारंभिक 2013 में हेव्लेट पैकर्ड के द्वारा प्रायोजित सर्वेक्षण ने इंगित किया कि ब्रिटेन तथा जर्मनी में कंपनियाँ हर सप्ताह कम-से-कम एक सफल हमले का शिकार होती हैं।

पीडब्ल्यूसी के वैश्विक आर्थिक अपराध सर्वेक्षण 2014 के अनुसार, फर्म ने जितने लोगों के साक्षात्कार किए, उन में से एक-चौथाई साइबर अपराध के द्वारा किए गए आर्थिक धोखाधड़ी के कुछ स्वरूपों का शिकार रहा है, और एक-दशांश ने 1 मिलियन डॉलर से ज्यादा का नुकसान सहा है। इसके अलावा, आर्थिक अपराधों के शिकार होनेवालों में से आधे लोगों को लगता है कि साइबर अपराध का खतरा व्यापक रूप से बढ़ रहा है।

कैसे कार्य करते हैं साइबर गुंडे

महाकाय अमेरिकी वितरक **टारगेट** के सीईओ को मई 2014 में ऑनलाइन घुसपैठियों के द्वारा कंपनी के डिजिटल ग्राहकों के 40 मिलियन के रिकॉर्डों को चुरा लेने की हरकत के कारण इस्तीफा देना पड़ा। यह कैसे किया गया इसकी कहानी दिलचस्प है। हैकरों ने वितरक के गरम करने वाले (हीटर) और वातानुकूलन उपकरणों के आपूर्तिकर्ता के कम्प्यूटरों में घुसपैठ की, जिनकी इसके लॉग-इन विवरणों तक पैठ थी। एकबार जब वे लक्ष्यित की गई कम्प्यूटर प्रणाली में घुस गए, साइबर अपराधियों ने इसके विक्रय-बिंदु (पॉइंट ऑफ सेल) पर कंपनी के ग्राहकों के डेबिट तथा क्रेडिटकार्ड विवरणों को पकड़ने के लिए एक मालवेयर डाल दिया।

आभासी दुनिया में कार्यरत धोखेबाजों की षडयंत्रकारी प्रणालियाँ गुप्ततथा हमेशा बदलते रहने वाली हैं। यह तकनीक में उनकी विशेषज्ञता है, जो इन धोखेबाजों को पैसे बनाने, किसी चीज को फैलाने या सिर्फ गुप्त हेतु से किसी चीज को बाधित करने में मदद करती है।

कॉर्पोरेट साइबर अपराध

- *वित्तीय धोखाधड़ी*

  पैसे चुराने के तकनीक का लिए हमेशा उपयोग होता है। इसमें लाभ पाने के लिए हैकिंग शामिल है। फिशिंग तथा फार्मिंग दोनों धोखाधड़ी के इस वर्ग में आते हैं। नवीनतम तकनीक का उपयोग अक्सर असंदिग्ध को बेवकूफ बनाने में होता है और इसमें बहुत ज्यादा विश्वसनीय प्रतीत होते ई-मेल तथा वेबसाइट शामिल हो सकते हैं।
- *ताक-झाँक करना*

  प्रतिस्पर्धियों या निवेशकों या अन्य के द्वारा दुष्ट, छल के उद्देश्यों से नाजुक सांगठनिक सूचना की चोरी कॉर्पोरेट जासूसी है। शोध एवं अनुसंधान आंकड़े, नए उत्पादों का विकास, उत्पादों का लोकार्पण, विज्ञापन रणनीतियाँ तथा कम्प्यूटरों में संरक्षित अन्य महत्वपूर्ण आंकड़ों को यदि चुरा लिया जाए, तो यह किसी उद्यम को बहुत नुकसान पहुँचा सकता है। उदाहरण के लिए, संगठन को छोड़ कर जा रहे किसी कर्मचारीने अपने नए कार्यस्थल में प्रयोग हेतु एक यूएसबी डाटा कार्ड के उपयोग के माध्यम से डाटा की चोरी करना कॉर्पोरेट ताक-झाँक है।

इंटरनेट में सामाजिक दखल

- *सामाजिक सक्रियता*

  यह आतंकवाद का एक भाग हो सकता है, हालांकि इसका एक संभावित सामाजिक प्रभाव भी हो सकता – आतंकवाद विरोधी गतिविधियों सहित अच्छे उद्देश्यों के प्रति एक आशावाद सामाजिक मत का निर्माण। प्रारंभिक 2013 में इस्लामी रूढ़िवादियों के विरुद्ध सार्वजनिक मत निर्माण हेतु बांग्लादेश का राष्ट्रीय आंदोलन इस मत का एक उदाहरण है।
- *हैक्टिविज्म*

  इस में कम्प्यूटर नेटवर्कों का राजनीतिक महत्वाकांक्षाओं हेतु उपयोग शामिल है। इसका लक्ष्य पैसे कमाने के बजाय एक राजनीतिक विचारधाराकी पूर्ति करना है। हैकर का उद्देश्य सेवाओं को बाधित करना तथा किसी राजनीतिक या सामाजिक कारणों की ओर ध्यान आकर्षित करना होता है। गाज़ा पर हवाई हमलों के बाद अनेक इजराइली सरकारी साइटों का ध्वस्त हो जाना हैक्टिविज्म का एक उदाहरण है।

हिंसा तथा युद्ध सम्बंधी अंतरजाल गतिविधियाँ

- *आतंकवाद*

  अपने लाभ तथा उद्देश्य की पूर्ति के लिए आतंकवादियों के द्वारा इंटरनेट हमला एक बडा खतरा है। उदाहरण के लिए, इंटरनेट मानचित्रिकरण का लाभ उठाना, यथा गूगल मैप, खतरे का एक संभावित प्रक्षेत्र है, क्योंकि यह आतंकवाद हमलों में मदद कर सकता है। साइबर आतंकवाद विद्युत वितरण को काट सकता है और शहर या प्रक्षेत्र को अंधेरे में डूबा सकता है, स्मार्टफोन के प्रदर्शन को प्रभावित कर सकता है और अन्य कुटिल उपयोग के लिए उनके प्रयोगों को बदल सकता है, आतंकवाद के संभावित लक्ष्यों को बंद, पंगु बनाने या नष्ट करने के साथ-साथ जेलों की नियंत्रण प्रणालियों को गलत तरीके से प्रभावित कर सकता है।
- *युद्ध*

  राज्य या कॉर्पोरेट की आंतरिक संरचनाओं को बर्बाद या क्षति पहुँचाते हुए उन पर साइबर माध्यम से हमले हो सकते हैं। ये आम तौर पर राज्य-प्रायोजित तथा सरकारों द्वारा नियुक्त व्यक्तियों द्वारा किए जाते हैं। विद्युत तथा जल सुविधाएँ, हवाई यातायात नियंत्रण प्रणालियाँ, रेल नेटवर्क, रक्षा प्रतिष्ठान तथा बहुत से अन्य महत्वपूर्ण राष्ट्रीय आंतरिक संरचनाएँ संभावित जोखिम प्रक्षेत्र हैं। साइबर युद्ध में पनडुब्बियों तथा जहाजों के मार्ग परिवर्तित कर देना, उपग्रहों की कार्यप्रणाली के साथ छेड़छाड़ शामिल हो सकती है। अमेरिकी खुफिया एजेंसियों ने मार्च 2013 में खुलासा किया कि अमेरिका के लिए इस्लामी आतंकवाद की तुलना में साइबर हमले ज्यादा गंभीर खतरे हैं।

आगे क्या?

साइबर अपराध तथा इलेक्ट्रॉनिक धोखाधड़ी के मामले पिछले दो-चार वर्षों से तेजी से बढ़ रहे हैं। विश्व भर में धोखाधड़ी तीव्रता के मानदंडों पर संपत्ति आहरण, लेखांकन जालसाजी तथा भ्रष्टाचार के बाद साइबर अपराध आता है। अच्छी खबर यह है कि ऐसे अपराधों के प्रति आम जागरूकता, मीडिया का ध्यान बढ रहा है और साइबर अपराध सम्बंधी जोखिम विश्लेषण प्रक्रियाओं को स्थापित कर रही कंपनियों की संख्या बढ़ रही है।

साइबर धोखाधड़ी प्रतिदिन नए जोखिमों, नई आपराधिक विधियों तथा नए पीड़ितों के साथ प्रकट होती है। तकनीक में विकास विभिन्न प्रकार के साइबर अपराधों

को संभालना मुश्किल कर देता है और धोखेबाज आमतौर पर एक या दो कदम आगे ही रहते हैं।

साइबर अपराधों को सम्बोधित करने में चुनौतियाँ समय के साथ घटेंगी नहीं, बल्कि बढ़ेंगी ही।

साइबर अपराध कम-जोखिम, उच्च पारितोषिक वाले खेलों का निर्माण करता है। साधारण रूप से संपत्ति आहरण अपराध, जहाँ किसी धोखेबाज की शारीरिक उपस्थिति सामान्य रूप से जरूरी होती है, के विपरीत साइबर धोखेबाज दुनिया के किसी भी कोने में हो सकता है और अपराध करने के लिए सामने होना जरूरी नहीं होता है। धोखेबाजों को खोजना तथा उन्हें वर्तमान विधि प्रणाली के माध्यम से सजा देना मुश्किल है। परन्तु, निकट भविष्य में धोखेबाजों को सजा देने के लिए साइबर सम्बंधी कानूनों के क्षेत्र में महत्वपूर्ण गतिविधियों की प्रत्याशा है।

साइबर अपराध कौन करता है?

साइबर अपराध की प्रकृति आम तौर पर दिखाती है कि इसे *बाहर वाले करते* है। पीडब्ल्यूसी का वैश्विक आर्थिक अपराध 2014 का सर्वेक्षण इसकी पुष्टि करता है। परन्तु, आर्थिक अपराध अक्सर कॉर्पोरेट के अंदरुनियों के द्वारा भी किया जाता है।

हम षड्यंत्रकारियों या साइबरस्पेस अपराधकर्ताओं से सम्बंधित साइबर भाषावली का क्रमशः उदय होते देख रहे हैं। *ब्लैक हैट* धन के लिए साइबर अपराधों से जुड़े हैकर हैं। *व्हाइट हैट* वे साइबर आतंकवाद हैं जो पारंपरिक साइबर सुरक्षा को बाधित करते हैं; *फ्रीनेट* तथा *जीएनयू नेट* हैकरों के द्वारा अपनी अवैध गतिविधियों के लिए द्वारा उपयोग किए जाने वाले सॉफ्टवेयर फ्रेमवर्क हैं।

साइबर अपराधों के परिणाम क्या हैं?

वित्तीय परिणामों के अतिरिक्त साइबर अपराधों के अनेक अन्य परिणाम हो सकते हैं। इनमें प्रतिष्ठा की हानि, क्षतिग्रस्त ब्रांड इमेज, कर्मचारियों का कम मनोधैर्य या सेवाओं में बाधा शामिल हैं।

साइबर अपराधों के कर्ताओं के कुछ उदाहरणों को 2011 के पीडब्ल्यूसी अध्ययन में पाया जा सकता है, इसे पढना काफ़ी दिलचस्प है। इसमें शामिल हैं – असंतुष्ट कर्मचारी ने साथी के वेतन सम्बंधी सूचना पर कब्जा करना और इसे अपने लाभ के लिए उपयोग

करना; एक कर्मचारी ने सहयोगीके ईमेल खाते तक पहुँचना और गलत उद्देश्यों से मेल भेजना और कर्मीदल के अन्य सदस्योंके साथ बदमाशी करना (साइबर बदमाशी); किसी कर्मचारी ने सोशल मीडिया तथा कंपनी से सम्बंधित सूचना का दुरुपयोग एवं इसे बाहर वालों को भेजना; एक कर्मचारी की अपनी कंपनी के खाता भुगतान विभाग से सम्बंधित सूचना तक पहुँच; एक नकली आपूर्तिकर्ता खाते को खोलना तथा फंडों की चोरी।

साइबर सुरक्षा की दुनिया: एक झलक

मध्य–2008 से एक गैंग ने वेब उपयोगकर्ताओं को एक अश्लील वीडियो देखने के लिए आमंत्रित कर लक्ष्य बनाया। उत्सुक इंटरनेट उपयोगकर्ताओं को दी गई लिंक पर क्लिक करने पर अपने कम्प्यूटर के फ्लैश सॉफ्टवेयर को नव कार्यान्वित करने की सूचना मिली। साथ-ही-साथ एक मालवेयर अपने आप डाउनलोड हो गया जिसने उनके वेब खोजों को अपहृत कर लिया। इसके बाद उन्हें नकली एंटी-वायरस सॉफ्टवेयर के आधिकारिक–प्रतीत होने वाले विज्ञापन मिले। जिन असंदेही ग्राहकों ने इस सॉफ्टवेयर को खरीदा था, उन से गैंग ने लाखों डॉलर बनाए। गैंग के सदस्य सूचित रूप से सेंट पीट्सबर्ग, रूस में छिपे थे और उन्होंने मोंटे कार्लो एवं बाली जैसे स्थानों पर अपने आलीशान छुट्टियों की उद्घोषणा फेसबुक पर की। रूस हैकरों का स्वर्ग प्रतीत होता है।

- *यूरोप*

  यूरोप अपनी उच्च इंटरनेट आंतरिक संरचना तथा इंटरनेट आधारित क्रियविधियों पर बढ़ती निर्भरता के कारण साइबर हमलावरों के हमले का मुख्य लक्ष्य है। यूरोपीय कमीशन ने मार्च 2013 में घोषणा की कि बैंक तथा ऊर्जा उपक्रमों सहित यूरोप में कार्यरत कंपनियों को साइबर सुरक्षा उल्लंघनों या साइबर अपराधों की सूचना देनी होगी।

  1 जनवरी 2013 को यूरोपीय कमीशन ने यूरोपोल में यूरोपीय साइबर अपराध केंद्र स्थापित किया। यह साइबर अपराध के विरुद्ध यूरोपीय संघ की लड़ाई का केंद्रबिंदु होगा। यह सदस्य राज्यों को अपने अंतरराष्ट्रीय सहयोगियों के साथ जाँच तथा परस्पर सहयोग करने हेतु परिचालन तथा विश्लेषण क्षमता को स्थापित करने में मदद करेगा।

- *संयुक्त राज्य अमेरिका*

  अमेरिका में वित्तीय संस्थानों तथा ऊर्जा कंपनियों के विरुद्ध साइबर अपराध के अनेक उदाहरण रहे हैं। राष्ट्रपति ओबामा ने 2013 की शुरुआत में अपने स्टेट *ऑफ यूनियन* भाषण में इसका उल्लेख करते चेतावनी दी कि 'हमारे दुश्मन हमारे पावर ग्रिड, हमारे वित्तीय संस्थानों और हमारे हवाई यातायात नियंत्रण प्रणालियों को भी नुकसान पहुँचाने की क्षमता प्राप्त कर रहे हैं'।

  अमेरिकी कंपनियों ने डिजिटल सुरक्षा के प्रति बढ़ती हुई चिंताओं के कारण और हैकिंग हमलों के कारण उभर रही जोखिमों, कम्प्यूटर वायरसों, डाटा अतिक्रमण, और अन्य से रक्षा करने के लिए साइबर बीमा खरीदना शुरू किया है।

  एफबीआई कम्प्यूटर में घुसपैठ तथा बड़े साइबर अपराधों सहित उच्च-तकनीकी अपराधों की जाँच करने के राष्ट्रीय प्रयासों का नेतृत्व कर रहा है। यह देशों को उभर रहे तकनीकी प्रचलनों से परिचित कराने के लिए दुनिया भर में आसूचनाओं को साझा करता है। 'हम अपने जीवनों को अपने तार तथा बेतार नेटवर्क के इर्दगिर्द बना रहे हैं। प्रश्न यह है, कि क्या हम उनकी हिफाजत करने के लिए एकसाथ काम करने के लिए तैयार हैं? एफबीआई निश्चित रूप से है', एफबीआई दावा करती है।

- *दक्षिण कोरिया*

  मार्च 2013 में दक्षिण कोरिया ने आरोप लगाया कि उत्तर कोरिया ने पूर्ववर्ती के प्रसारकों में से तीन (केबीएस, एमबीसी तथा वायटीएन) तथा तीन बैंकों (शिन्हान बैंक, नॉन्गहाइप बैंक तथा जेंजू बैंक) के कम्प्यूटर नेटवर्कों पर साइबर हमला किया है। उन्हें और भी हमलों तथा बाधाओं की आशंका है।

  दक्षिण कोरियाने हैकिंग हमलों विरोधी निगरानी को तीन गुना बढाकर साइबर हमलों के विरुद्ध सुरक्षा को नवकार्यान्वित कर दिया है।

- *भारत*

  भारत की आधारभूत संरचना जैसे इसका पावर ग्रिड, यातायात नेटवर्क तथा वित्तीय प्रणाली को इंटरनेट से क्रमशः जोड़ा जा रहा है और ज्यादा से ज्यादा डाटा को ऑनलाइन संरक्षित किया जा रहा है। इसने संभावित साइबर हमलों के खतरे को व्यापक रूप से बढ़ा दिया है।

  संडे इकोनॉमिक टाइम्स में मार्च 2013 में प्रकाशित रिपोर्ट के अनुसार भारत सरकार के अनेक विभाग बार बार साइबर हमलों का शिकार हुए हैं। इनमें प्रधानमंत्री का कार्यालय, विदेश मंत्रालय, इंडो–तिब्बत सीमा पुलिस तथा रक्षा अनुसंधान और विकास संगठन शामिल हैं।

भारत उच्च साइबर सुरक्षा क्षमताओं को विकसित करने के लिए अपनी प्रतिभाओं का उपयोग कर रहा है, एक ऐसी गतिविधी है जिसका चीन भी अनुकरण कर रहा है।

प्रवर्तक

टीओआर – टोर एक इंटरनेट तकनीक है जो दुनिया भर में डाटा को उजागर करते हुए ऑनलाइन उपयोगकर्ता को गुमनाम बना देता है, डाटा को अनेक बार कूटीकृत तथा अ-कूटीकृत किया जाता है ताकि वास्तविक भेजने वाले का पता नहीं लगाया जा सके। यह सिर्फ एक उदाहरण है कि साइबर अपराध के प्रवर्तक तकनीक के पीछे कैसे छुप सकते हैं।

अपराधि अनेक बार मोटे नकाबों के पीछे छुपे रहने के कारण साइबर अपराधियों के प्रवर्तकों को खोजना मुश्किल है। शेष दुनिया रूस तथा चीन पर साइबर हमलों तथा हैकिंग का आक्षेप लगाती है। जबकि यूरोप व सं.रा. अमेरिका साइबर हमलों के मुख्य लक्ष्यहैं। जेनेवा तथा लंदन आधारित एक गैर-लाभ संगठन *स्पामहॉस*, जो इंटरनेट के स्पॅम स्त्रोतों पर नजर रखता है, के अनुसार रूस 'अपराधियों का घर' है। *स्पामहॉस* के अनुसार रूस हॅकरों तथा स्पॅमरों की पहचान स्थापित हो जाने के बाद भी, शायद ही उन को गिरफ्तार करता है।

रूस की तरफ ऊँगलियाँ फिर उठी हैं। मार्च 2014 में विक्टर यानुकोविच सरकार के तख्तापलट के ठीक पहले यह पाया गया कि साइबर हथियार *ऑरोबोरोस* या सर्प के माध्यम से किए गए एक सबसे परिष्कृत हमलेने सरकारी नेटवर्कों समेत यूक्रेन के कम्प्यूटर नेटवर्क्स की एक विशाल संख्या को संक्रमित कर दिया था। ऑरोबोरोस कम्प्यूटर नेटवर्कों को नष्ट करने में सक्षम है और लोगों को गंभीर रूप से प्रभावित कर सकता है।

क्या जहाँ रूसी सफल दिखते हैं वहाँ चीनी हैकर काफी पीछे रह सकते हैं? *मॅनडियांट*, एक अमेरिकी साइबर सुरक्षा फर्म ने फरवरी 2013 में सूचना दी कि चीनी हैकरों ने अंग्रेज–भाषीक देशों में कई वर्षों तक उनकी बौद्धिक संपत्ति की चोरी करने के लिए सौ से ज्यादा कंपनियों में घुसपैठ की है। *इकोनॉमिस्ट* ने सूचना दी है कि पश्चिम में कार्पोरेट रहस्यों की साइबर चोरी को चीनी सरकार के द्वारा प्रायोजित किए जाने के प्रमाण बढ़ते जा रहे हैं।

परन्तु, रूस और चीन को साइबर प्रक्षेत्र की सभी बुराईयों के लिए जिम्मेदार नहीं माना जा सकता है। *स्पॅमहॉस* ने आरोप लगाया है कि दुनिया के सर्वोच्च 10 स्पॅमर्स में सात पूर्व सोवियत यूनियन, यूक्रेन, रूस तथा एस्टोनिया के हैं। मुख्यतः राजनीतिक जासूसी के भाग के रूप में अमेरिका की वित्तीय संस्थानों पर ईरान हमले का स्रोत रहा है और संभवतः सौदी आरमको पर भी। फेसबुक, ट्वीटर तथा एपल पर हाल के समय में अतिक्रमण हुआ है और इसका संदेह पूर्वी यूरोप के हैकरों पर हुआ है।

साइबर अपराध आभासी प्रक्षेत्र में होते हैं। समस्या के सच्चे स्रोत की ओर ऊँगली उठाना हमेशा मुश्किल है। परन्तु, कुछ समय से पूर्वी यूरोप तथा चीन इन हमलों के प्रभावशाली स्रोत रहे हैं।

आक्रमण के साये में कॉर्पोरेट संगठन

सितम्बर 2012 में चीनियों ने उत्तरी अमेरिका के आधे से ज्यादा तेल एवं गैस पाइपलाइनों की निगरानी करने वाली कंपनी *टेल्वेंट* की कम्प्यूटर प्रणालियों को हैक कर लिया। इसका पता चलने पर कंपनी ने अपने ग्राहकों की कम्प्यूटर प्रणालियों तक पहुँच को तत्काल बंद कर दिया। अमेरिकी खुफिया एजेंसियाँ इस हैकिंग के कारणों को जानने की कोशिश कर रही हैं, यह संदेह करते हुए कि इसका उद्देश्य प्रणाली में बग डालना हो सकता है ताकि प्रशांत सागर के क्षेत्र में स.रा. अमेरिका तथा चीन के बीच कोई टकराव होने पर अमेरिका के पावर ग्रिड को बंद कर दिया जा सके या चीन अमेरिका ऊर्जा प्रक्षेत्र के औद्योगिक रहस्यों को अपनी ऊर्जा कंपनियों के उपयोग हेतु ढूंढ रहा हो सकता है।

जब चीन में अनेक बार बंद बक्सों से निकाल नए लैपटॉपों को शुरू किया गया, तो उनके हार्ड ड्राइव में छिपा वायरस सक्रिय हो गया। इन वायरसों ने दूषित करने के लिए अन्य कम्प्यूटरोंके इंटरनेट को खोजना प्रारंभ कर दिया। *माइक्रोसॉफ्ट* की लोकप्रिय विंडोज परिचालन प्रणाली इन वाइरसों के द्वारा दूषण का मुख्य लक्ष्य होने के कारण वह ऐसे अपराधों के विरुद्ध एक युद्ध छेड़ रहा है।

एक भारतीय निजी क्षेत्र बैंक *येस बैंक* पर फरवरी 2013 में मुम्बई में इसके एक उपभोक्ता के खातों पर साइबर धोखा के द्वारा हमला हुआ पाया गया। उपभोक्ता ने शिकायत की कि उसके बैंक खातों से 1 करोड़ रुपए (180,000 डॉलर) *रियल टाइम ग्रॉस सेटलमेंट (आरटीजीएस)* के माध्यम से स्थानांतरित कर चोरी कर लिए गए हैं। (आरटीजीएसएक ऑनलाइन वास्तविक–समय प्रणाली है जो बैंक खातों के बीच धन स्थानांतरण की अनुमति देती है।) यह धन अनेक बैंक खातों के बीच अनेक स्थानांतरणों को कर के ले लिया गया था। यह किसी बैंक खाते से धन की ऑनलाइन चोरी से सम्बंधित साइबर अपराध का मामला था।

और यह सूची अनंत है। *सोनी* के प्लेस्टेशन नेटवर्क पर हमला किया गया और 10 करोड़ उपभोक्ता सूचिओं को चोरी कर लिया गया। स्पेन की पुलिस कुछ ऐसे ही अपराधियों को मध्य-2011 में पकड़ने में सफल हो गई।

प्रतिरक्षा अनुबंधकर्ता *लॉकहीड मार्टिन* तथा *एसेर* कंम्प्यूटर निर्माता की कम्प्यूटर प्रणालियों पर अतिक्रमण किया गया है। *ई-बे* में इसके कर्मचारी लॉग–इन को हैक कर

कूटकृत उपभोक्ता पासवर्डों को चुरा लिया गया था। यहाँ तक कि *एपल* मॅक उपयोगकर्ता, जो सोचते थे कि साइबर अपराध उन्हें नहीं छू सकता है, ने अपने कम्प्यूटरों को बदमाश वायरसों से संक्रमित होते पाया।

सुरक्षा हेतु क्या उपाय किए जा सकते हैं?

साइबरस्पेस कभी भी पूरी तरह से सुरक्षित नहीं होगा।

परन्तु, अधिकतर साइबर धोखेबाजों को नियंत्रण में रखा जा सकता है, कंपनियों की प्रणालियों पर केवल अधिकृत प्रोग्रामों को चलाने की अनुमति दे कर, सॉफ्टवेयरों में पैबंद लगा कर, कर्मचारियों के लिए प्रशिक्षण आयोजित कर तथा नेटवर्कों की सतत निगरानी कर।

साइबर अपराधों में तकनीकी का प्रयोग होता है, जो लगातार बदलती रहती है। अतएव, किसी संगठन को इसमें हमेशा आगे रहने की आवश्यकता रहती है, हालांकि सामान्य तौर पर धोखेबाजही इस चूहे-बिल्ली के खेल में बेहतर साबित होते हैं।

बचाव के उपाय रॉकेट विज्ञान नहीं है, बल्कि सांगठनिक अनुशासन तथा जागरूकता का विषय हैं। इसमें निम्नांकित शामिल हैं:

प्रशिक्षण: कर्मचारियों को जागरुक बनाना तथा उन्हें प्रशिक्षित करना वह आधार है जिस पर साइबर अपराध के विरुद्ध युद्ध चलाया जा सकता है। यदि कर्मचारी संभावित खतरों से अवगत हों तथा उनका सामना करने के लिए प्राथमिक प्रशिक्षण दिया गया हो, तो तकनीकी दिमागी खेल को जीतने का युद्ध अच्छी तरह से लड़ा जा सकता है।

आधुनिकीकरण: साइबर तकनीकें हमेशा परिवर्तनशील हैं। डाटा सुरक्षा तथा कम्प्यूटर सुरक्षा प्रणालियों को बदलते समय के साथ कदम से कदम मिलाके चलने के लिए आधुनिक रहना आवश्यक है। कहीं पीछे रह गये तो धोखेबाज इस चूक का लाभ उठा सकते हैं।

प्रतिक्रिया: किसी संगठन को किसी अलार्म को सुनने तथा साइबर अपराध का पता लगने के बाद तुरंत प्रतिक्रिया देने में सक्षम होना चाहिए। इसे प्रशिक्षित लोगों के एक निर्धारित समूह द्वारा सबसे अच्छे तरीके से संभाला जा सकता है, जो ऐसी घटनाओं पर प्रतिक्रिया देने में समर्थ तथा सक्षम होते हैं।

सीआईओ: सीआईओ (मुख्य सूचना अधिकारी) को जागरूकता बढ़ाने तथा संगठनों में प्रशिक्षण आयोजित करने सहित साइबर अपराधों के विरुद्ध युद्ध लड़ने की प्राथमिक जिम्मेदारी लेनी चाहिए।

साइबर बीमा: डाटा अतिक्रमण तथा साइबर हमलों के विरुद्ध अधिकतर देशों में बीमा कराया जा सकता है। परन्तु, ऐसी बीमाओं के अस्तित्व की जानकारी नहीं है– अमेरिकी कंपनियों के सिर्फ 30% का ही साइबर बीमा है।

सर्वोच्च व्यवस्थापक: किसी संगठन का सबसे महत्वपूर्ण भाग इसका *सर्वोच्च व्यवस्थापक* और इसके बोर्ड की संभावित खतरों के प्रति जागरूकता, इसके द्वारा की जाने वाली जागरूक कार्रवाई तथा संभावित साइबर अपराध के परिणामों की इसकी जानकारी है। यदि *सर्वोच्च व्यवस्थापक* मददगार नहीं हो या उसमें जागरूकता का अभाव हो, तो की गई सभी कार्रवाईयाँ असफल हो जाएँगी। बुरी खबर यह है कि पीडब्ल्यूसी के एक सर्वेक्षण के अनुसार इसके एक चौथाई उत्तरों ने इंगित किया कि उनके सीईओ तथा बोर्डों के द्वारा साइबर अपराध खतरों की नियमित औपचारिक समीक्षा नहीं होती हैं।

द *इकोनॉमिस्ट* के अनुसार 2013 में पूरी दुनिया ने सूचना सुरक्षा पर 67 बिलियन डॉलर की विशाल राशि खर्च की। यदि हम सिर्फ सॉफ्टवेयरों को आधुनिक करना याद रखें तथा एंटीवायरस प्रोग्रामों को डालना न भूलें, तो संभवतः हम थोड़े ज्यादा सुरक्षित रहेंगे!

पश्चलेख

विश्व क्रमशः अंकीकृत होते जा रहा है – तकनीकी तथा बेतार के उपयोग से जुड़ा हुआ। साइबर अपराधियों की हमेशा बढ़ती हुई समस्या की रोकथाम के लिए हमें सबसे पहले सम्बंधित खतरों को जानने की आवश्यकता है तथा साइबर धोखेबाजों के खतरों के विरुद्ध स्वयं को तैयार रखने के लिए पर्याप्त ज्ञान की आवश्यकता है। अन्यथा, किसी दिन हमें अपने बैंक खातों को खाली पाने के लिए तैयार रहना चाहिए! जैसा मास्टरकार्ड के सीईओ अजय बंगा ने जनवरी 2014 में *न्यूयार्क टाइम्स* को सूचित किया, 'आप सिर्फ इसी क्षण सुरक्षित हो सकते हैं। कोई तो घुसने की कोशिश कर रहा है'। यह परिदृश्य दहला देने वाला है।

6

लेखा विवरण: धोखाधड़ी एवं रचनात्मकता

कुछ लोग धोखा देते हैं, क्योंकि वे महसूस करते हैं कि अन्यथा वे जीत नहीं सकते हैं। व्यवसाय में यह सामान्य तौर पर खेल में आगे रहने के लिए – वर्धित लाभों, ज्यादा बोनस कमाने के लिए या शेयर मूल्यों को बढ़ाने के लिए होता है। वित्तीय परिणामों की दिखावटी बाहरी साज-सज्जा, अस्तित्वरहित आय प्रदर्शित करना, ऋणों के भागों को मिटा देना कुछ ऐसे तरीके हैं, जिन्हें लोग लेखांकन आंकड़ों में उपयोग कर हेराफेरी करते हैं।

परन्तु, कोई भी लेखांकन धोखाधड़ी किसी तरह से आसान और रोमांचक नहीं है। स्टॉक विकल्पों को बीती हुई तारीख में करने या अंतर्गत व्यवसाय करने, जहाँ तुरंत परिणाम प्रत्याशित होते हैं, के विपरीत इसमें जाल रचने में समय लगता है।

लेखांकन छल उन माध्यमों में से एक है, जो कारोबार की दुनिया में समय-समय पर धोखाधड़ी करते हैं।

कंपनियाँ लेखांकन सम्बंधी धोखाधड़ी क्यों करती हैं?

इसके अनेक कारण हो सकते हैं। प्रगति को दिखाने के लिए बिक्री के आंकड़ों में जालसाजी करते हुए कभी-कभी प्रबंधन यह सूचना देने से इनकार कर देता है कि कारोबार धीमा पड़ रहा है। सूचीबद्ध कंपनियों पर शेयर मूल्य का दबाव होता है – और सकारात्मक वित्तीय आँकड़ों को प्रदर्शित करने तथा शेयर बाजारों में अपने शेयरों के मूल्य को ऊँचा रखने के लिए खातों में जालसाजी करना आसान तरीका है। इसके अतिरिक्त प्रबंधन को आवंटित ईएसओपीज् (ईसोप्स) भी हो सकते हैं – नियोक्ता के द्वारा कर्मचारियों को बाँटे हुए शेयरों के नकदकरण में मदद करने हेतु शेयरों के ऊँचे मूल्य। कभी-कभी नकद के बाहर प्रवाहित होने से बचाने के लिए लाभों को दिखाने तथा कॉर्पोरेट करों की निम्न दरों का भुगतान करने की आवश्यकता हो सकती है। यह सूची इसी तरह जारी रहती है।

लेखांकन के द्वारा प्रस्तुत सूचना किसी उद्यम के सफलता का खुलासा करने का प्राथमिक साधन है। कोई कैसे जान सकता है कि कंपनी फायदेमंद है या नुकसान झेल रही है? कोई कैसे जान सकता है कि इसके पास अपना कारोबार चलाने के लिए पर्याप्त पूंजी है? इन सभी सूचनाओं तथा अन्य वार्ताएँ वित्तीय जानकारी का विश्लेषण कर प्राप्त किया जा सकता है।

अतएव, यदि लेखांकन रिकॉर्डों के साथ जालसाजी, बदलाव या फेरबदल किये गये हों तो प्रस्तुत की गई रिपोर्ट प्रत्यक्ष रूप से एक गलत तस्वीर दिखाएंगे, जो वास्तविकता से ज्यादा हरी-भरी हो सकती है।

हालांकि अधिकतर कारोबार अपने लेखांकन रिकॉर्डों को अपने कारोबार के स्वास्थ्य की अच्छी तस्वीर दिखाने के लिए तैयार करते हैं, परन्तु कुछ ऐसे हैं जो संख्याओं का दुरुपयोग करते हैं।

लेखांकन धोखाधड़ी की शुरुआत छोटे से होती है – कुछ यहाँ छांट कर तथा वहाँ आय बढ़ा कर। सामान्य तौर पर प्रारंभिक विचार आगामी तिमाही या वर्ष में जब कारोबारी परिदृश्य बेहतर हो तो अपने गलती को सुधार लेना होता है।

परन्तु, यह शेर की सवारी जैसा है – जिससे उतरना बहुत मुश्किल है। एक बार गलती हो जाती है, तो अगली तिमाही के लाभ अतीत में की गई गलतियों को मिटाने हेतु कभी पर्याप्त नहीं होते हैं।

लेखांकन जालसाजी में लेखा पुस्तकों का अपर्याप्त रखरखाव या व्यापक स्वीकृत लेखांकन सिद्धांतों (जीएएपी के नाम से भी ज्ञात) का अनुपालन नहीं करना आदि शामिल है। लेखांकन सूचना को किसी कंपनी के वाणिज्यिक सौदों तथा अंततः इसके कारोबार का सच्चा तथा न्यायसंगत अवलोकन हेतु तैयार किया जाना चाहिए।

परन्तु, यदि लेखांकन सूचना को इस तरीके से दिया जाता है तो यह एक मिथ्या तस्वीर बनाती है, जो एक लेखांकन छल-कपट है।

धोखेबाजों तथा जालसाजों के द्वारा अपनायी गई विधियाँ अनेक हैं। इस पुस्तक में इनमें से सब का वर्णन करना लगभग असंभव है। अतएव, लेखांकन छल-कपट की दुनिया की एक झलक पाने का एकमात्र तरीका धोखेबाजों, झूठों तथा फरेबों के द्वारा अपनाए गए सामान्य तरीकों पर नजर डालना है।

धोखापूर्ण बिक्री राजस्व दर्ज करना

1998–2001 के दौरान **यूनाइटेड एग्री (कॉनएग्रा फूड्स** की सहयोगी) के प्रबंधन ने एक ऐसे वातावरण को प्रोत्साहित किया जिसमें इसके अवास्तविक लाभ लक्ष्यों को प्राप्त करने

के लिए विक्रय को किसी भी छल-छद्म से बढ़ाया गया था। इस बात के बावजूद कि माल खरीददारों को नहीं भेजा गया था, कंपनी ने लेखा पुस्तकों में *विलंबित बिक्रियों* (वास्तविक बिक्रियाँ बाद में हुई थीं) को रिकॉर्डों में डालने के लिए मजबूर कर दिया। यहाँ तक कि खरीददारों ने क्रय आदेश भी नहीं दिए थे तथा माल की जोखिम विक्रेता के पास ही थी। परिणामत: बिक्री की अति-रिपोर्टिंग तथा धोखापूर्ण लेखांकन में था।

जब लेखांकन धोखाधड़ी होती है, तो वह कौन सा संभावित क्षेत्र है, जहाँ इनके होने की सबसे ज्यादा संभावना हो सकती है? ऐतिहासिक प्रमाणों के आधार पर यह सामान्य तौर पर *बिक्री वृद्धि* है।

बिक्री आंकड़ों को बढ़ाचढ़ा कर दिखाना किसी संगठन में इसकी गतिविधि स्तर में एक वृद्धि को चित्रित कर विकास को दिखाने के प्रायोजन की पूर्ति करता है। यह आमतौर पर ज्यादा ऊँचे लाभों को भी प्रदर्शित करता है। यदि कंपनी की बिक्री बढ़ रही है तो निवेशक समुदाय भी आम तौर पर खुश रहता है और इसके भविष्य के प्रति आशापूर्ण रहता है।

बिक्री को गलत दर्ज करने का अर्थ है कि राजस्व पर लेखांकन सिद्धांतों के अनुसार विचार नहीं किया गया है, बल्कि एक सामान्य से बेहतर तस्वीर दिखाने हेतु लेखाबद्ध किया गया है। यह एक धोखापूर्ण गतिविधि है।

(शब्द *बिक्री* तथा *राजस्व* का अक्सर प्रतिस्थापी रूप से उपयोग किया जाता है और दोनों के साथ लेखापुस्तकों में समान व्यवहार किया जाता है।)

अनुबंध दायित्वों की अपूर्ण प्रतिपूर्ति बिक्री को रिकॉर्ड करना

अमेरिका स्थित कारोबारी खुफिया सॉफ्टवेयर उपलब्ध कराने वाली कंपनी **माइक्रोस्ट्रैटेजी इनकॉर्पोरेटेड** के सीईओ, सीओओ तथा सीएफओ ने 1998–99 के दौरान उन अनुबंधों, जिन पर हस्ताक्षर भी नहीं हुए थे, को बिक्री के दस्तावेजों में दिखा कर इसके विक्रय आंकड़ों में जालसाजी की। इनमें से अनेक अनुबंध तिमाही के अंत के पश्चात हस्ताक्षरित हुए और फिर भी इन अनुबंधों के आधार पर विक्रय को, हस्ताक्षर के काफी पहले ही दस्तावेजित कर दिया गया। किसी बिक्री को उपभोक्ता से अहस्ताक्षरित अनुबंधों के आधार पर दस्तावेजित नहीं किया जा सकता है। इस दुराचरण के द्वारा कंपनी ने लाभ दिखाया, लेकिन वह वास्तविकता में नुकसान झेल रही थी।

कंपनी के लेखा खाताओं में *राजस्व* को तभी आना चाहिए जब अनुबंध के दायित्वों को पूरा कर लिया जाए, न कि उससे पहले।

कल्पना करें कि एक टुथपेस्ट निर्माता ने एक वितरक से 1,000 डॉलर का एक आदेश प्राप्त किया है। यदि निर्माता टुथपेस्ट बनाता है पर रवाना नहीं करता है, और 1,000 डॉलर का राजस्व दर्ज कर लेता है, तो यह बिक्री को गलत तरीके से बढ़ाना है।

हम एक और उदाहरण को देखते हैं जहाँ बिक्री धोखाधड़ी से बढ़ाई गई थी।

1990 के दशक के आख़िर में उद्यम संसाधन योजना (ईआरपी) बहुत बडी सॉफ्टवेयर कंपनी, **बान कॉर्पोरेशन** ने अपने विक्रय को लड़खड़ाते हुए पाया। इसके उपभोक्ताओं का वाई–2 के सम्बंधित मामलों पर केंद्रित ध्यान ने ईआरपी की बिक्री को पीछे धकेल दिया। बान घबरा गई। यह आरोप लगाया जाता है कि 1998–2000 के दौरान कंपनी ने वास्तविक विक्रयों से काफी पहले बिक्री का दस्तावेजीकरण कर देने की धोखाधड़ीपूर्ण लेखांकन प्रणाली को व्यवहारित किया। इसने उन सॉफ्टवेयर की बिक्री को दस्तावेजित कर दिया, जो भविष्य की आपूर्तियों के लिए सिर्फ तैयार हो रहे थे तथा प्रेषण के लिए तैयार नहीं थे। इसने सम्बंधित पक्षों को हस्तांतरित किए गए लेकिन न बेचे गए सॉफ्टवेयरों की बिक्री को भी दस्तावेजित कर लिया। यह कंपनी के वित्तीय सफलता की वास्तविकता से ज्यादा अच्छी तस्वीर दिखलाने के लिए किया गया।

एक डच कंपनी बान को 90 के दशक के अंत में खराब बिक्री के कारण ताला लगाना पडा। आक्रामक लेखांकन गतिविधि के द्वारा अपने प्रदर्शन को बढ़ाने के इसके प्रयास ने बाजार में इसका नाम खराब कर दिया। उपभोक्ता इसके सॉफ्टवेयरों को खरीदने से दूर रहे। इसके पुनः जीवन की बहुत कम संभावना के कारण कंपनी को 2000 में इंवेन्सिस को बेचना पड़ा, और अनेक मध्यवर्ती बिक्रियों के पश्चात अंततः इसे इनफॉर ग्लोबल सॉल्यूशन्स को बेच दिया गया।

लेखांकन अवधि को लचीला करें

सामान्य तौर पर एक सार्वजनिक सूचीबद्ध कंपनी को प्रत्येक तिमाही में अपने वित्तीय परिणामों को एक बार प्रकाशित करने की आवश्यकता होती है। यदि एक तिमाही की अवधि को धोखाधड़ीपूर्ण तरीके से तीन महीने से ज्यादा तक बढ़ा दिया जाए तो अव्यवस्थित रूप से इसके राजस्व आंकड़े अतिशयोक्तिपूर्ण हो जाएंगे। उदाहरण के लिए, एक तिमाही में 90 दिन होते हैं। परन्तु, यदि कोई कंपनी अगली तिमाही से 7 दिनों को अग्रसारित कर सके, तो इसके आंकड़े एक सप्ताह के लिए ज्यादा अत्युक्तिपूर्ण हो जाएगें और संगत लाभ भी अत्युक्तिपूर्ण होंगे। यह एक कपटपूर्ण लेखांकन व्यवहार है।

1998 तथा 2000 के बीच संयुक्त राज्य मे मुख्यालय वाली एक बडी सॉफ्टवेयर कंपनी, **कम्प्यूटर एशोसिएट्स** (सीए) नियमित रूप से अपनी तिमाही–समाप्ति अवधि को

बढ़ाती रही। इसने इसे सम्बंधित तिमाही से आगे संपादित अनुबंधों के द्वारा ज्यादा ऊँचा राजस्व प्रदर्शित करने में मदद की। परिणामी ऊँचे लाभ वॉल स्ट्रीट की आशानुसार प्रदर्शन करने में मददगार रहे। कंपनी ने उस तिमाही में अनुबंधों से प्रस्तुत विक्री को अनुचित तरीके से रिकॉर्ड करने के लिए अपने लेखा खातों को प्रत्येक तिमाही के अंत के बाद अनेक दिनों तक खुला रखा। ऐसा करने से इसका तिमाही राजस्व 22% से 53% के बीच बढ़ गया। इसके फलस्वरूप इसके परिणामों की वस्तुपरक मिथ्या–प्रस्तुति में हुआ।

हालांकि 2001 की पहली तिमाही के दौरान सीए ने अतीत में अपनी तिमाही बिक्रियों की अत्युक्तिपूर्ण सूचना देने की अपनी गलती को तिमाही के अंत के पश्चात हस्ताक्षरित अनुबंधों की बिक्रियों को समय से पहले मान्यता नहीं दे कर सुधारने का प्रयास किया। इसका परिणाम कंपनी के द्वारा अपनी तिमाही आय अनुमानों को प्राप्त करने में विफल हो जानेमें हुआ और इसका शेयर मूल्य एक दिन में 43% गिर गया।

सीए के मामले में इसके कार्यकारी धोखापूर्ण अनुबंधों का निर्माण करने में शामिल नहीं थे, जैसा कि एनरॉन के मामले में था। सीए के पास अनुबंध थे, लेकिन उन्हें उन अवधियों में संपादित किया गया, जिससे वे सम्बंध नहीं रखते थे। अतएव, पिछली तिमाही में अच्छे परिणामों को प्रदर्शित करने के लिए इसने अगली तिमाही से राजस्व उधार लिया।

सीए द्वारा की गई लेखांकन धोखाधड़ी के लिए उसे अमेरिकी बाजार निगरानीकर्ता एसईसी द्वारा दंडित किया गया, और इस पर 225 मिलियन डॉलर का जुर्माना लगाया गया। इसके पूर्व सीईओ संजय कुमार को 12 वर्ष की कैद की सजा हुई तथा उन पर 8 मिलियन डॉलर का जुर्माना लगाया गया। कंपनी का 2010 में सीए टेक्नोलॉजीज पुनः नामकरण कर दिया गया।

अमेरिका आधारित सॉफ्टवेयर कंपनी **पेरेग्रीन सिस्टम्स** ने *एक महीने में 37 दिन दिखाए।* 1999–2001 के बीच कंपनी ने वित्तीय तिमाही की समाप्ति के पश्चात भी नियमित रूप से अपने लेखा खातों को खुला रखा, और धोखापूर्ण तरीके से उन सॉफ्टवेयर विक्रयों को दस्तावेजित किया जो तिमाही समाप्ति के बाद भी वास्तव में निर्मित नहीं हुए थे। हल्के-फुल्के अंदाज में इसके कर्मचारी आंतरिक संचार में एक-दूसरे को सूचित करते थे *कि बिक्री 37 दिसम्बर को हुई है!* कुछ मामलों में पेरेग्रीन के द्वारा बिक्री को दस्तावेजित करने के कई महीनों बाद तक सौदे पूरे नहीं हुए थे।

लेखांकन धोखाधड़ी तथा इसके सीएफओ सहित पेरेग्रीन के शीर्ष कार्यकारियों के पर अभियोग लगने के पश्चात कंपनी ने सितम्बर 2002 में दिवालिया संरक्षण अध्याय 11 दाखिल किया। परन्तु, दो वर्षों में यह दिवालियापन से उबर गई। 2005 में एचपी ने इसका अधिग्रहण कर लिया।

राजस्व मान्यता नीति से छेड़छाड़

किसी कंपनी को इसके राजस्व की गणना में सामान्यतः सुसंगत नीतियों के पालन की आवश्यकता होती है। विक्रय की मान्यता की इसकी नीति में संगतता उपभोक्ताओं को किसी विशेष अवधि में संगत पिछली अवधियों की बिक्रियों की तुलना करने में मदद करती है। इसकी राजस्व मान्यता विधि में किसी परिवर्तन को इसके वित्तीय विवरणों में विशेष रूप से सूचित किया जाना चाहिए, ताकि इन विवरणों के उपयोगकर्ताओं का इसकी नीति में परिवर्तन पर पर्याप्त ध्यान आकर्षित किया जा सके। कोई भी छिपाव एक धोखापूर्ण गतिविधि है।

बिक्री को बढ़ाने के लिए इलेक्ट्रॉनिक भुगतान प्रणाली का निर्माण करने वाली एक कंपनी, **ट्रांजैक्शन सिस्टम्स आर्किटेक्ट्स इंक.** (2007 में एसीआई वर्ल्डवाइड नाम से पुनःनामित) ने 1999 में उपभोक्ताओं के साथ अपने पाँच वर्ष के लेखा-अनुबंध के द्वारा अपनी राजस्व मान्यता नीति को परिवर्तित कर दिया। अतएव, जो नकद भविष्य में आने वाली थी, कंपनी ने इसकी पूरी बिक्री को अगले पाँच वर्षों में बाँटने की जगह पूर्व अवधि में प्रदर्शित कर दिया। इसने 1999–2002 के दौरान इसकी बिक्री को गलत तरीके से बढ़ाने में मदद की। इसे अपनी बिक्री को एक बाद की तिथि में पुनः व्याख्यायित करना पड़ा।

ज्यादा ऊँची बिक्री प्रदर्शित करने के लिए किराये (लीज) का अनुचित लेखांकन

पूरा भुगतान किए बिना प्रमुख उपकरणों को प्राप्त कर लेना अच्छा होगा। इसे किराये पर (लीज पर) लेना कहते है और इसमें कुल क्रय मूल्य का एक ज्यादा लंबी अवधि के दौरान भुगतान करना होता है। इस दौरान खरीददार को ब्याज का भुगतान करना होता है।

कोई लीज अनुबंध एक कर्ज अनुबंध के जैसा होता है, जहाँ लीज लेने वाला (क्रेता) लीज की अवधि के दौरान उपकरण के उपयोग की अनुमति प्राप्त करता है और लीज देने वाला (विक्रेता) अस्ति का स्वामी होना जारी रखता है। लीज अवधि के समाप्ति के पश्चात तथा लीज मूल्य (मूलधन तथा ब्याज) के भुगतान के पश्चात, लीज की शर्तें निर्धारित करती हैं कि क्या उपकरण लीज देने वाले के पास वापस जाएँगे या लीज लेने वाले के नियंत्रण में रहना जारी रखेंगे।

लीज लेखांकन, लेखांकन धोखाधड़ी के लिए अवसरों को प्रदान करता है।

लीज लेखांकन नियमों का दुरुपयोग करने का एक उदाहरण **जेरॉक्स कॉर्पोरेशन** का है।

एक समय जेरॉक्स दुनिया के सबसे सफल ब्रॉन्डों में से एक था। इस ब्रांड की मजबूती ऐसी थी कि यह सामान्य क्रिया *फोटोकॉपी* का समानार्थी बन गया था। जेरॉक्स 1979 से 2000 के बीच अपने राजस्व तथा लाभों को महत्वपूर्ण ढंग से बढ़ाने के लिए *लेखांकन जुगतों* तथा *लेखांकन अवसरों* में लगा रहा। इसने अपने उपकरणों द्वारा जनित राजस्व को 3 बिलियन डॉलर से बढ़ा कर बताया एवं इस तरह इसने अपने लाभ को1.5 बिलियन डॉलर तक बढ़ा कर बता दिया।

जेरॉक्स ने ऐसा करने के लिए अनेक धोखापूर्ण तरीकों का प्रयोग किया। इसमें से दो सबसे महत्वपूर्ण हैं:

1. कम-अवधि वाले लीजों (परिचालन लीज) को लंबी अवधि का लीज (वित्तीय लीज) जैसा प्रबंध करना। इसने कंपनी को इसके राजस्व को बढ़ाने में मदद की। कुछ उपकरणों को लीज पर देने की लागत को इसे लंबी-अवधि का लीज मानने के द्वारा लीज अवधि के दौरान एक नियमित आय के रूप में मानने की जगह एक अग्रिम आय के रूप में प्रदर्शित किया गया। अग्रिम भविष्य की आय के प्रवाहों को उससे पहले के वर्ष में लाकर इसके भविष्य के राजस्व को विक्रय के वर्ष के अग्रिम राजस्व के रूप में प्रदर्शित किया गया।
2. राजस्व को बढ़ाने के लिए एक कम वर्तमान मूल्यदर को लेकर जेरॉक्स ने ब्याज की बाजार दरों के स्थान पर *इक्विटी पर आयदर* का उपयोग किया, इस तरह अपनी छूट दरों को घटा दिया तथा अपने लाभों को आगे ले आया।

ऐसा करके जेरॉक्स लाभ की बाजार की अपेक्षा तक पहुँचने में सफल रहा, जबकि वास्तविकता में इसके लाभों को या तो नीचे की ओर होना चाहिए था या उसे उस अवधि में नुकसान घोषित करना चाहिए था।

एसईसी के प्रवर्तन निदेशक ने कहा, 'जेरॉक्स के लिए लेखांकन कार्य सिर्फ एक और राजस्व स्रोत तथा लाभ का अवसर था। परिणामस्वरूप, इसके निवेशक गुमराह तथा धोखे का शिकार हुए।'

जेरॉक्स ने 10 मिलियन डॉलर का जुर्माना भरा तथा 1997 से 2000 के लिए अपने लाभों को फिर से घोषित किया। जून 2003 में इसके पूर्व सीईओ तथा सीएफओसहित वरिष्ठ कार्यकारियों में छः, जिन पर धोखाधड़ीपूर्ण गतिविधियों का आरोप लगा था, ने जुर्माने के स्वरूप में 22.5 मिलियन डॉलर का भुगतान करना स्वीकार किया। इसके लेखापरीक्षक केपीएमजीपर 2005 में 22.5 मिलियन डॉलर का जुर्माना लगा।

राजस्व को बढ़ाने के लिए *बाजार तक पहुँचना*

संपत्ति (असेट) या देनदारियों के मामले में जब बाजार मूल्य अस्थिर होते हैं, इन्हें बैलेंस शीट (तुलन पत्र) में *मार्क टू मार्केट* या *उचित मूल्य* के आधार पर दिखाया जाता है। इसका अर्थ है कि यदि बाजार मूल्य खरीददारी मूल्य से ज्यादा या कम है तो असेट के अधिग्रहण के मूल्य को बाजार मूल्य से परिवर्तित कर दिए जाने की आवश्यकता होती है, जो प्रकृति में परिवर्तीत होता है। मूल्यांकन की इस विधि का (बैलेंस शीट बनाने में) आम तौर पर कारोबार में शेयरों के मामलों में (अर्थात कारोबार के लिए रखे गए इक्विटी शेयर), एफएक्स या कमोडिटीयों में उपयोग किया जाता है। बाजार मूल्यों में उतार-चढ़ाव, अ-कार्यान्वित (अनरियलाईज़्ड) लाभ या मुनाफा होने के कारण कंपनियों के लाभ या हानियों को प्रभावित करते हैं।

मान लें कि कोई कंपनी किसी विशेष कंपनी के 100 इक्विटी शेयरों को 31 मार्च को10 डॉलर प्रति शेयर की दर से पुनःबेचने के लिए खरीदती है। कारोबार में शेयर फलन चिट्ठे में 1,000 डॉलर (100 शेयर X 10 डॉलर प्रति शेयर) के रूप में प्रदर्शित होंगे। 30 जून को शेयरों का बाजार मूल्य 9 डॉलर हो जाता है। यह 100 इक्विटी शेयर 900 डॉलर (100 शेयर X 9 डॉलर प्रति शेयर) के रूप में प्रदर्शित होंगे। इसका अर्थ होगा कि 100 डॉलर (1,000 – डॉलर 900) को इसके लाभ और हानि खाते में जून तिमाही में हानि के रूप में दस्तावेजित होगा। यह एक सामान्य मूल्यांकन की *मार्क टू मार्केट* अवधारणा है।

इस मूल्यांकन अवधारणा का धोखापूर्ण लाभों को प्रदर्शित करने के लिए अक्सर दुरुपयोग किया जाता है। इसका विशेष रूप से तब उपयोग किया जाता है जब बाजार मूल्य वस्तुपरक रूप से निर्धारित नहीं हो या एक तुलनीय उत्पाद को खोजने में दिक्कत हो, जिसके साथ बाजार मूल्य की तुलना की जा सके।

बहुत से मामलों में कंपनियाँ भविष्य की संभावित नकद प्रवाहों को दिखाने के लिए वित्तीय मॉडलों का उपयोग करती हैं और संभावित बाजार मूल्यों से सम्बंधित निष्कर्षों पर जालसाजी से पहुँच जाती हैं।

मार्क टू मार्केट की अवधारणा लंबी अवधि के अनुबंधों, जहाँ कंपनियों के बकाए डेरिवेटिव अनुबंध हैं (ऊर्जा-सम्बंधी अनुबंधों सहित, जैसा कि *एनरॉन* का मामला था), पर भी प्रायोज्य है। ऐसे अनुबंधों को उनके उचित मूल्य के अनुसार समन्वित करने की आवश्यकता होती है, जिसका परिणाम उनके आय विवरणों में अ–कार्यान्वित लाभों या हानियों को हिसाब में लाने आवश्यकता में होता है।

यहाँ पर यह ध्यान दिया जा सकता है कि लंबी अवधि वस्तु अनुबंधों, जैसे गैस के मामले में बाजार मूल्यों का अंदाज लगाना मुश्किल है, क्योंकि सामान्य तौर पर लंबी अवधि के आधार पर बाजार भावों को प्राप्त करना मुश्किल है।

कंपनियाँ बाजार मूल्यों की सूचना के इस अभाव का लाभ उठा सकती हैं तथा ऐसे अनुमानों, जो भविष्य में फलीभूत हो या नहीं हो सकते हैं, को बनाने के द्वारा गोपनीय मूल्यांकन मॉडलों के माध्यम से लंबी-अवधि के अधिवृद्धित बाजार मूल्यों को दिखला कर अपने लाभों को गलत तरीके से सँभाल सकते हैं।

लेखांकन धोखाधड़ी का अविवादित राजा **एनरॉन,** अनेक धोखाधड़ी की गतिविधियों में, लंबी-अवधि के गैस अनुबंधों तथा डेरिवेटिवों के लिए *मार्क-टू-मार्केट* लेखांकन अवधारणाओं के हेरफेर में शामिल रहा था। इस लेखांकन विधि ने इसे वर्धित राजस्व प्रदर्शित करने में मदद की, लेकिन इसने नकद उत्पादित नहीं की। इस विधि ने एनरॉन को 20–वर्ष के गैस अनुबंधों के संपूर्ण राजस्व को पहले वर्ष में ही अग्रिम रूप से दिखलाने की अनुमति दे दी।

एनरॉन ने ऊर्जा के वितरण के लंबी-अवधि के अनुबंधों में प्रवेश किया तथा इसके लाभ-हानि खाते में भविष्य के संचयित लाभों को अग्रिम रूप से दिखाया, मानों इन सभी लाभों को पहले वर्ष में अर्जित किया गया था। यह, निश्चित रूप से ऊर्जा या गैस के वास्तविक वितरण, जिसे भविष्य में होना था, को बिना प्रभावित किए था।

एनरॉन ने न केवल भविष्य की गैस की आपूर्तियों को एक अग्रिम आय के रूप में लिया, इसने अपने वित्तीय मॉडलों से उन अनुमानों को लगाया जो वस्तुओं के भविष्य के मूल्य थे। अतएव, एक हल्के से बदलाव तथा कुछ अनुमानों के द्वारा इसका लाभ कई गुना हो गया। जब ऊर्जा उद्योग ऊर्जा से प्राप्त आय को, सिर्फ वितरित हो जाने पर ही मान्यता प्रदान करने की नीति का पालन कर रहा था और यह अनुबंधित मूल्यों के आधार पर था, एनरॉन ने खेल को रातोंरात बदल दिया।

एनरॉन की स्थापना 1985 में अमेरिका में प्राकृतिक गैस पाइपलाइनों को नियंत्रणमुक्त करने के बाद ह्यूस्टन नैचुरल गैस तथा इंटरनॉर्थ के आपस में विलय के द्वारा हुई। इस विलय का परिणाम ऋणों तथा सहायक लागतों की विशाल राशि में हुआ तथा कंपनी ने वास्तविक कारोबारी प्रदर्शन से ज्यादा बेहतर दिखाने के लिए अपनी आय में वृद्धि के अतिरिक्त साधनों की खोज करना प्रारंभ कर दिया। इसकी बुनियाद कारोबारी मॉडल *गैस बैंक* निर्मित करना था, जहाँ यह मूल्य तथा आपूर्ति का वचन देते हुए आपूर्तिकर्ताओं के एक समूह से गैस खरीदती और इसे उपभोक्ताओं के एक समूह को बेचती। एनरॉन ने दी गई सेवा के साथ-साथ मूल्यों में उतार-चढ़ाव जैसे संयुक्त जोखिमों को सोखने के लिए एक शुल्क लगाया। इस तरह से यह एक ऊर्जा कारोबारी बन गई और साथ ही ऊर्जा-व्युत्पन्न उत्पादों का निर्माण किया। बेहतर परिणामों को दिखाने के लिए

इसने अनेक धोखापूर्ण सौदों तथा संरचनाओं को तैयार किया, जिसमें से कुछ क्लिष्ट तथा पेचीदा थे। जब धोखापूर्ण गतिविधियाँ प्रकाश में आई तो एनरॉन के शेयर लुढ़क गए तथा 2001 के अंत में कंपनी को दिवालिया दाखिल करना पड़ा। जिनको नुकसान हुआ था, उन्हें मुआवजा देने के लिए इसकी शेष असेट्स को नियन्त्रण में लिया गया। सितम्बर 2008 में सम्बंधित अमेरिकी जिला न्यायालय ने एनरॉन के शेयर धारकों को जिनकी कंपनी में संपत्ति घपले की वजह से ध्वस्त हो जाने के कारण मूल्यहीन हो गई थी, 7.2 बिलियन डॉलर मुआवजे के रूप में दिये गये। इसके पूर्व सीईओ केनेथ ले की सजा के इंतजार के दौरान मृत्यु हो गई। इसके पूर्व सीईओ तथा सीओओ (चीफ प्रवर्तन / परिचालन अधिकारी) जेफरी स्किलिंग को 24 वर्ष की कैद हुई।

बहु उत्पादों के राजस्व वितरण पद्धति के साथ छेड़छाड़

क्या आपने ध्यान दिया है कि रेजर, ब्लेडस की तुलना में सस्ते में मिलते हैं? यह निर्माताओं के द्वारा मुख्य उत्पाद को सस्ता बेचने की अपनायी गई विपणन रणनीति है, ताकि वे इसके सह-उत्पादों को बेच कर लाभ कमा सके। कंपनी कभी-कभी उन सह-उत्पादों को बेचती हैं, जहाँ एक उत्पाद की बिक्री दूसरे की बिक्री में मदद करती है। मोबाइल कंपनियों के मामले में वे हैंडसेटों को निःशुल्क या नाममात्र दर पर बेच सकती हैं और लागत तथा राजस्व को उपभोक्ता के साथ लंबी अवधि के मोबाइल अनुबंधों की बिक्री के द्वारा वसूल सकती हैं।

दो उत्पादों से प्राप्त राजस्वों को उनके राजस्व वितरण अनुमानोंके आधार कंपनी के लेखा खाताओं में मान्यता दिए जाने की आवश्यकता होती है। इसका अर्थ है कि हैंडसेट के राजस्व की स्वीकृति इसके अनुबंध मूल्य (अग्रिम राजस्व) पर आधारित होनी चाहिए और मोबाइल सेवा अनुबंध राजस्व की अनुबंध की अवधि के दौरान (विस्तृत राजस्व)।

यदि दो उत्पादों के राजस्व वितरण के आधार के बीच में छेड़छाड़ की जाए तो राजस्व को एक ज्यादा लंबी अवधि तक विस्तृत करने की जगह पहले के वर्षों में अग्रिम करने की एक संभावना होती है। ऐसी अनियमितताएँ वितरण पद्धति में अथवा सह-उत्पादों के मामले में अनुबंध की शर्तों में परिवर्तन कर किया जा सकता है।

2006 में एक जापानी टेलीकॉम कंपनी **सॉफ्टबैंक** ने अपने मोबाइल फोन कारोबार (जिसे इसने वोडाफोन से इसी वर्ष से अधिग्रहित किया था) में इसके हैंडसेटों तथा मासिक मोबाइल सेवा में राजस्व वितरण की पद्धति इस तरह बदल दी कि इसने हैंडसेटों को ज्यादा राजस्व वितरित किया। इसके राजस्व को अग्रिम करने में मदद मिली। वोडाफोन के मोबाइल प्रभाग का अधिग्रहण करने के तुरंत बाद इसके परिचालन लाभ को 3% से 11% तक ले

जाने के लिए यह अचानक किया गया, हालांकि इसके कारोबार में कोई उल्लेखनीय सुधार नहीं हुआ था।

बिल एंड होल्ड: बिक्री को ग्राहक को भेजने से पहले दस्तावेजित करें

यह सामान्य समझ है कि माल को खरीददार को भेजने के बाद या जब सामान के स्वामित्व को विक्रेता से ग्राहक को हस्तांतरित कर दिया जाए, राजस्व को उसके बाद ही दर्ज किया जाए। यदि माल विक्रेता के पास ही है और वह उनके जोखिमों के लिए जिम्मेदार रहता है, तो किसी बिक्री को दस्तावेजित नहीं किया जा सकता है।

कभी-कभी लेखा पुस्तकों में उत्पादों को भेजने से पहले ही बिक्री को दस्तावेजित कर दिया जाता है। इस मैनेजमेंट में माल के खरीददारों को बिल भेज देना शामिल होता है, लेकिन विक्रेता ग्राहक को सामान बिना भेजे अपने पास ग्राहक की ओर से रख लेता है। यह सामान्य तौर पर *बिल एंड होल्ड* सौदा कहलाता है।

यदि बिल एंड होल्ड व्यवस्था विक्रय के रूप में रिकॉर्ड की जाती है, तो (i) खरीददार की तरफ़ सेविक्रेता ने उसके पास माल रखने की माँग खरीददार से होनी चाहिये, उसके विपरीत नहीं, (ii) माल के स्वामित्व से सम्बंधित पारितोषिकों एवं जोखिमों को ग्राहक को हस्तांतरित करना चाहिए, (iii) आदेशित माल को ग्राहक की माल सूची से अलग कर देना चाहिए तथा (iv) वे पूर्ण तथा भेजने के लिए तैयार होने चाहिए।

यह जाँचना जरूरी होता है कि पूर्व बिल एंड होल्ड वाली व्यवस्थाओं का क्या हुआ और क्या वे एक समुचित समयावधि में विक्रय में परिणत हो गए। इस परिकल्पना का सामान्य से ज्यादा बिक्री दिखलाने के लिए लेखांकन धोखाधड़ी में उपयोग किया जा सकता है।

टेलीसंचार उपकरणों के निर्माता **नॉर्टेल नेटवर्क्स** के द्वारा 2000 के अंत-से प्रारंभिक 2001 में अपने विक्रय राजस्व के लक्ष्यों को पूरा करने के लिए 1 बिलियन डॉलर से ज्यादा राजस्व को धोखे से बढ़ाने के लिए बिल एंड होल्ड पद्धति का व्यापक रूप से उपयोग किया गया। इसने 2000 में कंपनी को इक्विटी बाजार की आशाओं के अनुरूप अपने परिणामों को लाने तथा इसके राजस्वों में काफ़ी वृद्धि दिखलाने में मदद की।

नॉर्टेल नेटवर्क ने क्या किया? जब इसके प्रबंधन ने महसूस किया कि कंपनी 2000 के अंत के अपने राजस्व लक्ष्यों को पूरा नहीं कर पाएगी, तो इसने एक धूर्त योजना बनाई। इसने

लाखों डॉलर का माल जो गोदाम में पड़ा था, उसका उपयोग करने के लिए कार्य करना प्रारंभ कर दिया। नवम्बर 2000 में कंपनी के सेल्समैनों ने उन उपभोक्ताओं से संपर्क किया जिन्होंने पहले आदेश दे रखा था और उनसे बिल एंड होल्ड पत्रों को ले लिया। नॉर्टेल ने अपने ग्राहकों को मूल्यों में छूट दे कर तथा ब्याज में स्थगन तथा उनके बिलों की अवधि को बढ़ाने का प्रस्ताव देकर प्रोत्साहित भी किया। अपने विक्रय लक्ष्यों को प्राप्त करने के मैनेजमेंट के उद्देश्यों को गलत तरीकों से प्राप्त कर लिया गया।

नॉर्टेल ने 2000–03 के बीच अपने बिल एंड होल्ड राजस्व को बढ़ा कर एवं इसे *कुकी जार रिजर्व्ज* का उपयोग कर अनेक लेखांकन धोखाधड़ियों को किया। अक्टूबर 2007 में इसने 35 मिलियन डॉलर का भुगतान लेखांकन घोटाले के निपटान के लिए किया।

चैनल स्टफिंग: जब ग्राहक का भुगतान का कोई उद्देश्य नहीं हो तब माल भेजना

एसईसी के जाँच निदेशक ने कहा, 'दो साल के लिए **ब्रिस्टल-माइर्स स्क्विब कंपनी** (बीएमएस) ने बाजार को यह विश्वास दिला कर धोखा दिया कि यह अपने वित्तीय अनुमानों तथा बाजार की आशाओं को पूरा कर रही है। वास्तविकता में कंपनी अपनी संख्याओं को मुख्यतः चॅनल स्टफिंग तथा प्रहस्तनीय लेखांकन उपकरणों के द्वारा बना रही थी।' बडे दवा उद्योजक बीएमएसने 2000–01 की तिमाहियों के अंत में अपने उत्पादों के अतिरिक्त स्टॉकों को वितरण माध्यमों में भर कर अपने लाभों कर बढ़ा-चढ़ा कर दिखाया। अपने थोक वितरकों को उनकी माँग के पहले ही अपने दवा उत्पादों को बेच कर अपने लक्ष्यों को पूरा करने लिए यह किया गया। ब्रिस्टल-माइर्स ने अपने दो सबसे बड़े थोक व्यापारियों को 1.5 बिलियन डॉलर की अनुचित बिक्री की। इसने डीलरों को अतिरिक्त भंडार तथा ज्यादा माल रखने के लिए रखने की लागत की क्षतिपूर्ति की। कहने की आवश्यकता नहीं है कि अतिरिक्त थोक माल का परिणाम कंपनी की भविष्य की आय की संभावना पर गंभीर खतरे के मंडराने में हुआ, क्योंकि बाद के समय की बिक्रियाँ कम होतीं क्योंकि इस समय की बिक्रियों को आगे खींच लिया गया था।

2000–01 में अपनी लेखांकन जालसाजी के बाद ब्रिस्टल-माइर्स ने 150 मिलियन डॉलर्स का जुर्माना अदा किया और कई उपयुक्त उपाय करने का वचन दिया।

बिक्री को बढ़ा-चढ़ा कर दिखाने का एक लोकप्रिय तरीका विक्रेता के द्वारा ग्राहक को बहुत सस्ते दामों पर माल बेचकर वहाँ माल का ढ़ेर लगाना (डम्पिंग) है, जैसा कि **पेरेग्रीन** ने किया। जहाँ एक समुचित अंतराल में भुगतान होने की स्पष्ट समझ या संभावना के बिना ही माल भेजकर उस बिक्री को हिसाब में लाना भी धोखाधड़ीपूर्ण गतिविधि है। *चैनेल स्टफिंग* इस परिघटना के लिए उपयोग किया जाने वाला शब्द है।

माल भेजने को विक्रय के रूप में मान्यता देने के मापदंडों में से एक स्पष्ट मापदंड यह है कि उपभोक्ताओं को उन्हें सुपुर्द किए गए माल के लिए भुगतान करना चाहिए। यदि ग्राहक (i) भुगतान में सक्षम नहीं है, (ii) उसका भुगतान करने का कोई इरादा नहीं है या (iii) एक आपसी समझ है कि जब भी वे चाहें, वे माल को लौटा सकते हैं, तो ऐसों को लेखांकन मानकों के अंतर्गत *विक्रय* नहीं माना जा सकता है। अनेक कंपनियों ने बिक्री को बढ़ाने के इस विधि का अनुपालन किया है।

यहाँ तक कि **आईबीएम**ने भी छद्म बिक्रियों को दस्तावेजित किया था। 2000 तथा 2001 में कंपनी ने लगभग 280 मिलियन डॉलर का राजस्व दस्तावेजित किया, इसका एक अच्छा-खासा भाग *पार्श्व पत्रों (साईड लेटर्स)* का प्रयोग था। (*पार्श्व पत्र* दो पक्षों के बीच इस उद्देश्य से की गईं गोपनीय व्यवस्थाएँ हैं कि, इसके हिस्से लेखापरीक्षक सहित बाहरी दुनिया के सामने आमतौर नहीं प्रकट किए जाएंगे)। आईबीएम ने पार्श्व पत्रों के माध्यम से अपने ग्राहकों को भेजे गए माल को लौटा देने का अधिकार दे दिया। इसने पूरी दुनिया भर में इस उपयोग किया। उदाहरण के लिए, दिसम्बर 2000 में इसकी छोटी दुकानों ने अपने कारोबारी सहयोगी को पार्श्व पत्र के माध्यम से प्रिंटरों को लौटाने का पूरा अधिकार देते हुए, प्रिंटरों की बिक्री को दस्तावेजित कर लिया; 9 मिलियन डॉलर को अनुचित तरीके से विक्रय के रूप में मान्यता दी गई और इसने आईबीएम के रिटेल स्टोरों को उनके साल भर के लक्ष्योंको पार कर जाने में सक्षम बना दिया।

2000 तथा 2001 इन दो वर्षों के दौरान आईबीएम ने लेखा खातों का मिथ्या रिकॉर्ड रखा, जिसमें गलत प्रस्तुति के अनेक मामले थे। यह 7 मिलियन डॉलर का जुर्माना देने पर राजी हो गया।

एक और उदाहरण **कोका-कोला** द्वारा 1997 में अपनी बिक्री को आगे की अवधि में खींच कर लाने में प्रयुक्त *गैलन पुशिंग* था, जो कुछ और नहीं बल्कि *चैनेल स्टफिंग* है। इसे करने के लिए इसके जापानी बॉटलरों को पेय सांद्रों की ज्यादा मात्रा खरीदने के लिए वर्धित कर्ज सीमाओं का प्रस्ताव दिया गया, जिसे बॉटलर सामान्य तौर पर अगली तिमाही तक नहीं खरीदते। इस *गैलन पुशिंग* (कोका-कोला अपने खरीददारों को सकेंद्रित सार के गैलन्स

को बेचता है, जिसके चलते यह नाम है!) के परिणामस्वरूप जापानी बॉटलरों का माल उनकी सामान्य विक्रय आवश्यकताओं की पाँच गुनादर से बढ़ गया।

इसके आय अनुमान पूर्ण हो जाएं यह सुनिश्चित करने के लिए 1997–99 की बारह तिमाहियों में से आठ के दौरान कोका-कोला चैनेल स्टफिंग गतिविधियों में संलग्न रहा। इसने अपनी गैलन पुशिंग गतिविधि का अपनी आवधिक रिपोर्टों में खुलासा नहीं किया।

इन सबके ऊपर प्रारंभिक 2000 में कंपनी ने घोषणा की, कि यह दुनियाभर के अपने मालों को घटाने के लिए कदम उठाएगी और इसका इसके भविष्य की तिमाहियों के आय पर एक प्रभाव पड़ेगा। यह असत्य था। यह अपने माल को नहीं घटा रही थी, बल्कि इसने अपने पिछले दो साल के गलत कामों को सुधारने का निश्चय किया था।

2005 में चैनल स्टफिंग – प्रवाह भराई के माध्यम से लेखांकन जालसाजी के मामले में कोका-कोला, प्राप्त निष्कर्षों से बिना सहमत या असहमत हुए (जो कि सामान्य चलन है) जब्त करे–तथा–छोड़ें आदेश पर सहमति जताते हुए एवं अपने आंतरिक समीक्षा प्रक्रिया को भविष्य के उल्लंघनों के रोकथाम करने के लिए सशक्त बनाते हुए एसईसी का निर्णय स्वीकार किया।

राउंड ट्रिपिंग तथा ग्राहकों को नकद उपलब्ध कराना

डोनट विक्रेता **क्रिस्पी-क्रीम** के वरिष्ठ प्रबंधन की एक *प्रोत्साहन योजना* थी, जिसे प्रति शेयर आय (ईपीएस) के लक्ष्य को पूरा करने के बाद शुरू किया गया था। इस प्रोत्साहन का लक्ष्य बाजार को उपलब्ध कराए गए ईपीएस निर्देशन और इसके अलावा 1% था।

2003 के प्रारंभ में कंपनी ने बिक्री को धीमा होते पाया। इसने एक लेखांकन जालसाजी को प्रारंभ कर दिया। इसके प्रबंधन ने *राउंड ट्रिपिंग* की एक बड़ी योजना का जाल रचा।

2003–04 के दौरान क्रिस्पी-क्रीम ने फ्रेंचाइजी कार्य को प्राप्त करने का शुल्क बढ़ा दिया। फ्रेंचाइजी के द्वारा अतिरिक्त शुल्क को इसके मुख्य क्रिस्पी-क्रीम से भविष्य की आपूर्तियों की खरीद में उपयोग किया गया।

लेखांकन दृष्टि से इस व्यवस्था ने क्रिस्पी-क्रीम के लिए भली-भांती कार्य किया। विक्रेता की प्राप्ति में लगा अतिरिक्त शुल्क फ्रेंचाइजी के लिए *पूंजी लागत* थी और इसे उसकी आय से नहीं घटाया गया। क्रिस्पी-क्रीम के द्वारा कारोबार की खरीद पर फ्रेंचाइजी (विक्रेता) पर लगाये गये अतिरिक्त शुल्क को विक्रेता के द्वारा क्रिस्पी-क्रीम से भविष्य में आपूर्तियों के लिए उपयोग किया गया। विक्रेता द्वारा दी गई राशि कंपनी के खातों में एक *आय* के रूप में दिखाई गई। यह एक गोल–गोल सौदा–राउंड ट्रिपिंग तथा धोखाधड़ी की पूर्ण गतिविधि थी।

क्रिस्पी-क्रीम ने क्या किया? जून 2003 में इसने 65 मिलियन डॉलर की सहमत राशि में एक विक्रेता के टेक्सास कारोबार का अधिग्रहण करने का सौदा किया। परन्तु इसने 65.8 मिलियन डॉलर का अर्थात 0.8 मिलियन का ज्यादा भुगतान किया। 0.8 मिलियन डॉलर की अतिरिक्त राशि का उपयोग विक्रेता के द्वारा क्रिस्पी-क्रीम से सामानों की खरीददारी में किया गया और इस राशि को 2003 की जून की तिमाही में कंपनी के द्वारा एक आय रूप में प्रदर्शित किया गया। इसने इसके वित्तीय प्रदर्शन को सुधारने में मदद की। अक्टूबर 2003 में एक और ऐसे अधिग्रहण में अतिरिक्त शुल्क क्रिस्पी-क्रीम के पास *प्रबंधन शुल्क* के रूप में वापस आ गया, जिसे इसकी आय विवरणी में इसकी तीसरी तिमाही के परिणामों में बढ़ते हुए आय के रूप में दिखाया गया। दोनों गोल-गोल प्रदक्षिणा तथा अवैध सौदे थे।

क्रिस्पी-क्रीम ने 2003 तथा 2004 के लिए 11 मिलियन डॉलर लाभ की गलत सूचना में सुधार करते हुए अपने वित्तीय विवरणों को फिर से जाहिर किया।

गोल-गोल प्रदक्षिणा धोखापूर्ण क्यों है? खरीद और बिक्री सुरक्षित दूरीपर होनी चाहिए। खरीददारों को खरीद मूल्य को स्वतंत्र रूप से तय करने तथा अपने संसाधनों से इसके भुगतान की स्थिति में होने के लिए विक्रेता के प्रभाव में नहीं होना चाहिए। परन्तु, यदि विक्रेता खरीददारों को खरीद के लिए प्रत्यक्ष अथवा परोक्ष रूप से वित्त पोषण करते हैं तो धोखाधड़ी हो सकती है क्योंकि विक्रेताओं का उनके द्वारा उपलब्ध कराए गए धन के कारण बिक्री के ऊपर नियंत्रण हो जाता है। यह व्यवस्था में सुरक्षित दूरी अवधारणा को बेअसर कर देगा।

ऐसे सौदों का सामान्य प्रायोजन विक्रेताओं से ज्यादा ऊँचे बिक्री राजस्वों को प्रदर्शित करना तथा खरीददारों को उपलब्ध कराए गए वित्त पोषण को छिपाना होता है। इस तरह की गोल-गोल सौदे में विक्रेता द्वारा क्रेता को धन देना शामिल होता है, जो बिक्री पूर्ण हो जाने पर विक्रेता के पास वापस लौट आता है। ऐसे सौदों को संरचित करने के लिए कोई कंपनी कैसे इतनी मक्कार हो सकती है? लेकिन यह होता है।

एओएल तथा टाइम वार्नर

मध्य 2000 के आसपास जब एओएल तथा टाइम वार्नर का विलय विचाराधीन था, तब इंटरनेट-सम्बंधी कारोबारों के शेयर मूल्य ध्वस्त हो गए। अनेक कारकों में से

ऑनलाइन विज्ञापन की बिक्री घट गई तथा नए ऑनलाइन ग्राहकों की वृद्धि की दर को धक्का लगा।

इस अवधि के दौरान एओएल अपने राजस्व तथा लाभों को बढ़ाने के लिए गोल-गोल प्रदक्षिणा में शामिल रहा।

इन सौदों का सार था एओएल ने खुद के धन को विज्ञापन राजस्व की नकली रसीद बनाने के लिए उपयोग करना, जिसने इसे इसके आंतरिक राजस्व के लक्ष्यों तथा विश्लेषकों की आशाओं के अनुरूप पहुँच पाने में मदद की। इसने एओएल को अपने कारोबार में धीमापन (अन्य इंटरनेट कंपनियाँ भी जिसका सामना कर रही थीं) को छिपाने में मदद की।

एओएलने अनेक गोल-गोल प्रदक्षिणा पद्धति का कई बार उपयोग किया। इसकी एक तकनीक में उन खरीदों पर मिलने वाली छूट न लेना शामिल था जिनका नए विज्ञापनों के साथ विनिमय किया गया था। विक्रेता से माल खरीदने तथा सेवाओं को प्राप्त करते समय एओएल ने या तो खरीद मूल्य को बढ़ा दिया या पारक्रमित छूटों को छोड़ने की व्यवस्था कर दी। बदले में विक्रेता ने ऑनलाईन विज्ञापनों को बढ़े हुए मूल्य अथवा छोडी हुई छूट के साथ खरीद लिया। उदाहरण के लिए 250 मिलियन डॉलर के कम्प्यूटर हार्डवेयरों की खरीद पर एओएल ने 15% या 37.5 मिलियन डॉलर की छूट प्राप्त की। अपने ऑनलाइन विज्ञापन राजस्व को बढ़ाने के लिए यह छूट को छोड़ने के लिए तैयार हो गया था। इसने उपकरण के लिए 250 मिलियन डॉलर का भुगतान किया। बदले में विक्रेता 37.5 मिलियन डॉलर का विज्ञापन खरीदने के लिए तैयार हो गया। परिणामस्वरूप, एओएलने धोखेबाजी से विज्ञापन से राजस्व को बढ़ा लिया।

एक इंटरनेट सेवा कंपनी एओएल तथा मीडिया मनोरंजन कंपनी टाइम वार्नर ने जनवरी 2000 में इस विलय की घोषणा की। इस विलय के द्वारा जनवरी 2001 में एओएल टाइम वार्नर इंक. की स्थापना हुई। विलयित कंपनी का बाजार मूल्य लगभग 200 बिलियन डॉलर था – उस समय यह, यदि दुनिया का नहीं हो तो, अमेरिका के इतिहास का सबसे बड़ा विलय था। इसे पुराने और नए युग की संधि के रूप में कारोबार की चतुर युक्ति कहकर भूरी-भूरी प्रशंसा की गई। लेकिन डॉट-कॉम बुलबुले के फूटने, विलय के पश्चात असफल सहक्रियात्मक लाभों का परिणाम इस सौदे के ध्वस्त होने तथा 2002 में 100 बिलियन डॉलर के आज तक के सबसे बड़े कॉर्पोरेट नुकसान के रूप में हुआ। अक्टूबर 2003 में विलयित कंपनी ने अपने आद्याक्षरों में से एओएल हटा दिया और इसे टाइम वार्नर इंक. कर दिया। एओएल का विलय अमेरिका में सबसे बड़ी कॉर्पोरेट आपदा साबित हुई।

जीई

जीई जैसी कंपनियों ने वित्त की व्यवस्था कर और माल भेज कर अपने विक्रय को बढ़ा कर सूचित किया है।

जीई ने जो किया वह कुछ ऐसा था।

जीई की परिवहन प्रणाली वर्धित बिक्री दिखाना चाहती थी। यह 2002 की चौथी तिमाही तथा 2003 में रेलपथ अंतिम उपयोगकर्ता को इसके उत्पादों (रेल-इंजनों) की अच्छी-खासी संख्या को बेचने में मदद लेने के हेतु अपनी समूह कंपनी, जीई कैपिटल मार्केट्स समूह के पास पहुँची और अपने ग्राहकों को अपनी खरीदों को बाद की तिमाहियों तक विलंबित करने को कहा। जीई कैपिटल मार्केट्स ने *वित्तीय मध्यस्थों* (जो जीई कैपिटल मार्केट्स समूह के साथ कारोबार कर रहे थे) के रूप में तथा-कथित ग्राहकों की व्यवस्था की, जिन्हें जीई ट्रांसपोर्टेशन रेल-इंजन बेचती। ये वित्तीय *मध्यस्थ* आगामी तिमाहियों में इसके रेल पथ ग्राहकों को रेल-इंजन बेच देते। वित्तीय बिचौलियों को लाभ रेल-इंजन को ज्यादा ऊँचे मूल्यों पर बेच कर नहीं, बल्कि जीई पर कुछ अग्रिम शुल्क को लगा कर कमाना था। जीईने रेल-इंजनों पर लगे धन, भंडारण तथा बीमा की प्रतिपूर्ति हेतु राजी होते हुए *मध्यस्थों* को पार्श्वपत्र भी दे दिए थे।

कोई विक्रेता किसी खरीददार के भंडारण लागत तथा बीमा के लिए कैसे जिम्मेदार हो सकता है?

स्पष्ट रूपसे, *वित्तीय मध्यस्थों* को की गयी यह बिक्रियाँ राजस्व नहीं मानी जा सकती है, क्योंकि तथाकथित *ग्राहकों (मध्यस्थों*) ने स्वामित्व नहीं लिया तथा रेल-इंजनोंके स्वामित्व की जोखिमों को नहीं अपनाया। इन *संरचित* खरीदों को शामिल करने से जीई परिवहन इकाई को अपनी बिक्रियों तथा लाभों को बढ़ाने में मदद मिली।

जुलाई 2007 में जीई ने समन्वय करके तथा 2002 तथा 2003 की संगत तिमाहियों के, पूर्व वित्तीय विवरणों को पुनःकथित कर इन गलत संरचनाओं में सुधार किया।

टाइको इंटरनेशनल

1998 तथा 2002 के बीच टाइको के द्वारा की गई अनेक लेखांकन जालसाजियों में एक थी बिक्री का वित्त पोषण। सुरक्षा निगरानी उपकरणों की खरीददारी के दौरान कंपनी ने अपना खरीद मूल्य बढ़ा दिया; इस खरीद मूल्य में वृद्धि को समायोजित करते हुए इसे संगत रूप से विक्रेताओं को बिल में डाल दिया गया।

उदाहरण के लिए, मान लें कि उपकरण का सामान्य खरीद मूल्य 100 डॉलर था, लेकिन विक्रेता के साथ एक विशेष समझौते के द्वारा इसका मूल्य 120 डॉलर कर दिया गया। अतिरिक्त 20 डॉलर खरीद मूल्य का समन्वय करके 20 डॉलर के संगत मूल्य के विक्रय बिलों के द्वारा कंपनी के राजस्व आंकड़ों की बेहतर तस्वीर प्रदर्शित करने के लिए कर दिया गया। इस अवधि के दौरान टाइको ने अपने राजस्व को 567 मिलियन डॉलर बढ़ा कर बताया।

एसईसी के द्वारा इसकी गंभीर लेखांकन जालसाजियों का पता लगाने के बाद 2007 में टाइको ने स्वयं को तीन स्वतंत्र कंपनियों में विभाजित कर दिया – (i) टीई कनेक्टिविटी लि. (डाटा तथा विद्युत सम्बंध, व संरक्षण) (ii) कोविडिन लि. (स्वास्थ्य देखभाल उत्पाद) तथा (iii) टाइको इंटरनेशनल लि. (अग्निशमन तथा सुरक्षा प्रणालियाँ)। कंपनी ने एसईसी द्वारा लगाए गए 3 बिलियन डॉलर के जुर्माने का भुगतान करना स्वीकार कर लिया। इसके सीईओ तथा सीएफओ दोनों को कारावास की सजा हुई। इसके लेखापरीक्षक पीडब्ल्यूसी ने भी निवेशकों के दावों के निपटान के लिए 225 मिलियन डॉलर देना स्वीकार कर लिया। दुर्भाग्यवश, टाइको ने अपनी गलतियों से सीख नहीं ली और 2006–09 के दौरान इसने एक और लेखांकन जालसाजी की तथा उसे 13 मिलियन डॉलर का जुर्माना भरना पड़ा।

गैर-एकत्रीकरण अर्थ-सहायता के द्वारा की गई बिक्री

कंपनी के द्वारा यह प्रभावित करने का सबसे आसान तरीका है कि किसी तरीके से यह दिखाना कि इसके राजस्व आंकड़े तेजी से दौड़ रहे हैं। विक्रय में वृद्धि के आंकड़े निवेशकों में अच्छे शगुन देते हैं।

लेखांकन बाजीगरियों के अनेक तरीकों में से एक तरीका सबसिडियरी कंपनियों की बिक्री शामिल करना है जिन्हें बिक्री बढ़ाने के इस लक्ष्य की पूर्ति के लिए उपयोग किया जा सकता है, यहाँ तक कि जब उन्हें पैतृक कंपनी में भी शामिल नहीं किया जा सकता है। सामान्य रूप से, यदि पैतृक कंपनी का अर्थ सहायता में 50% से ज्यादा भाग हो तो परवर्ती के विक्रय तथा परिणामों का एकत्रीकरण करने की आवश्यकता होती है। परन्तु, यदि पैतृक की शेयरधारिता कम है, तो एकत्रीकरण सामान्यरूप से उचित नहीं होता है।

जब पैतृक कंपनी आधे से कम शेयर धारण करती हो उस समय एक धोखापूर्ण गतिविधि, सहयोगियों के विक्रय को शामिल कर लेना है। इस तरह, उन अन्य कंपनियों की बिक्रियों को गलत तरीके से शामिल कर, जिन्हें पैतृक कंपनी के द्वारा धारित या नियंत्रित नहीं किया जाता है, कंपनी के वित्तीय स्वास्थ्य की गलत तस्वीर प्रदर्शित की जा सकती है।

2000–02 के दौरान डच कंपनी **रॉयल अहोल्ड** ने अपने उन संयुक्त उपक्रमों जिनमें इसका बहुमत शेयरधारिता या नियंत्रण भी नहीं था, की बिक्रियों तथा परिचालन लागतों को अपने राजस्व आंकड़ों में शामिल कर एक बड़ी धोखाधड़ी की। अहोल्ड ने अनेक संयुक्त उपक्रमों के वित्तीय विवरणों को अपने वित्तीय विवरणों में एकत्रित कर लिया, इस तथ्य के बावजूद कि उनमें 50% से कम शेयरों को वह धारण करता था तथा अहोल्ड एवं उसके संयुक्त उपक्रम सहयोगियों द्वारा संयुक्त नियंत्रण का करार था।

इन संयुक्त उपक्रमों के पूर्ण एकत्रीकरण को न्याय संगत सिद्ध करने के लिए इसने अपने लेखापरीक्षकों को संयुक्त उपक्रमों हेतु नकली *पार्श्वपत्रों* को उपलब्ध कराया। इन पर अहोल्ड तथा संयुक्त उपक्रम सहयोगियों के हस्ताक्षर थे और कहा गया था कि कंपनी उपक्रमों पर नियंत्रण करेगी। चूँकि ये पार्श्वपत्र जाली थे और जैसे ही इन पर हस्ताक्षर हो गए, पार्श्वपत्रों के अवयव अमान्य हैं, यह कहते हुए, अहोल्ड ने संयुक्त उपक्रमों को *निरस्तण पत्र* (रेसिशन लेटर्स) दे दिये। हालांकि, ये निरस्तण पत्र लेखापरीक्षकों को नहीं दिखाए गए थे।

इसने इसे अहोल्ड के वित्तीय परिणामों में अर्थ सहायक कंपनियों के विक्रय तथा लाभों को शामिल करनेमें सक्षम बना दिया। कंपनी ने 1999–2001 के वित्तीय वर्षों में अपनी बिक्री को अच्छा-खासा 26 बिलियन डॉलर तथा परिचालन लाभ को1 बिलियन डॉलर बढ़ा कर दिखाया।

अहोल्ड एसईसी के लेखांकन जालसाजी के आरोपों, को बिना स्वीकार किए या खंडन किए, जैसा कि सामान्य प्रक्रिया है, निपटान के लिए तैयार हो गया।

धोखापूर्ण विनिमय प्रणाली

माल या सेवा की बिक्री में धन या समतुल्य का आदान-प्रदान शामिल रहता है। एक विक्रेता के द्वारा एक क्रेता से गैर-मौद्रिक विधियों से भुगतान की पावती अनुचित नहीं होती है जब तक यह मुद्रा में गणनीय है। परंतु, यदि सामान या सेवा के लिए भुगतान झूठा तथा धोखापूर्ण हो, तो अगणनीय भुगतान शब्दावली में की गई *बिक्री* आय विवरण में नहीं दिखाई जा सकती हैं।

1999 तथा 2002 के बीच सॅन डियागो स्थित एक सॉफ्टवेयर कंपनी **पेरेग्रीन सिस्टम्स** ने अपने राजस्व को बढ़ाने के लिए अनेक छलपूर्ण तरीकों का प्रयोग किया। इनमें से एक मिथ्या *विनिमय* प्रणाली थी। कंपनी ने अपने कुछ ग्राहकों के साथ गैर-वित्तीय (विनिमय या अदला-बदली) लेनदेन में रत हो गई। यह सत्य है कि कुछ परिस्थितियों में गैर-वित्तीय

लेनदेनों को राजस्व के रूप में मान्यता दी जा सकती है, परन्तु पेरेग्रीन ने उन सौदों के राजस्वों को शामिल कर लिया जो लेखांकन नियमों के अधीन प्रायुज्य राजस्व-नियमों को पूरा नहीं करते थे। वस्तुतः पेरेग्रीन ने अपने उपभोक्ताओं को उन बेचे गए सॉफ्टवेयरों की बिक्री को दर्ज कर लिया जो लौटा दिए गए थे। किसी *राजस्व* को कैसे माना जा सकता है जब न तो धन या ना ही किसी ऐसे समतुल्य को प्राप्त किया गया, जिसे मापा या मूल्यांकित किया जा सके? यदि कंपनी के द्वारा अपने सामान या सेवाओं को वापस लिया गया, यदि मूल बिक्री को रद्द किया जाता है तो इसे ताजा बिक्री के रूप पुनःदस्तावेजित नहीं किया जा सकता है। क्या धोखेबाजी है!

नकली बिक्रियों को दिखाना: माल की तुरंत वापसी के लिए व्यवस्थाएँ

कंपनियों की लेखा-पुस्तकों में *राजस्व मान्यता* के मूल सिद्धांतों में से एक है कि माल या सेवा को अवश्य अंतर्भूत किया जाए। परन्तु, यदि ग्राहक तथा विक्रेता के बीच गुप्त समझौता हो कि आपूर्ति किए गए सामानों को लौटा दिया जाएगा, तो किसी बिक्री को नहीं दर्ज किया जा सकता है।

यदि खरीददार द्वारा लौटाए जा रहे माल की व्यवस्था को पर्दे के अंदर रखा जाए, तो मूल सुपुर्दगी को धोखेबाजी से बिक्री के रूप में प्रदर्शित किया जा सकता है।

जनरल मोटर्स ने इसके ऑटो पार्ट-निर्माता डेल्फी को 1999 में लाभ पहुँचाया। एक बार जब **डेल्फी कॉर्पोरेशन** स्वतंत्र निकाय बन गई, तो इसने 2000 एवं 2004 के बीच अनेक कपटपूर्ण लेखांकन गतिविधियों को अंजाम देना प्रारंभ कर दिया।

इनमें से एक था बिक्री को दर्ज कर लेना जबकि इसे बाद में वापस ले लेने की एक संगत व्यवस्था थी। 2000 की चौथी तिमाही में डेल्फी ने 270 मिलियन डॉलर की बिक्री को दर्ज किया। परन्तु, साथ-साथ यह अपने बेचे गए माल को मूल दाम तथा ब्याज एवं संरचना लागत के साथ अगली तिमाही में पुन: खरीद के लिए राजी थी। माल को वापस लेने की तुरंत वापसी की व्यवस्था के बावजूद डेल्फी ने इस तरह 2000 की चौथी तिमाही में बिक्री को बढ़ा-चढ़ा कर दिखाते हुए अपने आय विवरण में 270 मिलियन डॉलर बिक्री दर्ज की। यह एक धोखेबाजी थी।

जाली बिक्रियों को दिखाना: ग्राहक के साथ 'पारस्परिक' व्यवस्था

जब ग्राहक से समान मूल्य के कुछ को खरीदने का संगत समझौता हो, जब इसके बारे में कोई खुलासा नहीं हो तो किन्हीं बिक्रियों को कैसे दिखाया जा सकता है, यह एक विचित्र योजना है।

टेलीसंचार कंपनी **ग्लोबल क्रॉसिंग्स** वैश्विक फाइबर-ऑप्टिक्स नेटवर्कों का अधिग्रहण करने तथा फाइबर-ऑप्टिक्स क्षमता तथा नेटवर्क पर टेलीसंचार सेवाओं को अन्य टेलीसंचार सेवा प्रदाताओं को बेचने के कारोबार में थी। 2001 के प्रथम अर्ध में इसने अन्य वाहकों को टेलीसंचार क्षमता बेच दी। यह इसके द्वारा उसी वाहक से क्षमता खरीदने से संबद्ध थी और इस तरह यह मूलतः *परस्पर सौदा* था।

इस अवधि में बाजार की मुश्किल परिस्थितियों के आलोक में गोल्बल क्रॉसिंग्स अपने राजस्व के महत्वपूर्ण स्रोत के रूप में क्रमशः परस्पर सौदों पर निर्भर करने लगी। इसने इस बिक्री तथा संगत परस्पर व्यवस्थाओं का खुलासा नहीं किया, लेकिन बिक्री को वित्तीय विवरणों में गलत तरीके से प्रदर्शित करते हुए दर्ज कर लिया कि इसने अपने विक्रय लक्ष्यों को प्राप्त कर लिया है। इन परस्पर सौदों के बिना ग्लोबल क्रॉसिंग्स प्रतिभूति विश्लेषकों के 2001 के प्रथम अर्ध के आंकड़ों तक नहीं पहुँच पाती। इसने कंपनी को इस अवधि के दौरान इसकी नकद प्रवाह स्थिति को सुधारने में मदद की, क्योंकि इसने अपने अधिकतर सौदों को नकद में पूरा किया था। इसने बाद की तिमाही में परस्पर खरीदों में इसका प्रयोग किया, लेकिन राशि का खुलासा नहीं किया।

इस प्रकार की धोखाधड़ी के कई परिणाम हैं। पहला, बिक्री से आ रहा नकद प्रवाह स्थिर नहीं होता है और उन्हें उन्हीं ग्राहकों से परस्पर खरीद करने में उपयोग करने की आवश्यकता होती है। दूसरा, विक्रय का परिमाण तथा विकास चिरस्थायी नहीं होते है, यह सिर्फ छोटी अवधि का उपाय होता है। तीसरा, और सबसे महत्वपूर्ण, दिखाए गए विक्रय वास्तविक नहीं होते हैं।

अप्रैल 2005 में इसके भविष्य के लेखांकन आंकड़ों का उल्लंघन करने के लिए ग्लोबल क्रॉसिंग्स पर जब्ती तथा निवृति आदेश को जारी किया गया। कंपनी के सीईओ, सीएफओ तथा उपाध्यक्ष, वित्त को निजी दीवानी जुर्माने के रूप में 100,000 डॉलर देना पड़े।

पश्चलेख

व्यवसायों को अपने उत्पादों को बेचने तथा उनकी आर्थिक गतिविधियों से लाभ कमाने के लिए स्थापित किया जाता है। जब सकारात्मक परिणामों को प्राप्त करने के प्रयास आशानुरूप हो जाने से चूक जाते हैं, तो कभी-कभी मनुष्य का मन अनचाही गतिविधियों की ओर झुक जाता है। असंदेहियों को बेवकूफ बनाने के लिए – अस्तित्वहीन बिक्री को दिखाना सर्वप्रथम तरीका है।

झूठी बिक्री प्रदर्शित करना

एक विशाल बाह्य विज्ञापन कर्ता कंपनी **पोस्टरस्कोप,** जो **ब्रिटिश एजिस समूह** का एक भाग है, के अध्यक्ष तथा वित्त निदेशक ने अपने लाभ के लिए लेखा खातों में जालसाजी का षड़्यंत्र रचा। इसने 2004 से 2009 के बीच या तो नकली बिक्री आंकड़ा या इसके द्वारा खरीदे गए सामानों तथा सेवाओं पर कृत्रिम छूटों को प्रदर्शित कर के 20 मिलियन डॉलर की गलत प्रविष्टियाँ की।

जबकि धन मनीप्लांटस पर नहीं उगता है, कुछ कॉर्पोरेट संगठन झूठी *बिक्री* दिखाते हैं। पोस्टरस्कोप एक ऐसा उदाहरण था।

कोई नकली या कृत्रिम बिक्री वह है जहाँ कोई वास्तविक बिक्री नहीं होती है। कोई माल या सेवा हस्तांतरित नहीं होती है और ग्राहक या विक्रेता के द्वारा कोई भी आदेश नहीं दिया गया है। और परिणामस्वरूप, कोई आय नहीं है। परन्तु, कंपनी के आय विवरण में बिक्री या आय दर्ज है। यह खुल्लमखुल्ला धोखाधड़ी है।

कुछ उदाहरण नीचे दिए गए हैं, जो यह दिखाते हैं कि कैसे कंपनियाँ अपनी वित्तीय स्थितियों की वास्तविक से ज्यादा अच्छी तस्वीर दिखाने की कोशिश करती हैं। और जब आप यह पढ़ रहे हैं, तो दुनिया में कहीं अनेक कोशिशें अवश्य जारी होंगी।

माल को बिना भेजे बिक्री को दिखाना

आईबीएम की वैशिष्ट्यपूर्ण ऐसी खोज जिसने लेखांकन क्षेत्रों में भी कार्य किया। 2000–01 के बीच आईबीएम ने स्वयं को माल बेचा और इसे वास्तविक बिक्री के रूप में दिखाया। इसने मालों को स्व-नियंत्रित गोदामों में हस्तांतरित कर दिया और इन्हें बिक्री के रूप में दर्ज कर दिया। इस में अपने ग्राहकों को बेचने की जगह इसके अपने गोदामों में भंडारित माल

की बिक्री को दर्ज करना शामिल था। दो सालों के दौरान ऐसी नकली बिक्रियों में शामिल राशि 170 मिलियन डॉलर थी। इन बिक्रियों को किसी विशेष तिमाही की सूचित आय को बढ़ाने के लिए प्रदर्शित किया गया और आगामी तिमाहियों में से एक में इसे सुधारा गया। इस धोखाधड़ी की पहचान आंतरिक रूप से की गई।

बिक्री एक वाणिज्यिक गतिविधि है, जिसमें किसी प्रतिफल, सामान्य तौर पर धन, के लिए ग्राहक से विक्रेता को मालों या सेवाओं का स्वामित्व हस्तांतरित किया जाता है। सामान्य तौर पर बिक्री को मान्यता नहीं दी जा सकती है जब तक कि उत्पाद की सुपुर्दगी न की गई हो। *सुपुर्दगी* तभी मानी जाती है जब ग्राहक ने स्वामित्व ले लिया हो और स्वामित्व से सम्बंधी जोखिमों तथा पारितोषिकों को ले लिया हो। परन्तु, जब इन में से कुछ भी नहीं हो तथा बिक्री को लेखा पुस्तकों में दिखाया जाए तो वह विक्रय नकली होता है।

जब नकली बिक्री को खातों में डाला जाता है, तो एक और संगत प्रविष्टि की आवश्यकता होती है। अतएव, जब धोखापूर्ण बिक्री को दर्ज किया जाता है तो तथाकथित सौदे के अन्य पक्ष को भी दर्ज किया जाता है, जो जालसाजी से पूर्ण है। [किसी 'लाभ एवं हानि' खाते में जमा के द्वारा राजस्व बढ़ाया जाता है, तो संगत *नामकर्ताओं* को भी बढ़ाने की आवश्यकता होती है, (खाता पत्र के सम्पत्ती भाग में नाम की प्रविष्टि) या अन्यथा, लेखाकंन की दोहरी प्रविष्टि प्रणाली अपूर्ण रहेगी।]

कंपनियाँ जैसे पेरेग्रीन तथा आईबीएम जिन्होंने अपने खातों में नकली बिक्री से जालसाजी की थी, सामान्य तौर पर ऋणियों को बढ़ा देती हैं। परन्तु, ऐसे भी उदाहरण हैं,जैसे **हेल्थसाउथ कॉर्पोरेशन,** जहाँ संगत *नाम* प्रविष्टि (सम्पत्ती भाग को बढ़ाने के लिए) नामकर्ता के खाताओं के स्थान पर *स्थिर संपत्ति* के लिए की गई। इसने उन लोगों, जो उपभोक्ताओं से देय का विश्लेषण कर रहे थे, की दृष्टि से बचने के एक प्रयास में ऋणियों की देय राशियों की अनावश्यक वृद्धि से बचा लिया।

अमेरिका के सबसे बड़े स्वास्थ्य देखभाल प्रदाताओं में से एक हेल्थसाउथ कॉर्पोरेशन 1986 में एक सार्वजनिक कंपनी बन गई और तब से यह अपने शेयर मूल्यों को कृत्रिम रूप से उच्च रखने के लिए अपनी बिक्री आंकड़ों से छेड़छाड़ कर रही है। परन्तु, 1999 तथा जून 2002 के बीच कंपनीने या तो अपने बिक्री आंकड़ों को बढ़ा कर दिखाया या नकली प्रविष्टियाँ कर के अपने खर्चों को1.4 बिलियन डॉलर कम करके दिखाए। संगतरूप से दोहरी-प्रविष्टि लेखांकन के अधीन, जहाँ एक दूसरी प्रविष्टि करना आवश्यक था, इसने *स्थिर सम्पत्ती भागके आंकड़ों* को कृत्रिम रूप से बढ़ा दिया। जबकि बिक्री में बढ़ोत्तरी को समान रूप से ऋणियों के बकाया आंकड़ों को बढ़ा देना चाहिए, लेकिन इस मामले में कंपनी ने प्रकट रूप से निवेशकों का ध्यान आकर्षित होने से बचने के लिए स्थिर संपत्ति आंकड़ों में

जालसाजी की। आय को बढ़ाचढ़ा कर दिखाने ने 2001 में इसके सूचित वास्तविक लाभ आंकड़ों में 4700% की भयंकर जालसाजी की!

स्वास्थ्य देखभाल कंपनी हेल्थसाउथने अपनी लेखांकन जालसाजी का पता चलने के बाद अपने परिचालन के आकार को छोटा कर दिया, लेकिन अपनी गतिविधि जारी रखी है और न्यूयार्क शेयर बाजार में सूचीबद्ध है।

सिंटैक्स–ब्रिलियन कॉर्पोरेशन

सिंटैक्स के मैनेजमेंट ने 2006 और 2008 के बीच कंपनी के विक्रय को बढ़ाने का निश्चय किया। सिंटैक्स नैसडैक शेयर बाजार में सूचीबद्ध था और धोखाधड़ी का प्रायोजन अपने शेयर मूल्यों को बढ़ा देना था, ताकि इसका वरिष्ठ व्यवस्थापक इसके बढ़ा कर दिखाए गए वित्तीय प्रदर्शन के आधार पर इसके शेयरों का भेदिया कारोबार कर लाभ अर्जित कर सके।

काफी विचित्र है कि जब सिंटैक्स का मैनेजमेंट बिक्री में जालसाजी करना चाहता था, तो इसने अपने लेखापरीक्षक की सहायता ली। रॉबर्ट चिऊ लेखापरीक्षक फर्म में एक हिस्सेदार था और उसने कंपनी के मैनेजमेंट को इसकी धोखापूर्ण गतिविधि में सलाह देने का निश्चय किया। (लेखापरीक्षकों के गलत कार्यों में सक्रिय रूप से सहभागी होने के बहुत से उदाहरण नहीं हैं, हालांकि परोक्ष रूप से उन्होंने कई बार किया है – जैसा कि इस पुस्तक में इधर-उधर दिए गए प्रमाणों से स्पष्ट है।)

चिऊ तथा सिंटैक्स के मैनेजमेंट ने एक योजना बनाई जिसमें (i) भेजे जाने वाले मालों के नकली दस्तावेज तथा नकली बिक्री रसीदें तथा (ii) सिंटैक्स, इसके प्रमुख निर्माता (ताइवान कोलि को.) तथा हांगकांग में तथाकथित उपभोक्ता (संक्षिप्त नाम स्कॉट) के बीच धन का गोल-गोल प्रदक्षिणा की सैर शामिल थे।

चूँकि बिक्रियाँ नकली थीं, इन बिक्रियों की वास्तविकता दिखाने के लिए सिंटैक्स को कुछ भुगतानों को पाना था। इसे कंपनी के द्वारा कोलिन को *टूलिंग* या टीवी के सांचों के लिए पैसे जमा करना दिखाते हुए धन भेज कर किया गया। इसके बाद कोलिन ने स्कॉट को भुगतान किया और स्कॉट ने सिंटैक्स को, ताकि धन सिंटैक्स के पास बिक्री बिलों के भुगतान के रूप में वापस आ जाए।

नकली ग्राहक स्कॉट को हांगकांग में स्थापित किया गया था ताकि बड़ी बिक्रियों को इस बहाने से वर्णित किया जा सके कि चीन में उत्पाद की मांग बिक्री को आकर्षित कर रही है। किसी को शंका नहीं थी कि चीन एक बड़ा बाजार नहीं है और इसलिए वर्धित विक्रय

आंकड़ो पर कोई प्रश्न नहीं किया गया, तब भी जब ये पिछले वर्ष की उसी तिमाही से लगभग 60% ज्यादा थे।

टैम्पे, एरिजोना में मुख्यालय वाला सिंटैक्स-ब्रिलायन *ओलिविया* ब्रांड के टीवी का विपणनकर्ता था। यह मुख्यतः अमरिका तथा तथाकथित रूप से चीन में टीवी बेचता था। लेखांकन जालसाजी का खुलासा कंपनी के बहुत ऊँचे तथा अस्थिर प्राप्य राशियों तथा एशिया में पर्याप्त वैधानिक बिक्रियों को उत्पादित करने में असफलता के कारण हुआ। लेखांकन जालसाजी के खुलासे के बाद जुलाई 2008 में कंपनी ने दिवालियावाद दाखिल किया। मई 2009 में एमर्सन रेडियो कॉर्पोरेशन ने सिंटैक्स से ओलिविया ब्रांड 1.3 मिलियन डॉलर में खरीद लिया।

रिबॉक इंडिया

यह आरोप लगा कि एडिडास समूह के भारतीय सहयोगी के सीईओ तथा सीओओ ने कंपनी के वित्तीय आंकड़ों से छेड़छाड़ की। इन आरोपों में नकली बिक्री तथा इसके लेखाखातों से लौटाए गए मालों को घटाना शामिल नहीं था। इस प्रकार बिक्री को बढ़ा-कर दिखाया गया।

इसके अतिरिक्त, चार गैर-उद्घोषित गोदाम थे, जहाँ रिबॉक की दुकानों से चोरी किए गए सामान सुरक्षित रखे जाते थे और कंपनी के सीईओ तथा सीओओ के निजी लाभ के लिए बेच दिए जाते थे – भारतीय पुलिस के अनुसार इनका मूल्य 11 करोड़ रुपए था (2 मिलियन डॉलर)।

जर्मन क्रीड़ा परिधान कंपनी एडिडास ने सूचना दी कि इसने मार्च 2013 में, 2012 में बढ़ा कर बताए गए 15 अरब रुपयों (270 मिलियन डॉलर) के बिक्री आंकड़ों को सुधार लिया है।

रिबॉक इंडिया के सीईओ, सीओओ तथा तीन अन्य को धोखाधड़ी में गिरफ्तार कर लिया गया। गंभीर धोखाधड़ी अनुसंधान कार्यालय इसकी जाँच कर रहा है।

दिखावटी बीमा प्रीमियम आय का सृजन

बीमा कंपनियाँ *(बीमाकर्ता)* उन उद्यमों या लोगों से बीमा प्रीमियम प्राप्त करती हैं, जिन्हें बीमा सुरक्षा दी जाती है *(बीमाकृत)*। प्रीमियम राशि बीमाकृत के लिए एक आय है। किसी बीमा अनुबंध के निपटान दावे बीमा कंपनियों द्वारा उठाए गए खर्च हैं।

बीमा कंपनियों द्वारा धोखाधड़ी प्रीमियमों के माध्यम से नकली आय दर्ज कर की जा सकती है, जो वास्तविकता कर्ज या कहीं और से प्राप्त जमा हो सकते हैं।

दो बीमा कंपनियाँ **एआईजी** तथा **जेन रे** ने 250 मिलियन डॉलर के दो नकली पुनःबीमा सौदों को संरचित किया। उनका उद्देश्य एआईजी के लेखा खातों में फेरपार कर 500 मिलियन डॉलर (250 मिलियन डॉलर 2000 में तथा 250 मिलियन डॉलर 2001 में) को दर्ज करना, इसके आय में सुधार करना तथा इसकी हानि आरक्षित निधि की स्थिति को लेकर विश्लेषकों की आलोचना से बचाने के लिए *हानि आरक्षित निधि* बनाना था। (*हानि आरक्षित निधि* तकनीकी रूप से भविष्य की किन्हीं हानियों के भुगतान हेतु उपयोग की जाने वाली निधि है। जितनी ज्यादा आरक्षित राशि है उतनी बेहतर बीमा कंपनी की वित्तीय स्थिति होगी, क्योंकि इसकी भविष्य की हानियाँ, यदि कोई हों, तो आरक्षित निधि से वित्त पोषित की जा सकती हैं और इससे वर्तमान वर्ष की आय प्रभावित नहीं होगी।)

तो कंपनी ने क्या किया? एआईजी ने जेन रे से दो पुनः–बीमा कारोबारों को प्राप्त किया (अर्थात, एआईजी ने जेन रे की जोखिमों को तथाकथित रूप से पुनः बीमाकृत किया। ऐसा करने के लिए जेन रे ने एआईजी को 500 मिलियन डॉलर का भुगतान करने का दायित्व लिया, हालांकि इसने उसे रकम का भुगतान नहीं किया। चूँकि सौदे दिखावटी थे, एआईजी ने किसी जोखिम को समाविष्ट नहीं किया। यदि किसी जोखिम का बहाना नहीं किया जाता, तो एआईजी 500 मिलियन डॉलर को हानि आरक्षण योगदान के रूप में प्रदर्शित नहीं कर सकता था। वास्तविकता में इन दोनों के बीच एक करार था कि कोई भी पक्ष कोई जोखिम ले नहीं रहा था या साझा नहीं कर रहा था। हानि आरक्षण योगदान कपटपूर्ण था और सौदे की वास्तविक प्रकृति को गलत प्रदर्शित करता था।

इन पेचीदा तथा घुमावदार सौदों को एआईजी तथा जेन रे की सहयोगियों द्वारा संभाला गया, ताकि इनका खुलासा नहीं हो सके। एआईजी के लेखा खातों में (भविष्य की संभावित ऊँची हानियों को अवशोषित करने के लिए) आरक्षित राशि का मिथ्या दिखावा 2005 तक जारी रहा, जब इसके वित्तीय खातों को सही स्थिति प्रदर्शित करने के लिए पुनःप्रस्तुत किया गया।

दुनिया के सबसे बड़े पुनः बीमाकर्ताओं में से एक जेन रे बर्कशायर हैथवे इंक. की एक सहयोगी है जिसके प्रमख शेयरधारक वॉरेन बफेट हैं। 2000 से 2004 तक इसकी धोखापूर्ण योजना के द्वारा अपने वित्तीय विवरणों में हेरफेर करने में एआईजी की मदद करने के आरोप में जेन रे ने 90 मिलियन डॉलर का जुर्माना देना स्वीकार कर लिया। इसने स्वीकार कर लिया कि एआईजी की सूचित हानि आरक्षित निधि को नकली रूप से बढ़ाने की योजना में इसका सीनियर मैनेजमेंट शामिल था।

नकली राजस्वों को दर्ज करने के लिए वित्तीय सहायक का उपयोग

पैतृक कंपनियाँ सामान्य तौर पर अपनी वित्तीय सहायक पर अच्छा नियंत्रण रखती हैं। लेखांकन नियमों के अनुसार, पैतृक तथा उनके सहयोगियों के बीच सौदे सुरक्षित दूरी से होने चाहिए। इसका अर्थ है कि पैतृक कंपनी को अपनी सहयोगियों को उन गतिविधियों में शामिल होने के लिए प्रभावित नहीं करे जो योग्य या समुचित नहीं हैं।

हालांकि कोई उद्दंड पैतृक कंपनी अपनी सहयोगियों के कार्यों में टाँग अड़ा सकती है और अपने नियंत्रक अभिरुचि के माध्यम से दबाव डाल सकती है इनमेंसे एक पद्धति दो कंपनियों के बीच बिक्री को प्रदर्शित करना या नहीं करना हो सकती है। सामान्य बुद्धिमत्ता कहती है जब माल को भेजा जाए तो बिक्री को दर्ज किया जाना चाहिए। परन्तु, यदि इसके साथ खेल किया जाए, तो धोखापूर्ण लेखांकन गतिविधि महसूस की जा सकता है।

अल्टिकॉम इंक का इसकी समूह की एक कंपनी **सीएनएस–इजराइल** को बिक्री संख्या के साथ खेलने का एक बेहतरीन समय था। 1998 से अप्रैल 2001 के बीच अल्टिकॉम निवेशकों के बीच एक स्थिर राजस्व बढ़त दिखाने के लिए अपने तथा सीएनएस–इजराइल के बीच एक अनुचित राजस्व मान्यता गतिविधियों में संलग्न रहा।

जब भी अल्टिकॉम बिक्री को छिपाना चाहता था, यह सीएनएस–इजराइल को भेजे गए माल को खारिज कर देने का निर्देश दे देता था, जबकि वास्तविकता में वे पूर्णतः स्वीकार्य होते थे। इसी तरह, अल्टिकॉम से भेजे गए मालों का बिना ख्याल किए कंपनियाँ दर्ज बिलों से बच लेतीं। यह एक उत्पात अफरा–तफरी थी।

उनके लक्ष्यित बिक्री आंकड़ों को पूरे करने के उद्देश्य से, कंपनियों की दो समूह कंपनियों के बीच किये सौदों की बिक्री आंकड़ों को उनकी इच्छाओं पर समंजित कर दिया जाता है। यदि उनकी बिक्री लक्ष्य को पार कर जातीं तो वे कुछ को दर्ज नहीं करते थे। यदि वे कभी कमी में होते तो पिछली तिमाहियों में दर्ज न किए गये आंकड़ों को कमी को पूरा करने के लिए दिखाते।

अल्टिकॉम दर्ज शिकायतों को बिना स्वीकार या अस्वीकार किए जालसाजीपूर्ण लेखांकन गतिविधियों में आगे संलग्न होने से बचने के लिए राजी हो गया।

बैंकों से लिए गए कर्ज को विक्रय के रूप प्रदर्शित करना

कर्ज वे ऋण हैं जो दायित्व हैं और उन्हें वापस करने की आवश्यकता होती है। कोई भी ऐसी चीज जो *दायित्व* है और पुनःभुगतनीय हैं, उन्हें किसी भी परिस्थिति में लेखा पुस्तकों में *आय* के रूप में नहीं प्रदर्शित किया जा सकता है।

चूँकि लिए गए कर्जों में धन का अंतः प्रवाह शामिल होता है, धोखेबाज कभी-कभी इसे विक्रय के साथ जोड़ देते हैं और जालसाजी से इसे अपने *राजस्व* के रूप में प्रदर्शित कर देते हैं।

2001 की चौथी तिमाही में अमेरिका आधारित ऑटो-पार्ट आपूर्तिकर्ता **डेल्फी कॉर्पोरेशन** ने एक आईटी कंपनी से लगभग 20 मिलियन डॉलर कंपनी को नए कारोबार प्राप्त करवाने के लिए मांगा। डेल्फी इस राशि को पाँच वर्षों में ब्याज सहित लौटाने के लिए राजी हो गया।

परन्तु, तिमाही के अपने लक्ष्यित वित्तीय परिणामों को प्राप्त करने के लिए डेल्फीने इस कर्ज को *दायित्व* की जगह पर अतीत के कारोबार पर गैर-वापसी-छूट के रूप में संसाधित किया। इसका अर्थ था कि एक कर्ज को अतिरिक्त छूट से प्राप्त आय के रूप में जालसाजी से दिखा कर तिमाही के आय को 20 मिलियन डॉलर बढ़ा कर दिखाया गया।

पश्चलेख

एक शोध रिपोर्ट को सारांशित करते हुए *न्यूयार्क टाइम्स* की टिप्पणी थी 'एक झूठी मुस्कान आपके स्वास्थ्य के लिए खराब हो सकती है... अप्रसन्नता को छिपाने के लिए एक नकली मुस्कान आपके मिजाज को ज्यादा खराब कर सकती है'। इसी तरह वित्तीय विवरणों में दर्ज नकली बिक्रियाँ, हालांकि तात्कालिक अस्थायी राहत पहुँचाती हैं, भविष्य में सच्चाई का सामना करना ही पड़ता है।

नकली विक्रेता घाटों को दर्ज करना

मालों तथा सेवाओं को खरीदते समय, विक्रेता अक्सर घाटों तथा रियायतों का प्रस्ताव देते हैं, जो सामान्यतः कुल खरीद के परिमाण पर आधारित होते हैं। खरीददार को प्रतिस्पर्धी मूल्यों पर मालों को खरीदने की जरूरत होती है, वे खरीदे गए सामानों पर मूल्य संवर्धन करते हैं तथा फिर उन्हें लाभ कमाने के लिए उस मूल्य पर बेचते हैं जो उसकी लागत से

ज्यादा होती है। यह एक सामान्य कारोबारी प्रक्रिया है। घाटें खरीद की लागत घटाने में मदद करती हैं।

घाटों को लेखा रिकार्डों में तभी दर्ज किया जा सकता है जब वे *एकत्रित* होते हैं या जब खरीद की गईं और घाटों को प्राप्त करने की शर्तों को पूरा कर लिया गया है।

मान लें कि कोई विक्रेता 5% की छूट सिर्फ तभी देता है जब किसी तिमाही में खरीद 10 मिलियन डॉलर से ज्यादा हो। यह मानते हुए कि किसी विशेष तिमाही में खरीद मूल्य सिर्फ 6 मिलियन डॉलर हैं, किसी छूट का दावा नहीं किया जाता है। परन्तु, यदि किसी खरीदी हुई कंपनी के द्वारा गलत तरीके से छूट को इस आधार पर दर्ज कर लेती है कि खरीद गई राशि 10 मिलियन पहुँच गई है (हालांकि यह नहीं है), अति–सूचित राशि 0.3 मिलियन डॉलर हो सकती है (6 मिलियन डॉलर की लक्ष्यित खरीद पर 5%)।

कपटपूर्ण लेखांकन परिमाण में कमी की परवाह किए बगैर आगामी अवधियों की खरीदी हुई सामग्रियों को आगे लाकर या छूटों को अनुचित रूप से दर्ज कर किया जा सकता है।

एक ऐसी धोखाधड़ी को **अहोल्ड एनवी** के द्वारा किया गया था, जिसने अस्तित्वहीन छूटों से नकली आय को दर्ज करने सहित अनेक लेखांकन दांव का प्रयोग किया था। इसकी वैश्विक विस्तारीकरण रणनीति के भाग के रूप में अहोल्ड समूहने अमेरिका में एक आहार–वितरण कंपनी **यूएस फूड सर्विस** को 100% सहयोगी के रूप में 2000 में अधिगृहित किया।

अधिगृहित करते समय यूएस फूड सर्विस पहले से ही चौपट हुई थी और अपनी लेखा पुस्तकों में छेड़छाड़ करने की अभ्यस्त थी।

अहोल्ड घोटाला 2000–02 में निश्चित परिमाण में खरीद के वचनों पर आपूर्तिकर्ताओं द्वारा ग्राहकों को दिए जाने वाले *प्रचार भत्तों* से सम्बंधित था। थोक आहार कारोबार अत्यंत प्रतिस्पर्धी था और राजस्व अर्जित करने का एक तरीका खरीद के निश्चित परिमाण को प्राप्त कर लेने पर अतिरिक्त छूटों को ले लेना था। यहीं पर घोटाला हुआ।

यूएस फूड सर्विसने अपने आपूर्तिकर्ताओं के साथ सांठगांठ करके, प्राप्त होने वाले प्रचार भत्तों की मात्रा बढा ली। फूडसर्विस के कर्मचारी विक्रेता से मिलते और उन्हें दिए जाने वाली छूटों तथा भत्तों के बारे में जाली पुष्टि पत्रों को देने को कहते थे। कई अवसरों पर फूड सर्विस के कार्यकारी विक्रेताओं को यह यकीन दिलाते हुए कि वे कंपनी की कोई राशि बकाया नहीं रखे हैं, पार्श्व पत्र जारी कर देते थे। इसमें लगी राशि सामान्य प्रचार भत्ते की दुगुनी होती थी। इसका अर्थ यह था कि ये भत्ते आय का एक स्वरूप थे तथा विक्रेता से जाली पुष्टि पत्र ने अहोल्ड प्रबंधन को छूट की राशि को जालसाजी से दुगुना करने में समर्थ बना दिया।

अहोल्ड समूह 1887 में प्राथमिक रूप से किराना दुकानों के रूप में स्थापित किया गया और फिर यह एक वैश्विक सुपरमार्केट श्रृंखला बन गई।

1988 में इसके 100 वर्ष पूरे होने पर नीदरलैंड की रानी ने कंपनी को *रॉयल* की उपाधि दी और फिर यह *रॉयल अहोल्ड* के नाम से भी ज्ञात होने लगा।

परन्तु, कंपनी की महत्वाकांक्षाएँ 1999 से 2002 के मध्य इसे बेहतर वित्तीय आंकड़ों को प्रदर्शित करने के लिए गंभीर आपराधिक लेखांकन धोखाधड़ी करने की ओर ले गई। यह *यूरोप का एनरॉन* कहलाने लगा।

अहोल्ड अमेरिका के एसईसी की कार्रवाई का निपटान करने को राजी हो गया तथा उस स्थायी न्यायादेश को दर्ज करने के लिए सहमत हो गया जिसने कंपनी को सुरक्षा–सम्बंधी कानूनों के वैधिक प्रावधानों का उल्लंघन रोकने का आदेश दिया गया था। डच अधिकारियों ने भी अभियोग दायर किए तथा कंपनी ने 2004 में जुर्माना भरा। इसने अपने प्रबंधन को पुनः संरचित करने के बाद अपनी गतिविधि को फिरसे शुरू किया।

पश्चलेख

अनेक कंपनियों ने विक्रेताओं को नकली छूट देने का व्यवहार किया है। प्रसिद्ध होटल श्रृंखला **मैरियट इंटरनेशनल** पर विक्रेताओं के छूटों को अनुचित रूप से हड़प जाने का आरोप लगा। कार्यालय सामग्रियों के दुनिया के सबसे बड़े विपणनकर्ताओं में से एक **ऑफिस मैक्स** ने जब अपने लेखा खातों में एक बड़े आपूर्तिकर्ता के द्वारा दी गई छूटों में गड़बड़ियाँ पाई, अपने कई कर्मचारियों को बर्खास्त कर दिया। एक ऑटो-पार्ट्स कंपनी **कॉलिंस एंड आईक्मॅन** ने आपूर्ति-छूट विवादों के कारण दिवालिया संरक्षणवाद दाखिल किया। और यह कहानी अनंत है।

अतीत के साथ छेड़छाड़: विक्रय मान्यता नीति में पूर्वप्रभावी परिवर्तन

लेखांकन की दुनिया में विचित्र चीजें होती हैं। बेहतर बिक्री तथा लाभों को प्रदर्शित करने के लिए कभी-कभी ऐतिहासिक आंकड़ों के साथ भी छेड़छाड़ की जाती है।

एक तरीका जिसमें संगठन ऐसा करते हैं वह है, उनकी बिक्री मान्यता नीतियों में पूर्वलक्ष्यित प्रभाव से पुनरीक्षण करना। उनका प्रयोजन यह दिखाना होता है कि अतीत में सूचित किए गए विक्रय आंकड़े बढ़ा कर दिखाए गए थे और वे अब इसे ठीक कर रहे हैं। इसका अर्थ किसी पहले की अवधि में सूचित बिक्री तथा लाभ के आंकड़ों में कमी करना

है, ताकि आज की तिथि में उनके तथाकथित बिक्री आंकड़ों में सुधार कर प्रकट रूप से एक बेहतर तस्वीर प्रस्तुत करना है। कलम के सिर्फ एक घुमाव से अतीत के बिक्री आंकड़े नष्ट हो जाते हैं और भविष्य के लिए नए आंकड़ों का उद्भव होता है।

ऐसे संगठनों का आम विश्वास है कि निवेशकों ने अतीत के बिक्री तथा लाभ आंकड़ों पर पहले ही समर्थन दे दिया है कि इन्हें परिवर्तित नहीं किया जा सकता है। अतएव वे निवेशकों को बेवकूफ बनाने के लिए अतीत के कुछ आंकड़ों को आगे ले आते हैं। यह एक विचित्र लेखांकन है और शायद एक धूर्तता। इसे ज्यादा बेहतर तरीके से यह देख कर समझा जा सकता कि हाल ही में *वेस्टाज़* ने क्या किया।

विंड टरबाइन बनाने, बेचने तथा दुनिया भर में स्थापित करने वाली डेनिश कंपनी **वेस्टाज़ विंड सिस्टम्स** ने 2010 की तीसरी तिमाही में महसूस किया कि इसे नुकसान होने की आशंका है। दुनिया की सबसे बड़ी पवन कंपनी होने कारण तथा अपने निवेशकों को पहले दिए हुए वचनों के कारण कंपनी के लिए नुकसान की सूचना देना मुश्किल हो रहा था। अतएव वे लेखांकन हस्तक्षेप की ओर मुड़े, या क्या यह एक आविष्कार था!

मूलत: वेस्टाज़ ने जो किया था वह था 2006 से 2010 की दूसरी तिमाही के बिक्री एवं लाभ आंकड़ों के कुछ अंशों को लेकर उन्हें 2010 की तीसरी तिमाही में स्थानांतरित कर देना। इसे उन विंड टरबाइन्स के लिए किया गया, जो भेजे तो गए थे लेकिन जिन्हें उपभोक्ताओं के स्थानों पर आपूर्तित तथा स्थापित नहीं किया गया था। इस स्थानांतरण के द्वारा इसकी 59 मिलियन युरोज की ब्याज और करपूर्व हानि (ईबीआईटी) 52 मिलियन युरोज के ब्याज और कर पूर्वलाभ में परिणत हो गई। यह 180^0 का घुमाव था!

यह कैसे हुआ? वेस्टाज़ ने घोषणा की कि वे अपने प्रकल्पों की आपूर्ति तथा स्थापित करने की अपनी विक्रय मान्यता नीति को *पूर्ण होने के प्रतिशत पद्धति* (लेखांकन दुनिया में आईएएस 11 के नाम से ज्ञात, निर्माण तथा अनुबंध उद्योग में एक लेखांकन मानक) से *मालों के स्थानांतरण* विधि (आईएएस 18 के नाम से ज्ञात; *मालों की बिक्री* का लेखांकन मानक) की ओर स्थानांतरित कर रहे हैं। विंड टरबाइनों को साइटों पर जोड़ा जाता है और इसके निर्माण करने तथा पूरा करने में यदि साल नहीं तो, कई महीने तो लगते ही हैं। अतएव कई विंड टरबाइन निर्माताओं के द्वारा अपने राजस्व तथा लाभ की गणना के लिए *पूर्ण होने के प्रतिशत विधि* का उपयोग करना सामान्य है। इसका अर्थ है कि जैसे विंड टरबाइन प्रोजेक्ट पूरा होने के नजदिक पहुँचते हैं, समानुपातिक बिक्री तथा लाभों को कंपनी की लेखा पुस्तकों में मान्यता प्रदान की जाती है। उदाहरण के लिए, किसी 1–मेगावाट विंड टरबाइन आपूर्ति तथा स्थापना प्रोजेक्ट का विक्रय मूल्य 1 मिलियन डॉलर है, और यदि 40% पहले वर्ष में, 20% दूसरे वर्ष में तथा शेष तीसरे वर्ष में पूरा होता है, तो बिक्री पहले वर्ष में 0.4

मिलियन डॉलर, 0.2 मिलियन डॉलर दूसरे वर्ष में तथा 0.4 मिलियन डॉलर तीसरे वर्ष में दर्ज की जाएगी। परन्तु, कंपनी अपनी बिक्री लेखांकन को पूर्ण होने के प्रतिशत विधि से किसी अन्य जैसे तीसरे वर्ष में माल के हस्तांतरण विधि से बदल देती है। चूँकि (विंड टरबाइन की आपूर्ति सहित) प्रकल्प ग्राहक को पूरी तरह से हस्तांतरित सिर्फ तीसरे वर्ष में ही होता है, न कि उससे पहले, तो कंपनी तभी बिक्री दिखाने का निश्चय करती है जब आपूर्ति होती है। इस परिवर्तन को लागू करने के लिए यह पिछली अवधि के 0.6 मिलियन डॉलर (पहले तथा दूसरे वर्ष की बिक्री) को घटा देती है तथा इसे तीसरे वर्ष की बिक्री में जोड़ देती है, जो पुरानी विधि के अंतर्गत 0.4 मिलियन डॉलर के स्थान पर1 मिलियन डॉलर हो जाती है। कलम की चोट के साथ बिक्री के आंकड़े बढ़ गए! क्या बहुत मौलिक नहीं है? यह समानुपाती लाभ को आगे ले जाने में भी मदद करती है। परन्तु, इसे वर्ष1 तथा वर्ष 2 में दर्ज नहीं किया गया था, अतः इसे माल भंडार के आंकड़ों में संगत रूप से बढ़ाया जाना चाहिए, क्योंकि विंड टरबाइनों की कार्य में प्रगति स्टॉक वस्तु के रूप में दिखाई जाएगी।

वेस्टाज़ में क्या हुआ? ठीक यही, सिर्फ ये छोड़ कर कि आंकड़े काफी बड़े थे। वर्ष 3 के समतुल्य में नुकसान 2010 के अंत के नौ महीने थे, जो लाभ में परिवर्तित हो गए।

अतः इसमे समस्या क्या है? 2013 में निवेशकों ने वेस्टाज़ पर 2010 में अपने वित्तीय परिणामों को बढ़ाने के लिए लेखांकन परिवर्तन विधि तथा जाली लाभ बनाने का आरोप लगाते हुए एक स्वतंत्र जाँच की मांग की। यदि यह लेखांकन परिवर्तन नहीं होता, तो 2010 की तीसरी तिमाही में नुकसान होता और संभवतः 2010 के पूरे वित्तीय वर्ष में भी, जो कंपनी के निवेशकों को इसकी चेतावनी देने की जरूरत को न्यायसंगत बना देता।

पूर्वप्रभावी लेखांकन उपचार शेयरधारकों का अपनी कंपनियों पर विश्वास कम करने में परिणत हो जाता है, जो कंपनी के शेयर मूल्यों पर प्रतिकूल प्रभाव डालता है। यह वेस्टाज़ का मामला था।

पश्चलेख

लेखांकन की दुनिया कभी-कभी विचित्र होती है – जहाँ वास्तविक आंकड़ों को दूसरों को सूचित करने से छिपाया जाता है, लागत को गलत सूचित किया जाता है और छद्मावरण में रखा जाता है, रिकॉर्डों की एक और सूची बनाई जाती है और जहाँ भी संभव हो वहाँ अतीत के रिकॉर्डों में परिवर्तन किया जाता है। लेखांकन धोखाधड़ी में सामान्यतः थोड़ा-बहुत ही फायदा कमाया जाता है। दुर्लभता से ही यह एक बड़ी धोखाधड़ी होती है, लेकिन अक्सर

यह एक यहाँ-वहाँ छोटी जालसाजी या एक वर्धित लाभ होती है। चुनौती हमेशा लेखांकन छल-कपट खोजने में होती है चाहे वह शुरुआत में बिंदुमात्र तथा बहुत ही छोटा हो।

एक बार की घटना के द्वारा लाभ में छेड़छाड़

जब किसी कंपनी का मूल्यांकन इसके वित्तीय विवरणों के द्वारा होता है, इनसे कारोबार की वास्तविक स्थिति को पारदर्शी तथा सच्चाई से प्रदर्शित करने की प्रत्याशा की जाती है। जब यह इसके लाभों की घोषणा करता है,जब तक कि अन्यथा व्यक्त न किया जाए, तब तक इनका आय के नियमित साधनों से प्राप्त होना अपेक्षित होता है।

इस बात की सूचना को छिपाना कि लाभ कैसे हुए थे, विशेषकर जब ये *एक-बार* या *अपवादस्वरूप* कारणों से हुए हों, एक धोखापूर्ण गतिविधि है। उदाहरण के लिए, कोई कंपनी अपने कारोबार के एक भाग को बेच कर लाभ कमाती है। यह एक बार की घटना है। ऐसी गतिविधियों से प्राप्त हुए लाभों को अलग से दिखाना चाहिए और लेखांकन सूचना की विपुलता में नहीं छिपा देना चाहिए।

विशेष आमदनी की, नियमित आय के रूप में भ्रमकारी सूचना देना

मैनेजमेंट के अनैतिक व्यवहार के चलते कंपनी की वास्तविक स्थिति की मिथ्या-प्रस्तुति होती है और अच्छे कॉर्पोरेट प्रशासन की परिधि में इसकी छवि को खराब कर देती है। जो नियमित रूप से नहीं हो सकती हैं, उन विशेष प्रकार की आमदनियों का इसके लेखांकन रिपोर्टों में विशेष खुलासा किया जाना चाहिए। गैर-खुलासे का परिणाम धोखा तथा फरेब होता है।

बेहतरीन गुणवत्ता वाली कम्प्यूटर उत्पादों को बनाने वाली **डेल इंक** जैसी फॉर्चून 100 कंपनी 2002–06 के दौरान गंभीर धोखाधड़ी वाली गतिविधियों में शामिल पायी गई। अविश्वसनीय प्रतीत होता है, लेकिन इसने अपने राजस्व की मिथ्या प्रस्तुति दी और इसने जालसाजीपूर्ण तरीके से बाहरी दुनिया को सूचित किया कि यह सबसे अच्छी स्थिति में है, जो नहीं थी।

1990 के दौरान डेल के शेयर मूल्य तिगुने हो गए और यह शेयर बाजार का दुलारा हो गया। परन्तु, बुलबुले के फूटने के बाद यह आभास देने के लिए कि यह अच्छा कार्य कर रही है, इसने अपने खातों में खेल करना शुरू कर दिया।

डेल ने इंटेल कॉर्पोरेशन के साथ अपने कम्प्यूटरों में इसके सेंट्रल प्रोसेसिंग यूनिट्स का उपयोग करने (प्रसिद्ध इंटेल *इनसाइड* विज्ञापन इस प्रयोजन के लिए था) तथा इंटेल के प्रतिस्पर्धी–एएमडी प्रोसेसरोंका उपयोग न करने के लिए समझौता किया। यह इंटेल द्वारा डेल को किए गए विशिष्ट भुगतानों के बदले में था। इंटेलने अपने प्रतिस्पर्धी के एएमडी चिपों को बाजार से बाहर रखने के लिए डेल को इस अवधि में बड़ी राशियों का भुगतान किया।

डेल ने इंटेल से प्राप्त हो रहे विशिष्ट भुगतानों का खुलासा निवेशकों के सामने नहीं किया। इस अवधि के दौरान इसका कारोबार अच्छा नहीं चल रहा था, परन्तु, तिमाही-प्रति-तिमाही यह अपेक्षित लाभ लक्ष्यों को इंटेल से मिल रहे भुगतानों के कारण प्राप्त कर रहा था, न कि कंपनी के कार्य के कारण। इसने खराब कारोबार प्रदर्शन की सूचना निवेशकों को नहीं दी और इंटेल से प्राप्त विशेष भुगतानों को छिपाया गया और इसके वित्तीय विवरणों में अलग से इसकी सूचना नहीं दी गई।

डेल के अध्यक्ष मिशेल डेल अपने सीईओ केविन रॉलिंस तथा सीएफओ जेम्स श्नाईडर के साथ इन धोखाधड़ीपूर्ण खुलासों में शामिल रहे। उन्होंने इंटेल द्वारा किए जा रहे अनुपूरक भुगतानों को छिपाते हुए बाहरी दुनिया के सामने यह प्रदर्शित किया कि कंपनी के बढ़ रहे लाभ इसकी लागत में कमी के पहलुओं तथा भागों के घटते मूल्यों के कारण हो रहे हैं। यह तथ्यों की पूर्णतः मिथ्या प्रस्तुति थी, जैसा कि कोई स्पष्ट रूप से देख सकता है।

अनेक पूर्व कार्यकारियों तथा डेल के संस्थापक मिशेल डेल ने जुलाई 2010 में इसके द्वारा खुलासों के अभाव तथा लेखांकन धोखाधड़ी के एसईसी के आरोपों का निपटान करने के लिए जुर्माने में 100 मिलियन डॉलर (मिशेल पर 4 मिलियन डॉलर जुर्माना) देना स्वीकार कर लिया।

एक-बार की आय को नियमित आय दिखाना

किसी कारोबारी संगठन का मूल्यांकन करने हेतु एक महत्वपूर्ण प्रक्षेत्र यह देखना है कि इसकी आय का *नियमित* प्रवाह कितना स्थिर है और क्या यह बढ़ रहा है। स्थिरता, तालमेल तथा विकास किसी सफल उद्यम के प्रमाणचिह्न हैं। परन्तु, ठीक यही कारण है कि क्यों लेखांकन धोखाधड़ी होती है – यदि उद्यम अपने नियमित विकास गाथा को सिद्ध नहीं कर पाता हो, तो एक नकली तस्वीर दिखाने के लिए।

मुश्किल समयों में कॉर्पोरेट संगठन अक्सर अपने नियमित आय के अतिरिक्त एक बार के लाभों को देखते हैं।

एक-बार की आय सामान्य तौर पर संपत्तियों की बिक्री या कारोबारों की पुनर्संरचना से होती है। इसे एक नियमित आय मार्ग नहीं माना जाना चाहिए, बल्कि सौदों के प्रकार पर निर्भर करते हुए एक बार की पूंजी लाभ या अपवादस्वरूप आय मानी जानी चाहिए।

एक-बार के लाभों को अपने राजस्व आय के रूप में प्रदर्शित करना एक और तरीका है जिसके माध्यम से कंपनियाँ असंदेही निवेशक समुदाय को धोखा देती हैं।

विश्व-प्रसिद्ध आईटी कंपनी **आईबीएम** ने इसे किया। 1999 में इसके कर्मचारी केविन कॉलिंस ने एक छद्म सौदे के द्वारा एक लेखांकन धोखाधड़ी के लिए एक षड्यंत्र रचा। यह सिर्फ आईबीएम को लाभ पहुँचाने के लिए नहीं, बल्कि बहुमुखी दुकानों की अमेरिकी कंपनी **डॉलर जनरल कॉर्पोरेशन** ,को भी लाभ पहुँचाने के लिए किया गया था।

आईबीएम, 'डॉलर जनरल' के पुराने रजिस्टरों को बदलकर अपनी नई इलेक्ट्रॉनिक कैश मशीन्स को बेच कर अपने राजस्व को सन 2000 में कम-से-कम 10 मिलियन डॉलर से बढ़ाना चाहती थी। परन्तु, एक समस्या थी। यदि डॉलर जनरल अपने पुराने उपकरण को बदलती, तो इसे अपने खातों में इसके अंकित मूल्य को एक लागत के रूप में प्रस्तुत करना पड़ता। (यदि संपत्तियों के मूल्य को ह्रासित करना होता है, तो उन्हें कबाड़ या नुकसान पर प्रस्तुत किया जाए, क्योंकि उनका पुनः बिक्री मूल्य कंपनी के चिट्ठे के जमा पक्ष में दिखाए गए अंकित मूल्य के बराबर नहीं रह जाता है।) इस लेखा हानि का डॉलर जनरल के 2000 के आय पर ऋणात्मक प्रभाव था।

आईबीएम ने क्या किया? एक छद्म सौदे के माध्यम से इसने दिसम्बर 2000 में पुरानी पंजियों को उनके अंकित मूल्य 11 मिलियन डॉलर पर खरीदने तथा जनवरी 2001 में इसके लिए भुगतान करने के लिए राजी हो गया। इस तरह डॉलर जनरल लेखा हानि से बच गया, क्योंकि इसे अब अपनी पुरानी मूल्यहीन पंजियों को बिना किसी मूल्य के फेंक देने की आवश्यकता नहीं थी। आईबीएम ने तब डॉलर जनरल को उनके पुराने उपयोगहीन मशीनों के लिए दिए गए 11 मिलियन डॉलर के भुगतान को वापस पाने के लिए अपनी 10 मिलियन डॉलर की मशीनोंके लिए 21 मिलियन डॉलर का बिल दिया, और अगले पाँच वर्षों में भुगतान करने के लिए समय दिया।

तो किसे फायदा हुआ और कितने का? डॉलर जनरल को पुराने उपयोगहीन नकद पंजी के मूल्य को अपने खातों में ह्रासित नहीं करना पड़ा और इसके वित्तीय खातों (जनवरी 2000 में समाप्त हो रहे वित्तीय वर्ष में) ने 11 मिलियन डॉलर की वर्धित आय दिखायी। आईबीएम मार्च 2000 में समाप्त होने वाले वित्तीय वर्ष में 10 मिलियन डॉलर की अतिरिक्त बिक्री (जनवरी 2000 में 21 मिलियन डॉलर कीआय में से डॉलर जनरल को 11 मिलियन डॉलर को घटा कर) को दिखा सका। कोलिंस सहित इसके कर्मचारियों ने, जो इस छद्म सौदे

में शामिल थे, (बिक्री के सकल मूल्य) 21 मिलियन डॉलर पर बोनस पाया। आईबीएम में इस छद्म सौदे को संरचित करने वाले सभी लोगों के लिए जीत का परिदृश्य था।

मूल्यह्रास लागतों को धीमा करने हेतु अधिग्रहणों में साख

एक अन्य कंपनी के अधिग्रहण के मामले में, यदि खरीद मूल्य उससे ज्यादा हो, जो तार्किक है, तो वह अतिरिक्त *सद्भावना* के कारण है। (सद्भावना किसी अधिग्रहणमें कंपनी के द्वारा किसी अन्य कंपनी को सम्पत्ति मूल्य से ज्यादा किया गया भुगतान होता है)

उदाहरण के लिए, मान लें कि कंपनी एक्स कंपनी झेड को 10 मिलियन डॉलर में खरीदती है। झेड कंपनी की सम्पत्ति 15 मिलियन डॉलर थी और कर्जे 5 मिलियन डॉलर थे। भुगतान की गई कीमत उनकी संपत्तियों तथा ऋणों के बीच का अंतर 10 मिलियन डॉलर था। अतः कोई सद्भावना नहीं थी। परन्तु, मान लें कि उनकी सम्पत्ति 12 मिलियन डॉलर तथा ऋण 5 मिलियन डॉलर था। सामान्य तौर पर कंपनी की लागत 7 मिलियन डॉलर होनी चाहिए। परन्तु, जब 7 मिलियन डॉलर के स्थान पर 10 मिलियन डॉलर का भुगतान किया जाता है, तो अतिरिक्त 3 मिलियन डॉलर सद्भावना मानी जाएगी।

किसी अन्य सम्पत्ति की तरह सद्भावना का भी समय के साथ मूल्य ह्रास या कम होता है। विभिन्न लेखांकन जीएएपी के अधीन सम्पत्ति का मूल्यह्रास अन्य सम्पत्ति की तुलना में धीमी गति से होता है। अतएव, यदि अधिगृहित सम्पत्ति का मूल्य एक कम स्तर पर दिखाया जाए तथा सद्भावना का संगत मूल्य अधिक हो तो लाभ-हानि खाते में भविष्य केवर्षों में मूल्य ह्रास कम होगा। यह एक तरीका है, जिसके माध्यम से कंपनियाँ अपनी भविष्य की लागतों को घटाती हैं।

अप्रैल 2006 में *वोडाफोन* के मोबाइल कारोबार को **सॉफ्टबैंक** द्वारा अधिग्रहित किया गया। उस समय, इसके नेटवर्क, ट्रांसमिशन टॉवरों तथा अन्य इंफ्रास्ट्रक्चर सहित इसकी स्थिर संपत्तिका मूल्य 9 बिलियन डॉलर था। परन्तु, सॉफ्टबैंक का अपने खातों में इसके द्वारा अधिग्रहित की गई संपत्ति का मूल्यांकन करने के अपने विचार थे। इसने स्थिर संपत्ति का उनके मूल्य का आधा मूल्यांकन किया। बिना कोई स्पष्टीकरण दिए इसने स्थिर संपत्ति का अंकित मूल्य कम कर दिया तथा संगत रूप से सद्भावना को बढ़ा दिया। इसका लाभ यह था कि सद्भावना (संगत लेखांकन मानकों के अनुसार) को स्थिर संपत्ति की जगह, जिन्हें 10 वर्ष में निरस्त किया जाता है, 20 वर्ष में निरस्त किया जाता है। एक ज्यादा लंबी अवधि के निरस्तण का अर्थ ह्रासित वार्षिक मूल्यांकन दर था। इस प्रकार इसके भविष्य के लाभों को एक लेखांकन प्रविष्टि के द्वारा बढ़ा दिया गया।

पश्चलेख

अतीत की बुरी घटनाओं को याद करने तथा अच्छे समयों को भूल जाने की मनुष्य प्रवृति को सारांशित करते हुए एनवाईटी कहता है, 'प्रशंसा अस्थायी है, लेकिन निंदा को हम याद रखते हैं'। कॉर्पोरेट दुनिया कोई अलग नहीं है। ऋणात्मक प्रवृत्तियाँ विश्लेषण पर प्रभुत्व रखती हैं। अतएव, कभी-कभी बुरी खबरों को एकबारगी अच्छी खबरों से प्रतिस्थापित करने के माध्यम से छिपा कर कॉर्पोरेट मैनेजमेंट अक्सर बचाव का मार्ग खोजता है।

परिचालन आय तथा हानियों में हेरफेर करना

परिचालन आय को बढ़ा-चढ़ा कर दिखाना अपने वित्तीय अवस्था की बेहतर तस्वीर प्रदर्शित करने की एक चाल है। यह नियमित कारोबारी गतिविधियों से अर्जित राजस्व को प्रदर्शित करती है। *गैर-परिचालन आय* का एक दूसरा पक्ष साधारण तथा नियमित कारोबारी गतिविधियों से प्रकट नहीं होता है। इनमें संयंत्रों तथा उपकरणों की बिक्री, पिछले वर्षों का समायोजन, विक्रेताओं से प्राप्त एकबारगी का बोनस तथा लेखांकन नीति में बदलावों के कारण हुई आय शामिल है।

गैर-परिचालन आय को परिचालन आय में स्थानांतरित करना

कारोबार में प्रदर्शन की संगतता अत्यंत महत्वपूर्ण है। इसमें एक रोलर-कोस्टर राइड एक अनिश्चितता, असुरक्षा तथा अस्पष्टता प्रदर्शित करती है। यदि हम चारों ओर देखते हैं, तो संगतता हमें परिस्थिति का बेहतर मूल्यांकन करने में मदद करती है। चाहे यह एक फुटबॉल टीम हो, एक कार हो या कक्षा में विद्यार्थी का परिणाम हो, प्रदर्शन को स्थिर होने की आवश्यकता है और कुछ-कुछ पूर्वानुमेय भी।

परिचालन आय की समीक्षा हमें यह तय करने में समर्थ बनाती है कि क्या कारोबार एक सतत प्रदर्शनकर्ता है। परिचालन आय कारोबार के नियमित परिचालन से जनित होती है और प्रकृति में पुनरावर्ती होती है। इसमें कंपनी के उत्पादों की बिक्री शामिल हैं। गैर-परिचालन आय में अनियमित स्रोतों से प्राप्त आय शामिल है।

यदि परिचालन आय एक गिरावट दिखाती है, तो कुछ कंपनियाँ गैर-परिचालन आय को परिचालन आय में वर्गीकृत करने में प्रवृत्त हो जाती हैं। ऐसे पुनः वर्गीकरण में लेखांकन खुलासे की जालसाजी हो सकती है।

ओहियो स्थित कंपनी **कॉर्डिनल हेल्थ** ने ठीक यही किया। चूँकि यह बाजार की तिमाही परिणामों की आशाओं को पूरा करने के सख्त नियमों का पालन करती थी, इसलिए इसने इसे संभव बनाने के लिए अपने कर्मचारियों को प्रेरित किया तथा उनकी खुशामद की। वस्तुतः, कंपनी ने निरंतर 77 तिमाहियों में लाभ निर्देशों को पूरा किया या पार कर लिया। यह एक अविश्वसनीय उपलब्धि थी तथा इसका सत्यापन होना चाहिए था कि क्या कोई कंपनी बिना बोर्ड के तहत की गतिविधियों में संलिप्त हुए ऐसा अबाधित तथा संगत प्रदर्शन कर सकती है। इसने लेखांकन दुराचार ही किया था।

स्वास्थ्य देखभाल उत्पादों तथा सेवाओं के प्रदाता कार्डिनलने निवेशकों को भ्रम में डालने के लिए सितम्बर 2000 से मार्च 2004 के बीच अपनी परिचालन आय को वास्तविकता से बेहतर दिखलाने के लिए अपने लेखाकंन में सामंजन किया। इसने 5 बिलियन डॉलर की थोक माल बिक्री को, जिसे गैर-परिचालन आय स्रोत के रूप में दिखाया जाना चाहिए था, परिचालन राजस्व के रूप में गलत तरीके से वर्गीकृत कर, अपने राजस्व को बढ़ाचढ़ा कर अपनी आय की जानकारी को वस्तुपरक रूप से परिवर्तित कर दिया।

इसकी धोखाधड़ीपूर्ण क्रियाप्रणाली क्या थी? कंपनी ने बिक्री राजस्वों के दो प्रकारों को जाहिर किया। पहला दवाईयों की खरीद, उनका संचयन तथा लाभ, जो बिक्री पर आधारित था (परिचालन राजस्व के रूप में प्रदर्शित)। दूसरे पूर्णतः दलाली और नगण्य लाभ कारोबार था, जहाँ थोक दवाईयों को निर्माताओं को आदेशित किया जाता था और सामान्य तौर पर बिना कोई जोखिम लिए उपभोक्ताओं के गोदामों तक 24 घंटों के अंदर भेज दी जाती थीं तथा नगण्य लाभ आय अर्जित कर लिया जाता था (परिचालन व्यतिरिक्त राजस्व के रूप में प्रदर्शित)।

कार्डिनल के लाभ इसके परिचालन कारोबार से था न कि इसके दलाली कारोबार से। कंपनी जानती थी कि निवेशक परिचालन राजस्व पर ध्यान केंद्रित करते हैं।

ज्यादा ऊँचे राजस्व को प्रदर्शित करने हेतु कार्डिनल ने सुनिश्चित किया कि इसके थोक दवा दलाली कारोबार का अधिकतम में 24 घंटे या उससे ज्यादा का अंतराल हो। यहाँ तक कि जब दवाईयों को 24 घंटे से पहले भेजा जाना होता था, गोदामों को 24 घंटों से जादा रोके रखा जाता था। आंतरिक रूप से और शेयरधारकों के सामने बिना खुलासा किए कंपनी ने घोषित किया कि इसके उत्पादों की खरीद तथा बिक्री के बीच 24 घंटे से ज्यादा का अंतराल था और इसने इसे थोक या गैर-परिचालन बिक्री की जगह परिचालन आय दिखलाया। इसने इसकी बिक्री को नहीं बढ़ाया। इसने सिर्फ इसकी गैर-लाभ उत्पादक थोक बिक्री को इसकी परिचालन आय की ओर स्थानांतरित कर दिया। ऐसा करके तीन वर्ष की

अवधि के दौरान, प्रतिशत रूप में, इसकी परिचालन राजस्व प्रगति, इसकी वास्तविक प्रगति की एक-तिहाई से ज्यादा दिखाया दी।

इस पर ध्यान दिया जाना चाहिए कि थोक बिक्रीको अपनी परिचालन आय के रूप में दिखाने के कारण कंपनी को वास्तविक लाभों से ज्यादा प्रदर्शित करने की जरूरत थी। ऐसा इसलिए था क्योंकि निम्न लाभ थोक कारोबार को उच्च लाभ परिचालन कारोबार के रूप में दिखाया गया था। कंपनी ने नकली लाभों को दिखाने के लिए अन्य लेखांकन धोखाधड़ियों को किया।

2007 में कार्डिनल ने चार वर्षों के दौरान किए गए लेखांकन कपटों के अभियोगों के निपटान के लिए 35 मिलियन डॉलर का जुर्माना भरना स्वीकार कर लिया।

परिचालन नुकसानों को गैर-परिचालन नुकसानों में स्थानांतरित करना

यह जानना राहत पहुँचाने वाला होता है कि कोई समस्या सिर्फ तात्कालिक होती है। परन्तु, किसी संगठन में *परिचालन नुकसानों* से सामान्यतः निवेशकों में घबराहट होने की आशंका रहती है।

अतएव कंपनियाँ अपने परिचालन नुकसानों या लागतों को अपने वित्तीय विवरणों के गैर-परिचालन अनुभागों में स्थानांतरित करने के लिये प्रवृत्त हो जाती हैं। इन गलत वर्गीकरणों का परिणाम अपने कारोबार की गलत तस्वीर दिखा कर निवेशकों को धोखा देने में होता है।

उदाहरण के रूप में, सूचना सुरक्षा कंपनी **सेफनेट** ने, अपने तिमाही लाभ-लक्ष्यों को पूरा करने या पार कर जाने के लिए 2004 की तीसरी तिमाही से 2005 की दूसरी तिमाही तक के इसके आय विवरण में आवर्ती तथा परिचालन व्ययों की महत्वपूर्ण राशि का गलत वर्गीकरण करने के साथ-साथ उन्हें बाहर रख दिया।

सेफनेटने लेखा-पुस्तकों में अपने सामान्य परिचालन व्ययों (आवर्ती लागतों) को एकीकरण व्ययों (गैर-आवर्ती लागतों) के रूप में अनुचित रूप से वर्गीकृत किया। इसके द्वारा गलत तरीके से वर्गीकृत परिचालन व्ययों में विदेशों में विज्ञापन, यात्रा, भोजन तथा इसकी अंतः देशीय सबसिडियरी कंपनी के मनोरंजन पर किए गए व्यय शामिल थे।

सेफनेट ने 2000 से 2006 के बीच कई लेखांकन मिथ्या-विवरण दिए। इसमें इसके शेयरों तथा आय प्रबंधन को पीछे की तारीख में करना शामिल थे। कंपनी ने 1 मिलियन डॉलर का दीवानी जुर्माना भरा और इसके वरिष्ठ प्रबंधन के सदस्यों को निजी जुर्माना भरना पड़ा।

पश्चलेख

हर निवेशक का स्वप्न अपनी परिचालन आय में सतत प्रगति दिखलाने वाली कंपनियों के शेयर अपने पास रखने का होता है। बहुत-सी कंपनियाँ उन्हें निराश नहीं करती हैं। वे इसे अपनी लेखापुस्तकों में जालसाजी करके प्राप्त करती हैं।

सहायक, संयुक्त उपक्रम एवं संबद्ध: समस्याओं को छिपाने का एक विकल्प

क्या कभी-कभी हम तमन्ना नहीं करते हैं कि हम हमारी समस्याओं को किसी अन्य को हस्तांतरित कर सकें? कितना बेहतरीन हो यदि हमारी कमियों को छिपाया जा सके? कॉर्पोरेट ठीक यही करते हैं , जब वे अपनी सहायक कंपनियों को या संयुक्त उपक्रम सहभागियों का उपयोग करते हैं और अपनी समस्याओं को इन नाचीजों की ओर धकेल देते हैं। यह सच में चीजों को दरी के नीचे छिपाना है! कभी-कभी इसका विपरीत भी सच होता है। कभी-कभी आपकी आरजू होती है कि बास्केटबॉल के एक गेम में आपके प्रतिद्वंद्वी के अंक किसी तरह आपकी टीम के पाले में आ जाएँ? इसी तरह, यदि किसी उद्यम की भ्रातृ कंपनी अच्छा कर रही हो, हालांकि इसका इस पर कोई प्रभावी नियंत्रण नहीं होता है, फिर भी यह अपनी सहायक के बेहतर परिणामों को चुरा लेती है और उसे अपना लेती है।

ये सब धोखाधड़ियाँ हैं – स्पष्ट रूप से से कहने पर एक लेखांकन छल।

अपनी स्थिति को सुधारने के लिए गैर-सम्मिलित सहायकों को पैतृक संस्थान के भाग रूप में सम्मिलित करना

अनेक अवसरों पर सहायक कंपनियाँ अपनी पैतृक कंपनी से बेहतर कारोबार कर रही होती हैं। परन्तु, यदि पैतृक कंपनी का अपनी सहायक कंपनियों पर नियंत्रण नहीं हो या उनका 50% से ज्यादा शेयर न हों, तो यह अपने वित्तीय परिणामों को तैयार करते समय उनके राजस्व आंकड़ों

को नहीं ले सकती है। परन्तु, कभी-कभी पैतृक कंपनियों के खराब परिणामों को छिपाने के लिए, उन सहायक कंपनियों के आंकड़ों, जिन्हें सम्मिलित नहीं किया जा सकता है, को पैतृक कंपनी के वास्तविक कारोबारी प्रदर्शन को छल से छिपाने के लिए शामिल किया जाता है।

विवेंडी यूनिवर्सलने धोखाधड़ीपूर्वक अपनी सहायक कंपनियों के समर्थन से बेहतरीन प्रदर्शन तथा नकद प्रवाह को दिखला कर अपनी दुर्भाग्यपूर्ण वित्तीय स्थितियों को पूरी तरह उल्टा कर दिया। इस मीडिया तथा टेलीकॉम्युनिकेशन कंपनी के पास 2001–02 में *सेगेटेल समूह* के 44% तथा *मारोक टेलेकॉम्युनिकाजा* (टेल्को) में 35% शेयर थे। दोनों लाभप्रद तथा नकद-उत्पादक कंपनियाँ थीं। परन्तु, चूँकि विवेंडी के पास 50% से कम शेयर थे, इसकी पहुँच इनके नकद अधिशेष तक नहीं थी और न ही यह उनके वित्तीय परिणामों को समेकित कर सकती थी।

मार्च 2002 में विवेंडी के प्रबंधन ने घोषणा की कि इसने 2001 में 2 बिलियन युरोज का मुक्त परिचालन नकद प्रवाह उत्पादित किया है। यह असत्य था। इसने न केवल इसे किया, बल्कि इसके मैनेजमेंटने इसके पिछले वर्ष के तथाकथित चमत्कारी परिणामों के आधार पर मई 2002 में 1 युरो प्रति शेयर का डिविडेंड घोषित किया। इसने इसकी सहायक कंपनियों से 1.5 बिलियन युरो निकाल लिया।

विवेंडी ने क्या किया? इसने डिविडेंड देने के लिए सेगेटेल से धन को छोटी अवधि के लिए कर्ज के रूप में लिया और कर्ज को जुलाई 2002 तक चुका देने का वादा किया, जिसके बारे में मैनेजमेंट को ज्ञात था कि यह नहीं कर सकेगी। न केवल यह, सेगेटेल तथा टेल्को को सम्मिलित नहीं किया जा सकता था, परन्तु विवेंडी ने उनके प्रदर्शन को अपने प्रदर्शन की रंगीन तस्वीर प्रदर्शित करने के लिए अपने में सम्मिलित कर लिया, जबकि यह खुद नुकसान में थी। कम-अवधि कर्ज के कारण इसकी वित्तीय स्थिति में सुधार हो गया, जिसे इसे कर्ज के रूप में न दिखा कर इसे अपना खुद का फंड दिखाया। एक पूर्णतः धोखापूर्ण क्रिया व्यवहार था!

दिसम्बर 2000 में सं.रा.अमेरिका तथा यूरोप में महत्वपूर्ण अंशधारिता रखने वाली विवेंडी एसए सीग्राम तथा कैनल+ के साथ विलय कर एक संघटित संस्था बन गई। जब इसका विलय हुआ, तब जीन-मेसियर (कंपनी के सीईओ) ने घोषणा की कि इससे 2001–2002 के बीच वार्षिक लाभ में 35% की प्रगति होगी। यह घोषणा डॉटकॉम बुलबुले के फूटने तथा बाजार के ध्वस्त होने के कारण आगामी घाटों के दौरान की जाने वाली लेखांकन हेराफेरी का प्रारंभ बिंदु थी। जुलाई 2002 में मेसियर तथा गुलिऑम हेंजो (सीएफओ) ने अपने पदों से त्यागपत्र दे दिया और विवेंडी के नए प्रबंधन ने खुलासा किया कि इसने तरलता के संकट का सामना किया है और इसके खातों में हेराफेरी की गई है।

जनवरी 2011 में मेसियर को आपराधिक आरोपों में एक फ्रेंच न्यायालय के द्वारा अपने शेयरधारकों को भ्रमित करने के आरोपों में तीन वर्ष की विलंबित सजा दी तथा 150,000 युरोज का जुर्माना किया।

अंत:कंपनी व्ययों को उपभोक्ता प्राप्तियों के रूप में प्रदर्शित किया जाना

एकल समूह से सम्बंध रखने वाली तथा समान कारोबार करने वाली अनेक वैध अस्तित्व की कंपनियाँ हो सकती हैं। ऐसे मामलों में यह सामान्य है कि कोई कंपनी अपना धन किसी अन्य के लिए व्यय करती है। परन्तु, लागत को उस कंपनी पर डालने की जरूरत होती है, जिस पर व्यय हुआ है।

ऐसी अंत:कंपनी लागतों में उपयुक्त लेखांकन क्रियाव्यवहारों को न करके लेखांकन को चालाकी से पेश किया जाता है।

इस प्रकार की धोखाधड़ी को **इंटरपब्लिक ग्रुप ऑफ कंपनीज** में पेश किया गया। यह एक विज्ञापन कंपनी है जिसका **मैक्कैन एरिक्सन** ध्वजवाहक था। मैक्कैन एरिक्सन ने अपनी अंत:कंपनी लागतों को व्यय के स्थान पर प्राप्तियों के रूप में दर्ज कर (अर्थात, आय से घटा कर) अपने वित्तीय परिणामों को अनुचित रूप से प्रकट किया। बाजार की आशाओं के अनुरूप अपनी गति बनाए रखने हेतु इसने अपने वित्तीय परिणामों में हेराफेरी की। इसकी लेखांकन समस्या 1997 में प्रारंभ हुई।

मूल समस्या यह थी कि मैक्कैन एरिक्सन इंटरपब्लिक की ओर से लागतों को उठाती थी। इन लागतों को इंटरपब्लिक पर डाला (प्रेषित या ऋणीकृत) जाना चाहिए था। परन्तु, मैक्कैन ने, इसे इंटरपब्लिक पर अंत:कंपनी शुल्क के रूप में हस्तांतरित करने के स्थान पर इन्हें लेखांकन परिसंपत्तियों के रूप में ऋणी (*नामित* ऋणी) लेखाकृत किया। इसका प्रभाव, किये गये व्ययों के ह्रासित परिणामों (व्यय हुए को पलटकर या जमा कर) तथा इसे ग्राहकों से प्राप्य राशियों के रूप में दिखाया था।

यदि मैक्कैन तथा इंटरपब्लिक के बीच की अंतःकंपनी खातों को नियमित अवधियों पर मिलाया जाता, तो वे पकड़े जाते। परन्तु, उनके मैनेजर कम-से-कम छः वर्ष तक अपने कंपनी खातों का सुनिश्चित करने में असफल रहे। वस्तुतः अनेक बार उन्होंने जानबूझ कर अंतःकंपनी खातों का सुनिश्चित करवाने में देरी की, क्योंकि वे जानते थे कि कोई मिलान उनके गलत कार्यों का खुलासा कर देगा और उनकी लागतों को लेखाकृत करने की जरूरत बना देगा।

इंटरपब्लिक ने 1997–2002 की अवधि के खातों में 180 मिलियन डॉलर में उन अतिरिक्त व्ययों को दर्ज कर, जिसे इसने पहले दर्ज नहीं किया था, फिर से प्रस्तुत किया तथा मई 2008 में 12 मिलियन डॉलर का जुर्माना भरना स्वीकार किया।

पश्चलेख

किसी समस्या को छिपाना अक्सर इसका समाधान का पर्याय माना जाता है। कॉर्पोरेट जगत में इस तकनीक को बार-बार प्रयोग में लाया जाता है।

लागतों को कम बता कर समस्याओं को छिपाना

कौन बुरी खबरों को छिपाना नहीं चाहता है? कारोबार भी कोई अलग नहीं हैं।

वाणिज्यिक गतिविधियों को अधिशेष उत्पादित करने के लिए किया जाता है। जब बिक्रियाँ लागतों को पार कर जाती हैं, तो लाभ उत्पादित होते हैं। कारोबार में अच्छा करने का बुनियाद सिद्धांत या तो बिक्री बढ़ाना या लागतों में कटौती करना है।

यदि लागतों को दबाया या छिपाया जा सके तो धोखे से अधिशेष को बढ़ाने के अंतिम उद्देश्य को प्राप्त किया जा सकता है।

सामान्य राजस्व व्ययों का पूंजीकरण करना

बिक्री, वितरण तथा विपणन लागत राजस्व व्यय होते हैं। ये किसी संगठन को चलाते रहने में लगा व्यय है। 1995 तथा 1996 में वैश्विक वेब-सेवा प्रदाता कंपनी **एओएल** द्वारा विज्ञापन लागतों को नए उपभोक्ताओं को पाने के लिए पूंजीकरण किया और इन्हें राजस्व लागत वस्तु में प्रदर्शित नहीं किया गया। एओएल ने सितम्बर 1996 तक, जब इसने अपनी गलती में सुधार किया था, 385 मिलियन डॉलर के विज्ञापन लागतों का पूंजीकरण किया था। इसके खराब आचरण के लिए 3.5 मिलियन डॉलर का जुर्माना इस पर लगाया गया।

चलिए अब हम राजस्व व्ययों को, पूंजी लागत के रूप में प्रदर्शित करने के प्रभावों की परीक्षा करते हैं।

कारोबारों के नियमित परिचालन से सबंधित व्ययों को *राजस्व व्यय* या *परिचालन व्ययों* के नाम से जाना जाता है। अधिग्रहण या संपत्तियों में सुधार हेतु किए गए व्ययों को *पूंजी व्यय* के नाम से जाना जाता है।

लाभ या हानि को ज्ञात करने के लिए राजस्व व्यय को वे जिस अवधि में हुए थे, उन्हें उस अवधि की बिक्री में से घटा दिया जाता है। जबकि *पूंजी* व्यय को बिक्री में से नहीं घटाया जाता है, क्योंकि इसका परिणाम एक लंबी-अवधि लाभ में होता है, जो बैंलेस शीट की संपत्ति पक्ष में दर्ज होता है। परन्तु पूंजी लागतें आवधिक मूल्य ह्रास का विषय हैं, जो राजस्व

लागत हैं। राजस्व व्ययों के उदाहरणों में अंतिम उत्पादों के निर्माण में प्रयुक्त कच्चा माल, कर्मचारियों को दिया गया वेतन तथा मजदूरी, बिक्री प्रोत्साहन की प्रचार लागत एवं अन्य शामिल हैं। पूंजी लागत के उदाहरणों में संयंत्रों तथा मशीनरी, फर्नीचर तथा फिक्स्चर्स एवं अन्य की खरीद की लागत शामिल है। अतएव, यदि राजस्व सम्बंधी किसी व्यय को पूंजी व्यय मान लिया जाए, तो लाभ आंकड़ों को धोखे से बढ़ाया जा सकता है।

ऐसी धोखापूर्ण गतिविधियाँ किसी कंपनी के वित्तीय विवरणों में महत्वपूर्ण प्रभाव डालती हैं, क्योंकि (i) लागत का स्थानांतरण या पुनःवर्गीकरण इसके परिचालन लागतों को घटा देती हैं और इसके स्पष्ट आय को धनात्मक होने हेतु प्रभावित करती हैं, (ii) पुनःवर्गीकृत राशि द्वारा इसकी संपत्तियों के मूल्य को बढ़ा दिया जाता है तथा (iii) इसके संपत्ति पक्ष में वृद्धि में कारण इसके बैलेंस शीट में स्पष्ट मूल्य संगत रूप से अधिवर्धित हो जाता है। यह जालसाजीपूर्ण लेखांकन प्रक्रिया है और इसे कारोबारी दुनिया में अक्सर व्यवहार में लाया जाता है।

लालच ने विवेक को मार दिया – और लाभ को काफी बढ़ाचढ़ा कर दिखाया गया।

इंटरनेट सेवाओं सहित संचार सेवाओं के एक व्यापक परिक्षेत्र को प्रदान करने वाले **वर्ल्डकॉम** ने *लाइन व्यय (लाईन कॉस्ट)* किया। इसमें अपने उपभोक्ताओं को तृतीय पक्ष नेटवर्कों तक पहुँच का अधिकार उपलब्ध कराने के लिए तृतीय–पक्ष टेलीकम्यूनिकेशन संवाहक को भुगतान किए गए अनेक प्रकार के शुल्क शामिल थे। लेखांकन नियमों के अनुसार इन्हें परिचालन लागत माना जाना चाहिए था।

2000 की तीसरी तिमाही से 2002 की पहली तिमाही के दौरान वर्ल्डकॉमने बिना किसी पृष्ठभूमि समर्थन के लाइन व्यय को अपने परिचालन लागतों को पूंजी लागतों में हस्तांतरित कर दिया, इस प्रकार अपने व्यय को कम दिखाया, अपनी संपत्तियों तथा संगत रूप से अपने निवल मूल्य को बढ़ा कर दिखाया।

इन छः तिमाहियों के दौरान कंपनी की लागतों को घटा कर तथा इसके लाभों को अविश्वसनीय 5 बिलियन डॉलर बढ़ा कर बताया गया। अपने धोखापूर्ण लाभ आंकड़ों को प्रदर्शित कर वर्ल्डकॉम ने धोखे से एक लाभप्रद कारोबार के रूप में स्वयं को प्रस्तुत किया।

जब यह प्रकाश में आया कि इसके खातों में धोखाधड़ी की गई थी और इसके लाभों को बढ़ाचढ़ा कर दिखाया गया था, वर्ल्डकॉम ने जुलाई 2002 में दिवालियावाद दाखिल किया। इसके मुख्य मैनेजमेंट को धोखाधड़ी तथा गलत विवरणों को दाखिल करने का दोषी पाया गया। इसके सीईओ बर्नार्ड एब्बर्स, जिसे 25 वर्ष की सजा हुई, सहित कुछ सदस्यों को कैद हुई। इसके शेयरधारकों को 6.1 बिलियन डॉलर का निपटान का प्रस्ताव दिया गया जिन्होंने इस धोखाधड़ी के कारण, बहुत बड़ी राशि गँवा दी थी। कंपनी ने स्वयं को एमसीआई इंक. के रूप में पुनः गठित किया तथा अगस्त 2004 में दिवालियापन से उबर आई। एमसीआई को वेनिजॉन कम्यूनिकेशन्स इंक द्वारा जनवरी 2006 में खरीद लिया गया।

खराब कर्जों के लेखन में बैंकों की असफलता

हम अपनी बचतों को जहाँ जमा करते हैं, उस जमा किए धन को बैंक, कर्जे पर देते हैं, जिन्हें उनकी आवश्यकता होती है। वे उनके द्वारा दिए गए धन पर ब्याज एवं अन्य आय से लाभ कमाते हैं। किसी बैंक के लिए किसी को दिया गया कर्ज चुकाए जाने तक आय-अर्जित करने वाली संपत्ति होती है। दिए गए कर्ज की गुणवत्ता ऋण लेने वाले की चुकाने या समय पर ब्याज देने की क्षमता पर निर्भर करती है। तदनुसार, बैंक के बैलेंस शीटों में दिखाई गई कर्ज की राशि की गुणवत्ता तय करने के लिए इसका मूल्यांकन करने की आवश्यकता होती है।

हम एक उदाहरण लेते हैं। किसी बैंक ने एक ऋणी को 200 मिलियन डॉलर कर्ज दिया। परन्तु, ऋणी ने इसे समय पर नहीं लौटाया। बैंक को इस कर्ज के लौटने की संभावना का मूल्यांकन करने की तथा तदनुसार मूल्य को कम करने की आवश्यकता होती है। पहले वर्ष में यह कर्ज की राशि को 20% कम करने का निर्णय करता है। यदि ऐसा है तो, पहले वर्ष के अंत में कर्ज बैंक के बैलेंस शीट के संपत्ति पक्ष में 160 मिलियन डॉलर दिखाया जाएगा, अर्थात, 200 मिलियन डॉलर से 20% कम कर (40 मिलियन डॉलर)। पहले साल में बैंक को अपने आय विवरण (लाभ तथा हानि खाता) में 40 मिलियन डॉलर की लागत या शुल्क दिखलाने की आवश्यकता होगी, तदनुरूप इसका लाभ इतना कम हो जाएगा।

दूसरे साल के अंत में बैंक को फिर से इसके खातों का मूल्यांकन करना होगा, और यदि आवश्यक हो, यदि ऋणी अभी भी अपने दायित्वों को नहीं पूरा कर रहा है, तो कर्ज की बकाया राशि पुनः कम करनी पड़ेगी, कर्जे की राशि का ऐसा मूल्यांकन हर तिमाही के अंत में होना चाहिए।

यह ध्यान दिया जाना चाहिए कि कर्ज की राशि पूर्णतः बट्टे में डालने की आवश्यकता नहीं हो क्योंकि बैंकों के पास अपने नुकसान के अंश दिए गए कर्ज पर बंधक रखी गई संपत्ति की बिक्री के द्वारा वसूल सकते हैं।

अपने *खराब* कर्जों को कम नहीं करने या उसका वास्तविक मूल्य नहीं प्रदर्शित करने वाले बैंक या वित्तीय संस्थान अपने बैलेंस शीटों पर अपने वित्तीय स्वास्थ्य की हरी-भरी तस्वीर पेश करते हैं।

बैंक कर्जों को न केवल सीधे देते हैं, बल्कि वे कर्ज देने की अपनी क्षमता को स्वतंत्र करने के लिए उन्हें अन्य वित्तीय संस्थानों को हस्तांतरित करते है या बेच देते हैं। इससे बाजार में बैंक कर्जों का कारोबार होता है। जब ऐसा कारोबार हो रहा होता है, तो लेखांकन काफी जटिल हो जाता है और धोखापूर्ण गतिविधियों की एक संभावना बन जाती है।

अनुचित लेखांकन किया गया था उसका हम एक उदाहरण लेते हैं।

अमेरिकी सरकार द्वारा प्रायोजित बंधक वित्तीय कंपनी **फॅनी मे** के कारोबारी मॉडलने बंधक-समर्थित (संपत्ति समर्थित) कर्जों को बैंक से खरीदने तथा ब्याज तथा मूलधन के भुगतान जोखिमों को ले लेने की क्रियाविधि अपनाई थी। बदले में **फॅनी मे** को एक शुल्क प्राप्त होता।

ऐसे लेनदेनों को करते समय (विशेषकर 2002 तथा 2004 के बीच) फॅनी मे ने अपने लाभ आंकड़ों को मजबूती देने के लिए अपने खातों में हेराफेरी की। इस समय ब्याज दरें नीचे की तरफ जा रही थीं। अतएव, अनेक अवसरों पर फॅनी मे ने किसी कर्ज पोर्टफोलियो को एक प्रीमियम पर ऊँची ब्याज दरों के साथ खरीदा जब कि ब्याज की दरें पहले से ही कम थीं। ऐसे कर्जों को प्राप्त करने के लिए फॅनी मे को एक प्रीमियम का भुगतान करने की आवश्यकता थी और इस प्रीमियमको कर्ज की शेष अवधि के दौरान चुकता करने की जरूरत थी।

उदाहरण के लिए, फॅनी मे ने एक बैंक से उस समय 5% वार्षिक ब्याज दर वाले 100 मिलियन डॉलर के कर्ज प्रोफाइल को अधिग्रहित किया, जब प्रचलित ब्याज दरें पहले से ही 4% वार्षिक थीं। यदि यह इस समय 5% वार्षिक ब्याज दर वाले 100 मिलियन डॉलर के कर्ज प्रोफाइल को बाजार में ऋण के रूप में देता है तो यह सामान्य तौर पर सिर्फ 4% अर्जित करेगा, ऐसा करने के लिए फॅनी मे को एक प्रीमियम, मान लें 2 मिलियन डॉलर के भुगतान की आवश्यकता होती है। ऐसा प्रीमियम एक लागत है और कर्ज की अवधि के दौरान इसे चुकता करने की आवश्यकता होती है। परन्तु, यदि ऋणी द्वारा जल्दी चुकता कर दिया जाता है (जो पूर्वभुगतान के नाम से ज्ञात है) तो परिणामस्वरूप प्रीमियम निपटान (या चुकाने) को तेज करने की जरूरत हो जाएगी। यदि किसी 100 मिलियन डॉलर कर्ज की शेष पुनः भुगतान अवधि पाँच वर्षों की है, तो 2 मिलियन डॉलर के प्रीमियम शुल्क को पाँच वर्षों के दौरान या 0.4 मिलियन डॉलर प्रति वर्ष चुकाने की आवश्यकता होगी। परन्तु, यह मानते हुए कि मूल ऋणी के द्वारा कर्ज का पूर्वभुगतान दो वर्षों में किया जाना है, तो प्रीमियम शुल्क को त्वरित करने तथा पाँच वर्षों की जगह दो वर्षों (संभवतः 1 मिलियन डॉलर प्रति वर्ष) में चुकाने की (एमोर्टाईज़ेशन) आवश्यकता होगी। ऐसा बदलाव फॅनी मे के लाभों को प्रभावित करेगा, क्योंकि शुल्क (लागत) बढ़ जाएगा।

2002 से 2004 के बीच फॅनी मे ने ऐसे बदलाव नहीं किए और इन वर्धित लागतों को अपने वित्तीय विवरणों में डालने से बचती रही, हालांकि लेखांकन नियमों के तहत इसे किया जाना चाहिए था। यह सामान्य से बेहतर परिणामों को प्रदर्शित करने के लिए किया गया लेखांकन छल था।

फैनी मै ने अपने विरुद्ध लेखांकन घपले के मामले के निपटान के लिए 400 मिलियन डॉलर के दीवानी जुर्माने का भुगतान किया।

अतिरिक्त या मूल्यहीन मालों के अवलेखन में असफलता

हम में से अधिकतर कचरा जमा करते हैं, चाहे यह कार्यालय पर हो या घर पर।

कोई उद्यम इससे अलग नहीं है। किसी भी कंपनी में माल एक संपत्ति है। समय के साथ कुछ ऐसे माल जमा हो जाते हैं, जो या तो उपयोगरहित या पुराने होते हैं। मूल्यहीन मालों के मूल्य का अवलेखन कर देना चाहिए, क्योंकि यह संभव है कि इनका बाजार मूल्य लेखा पुस्तकों में प्रदर्शित मूल्य से कम हो। यदि इन मूल्यहीन मालों को एक संपत्ति के रूप में प्रदर्शित करना जारी रखा जाता है और अवलेखन नहीं किया जाता है (अर्थात, कंपनी के आय विवरण में एक लागत के रूप में नहीं दिखाया जाता है), तो वित्तीय परिणाम एक गलत तस्वीर दिखाएँगे।

इसी तरह वैसे माल जो अस्तित्व में नहीं हैं, लेकिन कंपनियों के खातों में दिखाए जाते हैं, उन्हें भी बट्टे में डाल देना चाहिए। माल भंडार की कमियाँ आमतौर पर माल-सूची गतिविधि में दिखाई देती हैं, जहाँ भंडारों का भौतिक सत्यापन तथा लेखा-पुस्तक भंडारों से तुलना की जाती है। चोरी, अवमूल्यन, कम प्राप्तियों या निर्माण के दौरान ज्यादा उपयोग के कारण कमी पाई जा सकती है, जिसे पहले रिकॉर्ड नहीं किया गया है।

रेंट-वे इंक एक ऐसा उदाहरण है जहाँ यह अवलेखन नहीं किया गया था। अपने खातों में हेरफेर करने में विशेषज्ञ इस कंपनी ने सितम्बर 1999 में मर्चेंडाइज पार्टों की एक भौतिक इंन्वेंट्री बनाई। इसने दिखाया कि हाथ में वास्तविक माल का मूल्य 0.4 मिलियन डॉलर था, जबकि लेखा पुस्तकें 1.4 मिलियन डॉलर का अधिशेष दिखला रही थीं। 1 मिलियन डॉलर की कमी को बट्टे खाते में डालने की जरूरत थी, परन्तु कंपनी ऐसा करने में असफल रही। इसका परिणाम लागत को 1 मिलियन डॉलर कम करने को बताने में हुआ।

गैर-वसूली ऋणों का अवलेखन करने में असफलता

ऋणों का जन्म तभी होता है, जब बिक्री उधार पर की जाती है। यह मान लिया जाता है कि उपभोक्ता ऋण अवधि के समाप्त होने से पहले अंततः भुगतान कर देंगे। परन्तु, क्या होता है जब ऋणी (अर्थात वे उपभोक्ता, जिन्होंने अभी तक भुगतान नहीं किया है) या तो भुगतान करने से इनकार कर देते हैं अथवा वे कभी भी भुगतान करेंगे यह मानने का कोई कारण नहीं होता है। यदि की गई बिक्री पर धन नहीं प्राप्त होता है तो बिक्री के दौरान पहले दिखाई गई आय में सुधार करने की आवश्यकता होती है। इसके विपरीत (सुधार) उन ऋणों को जिनकी

वसूली गैर रहने की आशंका रहती है, उन्हें लागत के रूप में प्रदर्शित कर दिया जा सकता है। इसे *खराब कर्ज प्रावधान* के नाम से जाना जाता है और इसका अर्थ है कि कुछ ऋणों के खराब हो जाने की आशंका है।

धोखाधड़ी करने तथा एक वर्धित कारोबारी प्रदर्शन को दिखाने के लिए अनेक कंपनियाँ पर्याप्त खराब ऋण प्रावधान नहीं करती है, जिसका परिणाम उनकी आय को वास्तविकता से ऊँचे स्तरों पर प्रदर्शित किया जाना जारी रहना होता है।

अमेरिका तथा यूरोप में कारोबार वाली फ्रेंच कंपनी **विवेंडी यूनिवर्सल** ने 2000 तथा 2002 के बीच अपनी लेखा पुस्तकों में हेराफेरी की। इसके द्वारा अपने राजस्वों की हरी तस्वीर दिखाने के लिए अपनाई गई अनेक विधियों में से एक में इसके द्वारा खराब ऋणों के लिए प्रावधान नहीं करना था – वैसे ऋणों की मात्रा जिनका भुगतान नहीं होने की आशंका होती है, को लागत के रूप में नहीं दिखाना।

विवेंडी की एक सहायकों में से एक **सेगेटेल,** अपने अनुभव के आधार पर खराब ऋणों के लिए प्रावधान करती थी। उदाहरण के लिए इसने अनुभव किया था कि औसतन 5% ऋणी सामान्यतः भुगतान नहीं करते हैं और यह बिगड़ सकता है। ऐसे मामलों में वे वित्तीय विवेक के रूप में हर वर्ष अपने ऋणियों के 5% के लिए बिगड़े ऋण का प्रावधान कर सकते थे।

मध्य–2001 में विवेंडी आशंकित हो गई कि अपने द्वारा निर्धारित लक्ष्यों को पूरा करने में वह समर्थ नहीं हो पाएगी। 2001 की दूसरी तिमाही में इसका प्रबंधन बिगड़े ऋणों के लिए अपने रिजर्व के स्तर को मापने की ऐतिहासिक क्रियाविधि से पथभ्रष्ट हो गया। इसका परिणाम तिमाही के अंत में इसकी ऐतिहासिक क्रियाविधि के द्वारा निर्धारित प्रावधान के विरुद्ध सेगेटेल द्वारा बिगड़े ऋण के लिए कम प्रावधान करने में हुआ और इसके कारण बिगड़े ऋण के लिए जितना होना चाहिंए था उससे 45 मिलियन युरो कम का प्रावधान हुआ।

इसने सेगेटेल की पैतृक कंपनी विवेंडी को अपने कुल लाभ आंकड़ों को सुधारने में मदद की। बिगड़े ऋणों के लिए प्रावधान को घटाने का निर्णय उस समय लिया गया जब सेगेटेल अपने उपभोक्ताओं से धन एकत्र करने में दिक्कत महसूस कर रही थी। यह डॉट-कॉम के ध्वस्त होने के कारण बनी हुई बाजार की मुश्किल परिस्थितियों के कारण था।

विवेंडी ने खुलासा नहीं किया कि उस अवधि के दौरान बिगड़े ऋणों के लिए प्रावधान का इसका आधार बदल गया है और यह अपनी लेखांकन विधियों में परिवर्तन पर चुप थी। यह एक भ्रष्ट लेखांकन पद्धति थी।

बिगड़े निवेशों का अवलेखन करने में असफलता

हम में से अधिकतर ने बिगडा निवेश किया है। यदि यह ऐसा हो, तो हमें बिगड़े निवेशों को उनके तथा-कथित प्रारंभिक मूल्य पर न मान कर बल्कि इसका वर्तमान मूल्य क्या है, इस आधार पर मूल्यांकन करना चाहिए।

यह कारोबारी अधिग्रहणों का भी एक मामला है। जब कोई कंपनी अधिग्रहित की जाती है, तो कभी-कभी अधिग्रहण का मूल्य लक्ष्यित कंपनी के पहचान योग्य संपत्तियोंके मूल्य से ज्यादा हो जाता है। मान लें कि किसी कंपनी ए की परिसंपत्तियों का मूल्य 100 मिलियन डॉलर है और इसे कंपनी बी 120 मिलियन डॉलर में अधिग्रहित कर रही है। अतिरिक्त भुगतान किया जाता है, क्योंकि कंपनी बी मानती है कि कंपनी ए की भविष्य की नकद का प्रवाह इसके द्वारा भुगतान किए गए उच्च मूल्य की प्रतिपूर्ति कर देगा। 20 मिलियन डॉलर का अंतर इसलिए साख है और इसका लेखांकन वैसा ही होना चाहिए। परन्तु, यदि कंपनी ए की लाभप्रदता में जिस भी कारण से ह्रास होता है, तो कंपनी बी के लेखा खातों में साख मूल्य में अवलेखन या कमी की जानी चाहिए।

यूरोपीय कंपनियाँ अभी 2008 से पहले के अधिक मूल्यों वाले अधिग्रहणों के कारण समस्या का सामना कर रही हैं। संपूर्ण-यूरोप का बाजार नियामक प्रश्न कर रहा है कि उनके लेखा खातों में पर्याप्त कमियाँ क्यों नहीं दिख रही हैं। सूचीबद्ध कंपनियों को सामान्य तौर पर वर्ष में एक बार *हानिकारक परीक्षण* का सामना करना पडता है।

फाइनेंशियल टाइम्स की प्रकाशित रिपोर्टों के अनुसार यूरोपीय बाजार नियामक के द्वारा 235 कंपनियों का सर्वेक्षण किया गया था। इन कंपनियों की 2011 की शुरुआत में 800 बिलियन युरोज की अच्छाई थी, परन्तु 2012 में सिर्फ 5% (40 बिलियन युरोज) की कमी की गई। यह प्रतीत होता है कि यूरोप में चारों ओर अच्छाई फैली है!

विक्रेताओं से देर से प्राप्त बिलों को अंकित करने में असफलता

कंपनियों के द्वारा बढ़े हुए लाभ को दिखाने का एक तरीका उनकी लागतों को घटाना है। यदि ये लागतें लग चुकी हैं, तो वे इसे कैसे करते हैं? यह साधारण है। वे वर्तमान अवधि के दौरान विक्रेताओं से प्राप्त बिलों को अंकित नही करते या मान्यता नहीं देते हैं और इन्हें अगली अवधि में भेज देते हैं। यह उन्हें वर्तमान अवधि में अपने वित्तीय परिणामों को सुधारने में मदद करता है (तिमाही या वार्षिक)।

इस पर बिना ध्यान दिए कि विक्रेता को भुगतान किया गया या नहीं, प्राप्त किए गए माल या उपभुक्त सेवा को कंपनी के लेखाखातों में एक लागत के रूप में प्रदर्शित किया जाना चाहिए (तथा जमा होने वाले उत्तरदायित्व) जब उस अवधि में माल पाया गया था या सेवा का उपयोग किया गया था।

रेंट-वे धोखाधड़ी लेखांकन में शामिल रही। अपने लाभों को सुधारने के लिए इसने विक्रेताओं से बिल लिया था लेकिन जिन्हें लेखांकन विभाग के द्वारा वर्ष के अंत तक अंकित नहीं किया गया था, उन बिलों को अगले वित्तीय वर्ष में डाल दिया गया। 1999 के अंत तक बिना रिकॉर्ड किए गए व्ययों (5 मिलियन डॉलर) को 2000 तक टाल दिया गया। 2000 के अलिखित रिकॉर्ड को अगले वर्ष में धकेल दिया गया जो 9 मिलियन डॉलर और अधिक थे। रेंट-वे के द्वारा पेन के जोर से कारोबारी प्रदर्शन को सुधारने का बहुत अच्छा मार्ग खोज लिया गया था।

लागत घटाने के लिए विक्रेताओं से प्राप्त दिखावटी धन की प्राप्ति

लाभ को बढ़ाने के लिए लागतों को घटा कर दिखाना एक लोकप्रिय तरीका है जिसमें कंपनियाँ धोखे से अपनी वित्तीय स्थिति को सुधारती हैं। एक तरीका यह दिखाना हो सकता है कि विक्रेताओं ने विशिष्ट स्रोत व्यवस्थाओं के लिए नकद छूटें या फंड दिया है। विक्रेताओं से प्राप्त इन तथाकथित निधि प्राप्तियों को कंपनियों के द्वारा किए गए खर्चों को प्रतिसंतुलित करने में किया जा सकता है। ऐसी प्राप्तियों का अलग से खुलासा किया जाना चाहिए तथा आवर्ती व्यय मदों के विरुद्ध नहीं उपयोग किया जा सकता है।

हम इसका एक उदाहरण देते हैं। कम्प्यूटर तकनीकी कंपनी **डेल** की परिचालन लागतें बढ़ रही थीं। इसके द्वारा किए गए खर्चोंकी हरी-भरी तस्वीर प्रदर्शित करने के लिए इसने एक संदेहास्पद तरीके का इजाद किया।

2002 से 2006 के बीच कंपनी ने इंटेल से प्राप्त विशेष भुगतानों को बढ़ रही परिचालन लागतों को अनुचित रूप से प्रतिसंतुलित किया। इसने इंटेल के साथ इसके प्रतिस्पर्धी के विधियों (जैसे एएमडी) के स्थान पर इसकी केंद्रीय संसाधित इकाईयों का एक मात्र उपयोग करने का समझौता किया। डेल को प्राप्त इन विशेष भुगतानों को अलग से दिखाना चाहिए था। परन्तु, इसने अपने आवर्ती व्ययों की प्रतिपूर्ति करने के लिए उपयोग किया और बाहरी दुनिया को इसने बताया कि इसने लागतों को बचाने के लिए विशेष लागत कमी की पहलों को किया है।

व्ययों को दर्ज करने में असफलता या इन्हें वापस करना

लेखांकन हेराफेरी खेल में माहिर, एक कारोबारी प्रबंधन सेवा कंपनी **मेडाफिस** के मुख्य मैनेजमेंट ने कंपनी की पूर्णतः स्वामित्व वाली सहायकर्ताओं में से एक को कर्मचारियों को 1996 की पहली तिमाही में दिए जाने वाले बोनसों में हुए व्यय को आय के रूप में वापस लेने का निर्देश दिया। इस निर्देश का प्रभाव इसके व्ययों तथा दायित्वों में कमी था। इसी तरह 1996 की दूसरी तिमाही में मेडाफिस की एक और सहायकर्ता के द्वारा विशेष सॉफ्टवेयर विकास तथा सलाह सेवाओं हेतु 1.4 मिलियन डॉलर का अतिरिक्त खर्च किया जाना था। परन्तु, अपने वित्तीय परिणामों की रक्षा करने के लिए कंपनी ने अपने संभावित दायित्व की इस लागत को अनदेखा कर दिया तथा इसने इसे तिमाही में वर्धित लाभों को दिखाया।

लेखांकन नियामक अनिवार्य करते हैं कि लगी लागतों या खर्चों को उसी अवधियों में कंपनियों की लेखा पुस्तकों में दर्ज किया जाना चाहिए। यदि लागतों का भुगतान कर दिया जाता है, तो व्यय शीर्ष को लागत में वृद्धि दिखानी चाहिए तब नकद में कमी हो जाती है, क्योंकि इसका उपयोग भुगतान के लिए किया जाता है। यदि व्यय को अभी भी किया जाना होता है, तो भुगतान दायित्व में एक *दायित्व* का सृजन किया जाना चाहिए।

व्यय भार आय को कम कर देता है। एक बार जब व्यय हो जाता है, तो इसे वापस नहीं किया जा सकता है जब तक कि कंपनी की भुगतान का दायित्व समाप्त नहीं हो जाता है।

ऐसा एक और उदाहरण **टाइको इंटरनेशनल** का था – जहाँ कॉर्पोरेट लूट तथा लागत-छिपाव की एक कहानी है। इसके तथा इसके तीन सबसे वरिष्ठ कार्यकारियों का गुप्त दुराचार तथा आत्म-सेवा शामिल थे। 1996 से जून 2002 के बीच डेनिस कोज्लोव्स्की (तत्कालीन सीईओ) तथा मार्क स्वार्ट्ज (तत्कालीन सीएफओ) तथा 1998 से 2002 के बीच मार्क बेल्नीक (तत्कालीन मुख्य कॉर्पोरेट सलाहकार) ने गुप्त रूप से तथा टाइको से गैर-अधिकृत अनुचित निम्न ब्याजदरों के कर्जों तथा प्रतिपूर्तियों सैंकड़ों लाखों डॉलरों को हड़प लिया। इन सौदों को छिपा कर रखा गया तथा कंपनी की लेखा-पुस्तकों में दर्ज नहीं किया गया। उनका स्व-उत्थान प्रभाव टाइको की उच्च लाभ सम्बंधी पार्टी-सौदों, ठाठपूर्ण अनुलाभों तथा कॉर्पोरेट निधियों को व्यापक रूप से हड़पने तक विस्तारित था। इनमें से किसी को कंपनी की आय विवरणों में लागत के रूप में नहीं दिखाया गया तथा कंपनी के द्वारा कोई खुलासा नहीं किया गया। यह एक लूट थी!

टाइकोने अपने एक निदेशक की बिना किसी खुलासे के विलय तथा अधिग्रहण हेतु शुल्क के भुगतान सहित सभी प्रकार की ठगी को किया। इसने 2001 में 9 बिलियन डॉलर में

सीआईटी समूह का अधिग्रहण कर लिया तथा एक निदेशक फ्रांक वॉल्श को 20 मिलियन डॉलर की *फाइंडर फी* का भुगतान किया, परन्तु, अपनी लेखा पुस्तकों में इसकी लागत प्रविष्टि नहीं की। कंपनी की अनैतिक गतिविधियाँ हद तक पहुँच गई जब इसने अधिग्रहण हेतु अपने निवेश बैंकरों के अलावा सबके समक्ष धोखापूर्ण घोषणा की कि कोई अन्य फाइंडर फी या कमीशनों का भुगतान नहीं किया जाएगा। इतना ही नहीं, वॉल्श ने उस मीटिंग में बोर्ड सदस्य के रूप में भागीदारी की जिसमें टाइको के द्वारा सीआईटी के अधिग्रहण पर विचार किया गया, परन्तु इसका खुलासा नहीं किया कि वह इस अधिग्रहण की अनुशंसा में सहायक रहा है या वह फाइंडर फी प्राप्त करेगा।

मूल्यह्रास की सूचना देने तथा दर्ज करने में असफलता

जो व्यय होता है वह एक लागत है। परन्तु, यदि कोई कंपनी संपत्ति के सृजन में हुए *व्यय*के होने को दर्ज करती है, तो इसका प्रभाव लागत में वृद्धि न होकर इसकी परिसंपत्तियों में हुई वृद्धि है।

इस प्रकार का गलत लेखांकन अक्सर मूल्यह्रास के लेखांकन में किया जाता है (अर्थात धारित तथा उपयोग की जाने वाली संपत्ति), जहाँ मूल्यह्रास खाते को व्यय शीर्ष के रूप में बढ़ाने की जगह कंपनी के परिसंपत्ति खाता (गैर-लागत शीर्ष) को बढ़ा दिया जाता है। सरल भाषा में इसके व्ययों को कंपनी की किन्हीं परिसंपत्तियों के अंदर छिपाया जाता है।

किराए पर सामान देने वाली कंपनी, **रेंट-वे** जानती थी कि इसका सबसे बड़ा लागत शीर्ष *मूल्यह्रास* है। हर लेखांकन अवधि के दौरान कंपनी को अपने सामानों के किराए पर मूल्यह्रास हेतु व्ययों की पहचान की आवश्यकता होती थी। इसका परिणाम इसके किराए के सामानों की परिसंपत्ति खातों में अनुरूप कमी में होगा (क्योंकि इसकी संपत्तियों का उपयोग के कारण मूल्यह्रास हो रहा था)। कंपनी ने अपने तिमाही माल-किराए मूल्यह्रास व्यय का पहचान करने पर कृत्रिम सीमा लगाने हेतु माल-किराए खाते में हेराफेरी की। कंपनी ने अपने वर्तमान ह्रास को छिपाने के लिए अपने माल-किराए संपत्ति खाते को कृत्रिम रूप से बढ़ा दिया।

उपरोक्त के अतिरिक्त रेंट-वे ने किराए संपत्ति खाते को कृत्रिम रूप से बढ़ा-चढ़ा दिया और अपने विविध आय को बढ़ा-चढ़ा कर दिखाने के लिए अनुरूप प्रविष्टि की। इसका परिणाम इसके परिसंपत्तियों तथा *अन्य आय* शीर्षों की वृद्धि में हुआ। इस गड़बड़ घोटाले का परिणाम इसके व्ययों को 1999 में 6 मिलियन डॉलर तथा 2000 में 36 मिलियन डॉलर कम कर दिखाने में हुआ।

पश्चलेख

भ्रष्ट तरीकों से जमा की गई संपत्ति को छिपाना चुनौतीपूर्ण है। चीन में एक लेफ़्टिनेंट जनरल ने गलत तरीके से कमाई संपत्ति चीनी क्रांति के जनक चेयरमैन माओ त्से तुंग की सोने की मूर्ति बना कर छिपाई थी। जनवरी 2014 में उसके घर पर पड़े छापे ने उसके गलत तरीके से प्राप्त लाभों को छिपाने के प्रयास के उसके अनूठे तरीका का खुलासा किया। लेखांकन धोखेबाजी के माध्यम से गलत खबरों को छिपाना कोई अलग नहीं है।

लाभ उत्पादित करने के लिए माल-सूची के साथ खिलवाड़

साधारण जुगतें कभी-कभी असाधारण परिणामों को दे देती हैं। तुलनात्मक रूप से निर्दोष परन्तु, ऐसा करने का अत्यधिक अवैध तरीका माल-सूचीके मूल्य की अतिशयोक्ति है। माल-सूचियों के एक और नाम, शेष माल में कच्चे माल, निर्माणाधीन तथा निर्मित वस्तुएँ शामिल हैं। यह लेखांकन धोखाधड़ी का अड्डा है।

हम एक उदाहरण लेते हैं। मान लें कि कोई उद्यम 100 डॉलर के सामान को खरीदता है तथा 80 डॉलर के उत्पादों को 70 डॉलर पर बेच देता है। इसकी शेष मालसूची सामान्य तौर पर 20 डॉलर होगी (इसके 100 डॉलर की खरीद में से बेचे गए सामानों की 80 डॉलर की लागत को घटा कर)। नुकसान 10 डॉलर होगा (80 डॉलर के मूल्य के उत्पाद को 70 डॉलर में बेचने के कारण)। परन्तु, अब एक बेहतर तस्वीर प्रस्तुत करने के लिए कंपनी धोखे से 20 डॉलर के शेष माल को 50 डॉलर मूल्यांकित कर देती है। यह इस 20 डॉलर की वास्तविक *नुकसान* की स्थिति को 20 डॉलर के नकली *लाभ* (100 डॉलर की खरीद में 70 डॉलर की बिक्री को घटा तथा 50 डॉलर के शेष माल को जोड़ कर) की स्थिति में परिवर्तित करने में इसे समर्थ बना देता है। 30 डॉलर लाभ के घुमाव को (हानि से लाभ की ओर परिवर्तन) कंपनी की माल-सूची को धोखापूर्ण तरीकों से 20 डॉलर से 30 डॉलर बढ़ा कर 50 डॉलर कर प्राप्त किया जा सकता है। कॉर्पोरेट जगत में काफी लेखांकन झाँसा दिखाया जाता है।

लाभ को बढ़ानेके लिए बिक्रियों की लागत का लिफो (अंतिम प्रवेश प्रथम निर्गम) से फीफो (प्रथम प्रवेश प्रथम निर्गम) मूल्यांकन

यदि निर्माण के लिए उपयोग की गई माल-सूची की लागत को (बिक्री किए गए सामानों की लागत के नाम से भी ज्ञात) को घटाया जा सके तो यह छद्म लाभों को दिखाने में मदद करता है।

मुद्रास्फीति के दौरान एक तरीका *बिक्री के लिए प्रयुक्त मालों* का मूल्यांकन अंतिम प्रवेश प्रथम निर्गम (लीफो – लास्ट इन फर्स्ट आऊट) या औसत लागत विधि के स्थान पर प्रथम प्रवेश प्रथम निर्गम (फीफो – फर्स्ट इन फर्स्ट आऊट) पद्धति का प्रयोग करना है। जब मूल्य बढ़ रहे होते हैं तो सबसे पहले आने वाले माल को कम महंगा होना चाहिए। यदि वैसे माल जो पहले आए हैं, को अंतिम में आने वालों की तुलना में उत्पादन के लिए पहले उपयोग किया जाता है, तो बेचे जा रहे मालों की लागत स्वतः कम प्रदर्शित होती है और कंपनी के लाभ बढ़ जाते हैं।

बेचे गए मालों की लागत के साथ बाजीगरी का एक उदाहरण तेल एवं गैस कंपनी **एक्सॉन मोबिल** में है, हालांकि यह इसके लाभों में कमी करने के लिए, न कि उन्हें बढ़ाने के लिए की गई थी। 2006 में कंपनी ने बिक्री किए गए मालों का मूल्यांकन करने के लिए लीफो विधि का प्रयोग किया। इसने इसे ज्यादा ऊँचे मूल्यों के मालों, जो उन्हें पेट्रोलियम उत्पादों में परिवर्तित करने हेतु अंत में आए थे, का उपयोग करने में मदद की। इसने इसे घटे हुए लाभों और परिणामस्वरूप कम कॉर्पोरेट कर दरों का भुगतान करने में मदद की।

माल-सूची का स्थिर संपत्तियों में परिवर्तन

धोखे से वर्धित माल-सूची के आंकड़ों को दिखा कर लाभ को बढ़ाया जा सकता है। परन्तु, समस्या यह है कि माल-सूची के स्तरों को सामान्य से उच्च दिखाना निवेशकों तथा विश्लेषकों का ध्यान आकर्षित कर सकता है। इसे छिपाने के लिए कंपनियाँ कभी-कभी अतिरिक्त माल-सूची को स्थिर संपत्तियों में परिवर्तित कर देती हैं। चूँकि स्थिर संपत्तियों जैसे संयंत्र, उपकरण के लिए स्तरों के लिए नियमन को तय तथा मूल्यांकित करना मुश्किल होता है, इसलिए अतिरिक्त माल-सूचीको स्थिर संपत्ति में परिवर्तन एक अपेक्षाकृत सुरक्षित दाँव प्रतीत होता है।

माल-सूची तथा स्थिर संपत्तियाँ दोनों बैलेंस शीट में दिखाई गई परिसंपत्तियाँ हैं एवं इसलिए धोखेपूर्ण लेखा प्रविष्टियों तथा दस्तावेजीकरण के माध्यम से इन दोनों शीर्षों के मध्य धोखे से अदला-बदली करना ज्यादा आसान है।

वर्धित लाभों को दिखाने के लिए इलेक्ट्रॉनिक्स कंपनी **कॉम्पट्रॉनिक्स कॉर्पोरेशन** ने 1990 से 1992 के बीच इसकी माल-सूची का मूल्य जालसाजी से बढ़ा दिया। जब इसके नकली माल-सूची आंकड़े बहुत ज्यादा ऊँचे हो गए, तो इसके कार्यकारी घबरा गए। उन्होंने इसके बड़े अंश को *खरीदे हुए उपकरणों* या *स्थिर संपत्तियों* में परिवर्तित कर दिया। यह नकली सौदों की एक श्रृंखला के माध्यम से किया गया तथा इसने उन्हें स्थिर संपत्तियों को 35 डॉलर से बढ़कर 54 मिलियन डॉलर दिखाने में मदद की। कॉम्पट्रॉनिक्स पकड़ी गई, इसने धोखाधड़ी स्वीकार की तथा अपने खातों को पुनः प्रस्तुत किया।

पश्चलेख

लियो टॉलस्टॉय ने कहा है, 'यह पूर्णतः विस्मयकारी भ्रम है कि सुंदरता अच्छाई होती है।' इसी तरह अगली अवधि में, जब समाप्ति स्टॉक अगली अवधि मे प्रारंभिक स्टॉक बन जाता है, पकड़े जाने तक लाभ में वृद्धि के लिए माल-सूची में हेरफेर एक अच्छा विचार है।

कूकी जार रिज़र्व्ज एवं आभासी मुनाफा

डेलने इसे किया; ऐसा ही माइक्रोसॉफ्ट तथा जीई ने भी किया।

डेल इंक जैसी विश्व-प्रसिद्ध कम्प्यूटर कंपनी 2002 से 2005 के बीच अपने परिचालन परिणामों में कमी को छिपाने के लिए उपयोग करने के लिए *कूकी जार* संचय को बनाए रखने सहित व्यापक परिक्षेत्र लेखांकन धोखाधड़ी में शामिल थी। पहले की अवधि में इसके द्वारा बनाए गए रिजर्वों को जारी कर डेल ने तीन वर्षों तक तिमाही-दर-तिमाही, अपने परिचालन व्ययों को बिक्री के प्रतिशत में दिखा कर भ्रमित किया। कंपनी ने दिखलाया कि यह अपनी लागत परिपाटी को सुधार रही है, हालांकि वास्तविकता में यह बढ़ रही या हद-से-हद स्थिर रही थी।

कूकीज जार संचय क्या हैं?

हम तुरंत उपयोग किए जाने वाले भोजन को हमारे फ्रिज में सुरक्षित रखते हैं। इन्हें किसी भी समय जब हम भूख महसूस करते हैं, तो निकाला जा सकता है। कॉर्पोरेशन कभी-कभी

इस सिद्धांत का अनुपालन *माल* को जमा करने के लिए करते हैं ताकि इन्हें उनके लाभों में कमी के समय निकाला जा सके।

कॉर्पोरेट दुनिया में इन कूकीज को कैसे बनाया जाता है?

वास्तविक लाभों को दबा कर रख दिया जाता है। भविष्य में जब कंपनी के वास्तविक लाभ अपर्याप्त हों, तो इनके अंशों को जारी किया जा सके।

इसकी व्याख्या करने के लिए हम एक उदाहरण लेते हैं। एक कंपनी का वार्षिक मुनाफा आम तौर पर 25 मिलियन डॉलर के आसपास होता है। 2011 में उन्होंने अत्यधिक मुनाफा 70 मिलियन डॉलर कमाया (अपवादस्वरूप अच्छी बाजार स्थितियों के कारण या असाधारण आय के कारण)। कंपनी को अपने असाधारण रूप से अच्छे वित्तीय परिणामों की सूचना देनी चाहिए तथा इसके कारणों को बताना चाहिए। परन्तु, धोखाधड़ी के उद्देश्य वाला कोई उपक्रम इसे, मान लें 30 मिलियन डॉलर (न कि 70 मिलियन डॉलर जो कि इसका वास्तविक लाभ है) दिखा सकता है। यह उसके असूचित 40 मिलियन डॉलर (डॉलर 70 मिलियन के वास्तविक लाभ में से 30 मिलियन डॉलर के सूचित लाभ को घटा कर) शेष लाभ का गुप्त संचय बनाने में इसकी मदद करेगा। वह इस संचय का भविष्य में उपयोग कर सकता है। उदाहरण के लिए, 2012 में इसका लाभ (आमतौर के 25 मिलियन डॉलर की जगह) 10 मिलियन डॉलर है। यह (2011 में बनाए गए 40 मिलियन डॉलर के) अपने गुप्त संचय पर आकर्षित हो सकती है और इस राशि में से 15 मिलियन डॉलर निकाल (अर्थात पलट) सकती है। 2012 में लाभ आंकड़े फिर से 25 मिलियन डॉलर होंगे (10 मिलियन डॉलर का वास्तविक लाभ योग 15 मिलियन डॉलर पहले बनाए गए गुप्त संचय से)। 2012 में (इसका वास्तविक लाभ) 10 मिलियन डॉलर के स्थान पर 25 मिलियन डॉलर लाभ दिखा कर निवेशकों तथा अन्य को यह मानने के लिए भ्रमित किया जा रहा है कि कंपनी में सबकुछ ठीक है, जबकि इसके कम हो रहे लाभों के साथ कंपनी का वित्तीय स्थिति बिगड़ती हुई नजर आती है।

गुप्त संचय को अनेक तरीकों से बनाया जा सकता है, उदाहरण के लिए, यह अच्छी तरह से जानते हुए कि ऐसे दायित्व नहीं उत्पन्न होंगे, व्यय शीर्ष के अधीन *दायित्व प्रावधान* को बना कर या, दायित्व प्रावधान को 'संदिग्ध ऋणियों के लिए प्रावधान' के आधार पर बनाया जा सकता है – कुछ विशेष ग्राहकों से भुगतान नहीं पाने की आशंका पर राशि को अलग रख कर, यद्यपि यह जानते हुए भी इन ऋणियों के भुगतान से चुकने की कोई आशंका नहीं है। जब ऐसे प्रावधानों को किया जाता है, तो इसे कंपनी के लाभ-हानि खाते में दिखाया जाता है, जिसका प्रभाव इसके लाभ के ह्रास में होता है। किया गया अतिरिक्त दायित्व प्रावधान एक गुप्त संचय बन जाता है तथा जब जरूरत हो, तो इसे अंशतः या पूर्णतः प्रतिवर्तित किया जा सकता है।

दायित्व प्रावधान का इस तरह उल्टा करने का प्रभाव किसी कंपनी के लाभों में वृद्धि में होता है। इसके विपरीत, जब पहले के वर्षों में दायित्व प्रावधान किए गए थे, तो इसका प्रभाव इसके ह्रास में था।

रिजर्व का सृजन का प्रभाव जब अतिरिक्त कूकिज हो, तो कूकिज को बचा कर एक कूकी जार बनाने का होता है। इन्हें बुरे समयों में उपयोग किया जा सकता है, जब उपभोग के लिए कोई कूकी उपलब्ध ना हो। गुप्त संचय का सृजन कूकी जार संचय भी कहलाता है।

एनरॉन

धोखाधड़ी लेखांकन का महारथी एनरॉन 2000 की तीसरी तिमाही से लेकर 2001 की तीसरी तिमाही तक अपने एक कारोबार 'एनरॉन होलसेल', जो कि लाभ कमा रहा था,से कूकी जार संचय का उपयोग कर रहा था। इस कारोबार ने अनपेक्षित कारोबारी लाभों को कमाया था, विशेषकर कैलिफोर्निया के ऊर्जा बाजार से।

एनरॉन ने होलसेल के द्वारा अर्जित विशाल लाभों को इसके द्वारा इसके कारोबार के अन्य प्रक्षेत्रों में हो रहे बड़े नुकसानों की सूचना देने से बचने तथा बाद की तिमाहियों में उपयोग करने के लिए बचा कर रखने के लिए कम करके दिखाया गया था। एनरॉन होलसेल का अघोषित रिजर्व प्रारंभिक 2001 में1 बिलियन डॉलर के ऊपर पहुँच गया। निवेशकों के समक्ष वास्तविकता से बेहतर तस्वीर दिखाने के लिए इन्हें एनरॉन के अन्य प्रदर्शन नहीं कर पा रहे कारोबारों, विशेषकर इसकी एनरॉन ऊर्जा सेवाएँ (ईईएस) व्यापार इकाई के लाभों को सहारा देने के लिए बाद की तिमाहियों (2001 की तीसरी तिमाही तक) में उपयोग किया गया।

सनबीम कॉर्पोरेशन

जुलाई 1996 में वित्तीय रूप से बीमार कंपनी सनबीम ने एक नए सीईओ एल्बर्ट डनलॉप तथा सीएफओ रसेल केर्श को अपने कार्यव्यवहार को पुनःसरंचित करने के लिए नियुक्त किया। नवनियुक्त सीईओ तथा सीएफओ ने कंपनी के शेयर मूल्यों को बढ़ाने के लिए और फिर कंपनी को एक ज्यादा शेयर मूल्य पर कंपनी को बेचने के लिए एक मोटा वेतन पैकेज लिया। इसने उन्हें 1996 में जुड़ने के बाद 1997 में कंपनी के प्रदर्शनको गलत तरीके से सुधारने के लिए प्रोत्साहित किया। यह उनकी कूकीज जार नीतियों का आद्य बिंदु था।

उन्होंने क्या किया? 1996 में नियुक्त होने का बाद दोनों ने 1997 में आम से बेहतर प्रदर्शन दिखलाने के लिए 1996 में कंपनी के लाभों को कम कर दिया। इस नीति के सफल अनुपालन का प्रभाव प्रारंभिक 1998 में इसके शेयर मूल्य के वर्धन में दिखता (इसके 1997 के वित्तीय परिणामों के प्रकाशन के बाद) तथा वे कंपनी को एक ज्यादा ऊँचे शेयर मूल्यांकन पर बेचने में समर्थ हो जाते। अतएव, उन्होंने अत्यधिक मुकदमेबाजी लागतों तथा दायित्वों की पुनः संरचना सहित अस्तित्वहीन लागतों पर *दायित्व* प्रावधानों को दिखला कर कूकी जार संचय बनाए।

सनबीम ने कूकी जार संचय का क्या किया? क्या संचय बनाने की योजना ने काम किया? 1997 में कूकी जार संचय को तिमाही-दर-तिमाही जारी किया गया। चूँकि 1996 में कृत दायित्व या रिजर्व या तो अधिशेष या अस्तित्वहीन संभावित लागतें थीं, अतः कंपनी के लिए संचय के अंशों को वापस लेना तथा वास्तविकता से बेहतर वित्तीय प्रदर्शन दिखाने के लिए अपने खातों में गोलमाल करना आसान था। इसके द्वारा 1996 में बनाए गए कूकी जार संचय ने 1997 तथा 1998 की पहली तिमाही में कार्य किया।

परन्तु, जब कंपनी की बिक्री का कम होना जारी रहा तथा जब इसके अपेक्षित वित्तीय परिणाम बाजार के अनुमानों को पूरा नहीं कर सके, तो इसके शेयरों के मूल्य 1998 की दूसरी तिमाही में लुढ़क गए और फरवरी 2001 में इसने दिवालिया दाखिल किया। कूकी जार संचय को बनाने का इसका प्रायोजन कुछ तिमाहियों के आगे काम नहीं कर पाया, क्योंकि संरक्षित की गई राशि भविष्य की सभी लाभ-सम्बंधी कमियों की भरपाई करने हेतु पर्याप्त नहीं थी।

सनबीम कॉर्पोरेशन एक अमेरिकी घरेलू विद्युत उपकरणों की कंपनी थी। इसके तब के सीईओ अल्बर्ट डनलॉप ने अपनी बिक्रियों तथा लाभों की बढ़ाई गई सूचना देकर एक व्यापक धोखाधड़ी की। 1997 में इसके 189 मिलियन डॉलर के सूचित लाभ में से 60 मिलियन डॉलर को कंपनी के लेखा खातों में हेराफेरी कर दिखाया गया। जब सनबीम के लेखांकन उल्लंघन प्रकाश में आया, तो कंपनी ने 2001 मेंदिवालिया अध्याय 11 दाखिल कर दिया। यह दिवालियापन से उबरी तथा इसका पुनः नामांकन अमेरिकन हाउसहोल्ड इंक (एएचआई) किया गया। सितम्बर 2004 में जार्डेन कॉर्पोरेशन ने एएचआई का अधिग्रहण कर लिया।

क्रिस्पी-क्रीम

वित्तीय वर्ष 2003–04 में क्रिस्पी-क्रीम ने अपने वरिष्ठ प्रबंधन प्रोत्साहनों (विशिष्ट लक्ष्य कारोबार प्रदर्शन मापदंड) को तिमाही आधार पर उपार्जित किया। परन्तु, उपार्जन संभावित

भुगतान से सामान्यतः ज्यादा था। वास्तविक लागत तथा अपनी प्रबंधन प्रोत्साहन योजना के लिए अतिरिक्त दायित्व प्रावधान के अंतर ने कंपनी को कूकी जार बनाने में मदद की।

सृजित गुप्त रिजर्वों को भविष्य की तिमाहियों में क्रिस्पी-क्रीम के कारोबारी प्रदर्शन के आधार पर जारी किया गया। अच्छी तिमाहियों में कंपनी ने प्रोत्साहन लागतों के लिए अतिरिक्त प्रावधान किया तथा बिगड़ी अवस्था में इसने पहले किए गए अतिरिक्त प्रावधानों को जारी किया। अपने खातों में एक परिवर्तनशील प्रावधान बनाकर (संभावित भुगतानों पर ध्यान दिए बिना) तथा जब जरूरत हो तो इसके द्वारा किए गए पहले के अतिरिक्त प्रोत्साहन प्रावधानों के अंशों को वापस ले कर कंपनीने अपने लाभ के आंकड़ों को संभाले रखा।

1937 से अमेरिकी कॉर्पोरेशन क्रिस्पी-क्रीम डोनटों को बनाने तथा बेचने के कारोबार में है। कंपनी ने मई 2001 में अपने शेयरोंको न्यूयार्क शेयर बाजार में सूचीबद्ध किया। इसके पश्चात इसने अपनी संभावित तिमाही ईपीएस पर मार्गदर्शन किया। वित्तीय वर्ष 2003–04 में कंपनी ने अपने ईपीएस मार्गदर्शन को 1% बढ़ाने की नीति अपनायी (0.01 डॉलर प्रति शेयर–न कम न ज्यादा)। दुनिया में कोई कारोबार तिमाही-दर-तिमाही अपने आय मार्गदर्शनों को एक विशेष प्रतिशत द्वारा पूरा नहीं कर सकता है। क्रिस्पी-क्रीम ने अपने लाभों का सामंजस्य करने तथा अपने ईपीएस पर पूर्व निर्धारित विकास आंकड़ों को घोषित करने के लिए एक कूकी जार संचय बना लिया। जिसने इसके पतन की शुरुआत की। जनवरी 2005 में जब इसकी लेखांकन धोखाधड़ी प्रकाश में आयी, कंपनी को अपने 2003 तथा 2004 के परिणामों को फिर से जारी करना पड़ा। इसने 2005 में दिवालियापन से बचने के लिए अपने अनेक गैर-लाभप्रद स्टोरों को बंद कर तथा अपने मैनेजमेंटको बदल कर पुनः संरचित किया। क्रिस्पी-क्रीम अभी दुनिया के कई देशों में कारोबार करती है।

माइक्रोसॉफ्ट

कौन कल्पना कर सकता है कि सॉफ्टवेयर, सेवाएँ तथा उपाय के विश्वनेता माइक्रोसॉफ्ट कॉर्पोरेशनने अपनी लेखापुस्तकों में बाजीगरी दिखाई है? 1995–98 के दौरान कंपनी ने भविष्य के किसी दायित्व हेतु किसी प्रावधान करने की स्पष्ट आवश्यकता के बिना अघोषित संचय को बनाए रखा। सामान्य तौर पर इसने आय रिपोर्टों के साथ घालमेल करने हेतु कॉर्पोरेट स्तर पर 200 मिलियन डॉलर से लेकर 900 मिलियन डॉलर को कूकी जार संचय के रूप में बनाए रखा। इसने अच्छे समयों में इन संचय को बनाया तथा खराब तथा असंतोषजनक समयों में कंपनी के लाभ में सतत विकास को दिखाने के लिए जारी किया।

अब हम उन तरीकों में से एक को देखते हैं, जिसके द्वारा माइक्रोसॉफ्टने इन कूकी जारों को बनाया। *मूल्यह्रास को भूतलक्ष्यी प्रभाव से तेज करने* के लिए लेखांकन कपट किया गया था। मूल्यह्रास लागू करनेके लिए कंपनी ने अपने पर्सनल कम्प्यूटरों के उपयोगी जीवन को

पूर्व की तिथि से तीन वर्ष से एक वर्ष कर दिया। कोई कम्प्यूटरों के जीवन को भविष्यलक्ष्यी प्रभाव से तीन से घटा कर एक वर्ष करना समझ सकता है, लेकिन इसे पूर्वलक्ष्यी करना निरर्थक है। माइक्रोसॉफ्टने 1996 तथा 1997 में अपने पर्सनल कम्प्यूटरों का यह दिखाते हुए लेखांकन किया कि इनका हमेशा से एक वर्ष का जीवनकाल है।

पुराने तथा नए उपयोगी जीवनों के बीच प्रस्तुत मूल्यों के अंतर को कंपनी के मूल्यह्रास व्यय में डाला गया। इसने इस राशि को अपने वित्तीय विवरणों में बिना कोई स्पष्ट उद्घोषणा किए अपने त्वरित मूल्यह्रास खाते में रखा, जो इसका कूकी जार संचय था।

जीई

2002 की पहली तिमाही में जीई के द्वारा (1 बिलियन डॉलर की) पहले की गई लेखांकन बाजीगरी को 844 मिलियन डॉलर की एक संगत लेखांकन प्रविष्टि कर सुधारना चाहती थी। कंपनी ने न केवल अपने बिलियन डॉलर के गलत लेखांकन का खुलासा नहीं किया, बल्कि इसने 156 मिलियन डॉलर के शेष को अपने भविष्य के उपयोग के लिए अपने पास रखने का निर्णय किया। इसने इस रिजर्व में से कम-से-कम 42 मिलियन डॉलर का उपयोग 2002 की आगामी दूसरी तथा तीसरी तिमाही में किया।

दुनिया के सबसे सम्मानित कंपनियों में से संभवतः जीई भी लेखांकन छल से अछूती नहीं रह सकी। यह विश्लेषकों के आय अनुमानों पर खरा उतरने के लिए स्वयं पर नाज करती थी। 1995 से 2004 के बीच जीई तिमाही-दर-तिमाही या तो आय अनुमानों को पूरा करती थी या उसे भी पार कर जाती थी। कंपनी शेयर बाजार की चहेती थी। शायद ही ऐसी कंपनियाँ थी जो तिमाही-दर-तिमाही अपने आय में ऐसी बड़ी वृद्धि दिखा तथा शेयर बाजार विश्लेषकोंकी उम्मीदों को पूरा कर सकती थीं। दूरदर्श होने पर यह स्पष्ट है कि कंपनी कुछ ऐसी लेखांकन बाजीगरी तथा गड़बड़ घोटाले में शामिल थी जिसने कंपनी को एक दशक तक श्रेष्ठ वित्तीय प्रदर्शन कर पाने में मदद की।

कंपनियों के द्वारा अपने कूकी जार संचय का उपयोग अपने लाभों में हेरफेर करने के कई अन्य उदाहरण हैं। अमेरिका आधारित अंतरराष्ट्रीय आहार कंपनी **कॉनएग्रा फूड्स** ने 1999–2001 के बीच विधिक तथा पर्यावरण विषयों की असम्बंधित तथा गैर-योजना लागतों को पूरा करने के लिए अपने रिजर्वों का उपयोग किया। **डब्ल्यू आर ग्रेस** ने 1991–95 के बीच अपने आंतरिक लाभ लक्ष्यों को अपने गुप्त संचय का उपयोग कर पूरा करने के लिए अपनी तिमाही व वार्षिक आय में गड़बड़ी की। यह सूची अनंत है।

पश्चलेख

बच्चों के पास गुल्लक होते हैं। लेखापाल कूकी जार संचय को रखते हैं। दोनों को आपातकाल के दौरान खंडित करके निकालने की जरूरत होती है।

बच्चे अपने छोटे से घोंसले को बचा कर किफायती होना सीख जाते हैं, लेकिन लेखापाल कभी-कभी पतित ठगी की ओर उत्प्रेरित हो जाते हैं। दोनों की समान अवधारणा होती है, परन्तु पूर्णतः अलग नैतिक मापदंडों पर।

भविष्य कौन जानता है: भविष्य की लागतों को वर्तमान वर्ष में बट्टे खाते में डालना

वे मैनेजर, जो मानसिक रूप से लेखांकन बाजीगरी करने में अभ्यस्त हैं, उनकी सहज प्रवृति वर्तमान या तुरंत बाद की सूचना अवधि में ऊँचे लाभोंको दिखाने की होती है। इसे वह या तो वर्धित लाभ या घटी हुई लागतों को दिखाकर करते हैं। लेकिन क्या वे विपरीत मत प्रदर्शित कर सकते हैं? क्या कोई मैनेजर कभी वित्तीय सूचना की वर्तमान अवधि में मुनाफा कम दिखाने के लिए लागतों को बढाकर दिखा सकता है? यह अतार्किक प्रतीत होता है, लेकिन ऐसे संगठन हैं, जो अपने उद्देश्यों को पूरा करने के लिए इस मार्ग को अपनाते हैं।

आज लागत ज़्यादा दिखा कर कंपनियाँ कल एक कायापलट किए गए वित्तीय परिणामों को दिखा सकती हैं। इसे स्पष्ट करने के लिए मान लें कि कोई कंपनी अनुसंधान एवं विकास में 100 मिलियन डॉलर व्यय करती है, जिसके लाभ अगले कुछ वर्षों में दृष्टिगोचर होंगे। सामान्य तौर पर आगामी लाभ प्राप्ति अवधि के आधार पर इसकी लागतों को पूरा करने के लिए कंपनी को अगले पाँच वर्षों तक 20 मिलियन डॉलर की लागत दिखाना चाहिए। परन्तु कंपनी पूरे 100 मिलियन डॉलर को अपने आय विवरण में एक लागत के रूप में प्रदर्शित करने का चयन कर सकती है और इस तरह इस वर्ष अपने लाभ को घटा सकती है। इसका परिणाम यह होगा कि भविष्य के वर्षों में इसके लाभ बढ़ जाएंगे, क्योंकि 20 मिलियन डॉलर का अनुसंधान एवं विकास की व्यय लागत अगले पाँच वर्षों के लिए लागत के रूप में नहीं दिखाई जाएगी।

कंपनी इसे अनेक कारणों से कर सकती है। एक कारण यह हो सकता है कि एक नयी मैनेजमेंट टीम कंपनी से जुड़ी हो। वे तथाकथित चुकता किए जाने वाले इस मामले में (शोध एवं विकास लागत) के *भार को पहले वर्ष में खत्म* उस वर्ष के मानक से नीचे कारोबारी

प्रदर्शन को दिखलाने के लिए करते हैं। इस मामले में इसके वित्तीय परिणाम भविष्य में सामान्य से बेहतर तस्वीर प्रदर्शित करेंगे, क्योंकि पहले वर्ष के परिणामों को, जब नए प्रबंधन ने प्रभार ग्रहण किया था, कृत्रिम रूप से क्षीण स्तर पर दिखाया गया था।

अनेक कंपनियों ने अपने उद्देश्यों तथा लक्ष्यों के आधार पर इन छलों का सहारा लिया है।

2000–01 की अवधि में **सिस्को सिस्टम्स** ने अपनी माल-सूची के महत्वपूर्ण अंश (2 बिलियन डॉलर से ज्यादा) को बट्टे में डाल दिया, क्योंकि यह अनुपयोगी तथा बिक्री योग्य नहीं थी। परन्तु, 2001 तथा 2002 में इसने इन बट्टेखाते में डाले गए मालों की बिक्री वर्धित लाभ को दिखाने के लिए कर दिया।

टॉय "आर" अस ने भी खिलौनों के अपने भंडारों का नगण्य मूल्य पर अवलेखन कर दिया और बाद में इसकी बिक्री कर दी तथा बाद की अवधि के लिए इसके लाभों की घोषणा को स्थगित कर दिया।

इन दोनों लेखांकन हेराफेरी का प्रयोजन पहले अवलेखित की गई माल-सूचीको बाद की तारीख में बेच कर असाधारण लाभ कमाना था।

वर्तमान अवधि में वर्धित लागतों को दिखाने के अतिरिक्त कंपनियाँ त्वरित लागत चित्रण की वैकल्पिक विधि के रूप में *कूकी जार संचय* बनाती हैं ताकि भविष्य में उनके कारोबारी प्रदर्शन को बेहतर स्थिति में दिखाया जा सके, (जिसकी पहले चर्चा की गई है)। संचय का गुप्त सृजन भी एक मार्ग है, जिसके द्वारा पहले की किसी अवधि के वित्तीय परिणामों को कम किया जा सकता है, ताकि सृजित संचय को बाद के किसी समय में जब बेहतर कारोबारी परिणामों को दिखाने या लागतों में फेरबदल की आवश्यकता हो, उपयोग किया जा सके।

पश्चलेख

फिलांडर जॉनसन ने कहा है, 'खुश हो जाओ! बदतर अभी आना बाकी है! एक वर्धित भविष्य की तस्वीर को दिखाने के लिए लेखा पुस्तकों में छेड़छाड़ करने वाले लेखापाल भी सोच सकते हैं। सैमुएल जॉनसन का प्रसिद्ध वाक्य है, 'भविष्य वर्तमान द्वारा खरीदा जाता है'।

डेरिवेटिवों का कपटपूर्ण लेखांकन

जिंदगी अनिश्चितताओं से भरी है। भविष्य अनिश्चित है। और कारोबार भी कुछ अलग नहीं है। यदि कोई भविष्यवाणी कर सकता हो या भविष्य देखने के लिए काँच के गोले में देखें, तो जीवन ज्यादा आसान होता। लेकिन ऐसा नहीं होता है।

भविष्य की अनिश्चितताओं में सामान्य अनिश्चितताओं की लहरों से संगठनों का संरक्षण करने के लिए अनेक क्रियाविधियों को विकसित किया गया है। वैसे तरीकों में से एक जिनमें आगामी भविष्य को संरक्षित करने के लिए प्रयासों को किया जा सकता है, वह है संरक्षक घेरा (हेजिंग), शेयरों या विनिमय जैसे *डेरिवेटिव* उत्पादों का प्रयोग करना।

डेरिवेटिव सौदे कभी-कभी इतने जटिल होते हैं कि पेशेवर लेखापाल तक उनके रहस्यों को समझने में असफल हो जाते हैं। यह इन उत्पादों के चारों ओर का धुंधलका है जिसका लेखांकन छल करने के लिएअक्सर फायदा उठाया जाता है।

जीई एक ऐसी कंपनी है जो अपने उच्च नैतिक मापदंडों तथा कारोबारी सामंजस्यमें स्वयं पर गर्व करती है। 1995 से 2004 के बीच इसने तिमाही-दर-तिमाही विश्लेषकों के द्वारा अंतिम रूप से अनुमानित प्रत्याशिओं को प्राप्त किया अथवा उन्हें पार कर लिया यह विस्मयकारी कारोबारी प्रदर्शन था।

दुर्भाग्यवश जीई के स्तर की एक कंपनी भी अपने उद्देश्यों को पूरा करने के लिए अपने लेखांकन के साथ खिलवाड़ करने से अछूती नहीं रही। 2002–03 की चार तिमाहियों में जीई ने ऋणात्मक वित्तीय परिणामों की सूचना देने से बचने हेतु अपने राजस्व तथा आय को बढ़ाने के लिए लेखांकन सिद्धांतोंसे खिलवाड़ किया।

जब प्रतिकूल खुलासों तथा इसके आय में 200 मिलियन डॉलर की कमी को प्रतिदर्शित करने से बचने हेतु जीई के वित्तीय सेवा कारोबार में अनुचित लेखांकन का एक उदाहरण था, वाणिज्यिक पत्र (सीपी-कमर्शियल पेपर) पर लेखांकन सिद्धांत का अनुचित प्रयोग करना। उस समय जीई ने वाणिज्यिक पत्रों से मुख्यतः कम-अवधि मैच्युरिटी फंड्स को (1 से 270 दिनों तक के लिए) प्राप्त किया तथा इसे अपने उपभोक्ताओं को कर्ज तथा लीज देने के लिए उपयोग किया। चूँकि वाणिज्यिक पत्र कम अवधि के थे उनकी ब्याज दरें विद्यमान ब्याज दरों पर निर्भर करते हुए घटती-बढ़ती थीं, जबकि जीई द्वारा दिए कर्जों की स्थिर ब्याज दरें थीं।

इस तरह वाणिज्यिक पत्रों के निर्गमों ने जीई को स्थिर मूल्य वित्तीय परिसंपत्तियों का वित्तपोषण परिवर्तनशील ब्याज दरों से करवाया तथा इसे ब्याज दर जोखिमों के सामने खडा कर दिया। ब्याज दर जोखिमों के असंतुलन से स्वयं को संतुलित करने के लिए जीई ने ब्याज दर विनिमय (डेरिवेटिव का एक प्रकार) से बचाव किया। डेरिवेटिव की संरचना

ने परिवर्तनशील वाणिज्यिकपत्र ब्याज दरों को स्थिरदर ब्याज भुगतानोंमें परिवर्तित कर दिया और परिवर्तनशील ब्याज दरों के समक्ष जीई की जोखिमों को घटा दिया। 2002 के दौरान कंपनी की (इसके उपभोक्ताओं को दिए गए) लंबी अवधि के कर्जों के ब्याज दर अंतरों को पर्याप्त रूप से जोखिम सुरक्षा नहीं दी गई, क्योंकि उपभोक्ताओं को दिए गए सभी कर्जों का संगत वाणिज्यिक पत्र नहीं था, जिन्हें संरक्षित किया गया था।इस असंतुलन का परिणाम 2002 में जीई के द्वारा 200 मिलियन डॉलर का नुकसान करवाने में हुआ। कंपनी ने इस तथ्य को छिपा लिया और 2002 के अपने परिणामों की घोषणा करते समय इसका खुलासा नहीं किया। इसने इसे कारोबारी परिणामों के बारे में विश्लेषकों की आशानुरूप होने में मदद की।

पश्चलेख

डेरिवेटिवों के प्रकार – क्रेडिट डिफॉल्ट विनिमय, बंधक ऋण दायित्व, ब्याजदर विनिमय तथा शेयर – अनेक लोगों के लिए हिब्रू भाषा ही है। यह और भी अधिक जटिल हो जाती हैं, जब इनमें से कुछ का हेराफेरी के उपकरणों के रूप में उपयोग होता है। बाधाएँ बढ़ जाती हैं, जब डेरिवेटिवों के नाम से ज्ञात कुछ अनुबंधों को कानून को पछाड़ने के लिए किया जाता है, उदाहरण के लिए जुआ कभी-कभी डेरिवेटिव को एक प्रकार का भविष्यकालीन करारनामा कहा जाता है! यह बेतुका है। विशिष्ट वित्तीय जादूगरों के द्वारा निर्मित ऊपरी तौर से निर्दोष और निष्पाप लगने वाले इन जीवों के पंजों में फँसने से बचने के लिए ध्यान और सावधानी बरतनी चाहिए!

वॉरेन बफेट ने एक बार कहा था कि 'डेरिवेटिव जनसंहार के वित्तीय हथियार हैं।' हम इसमें जोड़ सकते हैं और कह सकते हैं – डेरिवेटिव जन धोखाधड़ी के भी वित्तीय हथियार हैं!

वित्तीय स्थिति विवरण-पत्र से बाह्य वित्त पोषण के द्वारा झाँसा देना

एक वित्तीय विवरण-पत्र (बॅलन्स शीट) किसी कारोबारी संगठन का सारांश स्वरूप जैसा होता है। यह बुरे में से अच्छे को छानने का एक अच्छा तरीका है। अतएव, कारोबार अपनी रुपरेखा – अपने वित्तीय विवरण-पत्र के द्वारा अपनी अनुकूल तस्वीर प्रस्तुत करने के लिए हमेशा उत्सुक रहते हैं।

जब तक यह स्वस्थ वित्तीय नियमनों के अंतर्गत नहीं हो कंपनी की बॅलन्स शीट में पाए जाने वाले ऋण को निवेशक समुदाय के द्वारा अनुकूल दृष्टि से नहीं देखा जाता है, अतएव, जब भी कोई ऋणों का अतिरिक्त बोझ हो, तो अक्सर इन्हें बैलेंस शीट से बाहर रखने का प्रयास किया जाता है। इन ऋणों को *बैलेंस शीट का बाह्य वित्त पोषण* के नाम से जाना जाता है। ये संरचनाएँ अनिवार्य रूप से अवैध या अनुचित नहीं होती हैं। किसी कारोबार को चलाने के लिए बैलेंस शीट से बाहर का उचित वित्त पोषण होता है, जिसे कंपनी के बैलेंस शीटों पर नहीं प्रदर्शित किया जाता है।

अपने बैलेंस शीट से अपने ऋणों को बाहर रखने के किसी कंपनी के प्रयोजन अनेक हो सकते हैं। एक कारण स्वस्थ ऋण-इक्विटी अनुपात बनाए रखना होता है। (ऋणों का एक स्तर बनाए रखने के लिए हेर-फेर किया जा सकता है, उदाहरण के लिए कंपनी की इक्विटी मूल्य से दुगुना से ज्यादा नहीं – जो एक इच्छित अनुपात है)। एक अन्य कारण है बैंक के साथ *अनुबंधित* लक्ष्यों की सीमा के अंदर ऋणों को बनाए रखना। जब बैंक कर्ज देते हैं, तो उनकी कंपनी के लाभों से सम्बंधित ऋण आंकड़ों पर अधिकतम सीमा होती है।

व्यापक प्रायोजन, जैसा कि प्रत्यक्ष है, कर्जों को लेना परन्तु उन्हें बैलेंस शीट में प्रदर्शित नहीं करना है। यह सबके लिए यश की स्थिति है – कोई कंपनी कर्ज लेती है, लेकिन इसके प्रतिकूल प्रभावों से बचने के लिए इसे नहीं दिखाती है।

अब हम अपनी बैलेंस शीट की वास्तविकता से बेहतर तस्वीर को धोखाधड़ी या अवैध रूप से प्रदर्शित करने के लिए कंपनियों द्वारा प्रयुक्त बैलेंस शीट से बाहर वित्त पोषण तकनीकों के कुछ उदाहरण देखते हैं।

कर्जों, व्ययों तथा नुकसानों को गैर-समाविष्ट सहायकों की ओर धकेलना

सामान्य तौर पर किसी सहायक या संतति कंपनी के वित्तीय परिणामों को पैतृक कंपनी के खातों अर्थात लाभ और हानि खातों तथा बैलेंस शीट का अंश बनाने की आवश्यकता होती है। यह खातों का समावेशन कहलाता है, जहाँ सहायक कंपनी के वित्तीय आंकड़ों को उनकी पैतृक कंपनी के साथ एकत्रित किया जाता है। यह कंपनी की उनकी सहायक कंपनीयों सहित वास्तविक तस्वीर दिखाती है। अनेक देशों के समावेशन के अलग-अलग नियम होते हैं, जिनमें सबसे आम है कि यदि कंपनी सहायक कंपनी में 50% ज्यादा इक्विटी शेयरों को धारित करती हो, तो सहायक कंपनी के खातों को अपनी पैतृक के साथ समेकित किया जाना चाहिए।

परन्तु, यदि कारोबार का कोई अंश प्रतिकूलता महसूस करता है और यदि इसे किसी सहायक कंपनी की ओर धकेलने की कोई संभावना है, जिसके खातों को पैतृक कंपनी के साथ एकत्रित नहीं किया जाता है,तो कंपनी के खातों की उपरी मरहम-पट्टी की जा सकती है। उदाहरण के लिए मान लें कि पैतृक कंपनी पर (इसके लाभ या इक्विटी आंकड़ों की तुलना में पहले से ही काफी ज्यादा ऋण है।) इसके द्वारा किसी और ऋण को लिए जाने को निवेशक समुदाय के द्वारा प्रतिकूल नजरिए से देखा जा सकता है। ऐसे मामलों में पैतृक कंपनी ऋणों को ऐसे संरचित करने के लिए कदम उठा सकती है कि यह उस सहायक कंपनी की ओर चला जाता है, जिसके खातों को पैतृक के साथ एकत्रित नहीं किया जाता है। परिणामस्वरूप पैतृक कंपनी के खाते (तथा बैलेंस शीट) वास्तविक तस्वीर से बेहतर रूप में दिखेंगे। यह एक धोखापूर्ण गतिविधि है।

पीएनसी वित्तीय सेवाएँ

पीएनसी एक वित्तीय शाखा वाला अमेरिकी समूह है। बैंक के पास आशा से कम प्रदर्शन कर रहे कई कॉर्पोरेट कर्जे थे और अपने खराब कर्जों का अवलेखन करने से बचने के लिए इसमें से कुछ (760 मिलियन डॉलर मूल्य के) को इसने (एक बीमा कंपनी एआईजी के साथ निर्मित) तीन भागीदारोंको बेच दिया।

जब कर्ज बुरे होते है (अर्थात ऋणियों द्वारा ब्याज या मूल को समय पर नहीं चुकाने के कारण), तो उन्हें आशंकित हानियों के आधार पर लेखांकित किया जाना चाहिए।

पीएनसी को अपने खराब या प्रदर्शन नहीं कर पा रहे कर्जोंका लेखांकन करना चाहिए था, लेकिन वह इन्हें भागीदार संगठनों को हस्तांतरित कर बच गई। परिणामस्वरूप, 2001 की दूसरी से चौथी तिमाही के दौरान इसके लाभों को 155 मिलियन डॉलर बढ़ा कर बताया गया। जब मामला प्रकाश में आया, तो कंपनीके लाभों को बढ़ा कर दी गई सूचनाओं को सुधारने के लिए खातों के विवरणों को पुनः जारी करना पड़ा। इसका परिणाम इसके शेयर मूल्यों के गिरने में हुआ तथा इसके शेयर धारकों को लगभग 1 बिलियन डॉलर का नुकसान झेलना पड़ा।

पीएनसी ने मामले को 115 मिलियन डॉलर दे कर निपटाया तथा एआईजी ने 44 मिलियन डॉलर दिये।

बायोवैल

कनाडा की औषधि निर्माता बायोवैल ने 2001 से 2003 के बीच अपने लाभों को बढ़ा कर बताने के लिए तथा अपने नुकसानों को छिपा कर अपने आय लक्ष्यों को पूरा होते दिखाने के लिए एक अच्छा खेल खेला।

बायोवैल ने क्या किया? इसने अनुचित तरीके से अपने उत्पादों के अनुसंधान और विकास में हुए तकरीबन 47 मिलियन डॉलर के खर्चों को अपने वित्तीय विवरणों को एक विशेष प्रायोजन वाहन (एसपीवी – स्पेशल पर्पज वीईकल) की ओर मोड़ दिया।

परन्तु, इसके गलत लेखांकन तथा एसपीवी की ओर व्ययों को मोड़ने के बावजूद कंपनी अभी-भी अपनी आय में कमी का सामना कर रही थी। इसने एक कहानी बनाई कि इसकी औषधियों को ले जा रहे ट्रक के दुर्घटनाग्रस्त हो जाने से इसकी आय में कमी हुई है। हालांकि एक दुर्घटना घटी थी, पर इसका इसके कारोबारी प्रदर्शन पर कोई बुरा प्रभाव नहीं पड़ा था। कंपनी ने न केवल अपनी लेखापुस्तकों में हेराफेरी की, बल्कि अपने लक्षित आयों में कमी के लिए विचित्र कारण बताए।

बायोवैलने 2008 में अपने विरुद्ध गलत कार्यों को करने के मामले के निपटारेके लिए 10 मिलियन डॉलर जुर्माना भरना स्वीकार किया।

ओलिम्पस कॉर्पोरेशन

प्रसिद्ध जापानी कैमरा निर्माता ओलिम्पस के द्वारा की गई धोखाधड़ी कई दिनों तक अखबारों की सुर्खियाँ बनी रहीं। कंपनी दो दशकों से ज्यादा ऐसी गतिविधियों में संलग्न रही थी जिसके कारण एक विशाल घोटाला हुआ।

धोखाधड़ी का पता मिशैल वुडफोर्ड के द्वारा सितम्बर 2008 में कंपनी का सीईओ नियुक्त होने के बाद लगाया गया। उसने महसूस किया कि इसके पूर्व अध्यक्ष ने एक व्यापक नकद अपहरण घोटाला किया है, हालांकि उस समय ओलिम्पस कॉर्पोरेशन के बैलेंस शीटों को ज्यादा स्पष्ट बनाने का प्रयास किया जा रहा था। परन्तु, यह पता चला कि अध्यक्ष ने फंडों को चुराया नहीं था, बल्कि वे अतीत में हुए धोखापूर्ण सौदों को साफ करने की कोशिश कर रहे थे, ताकि कंपनी की प्रतिष्ठा सुरक्षित रहे।

धोखाधड़ी 1985 के आसपास हुई जब जापानी मुद्रा तुलनात्मक रूप से कमजोर थी। ओलिम्पस सहित जापानी कंपनियों ने एक कारोबारी रणनीति के तहत कई सट्टेबाजी निवेश

किये। परन्तु, जापानी मुद्रा के क्रमशः मजबूत होने से इन निवेशों को भारी नुकसान हुआ। यह ज्ञात नहीं है कि ये नुकसान कैसे हुए, परन्तु ओलिम्पस इन्हें छिपाना चाहती थी। यहीं से समस्याएँ प्रारंभ हुई।

कंपनी ने निवेशों को लागत मूल्य पर जारी रखा, हालांकि इनका लेखांकन किया जाना चाहिए था क्योंकि इन निवेशों का बाजार मूल्य इनके अधिग्रहण लागतों से काफी कम था, परंतु ऐसा नहीं किया गया। ओलिम्पस ने उम्मीद की कि अगले जोखिमपूर्ण निवेशों से इन नुकसानों की भरपाई कर ली जाएगी। लेकिन ऐसा नहीं हुआ। अंततः, नुकसान बढ़ कर 1.7 बिलियन डॉलर पहुँच गया।

1997 तक बिना किन्हीं खुलासों के ओलिम्पस नुकसान सह रही थी, जब जापान में लेखांकन नियम बदल गए जिसने कंपनियों को अपने निवेशों को अपनी लेखा पुस्तकों में *मार्क्ड टू मार्केट* आधार दर्ज करने के लिए बाध्य कर दिया। यदि कंपनी ऐसा करती थी तो इसके अतीत की पतित कहानियाँ सबके सामने आ जातीं।

ओलिम्पस ने क्या किया? इसने नुकसान उठा रहे निवेशों को अपने मूल लागत पर बेचने के लिए अपनी झूठी सहायक कंपनियों को स्थापित कर दिया तथा इस तरह अपने निवेश मूल्यों का लेखांकन करने से बच गई। उसी समय जापानी कानून के तहत झूठी कंपनियों के खातों को अपनी अपनी पैतृक कंपनियों की बैलेंस शीटों के साथ एकत्रित किए जाने की जरूरत नहीं थी। चूँकि सहायक कंपनियों को एकत्रित करने की जरूरत नहीं थी, इसलिए उनके नुकसानों को छिपाया जा सकता था। सहायक कंपनियाँ अपने नुकसानों को या तो अतिरिक्त निवेशों या अधिमूल्य अधिग्रहणों के द्वारा मिटाना चाहती है। यदि ज्यादा अधिमूल्य निवेश होते, तो निवेशों के मूल्य में हानि को उनके बैलेंस शीटों में साख के रूप में दिखाया जा सकता था और फिर एक अवधि के दौरान बट्टे खाते में डाला जा सकता था (एक लेखांकन विषय जिसे तुलनात्मक रूप से कार्यान्वित करना जटिल होता है) तथा उनके बैलेंस शीटों को धीरे-धीरे सुधारा जा सकता था।

2007 में लेखांकन नियम बदल गए। झूठी सहायक कंपनियों का एकत्रीकरण अनिवार्य हो गया। ओलिम्पस को 2008 से पहले झूठी सहायक कंपनियों के साथ अपने सौदों को पूरा करने की जरूरत थी। परन्तु, इसके कुछ सौदे समस्याओं में फंस गए। एक झूठी कंपनी जिसने पहले ओलिम्पस से कुछ प्रतिभूतियों को कुछ वर्षों में इन प्रतिभूतियों को नकद से विनिमय कर देने के वादे के साथ स्वीकार किया था, ने भुगतान की माँग कर दी।

जुलाई 2008 में एक जापानी अखबार ने सूचना दी कि ओलिम्पस के द्वारा निवेशों में अतिरिक्त भुगतान किया गया है। उस समय इसके नए सीईओ ब्रिटिश नागरिक वुडफॉर्ड ने

प्रभार लिया था। जापानी अखबारों में रिपोर्टों को देख कर उन्होंने सोचा कि अध्यक्ष ने फंडों की चोरी की है। उन्होंने अध्यक्ष से विवाद किया जिससे उन्हें बर्खास्त किया गया। उसने इस विषय की सूचना प्रेस को दे दी। सितम्बर 2012 में कंपनी ने स्वीकार किया कि 1990 से धोखापूर्ण लेखांकन विधियों का प्रयोग कर इसने अपने निवेश सम्बंधी नुकसानों को छिपाने की कोशिश की है।

सितम्बर 2012 में ओलिम्पस तथा इसके अध्यक्ष सहित इसके तीन कार्यकारियों ने जापान के सबसे बड़े कॉर्पोरेट घोटालों में से एक में लेखांकन छिपाव में दोषी ठहराये गये। उन पर वित्तीय वर्ष 2011 तक पाँच वर्षों के लिए कंपनी की वास्तविक संपत्ति को बढ़ा चढ़ा कर दिखाने का आरोप लगा। इसके अतिरिक्त, दिसम्बर 2012 में एफबीआई ने ओलिम्पस को वर्षों तक एक व्यापक लेखांकन घोटाले को जारी रखने की अनुमति देने के लिए अमेरिका में एक अंतरराष्ट्रीय झूठी कंपनी के साथ खेलने के लिए धन लेने के आरोप में एक पूर्व बैंक कार्यकारी को गिरफ्तार कर लिया। जिन सौदों को कम्पनी ने पूर्व-वर्षों में किये गये सट्टेबाजी निवेशों में हुई हानि को छिपाने के लिए किया था, उनके बारे में जब वूडफोर्ड ने अक्टूबर में प्रश्न उठाया, तब इस घपले का भंडाफोड हुआ।

घपले का खुलासा होने के बाद जापान में बोर्डों की बाहरी समीक्षा तथा कॉर्पोरेट प्रशासनिक सुधारों को लागू करने की माँग उठी, जैसा कि अमेरिका में एनरॉन घोटाले के बाद हुआ, लेकिन आज तक जापान में कोई व्यापक सुधार नहीं हुआ है।

नियंत्रण योग्य सहायक कंपनियों को गैर-खुलासे के द्वारा गैर नियंत्रणयोग्य प्रदर्शित करना

किसी कंपनी की एक या ज्यादा सहायक कंपनियाँ हो सकती हैं। इन्हें या तो बोर्ड निदेशकों के बहुमत पर बहुमत शेयरधारिता के द्वारा नियंत्रित किया जा सकता है (अर्थात 50% से ज्यादा), या परिचालन तथा व्यवस्थापकीय नियंत्रण के द्वारा।

अब मामले की कठिनाई उभरती है। कोई पैतृक कंपनी खराब खबरों या नुकसान-सह रहे कारोबारों को या तो अपनी सहायक कंपनियों को स्थानांतरित कर सकती हैं या पैतृक कंपनी को असुखद प्रगति की समस्याओं से अलग रखने के लिए उन्हें इच्छित से कम प्रदर्शन कर रहे या जोखिमों वाले कारोबारों को संभालने को दे सकती हैं।

लेकिन महत्वपूर्ण मुद्दा यह है कि सहायक कंपनी के खातों को पैतृक के खातों के साथ एकत्रित नहीं किया जाना चाहिए। इसे या तो विधिपूर्वक किया जा सकता है (जब शेयर 50% से कम हों) या सीधे गैर-खुलासे के द्वारा कि सहायक कंपनी उसके द्वारा नियंत्रित है। अनुवर्ती प्रत्यक्ष रूप से एक धोखापूर्ण गतिविधि है।

बोस्टन चिकनने यह शैतानी की। 1993 में कंपनी (लगभग 35 स्टोरों के साथ) एक प्रारंभिक सार्वजनिक निर्गम (आईपीओ) लाई और उसने अपने शेयरों को सार्वजनिक रूप से बेचकर 65 मिलियन डॉलर जुटाए। परन्तु, परवर्ती 1994 तक बोस्टन चिकन के शेयरों के मूल्य 26 डॉलर प्रति शेयर के आईपीओ-पश्चात मूल्य से कम हो कर 15 प्रति डॉलर शेयर तक गिर गए थे। इसके मुख्य व्यवस्थापक सदस्य कंपनी के शेयरों के खराब प्रदर्शन से चिंतित थे। वे जानते थे कि निम्न शेयर मूल्य अपने विस्तार के लिए अतिरिक्त फंडों को जुटाना, जो कि उनकी मूल रणनीति थी, असंभव बना देंगे। बोस्टॉन चिकन की वास्तविक समस्या यह थी कि इसके नए दुकान खराब प्रदर्शन कर रहे थे। इससे बाहर निकलने का एक मात्र तरीका मजबूत बिक्री तथा लाभ में प्रगति को दिखाना तथा उसी समय नई दुकानों को खोलना था। यह धोखापूर्ण गतिविधियों का आद्य बिंदु था।

इस उद्देश्य को प्राप्त करने के लिए बोस्टन चिकन के मैनेजमेंट ने एक शानदार योजना का षडयंत्र रचा। सदस्यों ने नई दुकानों को वित्तपोषित क्षेत्रीय विकसक की अवधारणा के साथ खोलने का निर्णय लिया, जो कि वास्तविकता में विशेष विक्री अधिकार (फ्रेंचाइजी) परिचालन थे। इनमें से कई क्षेत्रीय विकसक बोस्टन चिकन के निदेशकों से भी सम्बंधित थे। कंपनी ने नई दुकानों को खोलने की लागत के 70% का वित्त पोषण करने का वादा किया।

1994 से बोस्टन चिकन ने बहुमत वित्त पोषण का उपयोग करते हुए लाखों डॉलरों को कर्ज देते हुए अपनी दुकानों को खोला, हालांकि इसके अधिकतर दुकान नुकसान सह रहे थे। इन कर्ज अनुबंधों में कंपनी ने एक शर्त रखी थी कि कर्जों को दो वर्षों के बाद इक्विटी में परिवर्तित किया जा सकता है। (कर्जों का इक्विटी में परिवर्तन कर्जप्रदाता को अंशतः मालिक बनने में सक्षम बना देता है, क्योंकि इक्विटीधारक कंपनी के मालिक माने जाते हैं।) बोस्टन चिकन की योजना इन क्षेत्रीय विकसक को उस समय स्वतंत्र इकाई बनाए रखना था, जब तक कि वे लाभप्रद न हो जाएँ और इन कर्जों को इक्विटी में परिवर्तित करना तथा फिर उनकी आय को अपने वित्तीय विवरण में जोड़ लेने की थी।

इस योजना ने बोस्टॉन चिकन की कैसे मदद की? इसने क्षेत्रीय विकसक की स्वामित्व वाले विशाल नुकसान सह रही दुकानों को कंपनी के एकत्रित वित्तीय परिणामों से हटा दिया, क्योंकि ये उद्यम तकनीकी रूप से बोस्टन चिकन की सहायक कंपनियाँ नहीं थीं, चूँकि कंपनी अभी भी एक उधारप्रदाता थी न कि परिवर्तन के पश्चात की इक्विटीधारक। ऊपर से इससे उसे फ्रेंचाइजी का अधिग्रहण सिर्फ तभी करने का विकल्प मिला, जब यह लाभप्रद हो जाती थी। इस तरह शुरुआती समय में बिना कभी नुकसान दिखाए अपने लाभों को सुधारना मुमकिन हो सकता था। इसने कंपनी को अपनी फ्रेंचाइज्स के परिचालन नुकसानों

को छिपाने का तथा यह आभास दिलाने का अवसर उपलब्ध करा दिया, कि इसके स्टोर परिचालन सफल हैं तथा उनका भविष्य अत्यंत ही अनुकूल है, क्योंकि विस्तारीकरण वर्धित वित्तीय परिणामों की ओर ले जा रहा था। इतना ही नहीं, बोस्टन चिकन ने इन एरिया डेवलपरों को कर्ज भी दिया था, जिसे उन्होंने कंपनी को वापस लौटा दिया, कम्पनी ने अपनी आय को बढ़ा-चढ़ा कर दिखाने के लिए इन प्राप्तियों को फ्रेंचाइजी शुल्क के रूप में दिखाया।

बोस्टन चिकन ने क्या पाया? इसने अपने एरिया डेवलपरों के अनर्थकारी प्रदर्शन के बारे में सच्चाई का बिना खुलासा किए जून 1995 से अप्रैल 1997 के बीच प्रतिभूतियों की ताजा सार्वजनिक बिक्री से लगभग 800 डॉलर मिलियन जुटाए। ताजा जुटाए गए फंडों ने स्टोर्स में नकद का नुकसान होने के बावजूद कंपनी को अपने विकास को और बढ़ाने के लिए एरिया डेवलपरों को और अधिक कर्ज देने की अनुमति दे दी।

बोस्टन चिकन इस छद्म योजना के माध्यम से जनता से बड़ी रकम जुटा सकी तथा 1994 से 1996 के बीच अपने वास्तविक कारोबारी प्रदर्शन को छिपा सकी। जब इसके कारोबारी प्रदर्शन ने नुकसान सहना जारी रखा तथा मई 1997 में इसका नकद प्रवाह सूख गया, तो एसईसी ने कंपनी को यह खुलासा करने के लिए बाध्य कर दिया कि इसके परिणाम जाली थे और इसने अपने कारोबारों के प्रदर्शन के बारे में बिना पर्याप्त तथा वास्तविक खुलासों को किए हुए प्रतिभूतियों का सार्वजनिक निर्गम को जारी करने की प्रक्रिया को प्रारंभ किया था। इसके कारण इसके शेयर मूल्य 1 डॉलर प्रति शेयर तक लुढ़क गए।

लेखांकन दृष्टिकोण से बोस्टॉन चिकन के साथ क्या गड़बड़ हो गई? पहला, इसके नुकसानकारी फ्रेंचाइज्स जिसमें कंपनी के द्वारा 70% वित्त पोषण कर्ज (इक्विटी नहीं) के माध्यम से किया गया था, की संरचना को इसके बैलेंस शीटस में समाविष्ट नहीं किया गया था। यह तकनीकी रूप से सही था, क्योंकि एरिया डेवलपर या फ्रेंचाइज्स का स्वामित्व बोस्टन चिकन के पास नहीं था (कोई शेयर नहीं थे, सिर्फ ऋण थे)। परन्तु, दूसरा बोस्टन चिकन को इनको दिए गए उन ऋणों का लेखांकन करना चाहिए था, जो फ्रेंचाइज्स द्वारा सह रहे बड़े नुकसानों के कारण छोटी अवधि में पुनःप्राप्तियोग्य नहीं थे। एरिया डेवलपर्स को दिए गए कर्जों को उनकी वसूली की संभावना पर मूल्यांकित किया जाना चाहिए था तथा पर्याप्त रूप से अपभ्रष्ट किया जाना चाहिए था (अपभ्रष्टन लाभ और हानि खाते में एक शुल्क या लागत है, और इसका घोषित परिणामों पर ह्रास का प्रभाव होता है।) तीसरा,जहाँ बड़ी राशियों को लगाया गया था उन फ्रेंचाइज्स के नुकसानों का बार-बार खुलासा न करना गलत था। और चौथा, सबसे महत्वपूर्ण, कंपनी ने जनता के सामने एरिया डेवलपर्स के स्तर पर हो रहे नुकसानों का बिना पर्याप्त खुलासे के फंडों को जुटाया था।

इससे प्राप्त महत्वपूर्ण शिक्षा यह है कि समावेशन नियमों की वैधानिक स्थिति के कारण सहायक कंपनियों या फ्रेंचाइज्स का समावेशन पैतृक की बैलेंस शीट में प्रतिदर्शित नहीं हो सकता है, लेकिन कारोबारी प्रदर्शन के महत्वपूर्ण तथ्यों को सत्यतापूर्वक सूचित किया जाना चाहिए और महत्वपूर्ण तथ्यों की घोषणा न करने की जिम्मेदारी से पर्याप्त रूप से बचना चाहिए। इसी तरह प्रदर्शन न कर पा रही सहायक कंपनियों या फ्रेंचाइज्स को दिए गए कर्जों का मूल्यांकन किया जाना चाहिए तथा यदि वे पुनः प्राप्तियोग्य न हों, तो उनका लेखांकन कर देना चाहिए।

रेस्तरां की श्रृंखला बोस्टन चिकन का 1997 में पुनः नामकरण बोस्टन मार्केट कॉर्पोरेशन कर दिया गया। लेखाकंन घोटाले का पता चलने के पश्चात 1998 में इसने दिवालियावाद दाखिल कर दिया। 2000 में मैकडोनाल्ड ने कंपनी का अधिग्रहण कर लिया। अगस्त 2007 में श्रृंखला का अधिग्रहण पीई फर्म सन कैपिटल पार्टनर्स के द्वारा कर लिया गया।

पश्चलेख

बैलेंस शीटस् के विषयों में संतुलन का खेल खेलना असंतुलित को संतुलित करना है। कमजोर की मदद करना प्राकृतिक है। लेकिन उन बैलेंस शीटस्, जो कि तुलनात्मक रूप से ऊँचे ऋणों के कारण नाजुक एवं कमजोर हैं, को अक्सर मजबूत तथा शक्तिशाली प्रदर्शित करने के लिए दूध और शहद से नहीं, बल्कि स्टेरॉयडों के माध्यम से पोषित किया जाता है, जो बहुत हानिकारक हो सकते हैं। बैलेंस शीट से बाहर की संरचनाएँ कभी-कभी व्यापक नुकसान वाली जादुई दवाओं का अनुप्रयोग होती हैं।

अस्तित्व रहित बैंक में नकद (कैश इन बैंक) का सृजन

कौन नकद को पसंद नहीं करता है- आप, मैं और हर कोई। पर्याप्त नकद अधिशेष या नकद के मुक्त प्रवाह वाला कोई उद्यम निवेशक समुदाय का चहेता होता है। इसमें कोई आश्चर्य नहीं है कि एक आकर्षक तस्वीर दिखाने के लिए कारोबार में उपलब्ध फंडों के साथ अक्सर खिलवाड़ किया जाता है।

नकद, किसी भी रूप में, चाहे वह हाथ में हो या बैंकों में, सबसे तरल संपत्ति है। लेखापरीक्षक नियमित अंतरालों पर भौतिक गणना के द्वारा सामान्य तौर पर *हाथ में नकद* का सत्यापन करते हैं। लेखापरीक्षक *बैंक में नकद* को सामान्यतः बैंक के प्रमाणपत्रों को देख कर सत्यापित कर देते हैं।

यदि बैंकों के प्रमाणपत्रों के साथ जालसाजी की जा सके, तो यह एक ऐसी संपत्ति, जिसका कोई अस्तित्व नहीं है या अपनी लेखापुस्तकों में दिखाए गए मूल्य से काफी कम की हो, को दिखाने का एक बेहतरीन तरीका है। जालसाजी से बचने के लिए लेखापरीक्षक इसे बैंकों में प्रतिसत्यापित करते हैं और नकद प्रवाह विवरणों को उनके द्वारा दिखाए गए बैंक अधिशेषों से व्यापक मिलान करते हैं।

परन्तु, यदि किसी कंपनी और लेखापरीक्षक की आपस में सांठगांठ हो या लेखापरीक्षक दिए गए प्रमुख विवरणों के सत्यापन करने के अपने कर्तव्य को समुचित ढंग से नहीं निभाता है, तो धोखाधड़ी की जा सकती है।

नकद-अधिशेष को बढ़ा-चढ़ा कर बताना सबसे गंभीर अपराधों में से एक है।

सत्यम: जब सच ने झूठ बोला था

2001–08 की अवधि में एक भारतीय आईटी आउटसोर्सिंग कंपनी सत्यम कंम्प्यूटर्स लिमिटेड ने 50 अरब रुपयों (0.8 बिलियन डॉलर) से ज्यादा के अस्तित्वहीन नकद अधिशेष की गलत सूचना देने के साथ-साथ बिक्री, लाभों की बढ़ी सूचना, ऋण दायित्वों की कम कर दी गई सूचना तथा अस्तित्वहीन ब्याजों के जमा होने को प्रदर्शित करने जैसे अनेक घपलों सहित व्यापक धोखाधड़ी की। यह भारत में भंडाफोड़ हुए सबसे बड़े कॉर्पोरेट घोटालों में से एक था।

आश्चर्यजनक रूप से यह धोखाधड़ी तब प्रकाश में आई जब जनवरी 2009 में कंपनी के अध्यक्ष बी. रामलिंगा राजू ने अपने सहयोगी बोर्ड सदस्यों को इसकी जानकारी लिखित में दे कर अपनी गलती स्वीकार की (इसकी एक प्रतिलिपि भारतीय बाजार नियामक सेबी तथा शेयर बाजार को भी दी गई)।

कृपया ध्यान दें कि धोखाधड़ी का पता किसी तृतीय पक्ष या लेखापरीक्षक के द्वारा नहीं लगाया गया, बल्कि यह धोखाधड़ी करने वाले के स्वीकार किए जाने से प्रकाश में आई। उनके विभिन्न वक्तव्यों से यह प्रतीत होता है कि धोखाधड़ी मुख्यतः उपभोक्ताओं, शेयर बाजार तथा बाहरी दुनिया को यह दिखाने के लिए की गई थी कि कंपनी बहुत बड़ी है और बहुत तेजी से विकास कर रही है। उस परिप्रेक्ष्य में जब भारतीय आईटी प्रक्षेत्र एक उच्च प्रतिस्पर्धात्मक वातावरण में तेजी से विकास कर रहा था, मुख्य प्रायोजन संभवतः वैश्विक उपभोक्ताओं को प्रभावित करना तथा उन्हें अपने नए आदेशों को उसकी प्रतिद्वंद्वियों, जैसे इंफोसिस, विप्रो या टीसीएस के स्थान पर सत्यम को देने के लिए प्रोत्साहित करना था।

कंपनी के परिचालनों की हरी-भरी तस्वीर बनाने के राजू के उद्देश्य को पूरा करने के लिए नकली बिक्रियों तथा जाली लाभों को इसके खातों में दिखाया गया। इन छद्म लाभों को या तो नकद अधिशेष या ऋणों (अर्थात उपभोक्ता की बकाया राशियाँ) के रूप में रखा गया। चूँकि कोई वास्तविक नकद शामिल नहीं थी, अतः सत्यम के नकद अधिशेष को बैंकों में सावधि जमाओं के रूप में दिखाया गया।

जब इसके लेखा परीक्षक प्राइस वाटरहाउस हर तिमाही के अंत में कंपनी के नकद अधिशेष की पुष्टि के लिए कहता तो सत्यम बैंकों के जाली प्रमाण पत्रों को उपलब्ध करा देती।

संस्कृत में *सत्यम* का अर्थ सच होता है और विरोधाभास यह है कि ऐसी नाम वाली एक कंपनी ने भारत में सबसे बड़े घोटालों में से एक को अंजाम दिया।

1. **घोटाले के बाद अप्रैल 2009 में भारतीय कोंग्लोमेरेट महिंद्रा समूह ने अपने आईटी शाखा के अधीन सत्यम कंप्यूटर्स का अधिग्रहण कर लिया तथा इसका पुनः नामकरण महिंद्रा सत्यम कर दिया। नई कंपनी का मध्य–2012 में टेक महिंद्रा के साथ विलय हो गया।**
2. **इस अपराध के मुख्य आरोपी राजू, उनके भाई, कंपनी के सीएफओ वद्लामणी श्रीनिवास, पीडब्ल्यूसी के दो सहभागी और पाँच अन्य सत्यम कर्मचारी थे; घोटाले के उजागर होने के बाद वे सभी गिरफ्तार हुए और 2012 में उन्हें जमानत मिली।**
3. **अप्रैल 2011 में अमेरिका में एसईसी तथा सार्वजनिक कंपनी लेखांकन निगरानी बोर्ड ने सत्यम के वैधानिक लेखापरीक्षक पीडब्ल्यूसी, भारत पर 7.5 मिलियन डॉलर का जुर्माना लगाया। यह अमेरिका में किसी विदेशी लेखांकन फर्म पर कभी भी लगा सबसे बड़ा जुर्माना था।**
4. **सार्वजनिक कंपनी लेखांकन निगरानी बोर्ड ने दो पीडब्ल्यूसी सहयोगियों पर अमेरिकी कंपनियों के लेखापरीक्षण में भाग लेने पर रोक लगा दी। ऐसा उनके द्वारा जाँच में सहयोग करने से इनकार कर देने के कारण है।**
5. **भारतीय बाजार नियामक सेबी ने जुलाई 2014 में अपनी जाँच पूरी कर लेने के पश्चात राजू और उनके प्रमुख सहयोगियों को 18.5 अरब रुपयों (300 मिलियन डॉलर) के उनके अवैध लाभों को सूद समेत लौटाने का आदेश दिया।**
6. **अप्रैल 2015 में राजू, उनके भाई, पीडब्ल्यूसी के दो सहभागी और पाँच अन्य को न्यायालय द्वारा दोषी पाया गया और उन्हें सात वर्षों के लिए कारावास की सजा दी। राजू के भाइयों पर पाँच करोड़ रुपयों (800,000 डॉलर) का जुर्माना भी लगाया गया।**

यह एक बहुत महत्वाकांक्षी व्यक्ति के लालच को पूरा करने के लिए व्यापक परिमाण की लेखांकन धोखाधड़ी थी और इसे कंपनी लेखापरीक्षकों की मौन सहमति से अंजाम दिया गया था; जिसका खुलासा आत्म-स्वीकृति से हुआ।

पार्मालैट

इस इटालियन आहार महाकाय ने अपने बैलेंस शीट पर 4 बिलियन युरोज (4.8 बिलियन डॉलर) का विशाल नकद अधिशेष दिखाने के बावजूद 2003 में भीषण नकद संकट का सामना किया। इसके इटालियन बैंकर तथा निवेशक इस स्थिति से हतप्रभ थे कि इतने विशाल नकद अधिशेष वाली कोई कंपनी कैसे मुसीबत में आ सकती है। जो मालूम पड़ा वह यह थाकि इसने बैंक ऑफ अमेरिका के जाली प्रमाणपत्र दिखाया था। एक अपतटीय उपभोक्ता को अस्तित्वरहित बिक्री से संभवतः प्राप्त राशि से यह प्रमाणपत्र बनाया है। बैंक खाते को कैमैन द्वीप पर एक अपतटीय निकाय द्वारा धारित दिखाया गया, जहाँ कंपनी के द्वारा एक क्यूबन उपभोक्ता को 300,000 टन अस्तित्वहीन दूध की आपूर्ति के लिए धन को कथित रूप से कंपनी को दिया गया।

इस सौदे की प्रमाणिकता सिद्ध करने के लिए पार्मालैट ने एक नकली उपभोक्ता बनाया जिसने तथाकथित रूप से दूध खरीद लिया और विशाल धनराशि अदा की। धन को एक अपतटीय निकाय द्वारा प्रदर्शित किया गया जिसे दूध का आपूर्तिकर्ता दिखाया गया। यह सिद्ध करने के लिए कि ऐसा हुआ है, एक नकली बैंक प्रमाणपत्र को फैक्स मशीन से कई बार गुजारा गया तथा इसके बाद प्राप्त हुआ दस्तावेज बैंक द्वारा सीधे फैक्स किए गए एक वास्तविक बैंक प्रमाणपत्र की प्रतिलिपि लगता था। लेकिन यह धोखाधड़ी थी, जो कंपनी के द्वारा आंतरिक रूप से की गई थी।

इटालियन कंपनी पार्मालैट फिनांजियारिया एस.पी.ए की स्थापना 1961 में अति-महत्वाकांक्षी कैलिस्टो तांजी के द्वारा की गई थी। कंपनी (टेट्रा पैक में) शेल्फों में रखे जाने वाले दूध की शुरुआत करने के लिए जानी जाती है। इसकी अभिलाषा वैश्विक होने की थी और इसने बैंकों से कर्ज ले कर दुनिया भर में कंपनियों का अधिग्रहण किया था।

चूँकि पार्मालैट का कारोबार अच्छा प्रदर्शन नहीं कर रहा था और 2003 में इसमें नुकसान हो रहा था, तो इसके खाताओं में 1990 से 2003 के बीच इसकी नकली बिक्रियों को दिखा तथा इस ऋणों को न्यायसंगत बता कर हेराफेरी की गई। 2003 के अंत में यूरोप की सबसे बड़ी धोखाधड़ी प्रकाश में आई जब यह स्पष्ट हो गया कि 4 बिलियन युरोज का बैंक प्रमाणपत्र कंपनी के द्वारा की गई जालसाजी है तथा इसके तरलता के दावे नकली हैं। इसके अतिरिक्त वास्तविक कर्जों की राशि 14 बिलियन युरोज पाई गई, जो कि इसके लेखा खातों में उद्घोषित राशि से दुगुनी थी।

जब घोटाला प्रकाश में आया तो पार्मालैट को जनवरी 2004 से सितम्बर 2005 के बीच असाधारण प्रशासकीय प्रक्रिया के अधीन कर दिया गया। प्रशासन नेऋणों को इक्विटी में परिवर्तित कर (जिसे स्वैप कहा जाता है) कंपनी के बकाए ऋण की संरचना की योजना बनाई। जिसके द्वारा पार्मालैट के बकाया ऋणों के प्रदाता अपने इक्विटी शेयरों के माध्यम से नई कंपनी के मालिक बन गए और पार्मालैट फिनांजियारिया पार्मालैट एस.पी.ए नामक एक नई वैधनिक इकाई में परिवर्तित हो गई।

तांजी को दस वर्ष कैद की सजा हुई। पार्मालैट एस.पी.ए 1 अक्टूबर 2005 को स्थापित हुई तथा मिलान शेयर बाजार में सूचीबद्ध हो गई।

पेरेग्रीन फाइनेंशियल

अमेरिका स्थित दलाली फर्म ने फरवरी 2010 से जून 2012 के बीच अमेरिकी कमोडिटी फ्यूचर्स ट्रेडिंग कमीशन के पास जाली रिपोर्टें जमा की। इसने बैंक विवरणों में जालसाजी की और नियामकों से झूठ कहा। उपभोक्ताओं के फंडों को रखने वाले बैंक खातों, जिनमें 200 मिलियन डॉलर का अधिशेष होने की प्रत्याशा की जा रही थी, उनमें वस्तुतः सिर्फ 5 मिलियन डॉलर की राशि थी।

पेरेग्रीन फाइनेंशियल के सीईओ रशेल वासेंडॉर्फ सीनियर ने ग्राहकों के फंडों को चुराने तथा बैंकों के साथ धोखाधड़ी की गलती स्वीकार की।

वासेंडॉर्फ के द्वारा दोष स्वीकारण विचित्र परिस्थितियों में हुआ। वह जानते थे कि वे ठगी तथा छल के जाल में फंस गए हैं और उन्होंने लंबा आत्महत्या पत्र लिखने के बाद अपनी कार के टेलपाइप में एक ट्यूब लगा कर आत्महत्या की कोशिश की। परन्तु, उनका आत्महत्या का प्रयास असफल हो गया। उन्हें अपने सेडर फॉल्स, आयोवा कार्यालय के पार्किंग स्थल के बाहर अपनी कार में अचेत पाया गया। उनकी गतिविधियाँ उनकी आत्मस्वीकृति से प्रकाश में आई। दुर्भाग्यवश वासेंडॉर्फ को उनकी आत्मस्वीकृति के परिणामों को भुगतना पड़ा।

उसके बाद पेरेग्रीन फाइनेंशियल ध्वस्त हो गई।

पश्चलेख

अमेरिकी उपन्यासकार जेम्स बाल्डविन ने धन की रहस्यात्मकता का वर्णन करते हुए कहा है, 'नकद सेक्स की तरह होता है; यदि आपने इसे नहीं किया है, तो आप किसी और चीज के बारे में नहीं सोचते हैं और यदि आपने इसे किया है तो आप कुछ और सोचते हैं।' इसमें कोई आश्चर्य नहीं है कि नकद एक उत्तेजनाकारी दवा है जिसे कभी–कभी कॉर्पोरेट आत्म-शक्ति के अभाव में प्रयोग में लाते हैं।

आशावादी तस्वीर दिखाने के लिए परिचालन धन प्रवाह को प्रोत्साहन

एक प्रसिद्ध कहावत है, 'नकद राजा है।' परन्तु, नकद राजा नहीं है – *लाभ* असली राजा है। पहले कौन आया अंडा या मुर्गी पर बहस अभी जारी है, लेकिन नकद के सम्बंध में लाभ स्पष्ट रूप से आगे है। जब लाभ कम होने या गायब होने लगते हैं, तो नकद दिखाने – मुख्यतः परिचालन नकद, के लिए कल्पनाशील लेखांकन अक्सर हावी होने लगता है।

पर्याप्तता या नकद के प्रवाहों को कंपनियों के परिचालन नकद प्रवाह विवरणों से मूल्यांकित किया जा सकता है। योग्य नकद प्रवाह वाले हमेशा निवेशकों का समर्थन पाते हैं। परिणामस्वरूप संगठनों की नकदी प्रवाह को बढ़ाने के लिए कपटपूर्ण तकनीकों को अक्सर उपयोग किया जाता है।

विवेंडी यूनिवर्सल ने ठीक यही किया। विवेंडी की कुछ सहायक कंपनियों में अल्पमत शेयरधारिता थी (50% से कम शेयरों के साथ)। *इनमें सेगेटेल समूह* तथा *मारोक टेलीकॉम* शामिल थीं। परन्तु, चूँकि इन सहायक कंपनियों में विवेंडी की अल्पमत शेयरधारिता थी, अतः इनके अधिशेष नकद प्रवाहों तक इसकी पहुँच नहीं थी। इसे इसके व्यवस्थापन द्वारा पहले किए गए वादों के कारण बाजार की आशाओं के अनुरूप ताल मिलाते हुए एक डिविडेंड देने तथा एक धनात्मक नकद अधिशेष परिदृश्य प्रस्तुत करने की आवश्यकता थी।यह 2000 तथा 2002 के बीच घटित हुआ।

विवेंडी ने एक चालाकी की। इसने सेगेटेल से *अंत:कॉर्पोरेट कर्ज* के नाम से ज्ञात एक अस्थायी कर्ज लिया और इसे अपना नकद प्रवाह प्रदर्शित किया। विवेंडी ने न तो यह खुलासा किया कि यह एक कर्ज है न ही इसने यह बताया कि सेगेटेल की नकद तक इसकी पहुँच नहीं है। परन्तु, अपने लेखांकन में हस्त कौशल से मध्य–2002 में इसने 2001 के वित्तीय के परिणामों तथा डिविडेंड की घोषणा की करते हुए अपने अच्छे परिणामों की झूठी तस्वीर दिखाने के लिए पूरी बाजी पलट दी।

पश्चलेख

आर केली ने कहा है, 'पैसा पूरी दुनिया को गोल-गोल घुमाता है, दुनिया के घूमाने के लिए पैसा कितना महत्वपूर्ण है'। अतः कारोबार में यह कोई आश्चर्य की बात नहीं कि कारोबार अक्सर तीन अक्षरों का तृष्णित शब्द – नकद के लिए धोखाधड़ी करते हैं।

खराब प्रदर्शन पर छलावरण डालने के लिए कारोबार प्रभाग की रिपोर्ट में हेरफेर

कुछ उद्यम बहु-कारोबार प्रभागों में शामिल हैं। ऐसी स्थितियों में कुछ महत्वपूर्ण आकार के विभिन्न कारोबारी प्रभागों का अच्छा प्रदर्शन दिखाने के लिए, प्रभागानुसार परिणामों को प्रदर्शित करने की आवश्यकता होती है। निवेशक न केवल कारोबार निकाय के कुल प्रदर्शन को जानने के इच्छुक होते हैं, बल्कि वे यह भी जानना चाहते हैं कि इसके विभिन्न कारोबार कैसा कार्य कर रहे हैं। यह उन्हें बास्केट में सड़े अंडे की पहचान करने में मदद करता है।

वास्तविकता से बेहतर तस्वीर दिखाने के लिए कंपनियाँ कभी-कभी अपने कारोबारों का कुटिलता से विलिन करती है या अविलिन कर देती है ताकि प्रदर्शन नहीं कर पा रहे कारोबार, निवेशकों तथा विश्लेषकों से छिपे रहे हैं।

लेखांकन धोखाधड़ी का महारथी **एनरॉन** ने इस छलावरण का प्रयोग किया। इसके कारोबारों में से एक ईईएस बहुत नुकसान झेल रही थी। 2001 की पहली तिमाही के दौरान ईईएस ने अपनी समस्याओं को छिपाने के लिए इसके नुकसान सह रहे कारोबार का बड़ा हिस्सा एनरॉन होलसेल में विलिन कर दिया, जो उस समय अच्छा कर रही थी। यह कारोबारी प्रभागों के पुनर्गठन के वेश में किया गया। इसने ईईएस के नुकसान को एनरॉन होलसेल के कारोबार के लाभ से प्रतिसंतुलित करने में एनरॉन की मदद की। इस कार्य का ईईएस के खराब वित्तीय प्रदर्शन को छिपाने के अलावा कोई वाणिज्यिक महत्व नहीं था।

पश्चलेख

निवेशक, वित्तीय सलाहकार तथा फंड प्रबंधक कॉरपोरेटों के प्रभाग-वार परिणामों को पसंद करते हैं। यह कुछ महत्वपूर्ण सूचनाओं को प्राप्त करने में मदद करता है, जो अन्यथा खोज रही सार्वजनिक आँखों से छिपे रह जाते। कॉर्पोरेट आवरणों के पीछे क्या छिपा है, इन कुछ निर्णायक कॉर्पोरेट विवरणों को जानने का महत्वपूर्ण स्रोत है। यही कारण है कि नेपथ्य अक्सर मंच प्रबंधित रहता है।

कर देना कौन चाहता है?
बचने के लिए हेरफेर करो

हम कितना चाहते हैं कि कोई कर नहीं देना पड़े! कंपनियाँ भी कोई अपवाद नहीं है—उनके लाभों पर कर लगता है। उनके कर दायित्व जहाँ उनके कारोबार अवस्थित हैं, वहाँ पर लागू कर कानूनों के आधार पर होते हैं।

जिन लाभों पर कर देना पडे ऐसे *लाभ कराधीन* होते हैं।

एक वर्धित लागत को दिखा कर, जो सामान्य तौर पर कर की गणना के प्रायोजन से कटौती योग्य नहीं होता है या आय की खुलासा से छिपा कर सरकार को टैक्स का भुगतान छिपाया जा सकता है।

अनुचित विवेचना, गलत गणना, अशुद्ध लागत दर्ज करना कर दायित्व को कम कर सकतेहैं। यह धोखाधड़ी करने का अड्डा है।

उदाहरण के लिए कृषि उत्पाद निर्माता कंपनी **कॉनएग्रा** ने अनुपयुक्त लाभ गणना की, जब इसने अपनी कुछ सहायक कंपनियों को बेच दिया। जब सहायक कंपनियों की बिक्री अपने *लेखा मूल्य* से ज्यादा पर की जाती है तो इस पर पूंजीगत संपत्तिकर (पूंजीगत संपत्तियों की बिक्री पर पर लागू कर) लगता है।

अपने कारोबार की बिक्री से उत्पन्न कर दायित्व को कम करने के लिए कॉनएग्रा ने इन संपत्तियों के मूल्य को इसके दायित्वों को बिना घटाए कम कर दी। इसका परिणाम करयोग्य लाभ को कम गणने में हुआ।

एक उदाहरण लें। मान लें कि किसी सहायक कंपनी के पास 10 मिलियन डॉलर की संपत्ति तथा 4 मिलियन डॉलर का दायित्व है। इसका निवल संपत्ति मूल्य 6 मिलियन डॉलर होगा (10 मिलियन डॉलर की संपत्ति में से 4 मिलियन डॉलर के दायित्व को घटा कर)। यदि इसका कारोबार 8 मिलियन डॉलर में बेचा जाता है, तो इसका करयोग्य लाभ 2 मिलियन डॉलर होगा (8 मिलियन डॉलर की बिक्री में से 6 मिलियन डॉलर की मात्र संपत्ति को घटा कर) तथा 2 मिलियन डॉलर पर कर की गणना होगी। परन्तु, यदि इसकी सहायक कंपनी के दायित्वों को छोड़ दिया जाता है, तो नुकसान होगा, क्योंकि (10 मिलियन डॉलर की) इसकी संपत्ति को 8 मिलियन डॉलर में बेचा जाता है।

ऐसा ही एक और मामला कॉनएग्रा से सम्बंधित था। 2004 में कंपनी ने अपने खातों में हेराफेरी की और 243 मिलियन डॉलर का पूँजीगत नुकसान दिखाया। वास्तविकता में इसने 85 मिलियन का करयोग्य आय कमाया था। सिर्फ कर सम्बंधी लेखांकन धोखाधड़ी के कारण कितना बड़ा परिवर्तन हो गया।

पश्चलेख

लेखापालों द्वारा टैक्स कानूनों में कमियों से बचाव के रास्तों को खोजना पुरानी गतिविधि है। कोई ऐसा प्रक्षेत्र नहीं है जहाँ कमियों का फायदा नहीं उठाया जा सकता है। अधिकतर कंपनियाँ ऐसे तरीकों की खोज में रहती हैं, जिनसे वे अपने करों को कम कर सकें। बुद्धिमान मस्तिष्क तथा तेज कलम टैक्सों को अनुकूलतम करने के लिए कार्यरत रहती हैं। क्या ऐसी युक्तियाँ हेराफेरी को जन्म देती हैं, यह अटकलबाजी का विषय है। *टैक्स जादूगर* अपने चोगे में कुछ जुगतों को छिपा कर हमेशा तैयार रहते हैं कि जब भी जरूरत हो, तो कमाल दिखाया जा सके!

विलय और अधिग्रहण (मर्जर एंड एक्विजिशन – एम एंड ए) से पहले खातों में हरफेर

हममें से अधिकतर ने एम एंड ए शब्द सुना है। यह कारोबारी अखबारों में नियमित रूप से प्रकाशित होता है। यह विलय और अधिग्रहण शब्द का संक्षिप्ताक्षर है। जब कंपनी ए तथा कंपनी बी अपने कामों को एक नई कंपनी एबी बना कर संयुक्त कर लेती हैं, तो यह विलय है। जब कंपनी ए कंपनी बी को खरीद लेती है तो बी का अस्तित्व खत्म हो जाता है, यह अधिग्रहण है।

सम्बंधित कंपनियों के शेयरधारकों को एम एंड ए में नए या अधिग्रहण कर रहे निकाय के द्वारा क्षतिपूर्ति की जाने की जरूरत है। कंपनियों के ऐतिहासिक प्रदर्शन के साथ-साथ उनके भविष्य के सामर्थ्यों तथा संभावनाओं पर प्रतिपूर्ति निर्भर करती है।

कंपनी का पिछला प्रदर्शन इसके वित्तीय विवरणों में प्रदर्शित होता है। यदि इनमें छेड़छाड़ की गई हो, तो सम्बंधित कंपनियों की प्रतिपूर्ति संभवतः न्यायसंगत तथा पारदर्शी नहीं रह जाएगी।

ऐसे अनेक उदाहरण हैं, जब कुछ अभिलाषितों के खजाने को भरने के लिए एक कंपनी या दोनों कंपनियों के आंकड़ों में छेड़छाड़ की गई।

एचएफएस तथा सीयूसी विलय

सुर्खियों में रहने वाले दो सीईओ, हॉस्पिटलिटी फ्रेंचाइजी सिस्टम्स (एचएफएस) के हेनरी सिल्वरमैन तथा कॉम्प-यू-कार्ड (सीयूसी) इंटरनेशनल के वॉल्टर फोर्ब्स ने 1997 के अंत में

विलय का निर्णय किया। उनके विलय से फ्रेंचाइजी तथा प्रत्यक्ष विपणक **सेंडंट कॉर्पोरेशन** और एविस कार रेंटल कंपनी तथा 'डेज इन होटल' श्रृंखला की स्थापना हुई। विलय के तुरंत बाद सीयूसी के खातों में बड़ी धोखाधड़ी का पता चला, जब 1998 में इसके लेखांकन डेटा को हस्तांतरित करके नई कंपनी के खातों को तैयार किया जा रहा था।

ज्ञात हुआ कि सीयूसी ने तीन वर्ष की अवधि में अपने राजस्व को 500 मिलियन डॉलर बढ़ा कर दिखाया था। इस लेखांकन धोखाधड़ी के खबर के सार्वजनिक प्रक्षेत्र में पहुँच जाने पर सेंडंट के शेयर 75% तक लुढ़क गए।

सीयूसी ने क्या किया? इसने (i) अपने दायित्वों को राजस्व में परिवर्तित कर दिया, अपने *दायित्व* खातों को उल्टा करके तथा इसे अपने *राजस्व* खाते में प्रतिस्थापित करके दोनों को *जमा* प्रविष्टियाँ बनाया; (ii) एक लंबी अवधि के भविष्य के शुल्क को अपना वर्तमान राजस्व दिखलाया; (iii) ग्राहकों की अस्वीकृतियों तथा लौटाए जाने को न तो मान्यता दी गई तथा न ही इसे राजस्व से घटाया तथा (iv) झूठे उपभोक्ता नामों से काल्पनिक तथा नकली राजस्वों को दर्ज किया।

गलत तथा धोखाधड़ीपूर्ण लेखांकन उपचार थोड़े तकनीकी प्रकृति के होते हैं और यदि उनके विवरणों को नहीं समझा जाए तो यह कोई मायने नहीं रखते हैं। बड़ा मुद्दा यह था कि विलय के एक पक्ष ने धोखे में रखा था और पहले की अवधियों के लिए अपने लाभों को बढ़ा कर बताया था तथा विलयित निकाय के लेखापालों के द्वारा पकड़ा गया था।

इससे प्राप्त सबक यह है कि यदि किसी कंपनी के खातों में धोखाधड़ी की गई हो तथा इसके आंकड़ों में जालसाजी की गई हो, तो इसे एम एंड ए में शामिल नहीं करना चाहिए, क्योंकि इससे उनके पकड़े जाने की संभावना बढ़ जाती है।

सीयूसी के सीईओ वॉल्टर फोर्ब्स को 2007 में लेखांकन घोटाले के लिए 12 वर्ष कैद की सजा हुई। सेंडंट 2006 में भंग कर दी गई तथा इसके कारोबारों को बेच दिया गया।

मैककेसन-एचबीओसी

मैककेसन कॉर्पोरेशन ने जनवरी 1999 में एचबीओसी का अधिग्रहण किया और कंपनी का नाम परिवर्तित कर मैककेसन-एचबीओसी रख दिया। इस नई कंपनी की स्थापना के तुरंत बाद अप्रैल 1999 में एक धोखाधड़ी का पता लगाया गया।

पता चला कि एचबीओसी के सीईओ तथा नवस्थापित संयुक्त कंपनी के अध्यक्ष चार्ल्स मैककॉलने एचबीओसी तथा मैककेसन-एचबीओसी के राजस्वों को 100

मिलियन डॉलर से बढ़ा-चढ़ा कर बताने की धोखापूर्ण योजनाओं में हिस्सा लिया था।

मैकक्रॉल ने जो किया वह था *सॉफ्टवेयर की अनिश्चित बिक्रियों* को *बिक्रियों* के भाग के रूप में दिखाना। ये बिक्रियाँ उपभोक्ताओं के द्वारा सॉफ्टवेयर को स्वीकार किए जाने के कारण अनिश्चित थीं तथा इन्हें राजस्व के रूप में दर्ज नहीं किया जाना चाहिए था। मैकक्रॉल ने 1998 की दो तिमाहियों (अधिग्रहण के पूर्व) इस धोखाधड़ी को अंजाम दिया था। उसने इस गतिविधि को नई कंपनी की स्थापना के बाद भी जारी रखा।

जनवरी 2005 में मैककेसन ने एबीओसी, जिसे मैककेसन ने 1999 में खरीदा था, में लेखांकन धोखाधड़ी वर्ग कार्रवाई अभियोग (क्लास एक्शनलॉ – सूइट) के निपटान के लिए 960 मिलियन डॉलर का भुगतान करना स्वीकार कर लिया। अधिग्रहण-पूर्व लेखांकन का परिणाम मैककेसन के शेयरधारकों के द्वारा एक दिन (28 अप्रैल 1999) में लगभग 9 बिलियन डॉलर का नुकसान सहने में हुआ, जो उनकी कुल शेयरों के मूल्य का लगभग आधा था। शेयर मूल्य औंधे मुँह गिरे जब मैककेसन ने घोषणा की कि एबीओसी ने बिक्रियों को अनुचित रूप से दर्ज किया था और इसे इसके वित्तीय परिणामों को पुनः प्रस्तुत करना होगा। मैककेसन-एचबीओसी के सीईओ मैकक्रॉल को 10-वर्ष की कैद की सजा भुगतने के लिए जेल भेज दिया गया।

हेव्लेट-पैकर्ड – ऑटोनॉमी

अभी तक की सबसे खराब कॉर्पोरेट गलतियों में से एक में कम्प्यूटर निर्माता हेव्लेट-पैकर्ड (एचपी) ने ब्रिटिश सॉफ्टवेयर निर्माता ऑटोनॉमी पीएलसी को अक्टूबर 2011 में 11 बिलियन डॉलर में अधिग्रहित कर लिया, परन्तु उसके बाद से लेखांकन नुकसान मान्यताओं, विवादों तथा आरोपों के दलदल में फँस गई है।

2012 में एचपी ने एक लेखांकन प्रभार लगाया तथा अधिग्रहण मूल्य में से 8.8 बिलियन डॉलर अवलेखित कर दिया। अवलेखन मूल रूप से ऑटोनॉमी के अधिग्रहण में *प्रतिष्ठित* दर्ज थी।

ऑटोनॉमी के लेखांकन की छोटे-विक्रेताओं के द्वारा लंबे समय से आलोचना की जा रही थी, परन्तु, एचपी ने इस पर कोई ध्यान नहीं दिया और कंपनी का अधिग्रहण कर लिया। नवम्बर 2012 में एचपी ने ऑटोनॉमी पर अपनी लेखापुस्तकों में धोखाधड़ी करने का आरोप लगाया। यह प्रतीत होता है कि एचपी को ऑटोनॉमी की लेखांकन गड़बड़ियों की जानकारी तब हुई जब ऑटोनॉमी के वरिष्ठ कार्यकारियों ने एचपी प्रबंधन को उन ई-मेलों

तथा मेमो के बारे में सतर्क किया जिनमें एचपी के द्वारा कंपनी के अधिग्रहण के पूर्व की गई तथाकथित धोखधड़ियों के बारे में विवरण दिया गया था।

एचपी के आरोप मुख्यतः इनसे सम्बंधित हैं कि कैसे ऑटोनॉमी ने (i) निजी कम्प्यूटरों की खरीद तथा बिक्री को मूल्यवान सॉफ्टवेयर की बिक्री की तरह दिखाया है, (ii) छिपी लागतों को विपणन व्यय के रूप में, जबकि इसे बेचे गए माल की लागत के रूप में सूचित किया जाना चाहिए था तथा (iii) अपनी बिक्री तथा लाभों को मजबूती प्रदान करने के लिए बिक्री को गोल-गोल घुमाया था।

ऑटोनॉमी के संस्थापक माइक लिंच ने, जिसे अधिग्रहण के पश्चात एचपी ने बर्खास्त कर दिया था, यह कह कर प्रतिउत्तर दिया कि उसकी कंपनी का लेखांकन अच्छा है। उनका कथन था कि 'यदि ऑटोनॉमीने अधिग्रहण पश्चात अपना बाजारमूल्य खो दिया है, तो यह एचपी के द्वारा कंपनी के कुप्रबंधन के कारण है।'

अब हम चार *प्रतिष्ठित* लेखांकन फर्मों के द्वारा निभाई गई भूमिकाओं पर नजर डालते हैं। ऑटोनॉमी का लेखांकन डेलॉईट तथा एचपी का अर्नस्ट एंड यंग के द्वारा किया गया। एचपी ने इस अधिग्रहण के सम्बंध में समुचित उद्यम हेतु करने के लिए केपीएमजी को नियुक्त किया। ऑटोनॉमी का न्यायालयीन ऑडिट करने के लिए एचपीने पीडब्लयूसी को लाया।

इतने बड़े लेखांकन मुद्दे कैसे उभरे जब इस सौदे में *प्रतिष्ठित* चार शामिल थे? क्या लेखांकन नियम इतने अस्पष्ट हैं कि बहु-अरब एम एंड ए सौदे पूरी तरह गड़बड़ हो सकते हैं?

ऑटोनॉमी के परिचालन में पाए गए लेखांकन मुद्दों की अमेरिकी जाँच एजेंसी एसईसी के द्वारा जाँच की जा रही है। ब्रिटेन के गंभीर अपराध कार्यालय नेकिसी कार्यकारी के दोष का निष्कर्ष निकाले बिना जनवरी 2015 में अपनी जाँच को पूरा कर लिया। इसके अतिरिक्त एचपीने मार्च 2015 में ऑटोनॉमी के दो पूर्व उच्च कार्यकारियों, सीईओ तथा सीएफओ, पर लेखांकन घपलों का आरोप लगाते हुए डॉलर 5.1 बिलियन का सीधा मुकदमा दायर कर दिया।

पश्चलेख

बैलेंस शीट एक कैनवास पर बनाया एक चित्र है। यदि चित्र रद्दी हो, तो कलाकार इसके ऊपर एक और चित्र बना कर इसे बदल देते हैं। एक बैलेंस शीट को बेईमानी से ठीक करना कोई अलग नहीं है। यह कंपनियों की आय को प्रबंधित करने के लिए उपयोग की गई एक

कला भी है। अधिग्रहणों के पूर्व कभी-कभी अपने पिछले झमेलों को साफ करने या अच्छे मुनाफों को हड़पने के लिए अपने शेयर मूल्यों को सुधारने के लिए कंपनियों के खातों में जालसाजी की जाती है। पर्दे के पीछे चालबाजी तथा *कल्पनाशील* लेखांकन वे भाग हैं जिन्हें एक एम एंड ए व्यवस्था के लिए तैयार किया जाता है। एम एंड ए सौदों में छिपी हुई संभावित साजिशों के प्रति सतर्क रहने की आवश्यकता है।

अनुपयुक्त लेखांकन

लेखांकन हेराफेरियाँ लेखांकन के जन्म से ही हो रही हैं।

मेडाफिस कॉर्पोरेशन ने सरासर मनमानीपूर्वक अपनी एक सहायक कंपनी को अपने राजस्व को 2.5 मिलियन डॉलर घटा कर तथा 1996 की पहली तिमाही के अपने रिजर्व को बढ़ा कर अनुचित तरीके से अपनी आय को घटाने का आदेश दिया। ऐसा करने के लिए इसके पास कोई कारण नहीं था। 1996 की दूसरी तिमाही में मेडाफिस ने अपनी सहायक कंपनी को 2.5 मिलियन डॉलर बचत को आय में वापस लौटा देने के लिए कहा। अतएव, बचत का मूल सृजन अनुचित था तथा बाद में इसका उलटा जाना भी। इसका परिणाम दोनों तिमाहियों के परिणामों को गलत प्रदर्शित करने में हुआ।

लेखांकन क्यों करें? पुराने दिनों में लोग डायरियाँ रखते थे। आजकल, हम हर चीज को लैपटॉप, टैबलेट या मोबाइल उपकरणों में रखते हैं। यह अंकनों को रखने के लिए किया जाता है, ताकि हम आज की बातों को कल भूल न जाएँ। लेखांकन अंकन कोई अलग नहीं हैं।

कारोबारी सौदों का सच्चा तथा न्याय्य चित्रण करने हेतु लेखा पुस्तकों का व्यापक लेखांकन सिद्धांतों के अनुसार अनुरक्षण करना अनिवार्य है।

अनुचित लेखांकन क्यों आवश्यक हों? आम समझ कहती है कि यदि लेखा पुस्तकों में छेड़छाड़ की जा सके, तो एक स्वच्छ तस्वीर प्रस्तुत कर पाना संभव है। अनेक कंपनियाँ यह करती हैं। निम्नांकित नकली लेखांकन के कुछ उदाहरण हैं:

1999–2001 के दौरान **पेरेग्रीन सिस्टम्स** अपने वित्तीय विवरणों के समर्थन में पर्याप्त लेखापुस्तकों तथा रेकॉर्ड्स रखने में असफल रही। उदाहरण के लिए इसने विस्तृत प्राप्य उप-खातों को नहीं रखा (इसके बकायों का उपभोक्तावार विवरण) जिसका इसके (उपभोक्ता के पास कुल बकायों को दिखा रहे) सामान्य खाते के साथ मिलान किया जा सके। कंपनी ने *लिफाफे के पीछे लिखने की* पद्धति से उपभोक्ता बिक्रियों तथा प्राप्यों का पता लगाया था तथा उन्हें दर्ज किया था।

खातों के अनुचित रख-रखाव को वर्णित करने के लिए एक उदाहरण लेते हैं। पेरेग्राईन के मामले में इसके सामान्य खाते तथा उप-खाते मेल नहीं खाते थे। सामान्य खाता किसी लेखा के *कुल* को बताता है, जबकि उप-खाते *विवरण* को। यथा, यदि इसके उपभोक्ताओं के बकायों का योग 100 डॉलर है, तो यह सामान्य खाते में *ऋण लेखा* में प्रदर्शित होगा। उपभोक्ताओं की नामों की एक संगत सूची भी होनी चाहिए जिनसे बिक्री मूल्यों को प्राप्त करना है। उदाहरण के लिए, किसी संगठन का श्री ए (50 डॉलर), एक्स एंड कंपनी (30 डॉलर) तथा वाय कंपनी लिमिटेड (डॉलर 20) के पास बकाया है। इन तीन कंपनियों के विवरणों को कंपनी के उप-खातों में प्रदर्शित होना चाहिए। (सामान्य खातों में प्रदर्शित हो रहे)100 डॉलर के कुल बकाए को उप-खातों से संयोजित होना चाहिए। यदि इनका योग नहीं हो पाता है, तो कुछ गायब है।

पेरेग्राईन का मामला ऊटपटांग है। कैसे कोई कंपनी उपभोक्ताओं के रेकॉर्ड्स का विवरण नहीं रख सकती हैं? कैसे यह सिर्फ एक मोटामोटा अपरिष्कृत हिसाब रख सकती है? यदि यह बात है, तो वित्तीय विवरणों पर भरोसा नहीं किया जा सकता है। ठीक यही पेरेग्राईन के साथ हुआ। 2002 में यह पाया गया कि इसके खाते जाली थे।

हाल के समय में बच्चों के वस्त्रों का भारतीय रिटेलर **लिलिपुट किड्सवियर** सार्वजनिक धन जुटाना चाहता था। कंपनी ने 8.5 अरब रुपयों (140 मिलियन डॉलर) का सार्वजनिक निर्गम लाने का निर्णय किया। अक्टूबर 2011 में 45% के कुल शेयरों वाले दो मालिकों बैन कैपिटल तथा टीपीजी कैपिटल ने प्रस्तावित सार्वजनिक निर्गम से पहले कंपनी पर खातों में धोखाधड़ी का आरोप लगाया। इसके लेखापरीक्षकों के साथ-साथ चार स्वतंत्र निदेशकों ने त्यागपत्र दे दिया। उस समय से कंपनी बड़ी वित्तीय झंझटों में फंसी है। लेखांकन धोखाधड़ी के आरोप दिल्ली उच्च न्यायालय तक पहुँच गए। बैन कैपिटल ने लेखांकन विवरणों को जारी करते समय लापरवाही दिखलाने के लिए लिलिपुट किड्सवियर के लेखापरीक्षक ईवाय पर 60 मिलियन डॉलर का मुकदमा दर्ज कर दिया।

पश्चलेख

कॉर्पोरेट दुनिया का एक हिस्सा अभी-भी निवेशकों को भ्रमित कर रहा है और आय बढ़ाने के लिए लेखा नियमों को परे हटा कर, लेखा सिद्धांतों से खिलवाड़ कर तथा वित्तीय धोखाधड़ी कर कुछ के खजाने को भरने में लगा है। परन्तु, अच्छी खबर यह है कि निवेशक जब वित्तीय विवरणों को जैसा होना चाहिए, वैसा नहीं पाने पर, सच्ची उद्घोषणा के

सिद्धांतों का उल्लंघन करने पर कॉर्पोरेशन्स को सजा दे रहे हैं। लेखांकन जुगतबाजी सभी शेयरधारकों को एक साथ बेवकूफ नहीं बना सकती है!

निष्क्रिय आंतरिक नियंत्रण

संयुक्त राज्य अमेरिका में सार्वजनिक कंपनी लेखांकन निगरानी बोर्ड ने अंतिम 2012 में *बिग फोर* लेखांकन फर्मों की यह कह कर खींचाई की 'छः में से 1 आंतरिक नियंत्रणों की लेखापरीक्षणों में अपने ग्राहकों की वार्षिक लेखा को मंजूरी देने के पूर्व पर्याप्त ध्यानपूर्वक कार्य नहीं किया।' 2009 के 309 कॉर्पोरेट नमूनों के लेखा परीक्षणों की समीक्षा करते हुए इसने 15% को 'वित्तीय सूचना देने में आंतरिक नियंत्रण की पर्याप्तता के बारे में अपने विचारों को देने के समर्थन में पर्याप्त लेखापरीक्षण प्रमाणों को प्राप्त करने में' लापरवाह पाया। 2010 में यह संख्या बढ़ कर भयावह 22% हो गई। लेखांकन निगरानी बोर्ड के एक सदस्य ने यह कहते हुए खतरे की घंटी बजा दी कि 'यदि लेखापरीक्षक आंतरिक नियंत्रण के बारे में ठीक से जानकारी नहीं पाते हैं, तो यह संभव है कि वे सही वित्तीय विवरणों को नहीं पाएंगे।'

यह दुनिया भर में पाई जाने वाली समस्या है। कई अवसरों पर न केवल आंतरिक नियंत्रणों पर ध्यान नहीं दिया जाता है, बल्कि अनेक अवसरों पर लेखापरीक्षक भी अपनी आँखें मूँदे प्रतीत होते हैं।

बिना ट्रैफिक लाइटों वाली सड़कों के बारे में सोंचे। एक – दूसरे के साथ बिना सामंजस्य किए चल रहीं रेलगाड़ियों की कल्पना करें। कानून के शासन के बिना किसी समाज का खयाल करें। हमारे जीवन में यदि कोई प्रणालियाँ तथा प्रक्रियाएँ न हों, तो वास्तविक अफरा-तफरी तथा अराजकता फैल जाएगी।

कोई कारोबारी संगठन अलग नहीं होता है। इसकी *आंतरिक नियंत्रण* प्रक्रिया इसके कानून-नियम है, जो प्रणालियों तथा प्रक्रियाओं को स्थापित करती है और कारोबार को संगठित तरीके से चलाती है।

आंतरिक नियंत्रण प्रणालियाँ *चार-आँखों* के सिद्धांत – दो *निर्माता* तथा दो *जाँचकर्ता* – को अपरिहार्य बना देती हैं। यह भुगतानों को किए जाने या लेखांकन प्रविष्टियों को दर्ज करने के पहले किसी व्यक्ति या निकाय के कार्य को एक-दूसरे के द्वारा विवेकपूर्ण कार्य करने को अनिवार्य बना देती है। आंतरिक नियंत्रण एक नैतिक रोगनिरोधी की तरह कार्य करता है।

जुलाई 2012 में यूरोप की सबसे बडी वित्तीय संस्था **एचएबीसी** ने संयुक्त राज्य अमेरिका में धन-छिपाने की गतिविधियों को पकड़ पाने में असमर्थ रहने के कारण अपने परिचालनों में आंतरिक नियंत्रण कमजोरियों को स्वीकार किया। इसके सीईओ स्टुअर्ट

गलिवर ने कहा, 'हमारे धन-शोधन- विरोधी नियंत्रणों को ज्यादा शक्तिशाली तथा ज्यादा प्रभावी होना चाहिए था और हम अस्वीकार्य व्यवहारों को पहचानने तथा संभाल पाने में असफल हो गए'।

एक और उदाहरण में सबसे बड़े बैंकों में से एक **जेपी मॉर्गन चेज** की बहु-अरब कारोबारी नुकसानों की जाँच कर रही एक सीनेट रिपोर्ट ने सूचना दी कि 'जब 2012 में इसे कारोबारी नुकसान हुए बैंक ने आंतरिक नियंत्रणों की अनदेखी की तथा दस्तावेजों में हेरफेर किया'।

लापरवाह नियंत्रण एक गंभीर मामला है। 2005–07 के बीच बैंक ने अवैध कारोबार की अनुमति दे दी थी जिसके आंतरिक नियंत्रणों में गंभीर चूक होने के कारण **सोसाइटी जनरल** में बदमाश कारोबार-सम्बंधी विशाल नुकसान हुआ।

वॉल मार्ट के मैक्सिकन प्रभाग पर 2012 में व्यापक रिश्वतखोरी के आरोप लगने के बाद कंपनी ने सूचना दी कि इसने 'जो अमेरिकी कंपनियों को कारोबारों को प्राप्त करने के लिए विदेशी अधिकारियों को रिश्वत देने का निषेध करता है; इस विदेशी भ्रष्ट व्यवहार अधिनियम का पालन सुनिश्चित करने के लिए अपने आंतरिक नियंत्रणों को मजबूत बना दिया है'। समुचित आंतरिक नियंत्रणों का अभाव किसी संगठन के एक हिस्से को रिश्वतखोरी का सहारा लेने की ओर अग्रेसर करता है।

उत्पादों का अनुचित वितरण लापरवाह आंतरिक नियंत्रणों के कारण हो सकता है। जून 2013 में अमेरिका की सबसे बड़ी फार्मेसी **वॉलग्रीन कंपनी** ने स्वीकार किया कि यह अपनी कुछ दुकानों में नशीली दर्द निवारकों की बिक्री को नियंत्रित करने में असफल रही है, जिनके माध्यम से इसकी दवाईयाँ बिकी थीं तथा काले बाजार तक पहुँच गई थीं।

अमेरिकी सरकार प्रायोजित बंधक-समर्थित प्रतिभूति कारोबारी संस्थान **फॅनी मे** में 1998–2004 के बीच आंतरिक नियंत्रण अपर्याप्त थे। राष्ट्रीय महत्व के संस्थान होने के बावजूद इसने अपने आंतरिक नियंत्रणों को अनदेखा किया। यह कंपनी तथा इसके निवेशकों के लिए यह भयावह सिद्ध हुआ। इसने बाजार में अपनी प्रतिष्ठा गँवा दी और अंततः इसे अपनी आय को 6 बिलियन डॉलर कम करके पुनः प्रस्तुत करना पड़ा एवं इसके वरिष्ठ प्रबंधन पर वर्धित बोनस पाने के लिए इसके कारोबारी परिणामों में हेरफेर करने का आरोप लगा।

अमेरिकी औषधि महाकाय **कार्डिनल हेल्थ** ने अपनी लेखा-पुस्तकों में 2001–04 के बीच हेरफेर कर 77 क्रमशः तिमाहियों तक लाभ की सूचना दी। इसकी आंतरिक नियंत्रण प्रणाली इतनी कमजोर थी कि इसके प्रबंधन के हिस्से तथा लेखांकन कर्मियों द्वारा की गई लेखांकन हेराफेरी नहीं पकड़ी गई।

संगठनों की आंतरिक नियंत्रण प्रणालियों में कमियाँ कारोबार में गंभीर परिणामों की ओर ले जा सकती हैं। ऊपर दिए गए उदाहरण सिर्फ एक झलक हैं कि यदि संगठनों में लापरवाह नियंत्रणों को सशक्त नहीं बनाया जाता है, तो क्या गड़बड़ी हो सकती है।

पश्चलेख

आंतरिक नियंत्रण वे लीवर हैं जो कंपनियों के परिचालनों को पटरी पर रखते हैं। अन्यथा, वे उन्मत्त हो जाएँगी तथा वस्तुओं की विवेचना इस तरह करेंगी, जो उनके अनुकूल हो। नियंत्रण की उपस्थिति निपुण परिचालन, प्रायोज्य कानूनों तथा नियमनों का अनुपालन, विश्वसनीय वित्तीय सूचना, सांगठनिक परिसंपत्तियों की सुरक्षा तथा निर्णयों के लिए जाने से पहले जोखिमों का मूल्यांकन सुनिश्चित करती है।

आंतरिक नियंत्रण वह आलंब है जिस पर किसी संगठन की प्रभावोत्पादकता निर्भर करती है – इसकी अनुपस्थिति का सामान्यतः परिणाम लेखाकंन धोखाधड़ी, गड़बड़ियों तथा बेईमानी में होता है।

लेखांकन की लाल झंडियाँ: सब कुछ ठीक नहीं है

लाल झंडियाँ लहरा रही हैं! ओह! यह चेतावनी का प्रतीक है, कुछ संदेहकारी परिस्थितियों के लिए खतरे की झंडी। लाल झंडियों की कोई मानक परिभाषा नहीं है। यह विषयपरक तथा परिस्थितिजन्य होती हैं। लाल झंडियाँ सामान्यतः संभावित समस्या प्रक्षेत्रों , कहीं लगी आग, एक जोखिमपूर्ण परिस्थिति, संभावित गड़बड़ी के इशारे तथा एक चेतावनी के सिग्नल को इंगित करने वाला खतरे का सिग्नल होता हैं।

संभावित लाल झंडियों के चिह्न प्रारंभ में प्रत्यक्षया आसानी से दृश्य नहीं होते हैं। अतएव कैसे संभावित गड़बड़ियों के प्रक्षेत्रों की पहचान करें, की थोड़ी समझ सहायक होती है।

वित्तीय विवरणों की समीक्षा के दौरान कुछ लेखांकन संख्याएँ तथा अनुपात हैं, जो लाल झंडियाँ लहराते हैं।

1. **राजस्व में वृद्धि, परन्तु नकद प्रवाह पर दबाव**
   यह सरल है – वर्धित राजस्व का अर्थ वर्धित नकद अंतःप्रवाह होना चाहिए। परन्तु, यदि किसी कंपनी की व्यापक नकद प्रवाह समस्या है, तो इस बात की संभावना

है कि इसकी राजस्व मान्यता नीतियाँ अनुचित हैं। उदाहरण के लिए, **सिटैक्स-ब्रिलियन** ने 2006 से 2007 के बीच बिना किसी संबंध के नकद प्रवाह के अपने विक्रय आंकड़े में जालसाजी की। इसे 2008 में दिवालियापन दाखिल करना पड़ा।

2. नकद प्रवाह अनुपात में उतार-चढ़ाव

बिक्री अंततः नकद में परिवर्तित होती है। यदि जाली बिक्रियों को दर्ज किया गया है, तो नकद प्रवाह एक उतार-चढ़ाव भरी परिपाटी प्रदर्शित करेगी। नकद प्रवाह परिपाटियों का विश्लेषण नकद प्रवाह प्राप्ति की गणना कर किया जा सकता है। यह परिचालन से नकद प्रवाह को कंपनी की निवल आय से विभाजित कर किया जा सकता है। परिचालन नकद प्रवाह सामान्यतः पूंजीगत व्ययों तथा डिविडेंड के भुगतान से पहले इसके कारोबारी परिचालन से उत्पन्न आय को प्रदर्शित करती है।

नकद प्रवाह प्राप्तियों का मूल्यांकन करते समय निम्नांकित लाल झंडियाँ हो सकती हैं:

(a) कुछ तिमाहियों या वर्षों से ऋणात्मक प्रवाह
(b) धनात्मक स्पष्ट आय, परन्तु, ऋणात्मक परिचालन नकद प्रवाह प्राप्तियाँ
(c) बहुत ज्यादा परिचालन नकद प्रवाह, परन्तु, कम या सिकुड़ रही निवल आय (यह नकद अधिशेष जाली करने का मामला हो सकता है)। उदाहरण के लिए, **सत्यम कंप्यूटर्स** ने गोता खाया जब, इसने1 बिलियन डॉलर से ज्यादा का अस्तित्वहीन नकद-अधिशेष प्रदर्शित किया।

3. ऊँचा नकद अधिशेष, परन्तु समान रूप से ऊँचा ऋण

यदि किसी कंपनी के ऊँचे ऋण हैं, लेकिन इसके पास अधिशेष नकद है, तो कुछ गड़बड़ है। भारत में एक सॉफ्टवेयर कंपनी **जियोडेसिक** 11.4 अरब रुपयों (185 मिलियन डॉलर) की एक नकद अधिशेष दिखलायी, लेकिन उस पर 11 अरब रुपयों (177 मिलियन डॉलर) का ऋण था तथा इसने आठ लाख रुपयों (13 मिलियन डॉलर) के ब्याज का भुगतान किया। कंपनी ऋण दबाव में चली गई। इसने इतना बड़ा ऋण क्यों लिया था, जब कि इसके नकद अधिशेष में एक लगभग संगत संख्या थी?

4. बिक्री की तुलना में ज्यादा कर्जदार

उपभोक्ताओं को एक दिन अपने ऋणों को चुकाना होता है। अतएव, कर्जदारों की संख्या में कोई असामान्य वृद्धि चिंता का विषय है। धोखे से दिखाई गई बिक्रियाँ या तो जमा हुए ऋणों में या ह्रासित नकद अंतःप्रवाह में रहेंगी। कर्जदारों को महीने की

बिक्रियों में संख्या के रूप में देखा जाता है। यदि औसत ऋण अवधि एक महिना है, तो आठ से नौ महीने से ज्यादा अवधि के बकायों को संदेह से देखा जाना चाहिए। ऐसा एक मामला **केंडल स्क्वेयर रिसर्च कॉर्पोरेशन** का था, जिसने बिक्रियों को दर्ज किया था, जबकि यह स्पष्ट था कि उपभोक्ताओं की भुगतान की क्षमता नहीं है। कंपनी दिवालिया हो गई।

5. **कुल संपत्तियों में ज्यादा साख मूल्य**

कंपनियों की लेखा पुस्तकों में साख को आमतौर पर तब दर्ज किया जाता है जब अधिग्रहण कुल अधिगृहित की गई संपत्तियों के स्पष्ट मूल्य से ज्यादा मूल्य पर किया जाता है। वैसे उदाहरण जहाँ साख का मूल्य कंपनी की कुल परिसंपत्तियों से असंगत रूप से ज्यादा है, संदेहास्पद हैं। एक कारण यह हो सकता है कि ऐसे अधिग्रहणों को बहुत ज्यादा ऊँचे मूल्यों पर किया गया हो। एक और कारण हो सकता है कि कंपनी लेखा पुस्तकों में पर्याप्त रूप से चुकता नहीं किया गया हो (साख का एक समुचित समयावधि में अवलेखन किया जाना चाहिए)। उदाहरण के लिए 2006 में जब **सॉफ्टबैंक** ने वोडाफोन के जापानी मोबाइल कारोबार का अधिग्रहण किया, तो इसने स्थिर संपत्तियों का कम मूल्यांकन किया तथा अंतर को साख के रूप में दिखाया ताकि मूल्यह्रास प्रभार को कम किया जा सके।

6. **ऊँची माल की सूची**

माल की सूचियों को एक समुचित समयावधि में बिक्री में तथा अंततः नकद में परिवर्तित होने के लिए रखा जाता है। परन्तु, बहुत ज्यादा ऊँची माल की सूची चिंता का विषय है। यदि मालों को रखने का औद्योगिक मापदंड औसतन तीन महीनों का है, तो 9–12 महीनों का कोई भंडारण लाल झंडी (खतरे का निशान) हो सकती है। ऊँची माल की सूची जाली या अस्तित्वहीन मालों सहित वर्धित लाभों को दिखाने के लिए प्रदर्शित की जा सकती है। उदाहरणार्थ, **वार्ना को समूह** के लेखापरीक्षक **पीडब्ल्यूसी** को कंपनी को 1996–98 के दौरान अपनी माल की सूची को बढ़ा कर बताने की अनुमति देने के लिए दंडित किया गया।

7. **अत्यधिक परिचालन लाभ**

बहुत ऊँचे परिचालनों की सूचना मनगढ़ंत कल्पना हो सकती है। यह जाली बिक्रियों को दर्ज करने के कारण हो सकता है। किसी संगठन के परिचालन लाभों में सहसा उछाल एक चिंता का विषय है तथा इसका अर्थ धोखापूर्ण बिक्रियों का सृजन हो सकता है। उदाहरण के लिए **जीई** ने 2002–03 के बीच अपनी बिक्रियों तथा लाभों को बढ़ा कर बताया, परन्तु, 2007 में इस में सुधार कर लिया।

8. ऊँचे पूर्व-प्रदत्त व्यय

यदि कंपनी के पूर्व-प्रदत्त व्यय और इसके परिचालन व्यय का अनुपात बहुत ऊँचा हो, तो इसका अर्थ यह हो सकता है कि इसके परिचालन या नियमित व्ययों का बड़ा हिस्सा इसके आय विवरण में नहीं प्रदर्शित हो रहा है। इन्हें *पूर्व-प्रदत्त* शीर्ष (एक बैलेंस शीट वस्तु) के अधीन दिखाया जा सकता है। उदाहरण के लिए, 2000 में **रेंट-वे** ने बीमा प्रीमियमों को *पूर्व-प्रदत्त बीमा* के रूप में वर्गीकृत किया था। इसके दो कार्यकारी इसके लिए जेल गए।

9. कर संपत्तियों का विलंबित सृजन

बहुत ज्यादा विलंबित कॉर्पोरेट संपत्तियाँ लाल झंडियाँ हो सकती हैं। परिसंपत्ति सृजन कंपनी को अपने लाभों बढ़ाने में मदद करता है, जब तक कि गणना वास्तविक न हो।

10. वापस की गईं अस्थिर बिक्रियाँ

बिक्री की गई, लेकिन गुणवत्ता – सम्बंधित मामलों सहित किसी भी कारण से इसे उपभोक्ताओं के द्वारा लौटा देना एक सामान्य परिघटना है। परन्तु, उपभोक्ताओं के द्वारा लौटाए जाने में गंभीर उतार-चढ़ाव हैं, तो इस पर ध्यान दिया जाना चाहिए। इसका अर्थ यह हो सकता है कि पहले सूचित की गई जाली बिक्रियों को किसी विशेष तिमाही में बिना किसी विशिष्ट तथा अलग उद्घोषणा के सुधारा जा रहा है। देखी जाने वाली संख्या कंपनी का *वापस बिक्रियों* तथा इसकी *कुल बिक्री* का प्रतिशत तथा इसमें हो रहा उतार-चढ़ाव है।

11. ऋण ब्याज व्यय के समानुपातिक नहीं है

एक बेहतर तस्वीर प्रस्तुत करने के लिए अक्सर बैलेंस शीट से बाहर के वित्त-पोषण के साधनों या इन्हें दिखाने के धोखापूर्ण तरीकों का उपयोग करऋणों को कम करके बताया जाता है। इनका पता कैसे लगाया जा सकता है? ब्याज लागतों या वित्तीय प्रभारों को कंपनी के आय विवरण में दिखाया जाता है। इसके वित्तीय लागत ऋणों के आँकड़ों का लगभग अनुमान लगाना कंपनी के वास्तविक ऋणों का संकेत दे सकता है। उदाहरण के लिए, कंपनी के लाभ और हानि खाते में ब्याज आंकड़ा 10 मिलियन डॉलर है और वित्त पोषण की औसत लागत लगभग 8% है, तो कर्ज को लगभग 125 मिलियन डॉलर होना चाहिए। बैलेंस शीट के दायित्व पक्ष को तब दिखाए गए ऋण दायित्वों के सत्यापन के लिए देखा जाना चाहिए। यदि काफी व्यापक रूप से अलग हो, मान लें 80 मिलियन डॉलर या कुछ ऐसा ही, तो चिंता के कारण जरूर हैं।

पश्चलेख

न सभी कॉर्पोरेट पवित्र हैं न ही सभी उद्यमों में खराब कॉर्पोरेट प्रशासन है। कुछ रंगे सियार हैं, जिनकी हमें उनके व्यवहारों या उनकी गतिविधियों से पहचान करने की जरूरत है। यह कला और विज्ञान दोनों है। कारोबार की उन चालाकियों को जानना अच्छा होता है, जिनका उपयोग धोखेबाज हमें धोखा देने के लिए करते हैं।

गैर-लेखांकन लाल झंडियाँ: घटिया कॉर्पोरेट प्रशासन

यह सामान्य समझ है कि अच्छे कॉर्पोरेट प्रशासन वाली कंपनियाँ, निवेशकों के लिए ज्यादा आकर्षक होती हैं, उनकी तुलना में जिनमें कमियाँ होती हैं। चुनौती है टोकरी में से सड़े अंडे को पहचानना।

लाल झंडियों की पहचान करने की क्षमता अनजान कोनों और दरारों में छिप कर रहने वाले कॉर्पोरेट लालच के शक्तिशाली दानव से लड़ने के लिए अच्छा हथियार है।

लेखांकन सम्बंधी लाल झंडियाँ उदंडों की पहचान के अनेक तरीकों में से एक है।

चिंता के ऐसे बहुत से प्रक्षेत्र हो सकते हैं, जिनका अस्तित्व किसी संगठन के द्वारा संभावित अपर्याप्त कॉर्पोरेट प्रशासन कार्यव्यवहार में घबराहट फैला सकता है। कुछ उदाहरण निम्नवत हैं:

1. *नियंत्रण में परिवर्तन के लिए वरिष्ठ व्यवस्थापक को बहुत ऊँचा मुआवजा देना:* एम एंड ए (विलय और अधिग्रहण) आधुनिक दुनिया में कारोबारी रणनीतियों का भाग हैं। परन्तु कभी-कभी कंपनियों के पास उनके वरिष्ठ व्यवस्थापक के लिए *पैराशूट क्लॉजेज* होते हैं। यह कंपनी के स्वामित्व में कोई परिवर्तन होने पर उनके लिए वर्धित प्रतिपूर्ति/मुआवजे का प्रावधान करता है। परन्तु, यदि मुआवजे अतार्किक रूप से ऊँचे हो, तो यह चिंता का कारण है। उदाहरण के लिए **शॉ ग्रुप इंक** के मामले में एक शर्त थी कि यदि इसके स्वामित्व में कोई परिवर्तन होता है, तो इसके अध्यक्ष जे. एम. बर्नार्ड जूनियर को, आश्चर्यकारक 24 मिलियन डॉलर का समाप्ति शुल्क दिया जाएगा। प्रारंभिक 2013 में शॉ समूह को शिकागो ब्रिज एंड आयरन द्वारा अधिगृहित कर लिया गया। चूँकि बर्नार्ड संस्थापक अध्यक्ष थे, तो उनके लिए सौदा करना तथा नकद की एक विशाल राशि को गड़प कर जाना आसान था।

2. *सम्बंधित-पक्ष लेनदेन:* सम्बंधित पक्ष लेनदेनों की प्रकृति की परीक्षा करने में ध्यान देने की जरूरत होती है। साधारणतः ये *नोट्स टू दि एकाऊंटस्* के तहत प्रकट किये जाते हैं। ऐसे सौदों का अर्थ होता है कि कोई कंपनी क्रमशःउन पक्षों या कंपनियों से खरीद या बिक्री कर रही है, जिनमें या तो किसी बोर्ड सदस्य की अभिरूचि है या कंपनी का हिस्सा है। यथा, **एडेल्फिया कम्युनिकेशन्स** अपने सम्बंधित पक्ष लेन-देनों के स्तर का खुलासा करने में असफल रही तथा इसके लेखापरीक्षक **डेलॉयट एंड टूशे** को 2005 में इसके लिए दंडित किया गया।
3. *सतत मुकदमाबाजी:* किसी कंपनी के विरुद्ध मुकदमों का नियमित प्रवाह उसके लिए बड़ी चिंता का विषय है। हम आनुवांशिक रूप से परिवर्तित बीजों के अग्रणी उत्पादक **मोसेंटो कंपनी** का उदाहरण लेते हैं। कंपनी किसानों के द्वारा मुकदमा किए जाने के सतत खतरे में हैं और इसके ऐसे दायित्व हैं जिन्हें किसी भी समय में मापना बहुत मुश्किल है। यह लाल झंडी वाली एक कंपनी है।
4. *कंपनी के प्रदर्शन के प्रभाव से मुक्त स्टॉक ऑप्शन:* किसी कंपनी के शेयरों के लिए विकल्पों को सामान्य तौर पर तब दिया जाता है, जब इसका शेयर मूल्य एक पूर्वनिर्धारित *स्ट्राइक प्राइस* छू ले। यह इसके कर्मचारियों को अपना प्रदर्शन सुधारने तथा समय के साथ कंपनी के शेयर मूल्यों को बढ़ने में मदद करने के लिए प्रोत्साहित करता है। परन्तु, यदि स्टॉक ऑप्शनों को समय समाप्ति के साथ जोड़ दिया जाए और यह शेयर मूल्यों के प्रदर्शन पर आधारित नहीं हो, तो यह एक बुरी खबर है। उदाहरणार्थ, विपणक **एबेक्रॉम्बी एंड फिच कं.** के सीईओ माइकल जेफ्रीस को 1999 में स्ट्राइक मूल्यों की बिना परवाह किए 1999 में अंकित मूल्य पर शेयरों को स्टॉक ऑप्शन के रूप में नवाजा गया। यह भविष्य की तारीख में शेयरों के मूल्य को बढ़ाने के प्रोत्साहन के रूप में दिए जाने की जगह कंपनी के लाभों को साझा करने का एक संदिग्ध तरीका है।
5. *आंतरिक नियंत्रणों का अभाव:* यदि लेखापरीक्षा रिपोर्ट में प्रतिकूल टिप्पणी है या यह मानने का कोई कारण है कि किसी कंपनी में अपर्याप्त/अनुवित आंतरिक नियंत्रण हैं, तो यह एक बड़ी लाल झंडी है। जब तक कि कंपनी में पर्याप्त नियंत्रण प्रणाली न हो, तो धोखाधड़ी, ठगी तथा घोटालों के कारण यह तबाही ला सकती है। कुछ संगठन खुलेआम स्वीकार करते हैं कि उनके आंतरिक नियंत्रण अपर्याप्त हैं। उदाहरण के लिए, जनरल मोटर्स ने बार-बार स्वीकार किया है कि इसकी आंतरिक नियंत्रण प्रणालियाँ अपर्याप्त हैं। 2010 में आईपीओ को दाखिल करते समय इसके प्रवक्ताने सूचना दी, 'हमने पाया है कि हमारे खुलासे नियंत्रण तथा प्रक्रियाएँ एवं

वित्तीय खबरों पर हमारा आंतरिक नियंत्रण अभी प्रभावी नहीं है।' यह एक गंभीर लाल झंडी है।

पश्चलेख

जब कोई लाल झंडी दिखती है, तो क्यों कोई कंपनी संज्ञानात्मक कार्रवाई करने में असफल हो जाती है? लेखिका मार्ग्रेट हेफ्फमैन *विलफुल ब्लाइंडनेस: व्हाय वी इग्नोर द ऑब्वियस ऍट आवर पेरिल*, में तर्क देती हैं कि 'ऐसी असफलताएँ मानवी परिघटना का एक हिस्सा हैं, जिसमें छोटी-बड़ी बातों में हम सभी अभिभूत हो जाते हैं।' वह लिखती हैं कि 'इसका एक कारण यह है कि मस्तिष्क की संज्ञानात्मक सीमाएँ मनुष्यों को उनके द्वारा सामना किए गए हर एक चीज को अवशोषित कर लेने की अनुमति नहीं देती हैं।' अतएव, ज्ञात खतरों के बावजूद लाल झंडियाँ हमेशा कार्रवाई के लिए खतरे की घंटी नहीं होती हैं!

लेखांकन धोखाधड़ियाँ लेखांकन के आविष्कार से ही अस्तित्व में हैं। एक सकारात्मक आत्म-छवि बनाए रखने तथा धोखाधड़ी से लाभान्वित होने के विरोधाभासी इच्छाओं के बीच के नाजुक संतुलन – 'हेराफेरी के अवयव' के अंदर की आवाज को हम कैसे सुनते हैं? यह प्रश्न डॉन एरिले अपनी पुस्तक *द (ऑनेस्ट) ट्रुथ एबाउट डिसऑनेस्टी* में पूछते हैं। 'जब नियम विवेचना के लिए खुले हों, जब प्रक्षेत्र धूसर हों और जब लोगों को स्वयं के प्रदर्शन का मूल्यांकन करने के लिए छोड़ दिया जाये, तो बेईमानी के फंदे होंगे ही।' कंपनियाँ कोई अपवाद नहीं हैं। लेखांकन धोखाधड़ी जल्दी खत्म नहीं होगी। अतएव वित्तीय विवरणों के हर अध्येता को इस पुरानी और संभवतः घिसी-पिटी कहावत – 'विवेक वीरता का बेहतर हिस्सा है', को याद रखना अच्छा होगा।

7

जाँचकर्ता स्वयं धोखेबाज हो सकते हैं

अर्नस्ट एंड यंग (ई एंड वाई), स्वास्थ्य क्लब प्रचालक **बाली टोटल फिटनेस** के लेखापरीक्षक थे। ई एंड वाईने 1997 से बाली को अपनी लेखा पुस्तकों में जालसाजी की अनुमति दी थी। 2001 में एनरॉन घोटाले के खुलासे के बाद ई एंड वाई के लिए मामला संवेदनशील हो गया और अमेरिका के बाजार नियामक एसईसी के द्वारा ऐसे मामलों की समीक्षा बढ जाने के कारण फर्म चिंतित हो गई थी। अतएव 2002 में ई एंड वाई अपनी नींद से जागा और बाली को अपने राजस्वों को गलत तरीके से दर्ज करने से रोकने के लिए बाध्य कर दिया, जिसने पहले कंपनी को लेखांकन नियमों में प्राप्त अनुमति से ज्यादा ऊँची बिक्री तथा लाभों को दर्ज करने दिया था। परन्तु, ऐसे सुधारात्मक कदमों को उठाते समय ई एंड वाई ने बाली को अतीत की अपनी गलत सूचनाओं का खुलासा करने से रोक दिया, और वस्तुतः यह कहते हुए एक 'प्राथमिकता पत्र' जारी कर दिया कि कंपनी दो लेखांकन नीतियों के बीच अदल-बदल कर रही थी और दोनों वैधानिक हैं। फर्म ने अतीत में अनुचित लेखांकन गतिविधियों की अनुमति दी थी और अपने कदाचार को दुहराया था। ई एंड वाईने अतीत को छिपाने की कोशिश की,ताकि इसके पिछले अनुचित लेखांकन पर प्रश्न न उठाया जाए। अंततः, एसईसी ने इसकी गलतियों को पकड़ लिया। इसने फर्म पर 8.5 मिलियन डॉलर का जुर्माना लगाया तथा इसके छः सहभागियों की निंदा की। एसईसीने कहा, 'ई एंड वाई तथा इसके सहभागियों ने सार्वजनिक निगरानीकर्ता के रूप में कार्य करने के अपने मूल दायित्वों का उल्लंघन किया।'

घड़ी को एक दशक आगे ले जाने पर, कदाचार दुहराया जाता है।

मध्य 2011 में लेखापरीक्षक **ई एंड वाई** तथा एक निवेश शोध फर्म *मुडी वाटर्स रिसर्च* के बीच गंभीर कशमकश उत्पन्न हो गयी। सम्बन्धित कंपनी चीनी वन-विज्ञान संस्थान **साइनो-फॉरेस्ट कॉर्पोरेशन** था। लेखा-परीक्षक ने लेखापरीक्षण में उन्हें निर्दोष कर दिया

गया, परन्तु मुडी वाटर्स ने घोषणा की कि साइनो-फॉरेस्ट एक ठग है, धोखेबाज और टोरंटो शेयर बाजार में कारोबार कर रहे इसके शेयरों का कोई मूल्य नहीं है। साइनो-फॉरेस्ट की प्राथमिक संपत्ति जंगल थी, जिसका मूल्य, जैसा इसकी लेखा-पुस्तकों में प्रदर्शित किया गया था, ई एंड वाई ने समुचित प्रमाणीकृत किया था। मुडी वाटर्स ने यह आरोप लगाया कि न वृक्ष और न ही जंगल अस्तित्व में हैं। जब यह आरोप सार्वजनिक हुए, तो साइनो-फॉरेस्ट के शेयर मूल्य 70% से ज्यादा गिर गए। इसके शेयर धारकों ने लेखापरीक्षक पर अभियोग दायर कर दिया – ई एंड वाई ने 116 मिलियन डॉलर में आरोपों का निपटान करना स्वीकार कर लिया, हालांकि इसने इनकार किया कि वह उत्तरदायी है। लेखापरीक्षक भुगतान नहीं करते हैं जब वे जानते हैं कि वे दोषी नहीं हैं! कंपनी ने मार्च 2012 में दिवालिया संरक्षणवाद दाखिल कर दिया। साइनो-फॉरेस्ट एक छल था, जिसे लेखापरीक्षक पहचान नहीं सके।

लेखांकन-सम्बंधी समस्याओं की गाथा जारी है।

एक वरिष्ठ **केपीएमजी** सहयोगी स्कॉट लंदन ने अपने गोल्फ सहयोगी को गोपनीय ग्राहक सूचना बेच दी। बदले में लंदन ने तुच्छ राशि पाई – कुछ डिनर, 1,000–2,000 डॉलर के कभी-कदार के भुगतान तथा एक घड़ी पर छूट। *हर्बालाइफ,* जो एक स्वच्छ जीवन को प्रोत्साहित करती है तथा जीवनशैली सम्बंधित जूतों–चप्पलों की कंपनी *स्केचर्स यूएसए* से सम्बंधित सूचनाएँ थीं। लंदन कंपनी के वित्तीय विवरणों को सार्वजनिक घोषणा से कुछ दिन पहले जाहिर कर देता। लंदन के गोल्फ सहयोगी ने सूचना का उपयोग कंपनी के शेयरों में कारोबार करने के लिए किया। यह भेदिया कारोबार था। केपीएमजी ने अप्रैल 2013 में दोनों दायित्वों से इस आधार पर त्यागपत्र दे दिया कि इसकी स्वतंत्रता बाधित हुई है। लेखापरीक्षक ने ग्राहक सूचना की गोपनीयता बनाए रखने की विश्वासाश्रित जिम्मेदारी का उल्लंघन किया।

लेखापरीक्षक शेयरधारकों तथा उनके मंडल के आँख-कान होते हैं। कंपनी के हालात की जानकारी लेने के लिए बाहरी दुनिया उनके वित्तीय विवरणों पर निर्भर करती है। लेखापरीक्षक सत्यापित करते हैं कि तैयार की गई लेखांकन सूचनाएँ तथा रिपोर्ट्स ठीक से तैयार की गई हैं या नहीं। वे शेयरधारकों, ऋणदाताओं तथा सरकार के हितों के रक्षक माने जाते हैं। परन्तु, विशिष्ट अवसरों पर वे इस विश्वास को झूठला देते हैं और अपने कर्तव्य को इमानदारी से निभाने में असफल हो जाते हैं।

अनेक अवसरों पर लेखापरीक्षक यह स्वीकार करने में असफल हो जाते हैं कि किसी कॉर्पोरेशन में संभावित आपदा का पता लगाने तथा जारी धोखाधड़ी या बन रही वित्तीय आपदा को उल्लेखित करने की उनकी जिम्मेदारी है। अनेक बार लेखापरीक्षक इस दलील

के साथ बचना चाहते हैं कि उन्हें प्रबंधन द्वारा सब्जबाग दिखाया गया था और उन्होंने उस पर विश्वास किया जो कुछ भी उसे कहा गया था और बताया गया था।

अपने गलत कर्मों के कारण समाप्त हो गया कम्प्यूटर महाकाय *सत्यम*, का लेखापरीक्षक **पीडब्ल्यूसी** था। कंपनी के द्वारा की गई 1 बिलियन डॉलर की धोखाधड़ी का पता लगने पर पीडब्ल्यूसी के अध्यक्ष ने कहा, 'यह मैनेजमेंट द्वारा की गई व्यापक धोखाधड़ी थी, और हमारे सहयोगियों को स्पष्ट रूप से भ्रमित किया गया था'। दो पीडब्ल्यूसी सहभागियों को जेल हुई। *जेपी मॉर्गन* के मामले में, जहाँ 6 बिलियन डॉलर से ज्यादा के व्यापक डेरिवेटिव कारोबारी नुकसान को समय पर पहचाना नहीं सका था, इसके सीईओ जैमी डिमोन ने स्वीकार किया कि इसके कारोबार 'त्रुटिपूर्ण, खराब समीक्षित, बुरी तरह से निरीक्षित थे', फिर भी इसके लेखापरीक्षक किसी जिम्मेदारी से बच गए।

लेखापरीक्षक बार-बार एक संभावित विफलता की अग्रिम सूचना देने में विफल रहे हैं। *लेहमान ब्रदर्स* के ध्वस्त होने से पहले या *बेअर स्टर्न्स* के बोरिया – बिस्तर बाँधने से पहले कोई चेतावनी बिगुल नहीं बजा था। न तो लाइबोर दरों के साथ खिलवाड़ कर रहे अग्रणी बैंकों और ना ही एआईजी को उनके कदाचारों के बारे में उनके लेखापरीक्षकों के द्वारा सचेत किया गया।

लेखापरीक्षकों ने स्वयं को कई अवसरों पर असफल किया है। एक समय दुनिया के सबसे प्रतिष्ठित लेखांकन फर्मों से एक **ऑर्थर एंडरसन,** अपने 28,000 कर्मियों को बेरोजगार करते हुए ध्वस्त हो गया। इसे 2002 में आज की कुख्यात ऊर्जा कंपनी *एनरॉन* की लेखापरीक्षा में संदेहास्पद लेखांकन गतिविधियों तथा न्याय को बाधित करने में केंद्रीय भूमिका निभाने का आरोपी तथा दोषी पाया गया।

अच्छी खबर यह है कि जब कारोबार असफल हो जा रहे हैं, तो चेतावनी की घंटी समय पर न बजाने के लिए लेखापरीक्षक क्रमशः जाँच के अधीन लाए जा रहे हैं। मार्च 2014 में असफल तथा धोखा-पीड़ित *नेशनल स्पॉट एक्सचेंज* के प्रवर्तक *फाइनेंसियल टेक्नोलॉजीज* के लेखापरीक्षक **डेलॉयट हास्किंस एंड सेल्स** की, कथित कमियों के लिए भारत के लेखांकन नियामक के द्वारा पूछताछ की गई।

यह सूचित किया गया है कि सभी बिग फोर लेखांकन फर्म्स कमियों की पहचान करने के लिए अपने आंतरिक प्रशिक्षण, निगरानी अनुपालन कार्यक्रमों की पुनःपरीक्षा कर रही हैं, जो किसी लेखापरीक्षक को सेवा प्रदान की गुणवत्ता को सुधारने के लिए, प्रणाली की कमजोरियों को कुचलने तथा आंतरिक नियंत्रणों को बढ़ाने को सक्षम कर सकती है।

कॉर्पोरेटों द्वारा निर्मित आर्थिक आपदाओं की जिम्मेदारी लेना, शेयरधारक सम्मेलनों में गहराई तक पूछे गए प्रश्नों का उत्तरदायी होना, तुलनात्मक रूप से छोटे अंतरालों में

अनिवार्य रूप से लेखापरीक्षकों को परिवर्तित करना, धोखाधड़ी सूचना पर ज्यादा ध्यान केंद्रित करना तथा ग्राहकों को अतिरिक्त सुविधाओं के विक्रय की पूरी उद्घोषणा करना कुछ उपाय हैं, जिन्हें लेखापरीक्षकों को निवेशक समुदाय का वास्तव में अभिभावक बनाने के लिए लेखांकन दुनिया में लागू किए जाने की आवश्यकता है।

अनेक ऐसे उदाहरण हैं जहाँ लेखापरीक्षकों के द्वारा अपने कर्तव्यों तथा जिम्मेदारियों को निभाने में कमियाँ पाई गई हैं। आपको लेखापरीक्षा जगत की समस्याओं की झलक दिखलाने के लिए इनमें से कुछ घटनाओं पर इस अध्याय में रोशनी डालते हैं।

केपीएमजी

जालसाजी: आईपीओ दस्तावेज आंकड़ों में हेरफेर

सुनने में विचित्र लगता है, केपीएमजी ने हांगकांग में एक आईपीओ लाने वाले एक चीनी वस्त्र तथा परिधान कंपनी **हॉन्टेक्स इंटरनेशनल होल्डिंग्स** के खातों को तैयार करने में मदद की। यह ज्ञात हुआ कि (दिसम्बर 2009 में) इसके आईपीओ प्रोस्पेक्टस में जालसाजी की गई थी तथा इसके वित्तीय परिणामों को बढ़ा-चढ़ा कर दिखाया गया था, जिसने निवेशकों को इसके निर्गम को खरीदने के लिए आकर्षित किया।

जालसाजी: लाभ को बढ़ा कर सूचित करना

अमेरिकी बाजार नियामक एसईसी ने केपीएमजी की इस आधार पर निंदा की कि फर्म ने 1997 से 2000 के बीच **जेरॉक्स कॉर्पोरेशन** को अपने वित्तीय विवरणों में हेरफेर तथा तोड़मरोड़ करने में मदद की। लेखापरीक्षक फर्म ने अनुचित रूपसे प्रमाणित किया कि जेरॉक्स के रिपोर्ट लेखांकन नियमों के अनुरूप हैं। जेरॉक्स ने इन चार वर्षों में अपने लाभ को 1.5 बिलियन डॉलर बढ़ा कर सूचित किया। केपीएमजी ने इस वर्धित रिपोर्ट पर हस्ताक्षर कर दिया। फर्मने, गलती को बिना स्वीकार या इनकार करते हुए, निपटान के लिए 22.5 मिलियन डॉलर का भुगतान करना स्वीकार कर लिया। एसईसी में एक निदेशक ने वक्तव्य दिया, 'यह द्वारपालों का मामला है तथा जिस कार्य का निवेशक समुदाय लेखापरीक्षकों से उम्मीद रखता है, उस में उनकी असफलता का मामला है'।

जालसाजी: नकली व्यय दावे

एचसीए के अलावा, फ्लोरिडा तथा केंटकी में एक स्वास्थ्य देखभालकर्ता कंपनी, अस्पतालों के समूह को चिकित्सा बीमा के धोखापूर्ण प्रतिपूर्ति व्यय दावों को प्रस्तुत करने में केपीएमजी के द्वारा मदद दी गई। वैसी लागतें जो प्रतिपूर्ति योग्य नहीं थीं, उनको गलत तरीके से प्रस्तुत किया गया। 1990 से 1993 तक व्ययों को बढ़ा कर प्रस्तुत किया गया।

अवैध कार्रवाई: कर रक्षक उत्पाद

प्रति वर्ष 20 मिलियन डॉलर से ज्यादा आय वाले उपभोक्ताओं के लिए केपीएमजी ने कर-सम्बंधी सेवा के रूप में विशिष्ट कर-बचत योजनाओं को संरचित किया। 1996 से 2005 के बीच केपीएमजी ने विभिन्न संक्षिप्ताक्षरों यथा बीएलआईपीएस, एफएलआईपी तथा एसओएस के नाम से ज्ञात कर संरक्षण पेश किया। इसका प्रयोजन नकली कर नुकसानों को दिखलाना था। दो पूर्व केपीएमजी प्रबंधकों को आठ से दस वर्षों की कैद की सजा हुई तथा अवैध कर संरक्षकों का उपयोग करने के लिए उनसे जुर्माना वसूला गया। न्यायाधीश ने टिप्पणी की 'सम्बंधित व्यक्तियों का व्यवहार बहुत अप्रिय तथा निर्लज्जतापूर्ण था।'

कर्तव्यों का परित्याग: बंधक-पत्रों का अपर्याप्त अवलेखन

2008 में वित्तीय संकट के परिणामस्वरूप जनवरी 2013 में एसईसी ने लेखापरीक्षकों के विरुद्ध पहला मुकदमा दर्ज किया। केपीएमजी सहभागी जॉन ऐसोफ तथा फर्म में एक वरिष्ठ व्यवस्थापक डारेन बेनेट पर अपने एक उपभोक्ता – **टीयरवन बैंक** को अनुचित रूप से सदाचारी होने का आरोप लगा। इसमें लेखापरीक्षकों के द्वारा बैंक-प्रदत्त अचल संपत्ति विकास कर्जों के मूल्यों का टीयरवन के द्वारा अपर्याप्त अवलेखन करने की अनुमति देना शामिल था। बचत बैंक टीयरवन ने डेवलपरों को गिर रहे संपत्ति मूल्यों के साथ बढ़ते जोखिमों वाले कर्ज दिया। बैंक 2010 में असफल हो गया। इस मामले में एक प्रतिवाद के रूप में केपीएमजी को नामित नहीं किया गया। एसईसीने शिकायत की 'लेखापरीक्षकों को सिर्फ प्रबंधन के अभ्यावेदनों पर निर्भर करने के स्थान पर पेशेवर लेखापरीक्षण मानकों का अवश्य तथा पूरी कर्तव्यनिष्ठा से पालन करना चाहिए।'

ई एंड वाई

हितों का टकराव

1994 से 1999 के बीच **पीपुलसॉफ्ट** का लेखापरीक्षक ई एंड वाई (अपने फर्म के सलाहकार शाखा के माध्यम से) अपने ग्राहक के सॉफ्टवेयर का विपणन भी कर रहा था। यह *हितों का टकराव* था। पीपुलसॉफ्ट के लिए एक-ही समय में लेखापरीक्षक तथा विपणक होने के अपने कारोबारी संबंधों के कारण ई एंड वाई ने एसईसी के साथ तीन वर्ष के समझौते की अवधि के साथ एक निपटान किया। समझौते की अवधि के दौरान ई एंड वाई के लेखापरीक्षक 'नैतिकता तथा स्वतंत्रता' के सत्रों में उपस्थित हुए। एसईसी ने टिप्पणी की कि पीपुलसॉफ्ट के साथ ई एंड वाई के अनुबंध की संरचना 'अधिवक्ताई शब्दाडंबर में भली-भाँति संगुप्त, लेकिन कल्पनाओं में बिल्कुल समान' थी।

एक और मामले में ई एंड वाई की डच लेखापरीक्षक फर्म (तब मॉरेट ई एंड वाई एकांउंटेंट्स के नाम से ज्ञात) का अपने लेखापरीक्षण ग्राहक एक कारोबारी सॉफ्टवेयर कंपनी **बान कंपनी एनवी** के साथ संयुक्त कारोबारी सम्बंध था। 1995 से 1997 तक ई एंड वाई तथा बान ने संयुक्त रूप से सॉफ्टवेयर क्रियान्वयन उपकरणों को विकसित किया तथा तृतीय पक्षों के द्वारा बान सॉफ्टवेयर को क्रियान्वित करवाने के अपने प्रयासों को समंवित किया। बान ने अपने ग्राहकों को सेवा प्रदान करने के लिए ई एंड वाई का उप-ठेकेदार के रूप में उपयोग किया। इसने लेखापरीक्षकों की स्वतंत्रता को गंभीरता से बाधित किया, क्योंकि ई एंड वाई एक ही समय एक लेखापरीक्षक तथा विपणक दोनों था।

अनुचित कर रक्षक उत्पाद

उच्च-आय वर्ग को आयकर बचाने के लिए कर रक्षक उत्पादों को संरचित किया जाता है। ई एंड वाई ने कर रक्षकों को समुचित ढंग से दर्ज नहीं किया, न ही इसने इन उत्पादों को खरीदने वाले लोगों की उचित सूची बना कर रखी। फर्म पर 15 मिलियन डॉलर का जुर्माना हुआ तथा इसके चार सहभागियों को मई 2007 में कर-धोखाधड़ी षड्यंत्र का दोषी ठहराया गया। ई एंड वाई के कर रक्षकों में एक इक्विटी प्रतिपूर्ति रणनीति शामिल थे, जिसके द्वारा कार्यकारियों के स्टॉक ऑप्शनों पर करों को 15 वर्षों तक विलंबित किया जा सकता था। पहले पीडब्ल्यूसी ने इसी प्रकार के एक मामले को निपटान किया था। ई एंड वाई के उपभोक्ताओं में से एक टाइको का बदनाम तथा अभियोगसिद्ध पूर्व सीईओ कुख्यात डेनिस कोज्लोवस्की था।

लाभों की गलत सूचना

दिसम्बर 1999 में ई एंड वाई को रमादा इन होटलों तथा एविस कार किराया सेवाओं का प्रचलन करने वाले **सेंडंट कॉर्पोरेशन** की आय को बढ़ा-चढ़ा कर दिखाने तथा वित्तीय विवरणों के जाली प्रमाणन में शामिल होने के आरोपों का निपटान के लिए 335 मिलियन डॉलर का भुगतान करना पड़ा। फर्म ने बहाना किया कि इसे सेंडंट के द्वारा सब्ज बाग दिखाया गया। एक लेखांकन निगरानी एजेंसी के अनुसार, 'लेखापरीक्षकों को इतना तेज-तर्रार होना चाहिए कि उन्हें धोखा नहीं दिया जा सके'।

बिक्रियों को बढ़ा कर बताया गया

अमेरिकी सार्वजनिक कंपनी लेखांकन निगरानी बोर्ड के अध्यक्ष ने कहा, 'ई एंड वाई में लेखापरीक्षा सहभागी अपनी मूल जिम्मेदारियो को पूरा करने में असफल रहे हैं'। लेखापरीक्षक 2005–07 के दौरान **मेडिकिस फार्मास्यूटिकल** के वित्तीय विवरणों का समुचित लेखापरीक्षा करने में असफल रहा। यह बिक्रियों को बढ़ा कर दिखाने में तथा पहले बेची गई वस्तुओं की संभावित वापसी का लेखांकन नहीं करने के *'विक्रय वापसी रिजर्व'* लेखांकन का मूल्यांकन करने में असफल रहा। फर्म पर फरवरी 2012 में 2 मिलियन डॉलर का जुर्माना लगा। एक बोर्ड अधिकारी ने कहा, 'यह जुर्माना लेखापरीक्षा असफलता की गंभीरता को रेखांकित करता है तथा पेशे को एक संदेश प्रेषित करता है'।

डेलॉयट एंड टूशे

कदाचरण एवं स्वायतत्ता का अभाव: न्यूयार्क राज्य में फर्म एक वर्ष के लिए प्रतिबंधित

डेलॉयट की सलाहकार सेवा के प्रदर्शन पर टिप्पणी करते हुए न्यूयार्क के वित्तीय सेवाओं के विभाग अधीक्षकने वक्तव्य दिया, 'मैं तुम्हारी पीठ खुजलाता हूँ, तुम मेरी खुजाओ संस्कृति तथा स्वतंत्रता का धक्कादायक अभाव'। यह **स्टैंडर्ड चार्टड बैंक** की धन-आशोधन-विरोधी गतिविधियों की डेलॉयट की दोषपूर्ण समीक्षा से सम्बंधित था, जहाँ दुराचरण, कानून का उल्लंघन तथा स्वायतत्ता के अभाव को पाया गया। डेलॉयट ने सलाहकार सेवाओं से एक वर्ष के निलंबित होने के लिए मान्यता दी तथा 10 मिलियन डॉलर का जुर्माना भरा। डेलॉयट

पर लगे आरोप ईरान से सम्बंधित लेन-देनों को छिपाने के स्टैनचार्ट के छल में सहायक होने से संबद्ध थे। यह फर्म के लिए एक बड़ी शर्मिंदगी थी।

सहभागी के द्वारा प्रदत्त सतत घटिया लेखापरीक्षक गुणवत्ता

डेलॉयट के एक लेखापरीक्षक सहयोगी जेम्स फाजियो को अतीत में किए गए घटिया गुणवत्ता की लेखापरीक्षणों के कर्ता के रूप में देखा गया था। परन्तु, डेलॉयट ने यह जानते हुए भी कि फाजियो एक घटिया लेखापरीक्षक है, **लिंजेंड फार्मास्यूटिकल** की लेखापरीक्षा की जिम्मेदारी उसे दे दी। सार्वजनिक कंपनी लेखांकन निगरानी बोर्ड ने डेलॉयट पर 1 मिलियन डॉलर का जुर्माना लगाया। आरोपों को बिना स्वीकारे या नकारे, फर्म जुर्माने का भुगतान करने को राजी हो गई। लिजेंड ने क्या किया था? कंपनी ने 2003–05 के दौरान बिक्री को बढ़ा कर बताया, जिसने इसके शेयर मूल्यों को ऊँचा रखने में मदद की। खरीददारों को बिक्री मालों के नहीं बिकने पर वापस लौटाने के अधिकार देने के साथ की गई थी। लेखांकन सिद्धांतों के अनुसार ये *बिक्रियाँ* नहीं थी। डेलॉयट ने क्या किया? इसने मूल लेखांकन नियमों को अनदेखा कर दिया तथा अपने ग्राहक को अपने राजस्व को बढ़ा कर दिखाने की अनुमति दे दी, जो कि एक लेखांकन शरारत थी।

गलत वक्तव्य: ऋण तथा इक्विटी

'सीधी-सी बात है, डेलॉयट मे अपना काम नहीं किया' एसईसी ने शिकायत की। **एडेल्फिया कम्युनिकेशन** की 2000 की वार्षिक रिपोर्ट में गंभीर गलत विवरणों को पकड़ने में लेखापरीक्षक फर्म असफल रही। एसईसी के अनुसार एडेल्फियाने अपनी सबसिडियरी ऋण को 1.6 बिलियन डॉलर कम कर तथा अपनी इक्विटी को कम-से-कम 368 मिलियन डॉलर बढ़ा कर बताया था तथा सम्बंधित पक्षों से प्राप्ति तथा देयों को हड़प लिया था और अपने सम्बंधित पक्षों के सौदों के प्रसार की उद्घोषणा करने में यह असफल रही। डेलॉयट ने अप्रैल 2005 में निवेशकों की क्षतिपूर्ति करने के लिए फंड में 50 मिलियन डॉलर का जुर्माना भरा।

भेदिया कारोबार

डेलॉयट का एक भूतपूर्व सहयोगी थॉमस फ्लॅनागन तथा उसके पुत्र ने गैर-सार्वजनिक सूचना के आधार पर कम-से-कम नौ अवसरों पर थॉमस के ग्राहकों के शेयरों में कारोबार कर बेहतरीन समय व्यतीत किया। वालग्रीन्स, बेस्ट बाई, सियर्स तथा मोटोरोला ये डेलॉयट के वे ग्राहक थे जो उनके दुराचार से प्रभावित हुए। 2005 से 2008 के मध्य फ्लॅनागन आय से लाभ कमाने के लिए इन कंपनियों के शेयरों को खरीदते और बेच देते थे। उनके लेखापरीक्षक होने के कारण वे कंपनियों के आंकड़ों को पहले से जानते थे और कभी-कभी वे निवेशकों के सामने की जाने वाली प्रस्तुतियों के निर्माण में मदद करते थे। इस तरह वे उस सूचना से लाभान्वित हो सके, जिस तक सार्वजनिक पहुँच नहीं थी। पकड़े जाने के पश्चात थॉमस तथा पैट्रिक अर्जित लाभ को ब्याज तथा जुर्माने समेत लौटाने के लिए राजी हो गए। एसईसी निदेशक ने कहा, 'भेदिया कारोबार ने सार्वजनिक लेखांकन के सबसे मूलभूत सिद्धांतों में से एक का उल्लंघन किया। सभी लेखापरीक्षा फर्मों को इस दुर्भाग्यपूर्ण घटना से सबक लेना चाहिए।'

बैंकों की घटिया लेखापरीक्षा:
वित्तीय संकट का कारण

वैश्विक वित्तीय संकट को पैदा करने के लिए आम आदमी आमतौर पर बैंकों से नाखुश है। कुछ मानते हैं कि बैंक सपनों को बेचते हैं, बहुत ज्यादा जोखिम लेते हैं तथा सिर्फ अपने हितों द्वारा निर्देशित होते हैं। कुछ आलोचनाओं में लेखापरीक्षक भी इसमें आते हैं। अक्टूबर 2011 में *सार्वजनिक कंपनी लेखांकन बोर्ड* ने 2007 में बैंकों की समुचित लेखापरीक्षा नहीं करने के लिए लेखापरीक्षक समुदाय, विशेषकर डेलॉयट को जिम्मेदार ठहराया। उन्होंने महसूस किया कि लेखापरीक्षकों को बैंकों के खातों को देखते समय ज्यादा सचेत होना चाहिए; उन्हें उनके ऋण खातों पर ज्यादा प्रश्न करना चाहिए; उनके खातों में किए गए प्रावधानों पर पूछताछ करनी चाहिए थी तथा उनके द्वारा धड़ल्ले से की बिक्री जा रही बंधक-समर्थित प्रतिभूतियों तथा कर्जों का ध्यान से मूल्यांकन करना चाहिए था एवं मुख्यतः बैंक-प्रबंधन प्रमाणपत्रों पर निर्भर नहीं रहना चाहिए था। लेखांकन बोर्ड ने यह निष्कर्ष फर्म ने नवम्बर 2007 में पूर्ण किया था,60 से ज्यादा डेलॉयट लेखापरीक्षणों, का निरीक्षण करने के बाद निकाला था। ये मुख्यतः 2006 के परिणामों का बैंक लेखापरीक्षण थे। फर्मने इन सभी आरोपों से इनकार किया। निरीक्षण–पश्चात बोर्ड ने यह कहते हुए डेलॉयट की कटु

आलोचना की कि, 'एक फर्म की संस्कृति जो मुख्यतः प्रबंधन की प्रस्तुतियों पर निर्भर करती है' उन लेखापरीक्षा पद्धतियों को अनुमति देती है या बर्दाश्त करती है, जो वस्तुपरक प्रमाणों की आलोचनात्मक विश्लेषण तथा वस्तुपरक प्रमाणों की एकत्रिकरण के पर्याप्त स्तर को बनाए रखने पर सतत बल नहीं देती है।

पीडब्ल्यूसी

कर्तव्य में लापरवाही:
नकद अधिशेष की अप्रामाणिकता

सत्यम विफलता पर फर्म को दंडित करते समय एसइससी ने सूचित किया, 'प्राथमिक लेखापरीक्षण प्रक्रियाओं का पालन करने में पीडब्ल्यूसी नियमित तौर पर असफल रही'। प्रारंभिक 2009 में भारत तथा सं.रा. अमेरिका में एक सॉफ्टवेयर आउटसोर्सिंग कंपनी के रूप में सूचीबद्ध **सत्यम कम्प्यूटर सर्विसेज** ने 1 बिलियन डॉलर की लेखांकन धोखाधड़ी करने की बात स्वीकार की, जिसमें इसने एक अवधि के दौरान अपनी बिक्री, लाभ, तथा नकद अधिशेषों को बढ़ा कर दिखाया था। दो पीडब्ल्यूसी सहयोगियों को सत्यम के अध्यक्ष रामालिंगा राजू सहित आठ अन्य के साथ सात वर्ष कैद की सजा हुई। पीडब्ल्यूसी इंडिया की असफलता क्या थी? यह सम्बंधित बैंक से कंपनी के 1 बिलियन डॉलर बैंक अधिशेष की पुष्ट करने में असफल रहा। वास्तविकता में कंपनी के अध्यक्ष की आत्मस्वीकृति के आधार पर, इसका नकद अधिशेष सिर्फ 66 मिलियन डॉलर था। पीडब्ल्यूसी ने अपने लेखापरीक्षा मत को नकद अधिशेष की सिर्फ प्रबंधन की पुष्टि के आधार पर बिना कोई स्वतंत्र सत्यापन किए दे दिया। इसने मूल लेखापरीक्षा प्रक्रियाएँ अनदेखी कर दी।

गलत विवरण: माल की सूची को बढ़ा कर बताना

परिधान कंपनी **वार्नाको ग्रुप** पीडब्ल्यूसी ने 1996 से 1998 के बीच अपनी माल की सूची को (और इस तरह लाभों को) 145 मिलियन डॉलर बढ़ा कर बताया। यदि इसकी माल की सूची की सही उद्घोषणा की गई होती, इसका परिणाम पिछले तीन वर्षों की इसकी लेखासूचनाओं को फिर से प्रस्तुत करने में होता। इसके व्यवस्थापन ने अपने खातों को पुनः प्रस्तुत करने का निर्णय लिया, जिसका परिणाम अतीत में इसके वर्धित विवरणों में सुधार होता। परन्तु, इस नेक इरादे के साथ भी कंपनी ने पुनः लेखांकन धोखाधड़ी को

अंजाम दिया। उन्होंने जालसाजी से *माल की सूची का अधिमूल्यन पुनः विवरणों* को *'विलंबित स्टार्ट-अप्स लागतों के अवलेखनों'* के रूप में प्रस्तुत किया। हालांकि लागतें ऊपर जातीं (परिणामस्वरूप लाभ कम हो जाते क्योंकि माल की सूची के अधिमूल्यनों को सही किया जा रहा था), परन्तु यह एक गलत उद्घोषणा थी। माल की सूची के अधि-मूल्यन में सुधार को स्टार्ट-अप्स लागतों के अवलेखनों के ऊपर अध्यारोपित कर देना बहुत गलत है। पीडब्ल्यूसी लेखापरीक्षक था और वह कंपनी के द्वारा अपनी माल की सूची के गलत वर्गीकरण पर आपत्ति जताने में असफल रहा। फर्म को 1.4 मिलियन डॉलर का जुर्माना देना पड़ा।

गलत विवरण तथा चोरी

कॉर्पोरेट अति-अनाचार का प्रतीक **टाइको इंटरनेशनल** था। इसके तत्कालीन सीईओ डेनिस कोज्लोवस्की तथा सीएफओ मार्क स्वार्ट्ज ने अपने निजी उपयोगों के लिए कंपनी के 180 मिलियन डॉलर की लूट की। इसमें 17,000 डॉलर का छातों का स्टैंड तथा 2 मिलियन डॉलर की जन्मदिन पार्टियाँ शामिल थीं। उन्होंने लेखांकन सूचनाओं में जालसाजी कर कंपनी के शेयरों में हेरफेर कर 430 मिलियन डॉलर बनाए। दिसम्बर 1999 से जून 2002 तकइन जालसाजीपूर्ण गतिविधियों तथा अतिचारों का पीडब्ल्यूसी मूक दर्शक बना रहा। टाइको के निवेशकों के दावों के निपटान के लिए फर्म पर 225 मिलियन डॉलर का जुर्माना लगा।

ग्राहकों की संपत्ति को सुरक्षित रखने में असफलता

ब्रिटिश नियामक ने **जेपी मॉर्गन** के प्रतिभूति कारोबार में अपने ग्राहकों की संपत्ति को सुरक्षित रखने में असफल रहने के लिए पीडब्ल्यूसी पर £1.4 मिलियन पाउंड (2.1 मिलियन डॉलर) का जुर्माना लगाया। फर्म 2002 से 2008 के मध्य ब्रिटेन के वित्तीय सेवा प्राधिकार के पास जमा किए गए दस्तावेजों में यह सूचना देने में असफल रही कि बैंक ने अपने धन में से (8 बिलियन डॉलर से ज्यादा) ग्राहकों के धन को अलग नहीं किया है। ब्रिटिश प्राधिकार ने, लेहमैन ब्रदर्स के 2008 में असफलता के बाद, जहाँ पर ऐसे ही मामले उभरे थे, ग्राहकों के धन तथा बैंक के फंडों के बीच इस विभाजन के मामले पर कड़ी कार्रवाई की। जेपी मॉर्गन ने इस गलती की सूचना 2009 में दी तथा 2010 में उसे 33 मिलियन पाउंड (50 मिलियन डॉलर) के जुर्माने का भुगतान करना पड़ा। ब्रिटेन के लेखांकन अनुशासन

बोर्ड ने अवलोकित किया, 'पीडब्ल्यूसी ने हर आरोप में दुराचार किया था... इस मामले में दुराचार काफी गंभीर है'।

पश्चलेख

लेखापरीक्षकों की भूमिका में काफी गड़बड़ियाँ रही हैं लेकिन ऐसे भी बहुत से उदाहरण हैं, जहाँ उन्होंने समुचित वित्तीय सूचनाओं तथा अच्छे प्रशासन के लिए लड़ाइयाँ लड़ी हैं।

सॉफ्टवेयर निर्माता *अवांत कॉर्पोरेशन*ने 2001 में अपने लेखापरीक्षक केपीएमजी को बर्खास्त कर दिया, जब इसने कंपनी के निष्प्रभावी आंतरिक नियंत्रणों की सूचना दी। कभी-कभी लेखापरीक्षक अपने परेशान करने वाले ग्राहकों को छोड़ देते हैं – ई एंड वाई 2005 में एक चिकित्सीय उपकरण कंपनी **व्हॅस्कुलर्स सॉल्यूशंस** से बाहर निकल आया। **जनरल मोटर्स** के लेखापरीक्षक डेलॉयट एंड टूशे ने 2009 में खतरे की घंटी बजा दी कि अगर कंपनी महत्वपूर्ण पुनःसंरचना पदों को नहीं उठाती है, तो दिवालिया होना अपरिहार्य है। काबुल बैंक के लेखापरीक्षक ए.एफ.फर्ग्युसन की 2009 की फंडों की चोरी तथा रिश्वतखोरी की चेतावनी का अफगानिस्तान के केंद्रीय बैंक पर कोई असर नहीं पड़ा – इसके परिणामस्वरूप 2010 में **काबुल बैंक** को बंद करना पड़ा। अप्रैल 2014 में पीडब्ल्यूसी ने भारतीय कमोडिटी विनिमय बाजार **एमसीक्स** के द्वारा अपने पैतृक **फाइनेंशियल टेक्नोलॉजीज** को फंडों के, संदेहास्पद हस्तांतरण पर अलार्म बजा दिया। ऐसे बहुत से उदाहरण हैं। सभी लेखापरीक्षाएँ घटिया स्तरों की नहीं होती हैं। सिर्फ कुछ ही ऐसी हैं।

जॉर्ज बर्न्स ने एक बार कहा था, 'कारोबार में महत्वपूर्ण शब्द ईमानदारी है। एक बार आपने उसे उल्लू बनाना सीख लिया, तो शेष आसान है।' निकोलस बटलर ने संभवतः मुंहतोड़ जबाब दिया, 'एक विशेषज्ञ वह है जो कम से कम के बारे में ज्यादा से ज्यादा जानकारी रखता है'। क्या कोई सोच सकता है कि इन बहुत पुरानी टिप्पणियों का लेखापरीक्षकों के साथ कोई लेना देना है!

इस अनुभाग के कहानी की शिक्षा है कि समुचित निगरानी रखने के लिए कभी-कभी पुलिस की तरह निगरानी रखने की जरूरत होती है।

'सेल्फी': कॉर्पोरेट धोखाधड़ी का पता कैसे लगा सकते हैं?

एक रोमानियन कहावत है, 'चोर को पकड़ लो, इससे पहले कि वह तुम्हें पकड़े'।

कई मामलों में लेखापरीक्षक अपने ग्राहक कंपनियों के गलत कामों का पता लगाने में असमर्थ रहे हैं। इस अध्याय में इसका पहले ही वर्णन किया गया है। परन्तु, चर्चा की गई अधिकतर लेखापरीक्षकों की प्रवृत्ति *वैधानिक* लेखापरीक्षा की थी, जिसका अर्थ था कि इनकी जरूरत विद्यमान वैधानिक प्रावधानों के कारण पड़ी थी। दूसरी तरफ *आंतरिक* लेखापरीक्षाएँ कंपनी के कर्मचारियों या प्रबंधन की ओर से विशेषज्ञ फर्मों के द्वारा अपनी आंतरिक नियंत्रण प्रणालियों का अनुपालन सुनिश्चित करने के लिए की जाती हैं। इन लेखापरीक्षणों को कभी-कभी प्रबंधन लेखापरीक्षाओं के नाम से भी जाना जाता है।

कोई उद्यम गलत कार्यों का पता कैसे लगा सकता है? लेखापरीक्षकों के रिपोर्ट प्रत्यक्ष रूप से एक संभावित मार्ग है। परन्तु, 'सेल्फी' या स्मार्टफोन के द्वारा ली गई खुद की फोटो की तरह खुद से पहचान करना आपराधिक छल से लड़ने का एक अच्छा रास्ता है।

लेखापरीक्षकों की मदद के साथ या बिना भी कॉर्पोरेट धोखाधड़ी का पता लगाने में उद्यमों के द्वारा विभिन्न विधियों को प्रयोग में लाया जाता है, जिससे यह ज्ञात किया जाता है कि क्या उनके क्रियाकलापों में कोई आर्थिक अपराध हुआ है।

संभावित कॉर्पोरेट धोखाधड़ी को पता लगाने की विधियों में निम्नलिखित शामिल हो सकते हैं:

1. आंतरिक कॉर्पोरेट नियंत्रणों में आंतरिक लेखापरीक्षा, धोखाधड़ी जोखिम मूल्यांकन, संदेहास्पद सौदों का इलेक्ट्रॉनिक तथा स्वचालित विश्लेषण तथा सूचना (फोरेन्सिक लेखापरीक्षा के नाम से भी ज्ञात) तथा कार्यों में नियमित परिवर्तन करना शामिल हैं।
2. कॉर्पोरेट गतिविधि तथा संस्कृति, जिनमें आंतरिक तथा बाहरी चेतावनी सहित व्हिसल ब्लोईंग नीति शामिल है।
3. बोर्ड या मैनेजमेंट के प्रभाव से मुक्त दुर्घटना की खबर, जिसमें घटनाओं की आकस्मिक सूचना, कानून का अनुपालन तथा अनुसंधानात्मक माध्यम की खबरें शामिल है।

पारंपरिक रूप से आंतरिक लेखापरीक्षण को धोखधड़ी का पता लगाने का मुख्य स्रोत माना जाता है। यह अब सत्य नहीं है, क्योंकि विश्व के अधिकतर भागों में बजट बाधाओं

के कारण आंतरिक लेखापरीक्षा में कर्मचारियों को कम कर दिया गया है या कम लोगों को ज्यादा काम करने के लिए कहा जा रहा है।

व्हिसल ब्लोईंग प्रणालियाँ अच्छे परिणाम दे रही हैं। पीडब्ल्यूसी फोरेन्सिक सेवाओं के जीरी अर्बन ने एक बार कहा था, 'एक प्रभावी व्हिसल ब्लोईंग प्रणाली न केवल गलत कामों तथा आपराधिक व्यवहारों की रोकथाम की संभावना को बढ़ाती है, बल्कि यह कारोबारी साझेदारों तथा आम लोगों को एक सकारात्मक सिग्नल भेजती है तथा नकारात्मक प्रतिष्ठा के जोखिम को कम करती है'।

परन्तु, संभावित लाल झंडियों की पहचान करने तथा छिद्रों को भरने के लिए एक समुचित जोखिम-मूल्यांकन प्रणाली का कोई विकल्प नहीं है।

पश्चलेख

पकड़े जाने का भय धोखाधड़ी का मुख्य निवारक है। संभावित लाल झंडियों पर जोखिम मूल्यांकन, रोकथाम तथा तुरंत कार्रवाई धोखाधड़ीपूर्ण गतिविधियों या धोखाधड़ी करने के इरादे को प्रकट करने की चाभियाँ हैं।

एक रूसी कहावत इसे समुचित रूप से अभिव्यक्त करती है, 'आपको सजा, चोरी करने के लिए नहीं, बल्कि पकड़े जाने के लिए दी जाती है'। इन्हीं लाइनों पर एक भारतीय कथन है – 'चोरी एक अच्छा पेशा है, आपके पकड़े जाने तक'।

8

क्या फार्मा कंपनियाँ परवाह करती हैं? क्या दवाएँ उपचार करती हैं? क्या डॉक्टरों को फ़िक्र है?

विश्वास, भरोसा और आशा प्रबल होती है जब हम अपनी बीमारियों का इलाज करने के लिए दवाएँ लेते हैं। हम चिकित्सा पेशेवरों द्वारा दी गई दवाएँ लेते हैं क्योंकि हमें भरोसा और विश्वास होता है कि गोलियाँ एवं टॅबलेट्स हमारे लिए अच्छी होंगी। अतएव, हम बिना किसी प्रश्न के मान लेते हैं कि जब निर्धारित दवाओं को मिलते-जुलते लक्षणों में परीक्षित किया गया होगा, तो फार्मास्यूटिकल कंपनियों ने इन दवाओं को कार्य करते हुए पाया होगा, इनका परीक्षण कर रहे डॉक्टर योग्य होंगे, दवा अनुसंधान रिपोर्टस वास्तविक-जीवन अध्ययनों पर आधरित होंगी।

क्या होगा यदि मैं आपको बताऊँ कि कई मामलों में इनमें से कोई सच नहीं हो सकता है? आप कैसा महसूस करेंगे यदि मैं आपको बताऊँ कि कुछ दवाईयाँ निरुपयोगी (बिना किसी सक्रिय घटकों वाले टैबलेट या कैप्सूल) से भी बदतर हो सकती हैं अथवा कभी-कभी इनसे भी बुरी होती हैं? सुनने में यह अविश्वसनीय प्रतीत हो सकता है, परंतु यह सच है।

दवा निर्माता तथा खरीदारी करने वाली कंपनियाँ अतिरिक्त लाभ के लालच में मानवता के हितों की रक्षा करने के अपने कर्तव्य में कई अवसरों पर असफल हो गयी हैं।

हालांकि इसका अर्थ यह नहीं है कि अगली बार आप जब दर्द से परेशान हों और एक *पैरासिटामॉल (एक दर्दनिवारक)* को निगल लें, उसका असर नही होगा। अभी तक आपने कई गोलियाँ खाई होंगी और उनमें से अधिकतर ने काम किया है। परंतु, कुछ हैं जो असर नहीं करती हैं। यही समस्या है।

अब इस अध्याय में हम उन कुछ बीमारियों पर प्रकाश डालने के लिए चर्चा करेंगे, जिनसे आज चिकित्सा प्रणाली परेशान है। यह हमें ज्यादा सजग और सचेत होने में मदद करेगा।

मैं तुम्हारी पीठ खुजलाता हूँ, तुम मेरी खुजलाओ: डॉक्टर, दवा निर्माता, अन्य सभी

क्या आपको अनुचित व्यवहार का डरावना अहसास हुआ है, जब आपके डॉक्टर ने आपको तुलनात्मक रूप से छोटी बीमारी के लिए चिकित्सक या पैथालॉजिकल परीक्षणों को करवाने को कहा? क्या आपने महसूस नहीं किया कि सभी परीक्षण केंद्र परीक्षणों के लिए एक जैसा शुल्क लगा रहे हैं? क्या आप जानते थे कि आपका डॉक्टर अपनी अनुशंसाओं के लिए रिश्वत पा रहा होगा? जुलाई 2014 में भारत के स्वास्थ्य मंत्री ने उत्तेजित हो कर डॉक्टर-परीक्षण केंद्र सांठगांठ के इन मामलों को संसद में उठाया।

अनेक मामलों में दवाईयाँ हमारी जीवनरेखा हैं। इसके बावजूद अनैतिक गतिविधियाँ तथा मनुष्य तथा कोर्पोरेट लालच के प्रसार की डरावनी कहानियाँ प्रचुर हैं। चिकित्सा पेशे में *हितों का टकराव* बार-बार पाया गया है।

सं.रा.अमेरिका में संघीय जाँचकर्ताओं ने हाल ही में खुलासा किया है कि 'हितों के टकराव' स्पष्ट रूप से परिभाषित भी नहीं है और लोगों को दर्द-मुक्त, चुस्त-दुरुस्त तथा स्वस्थ रहने के लिए क्या अच्छा है, इसका अंततः निर्णय करने वाले डॉक्टरों, चिकित्सा विशेषज्ञों, फार्मासिस्टों तथा दवा-निर्माता कंपनियाँ के बीच सांठगांठ की निगरानी के करने के लिए सरकारी अधिकारी बहुत कम करते हैं।

संबद्ध हित वाले डॉक्टरों द्वारा मार्गदर्शक सूचियों को निर्धारित/तय करना:

डॉक्टर दवाओं को संशोधित तथा प्रकाशित मार्गदर्शक सूचियों के आधार पर निर्धारित करते हैं। स्वास्थ्य सेवाओं का स्वतंत्र मूल्यांकन तथा उचित चिकित्सकीय क्रिया–व्यवहारों पर सलाह देने के लिए विशेषज्ञों के विशिष्ट समूहों से संबद्ध मार्गदर्शक सूची पैनल हैं। डॉक्टर सामान्यतः अपने मरीजों का उपचार करने में, दवाओं का नुस्खा तथा बीमा आच्छादनमें उनके सलाहों का अनुपालन करते हैं। परंतु, अनेक मामलों में यह पाया गया कि डॉक्टर उन कई पैनलों के सदस्य थे जिन्होंने हाल के वर्षों हृदय-स्वास्थ्य मार्गदर्शक सूचियों को तैयार किया था।

फाइंनेशियल टाइम्स ने सूचना दी कि आर्काइव्स ऑफ इंटर्नल मेडिसिन में प्रकाशित अध्ययन ने पाया कि 2003 से 2008 के बीच अमेरिकी हार्ट एसोशिएशन तथा अमेरिकन कॉलेज ऑफ कार्डियोलॉजी के 17 सूत्री गाइडलाइनों को निर्धारित करने में मदद करने वाले

498 लोगों में से 56% ने हितों के टकराव की सूचना दी है। इसके अतिरिक्त इन मार्गदर्शनों को सूत्रबद्ध करने वाले समूहों के नेताओं के 81% का इन मार्गदर्शक सूचियों को प्रभावित करने वाली कंपनियों में निजी वित्तीय हित थे। इसी तरह, यह पाया गया कि 2007 में फ्लू तथा सर्विकल कैंसर की वॅक्सिन्स का मूल्यांकन करने वाले सलाहकार पैनल में सेवा देने वाले विशेषज्ञों के हितों का संभावित टकराव था। दिसम्बर 2009 की अपनी रिपोर्ट में अमेरिका के सेंटर फॉर डीसिज कंट्रोल एंड प्रीवेंशन ने स्वीकार किया कि वैक्सीन्स तथा इसकी सुरक्षा पर सलाह देने के लिए इसके द्वारा सलाहकारों को नियुक्त करते समय उसने दवा कंपनियों के साथ वित्तीय हितों के संभावित टकराव वाले चिकित्सीय विशेषज्ञों की छानबीन नहीं की थी।

ऐसी मार्गदर्शक सूची तथा सलाह विज्ञान का वस्तुपरक मूल्यांकन कैसे कर सकते हैं, जब मूल्यांकनकर्ता सिर्फ उन्हीं सिफारिशों का समाधान करने में रुचि रखते हैं जिससे डॉक्टर उन कंपनियों के दवाईयों को लिखें, जिनमें उनके वित्तीय हित हैं। मामला और भी जटिल है, क्योंकि अनेक दवा अनुसंधानों को फार्मास्यूटिकल कंपनियाँ वित्तपोषित करती हैं, और वे सिफारिशोंको उनके पक्ष में होने की आशा करती हैं।

दवा कंपनियाँ शिक्षकों के रूप में

जब दवा-निर्माता डॉक्टरों को प्रशिक्षण प्रदान करते हैं, तो इसका परिणाम क्या होता है? डॉक्टर उसी की सिफारिश करते हैं, जो उन्हें समझाया गया है – कि दवा कंपनियों के उत्पादों की ही सिफारिश की जानी चाहिए। स्पष्ट रूप से उनके नुस्खे उनके मरीजों के सर्वश्रेष्ठ हितों में नहीं हो सकते हैं, हालांकि वे दवा कंपनियों के प्रायोजनों को पूरा करते हैं। शिक्षा इस तरह विज्ञापन के रूप में भी परिणत हो जाती है। तब प्रशिक्षण कार्यक्रम चिकित्सा पेशेवरों को परोक्ष रूप से प्रभावित करने में परिणत हो जाता है तथा हितों के व्यापक टकराव को जन्म देता है।

डॉक्टरों को शिक्षा तथा प्रशिक्षण देना दवा कंपनियों के संपूर्ण विपणन रणनीतियों का एक भाग बन गया है। आज अमेरिका में जारी लगभग आधी चिकित्सा-शिक्षा का वित्तपोषण दवा कंपनियों द्वारा किया जा रहा है, जो पहले की एक-तिहाई से ज्यादा है। डॉक्टरों को प्रशिक्षित करते समय विशिष्ट दवाओं से संबंधित खतरों तथा पार्श्व प्रभावों की महत्वपूर्ण सूचनाओं को दवा कंपनियों के द्वारा कम महत्त्व देकर बताया जा रहा है।

हम इसके कुछ उदाहरण देखते हैं। *एवांडिया* अनर्थ के मामले में **ग्लैक्सो स्मिथ क्लाइन** ने हृदय रोग से संबंधित लिपिडों के स्तरों को बढ़ाने के दवा के महत्वपूर्ण भिन्न-प्रभावों का

खुलासा किए बिना अन्य दवाओं की तुलना में एवांडिया के लाभों की शिक्षा तथा बढ़ावा देने के लिए शैक्षणिक पाठ्यक्रमों को प्रायोजित किया। एक और दवा वायोक्स के मामले में **मर्क** ने जारी शिक्षा के माध्यम से आर्थाराइटिस के उपचार में दवा के बेहतरीन प्रभाव को प्रचारित किया। इसने दवा लेने वाले मरीजों में हृदय की समस्या के विकसित हो जाने के संभावित खतरे को उल्लेखित नहीं किया। 1999 से 2004 तक जब इसे बाजार से पुनः वापस ले लिया गया, वायोक्स 140,000 गंभीर हृदय रोगों के मामलों का जिम्मेदार थी।

अज्ञात लेखकों द्वारा लिखे गए अनुसंधान पत्र

प्रमुख डॉक्टरों को चिकित्सा पत्रिकाओं में आलेखों के लेखक के रूप में सूचीबद्ध होने के लिए अक्सर धन दिया जाता है, जब कि वास्तविकता में इन आलेखों को अज्ञात लेखकों के द्वारा लिखा जाता है। इस तथ्य को **फाइजर** के विरुद्ध न्यायालयी जाँच में सूचीबद्ध किया गया है।

अनेक मामलों में विषयवस्तु शायद ही उन विशेषज्ञों द्वारा तैयार की जाती है, जिनका नाम प्रकाशन में आता है। इन्हें आमतौर पर अज्ञात चिकित्सा सम्पर्क कंपनियों द्वारा विकसित किया जाता है, जिन्हें दवा कंपनियों से भुगतान प्राप्त होता है। मूल रूप से सम्पर्क कंपनियों को फार्मास्यूटिकल कंपनियों के द्वारा अनुसंधान पत्रों तथा चिकित्सीय मार्गदर्शक सूची को तैयार करने के लिए भुगतान किया जाता है और फिर ख्यात डॉक्टरों को फार्मास्यूटिकल कंपनियों के द्वारा तैयार उनके निष्कर्षों को सार्वजनिक व्याख्यानों या आलेखों में प्रस्तुत करने के लिए कहा जाता है। यह उनके उत्पादों के बारे में अच्छी चीजें कहने के लिए डॉक्टरों को भुगतान करने का एक 'पिछला दरवाजा' भी है!

उदाहरण के लिए **मर्क** ने 2007–08 मेंवायोक्स पर दर्जनों शोध अध्ययनों (अज्ञात लेखकों द्वारा लिखित) को मंजूर किया और फिर प्रकाशन से पूर्व इन्हें प्रख्यात डॉक्टरों से जोड़ दिया जाता है। अमेरिकी सीनेट अनुसंधान *इन्फ्यूज* के अनुसार हृदय-स्पंदन उपकरणों के निर्माता **मेडट्रॉनिक इंक** ने रीढ़ की शल्यचिकित्सा के बाद अपनी *अस्थि-विकास उत्पादों* को बढ़ावा देने के लिए अपने संरक्षण में डॉक्टरों की ओर से चिकित्सा पत्रिकाओं में अज्ञात लेखकों के आलेखों को लिखवाया था।

प्रायोजित वक्ता

2008 से 2011 के बीच हृदय संबंधी रोगों के मुख्य कारणों पर गाइडलाइनों को विकसित करने के प्रायोजन से अमेरिका में स्थापित स्वास्थ्य पैनल के सदस्यों के बीच हितों के टकराव के मामले थे। अनेक पैनल सदस्यों को दवा कंपनियों से वक्ता शुल्क प्राप्त करते हुए पाया गया।

यह खुलासा हुआ है कि मोटापा, कोलेस्ट्रोल तथा उच्च रक्तचाप के पैनल के अनेक सदस्यों ने वक्ता या उनके कार्यों के अन्य शुल्कों के रूप में 400,000 डॉलर तक शुल्क के रूप में पाया है। उदाहरण के लिए ओवर-दी-कांउटर मोटापा दवा *एली* के निर्माता **ग्लैक्सो स्मिथ क्लाइन**, *लैप-बैंड अमाशय उपकरणों*के निर्माता **एल्लेर्गन इंक** तथा **नेस्ले** ने सिफारिशकर्ता पैनल के कुछ डॉक्टरों को वक्ता शुल्क या अन्य माध्यमों से भुगतान किया है।

पत्रकारों का शामिल होना

अपने लाभों को बढ़ाने के उद्यम में फार्मा कंपनियों ने माध्यमों को भी नहीं छोड़ा है। डॉक्टरों को प्रशिक्षित करवाने का माध्यम बनने तथा चिकित्सा पत्रिकाओं में विज्ञापन देने के अतिरिक्त समाचारपत्र भी चिकित्सीय सफलताओं की सही या गलत खबरों को लाने का एक महत्वपूर्ण माध्यम है। पत्रकारिता के लिए दिए गए पुरस्कार तथा प्रायोजित भ्रमण कुछ ऐसे पत्रकारिता गठजोड़ हैं जो माध्यमों को अपने पक्ष में रखने में मदद करते हैं।

मूत्रसंबंधी अनियमितता की सूचना देने के लिये पत्रकारों को दिए जाने वाले **एली लिली** तथा **बोरिंगर इंग्लेहैम** द्वारा प्रायोजित *इम्ब्रैस अवार्ड* में विदेश यात्रा शामिल थी। इसी तरह **एली लिली** द्वारा प्रायोजित *कैंसर उपचार* की कहानियों के लिए दिए जाने वाले पुरस्कारों में दो लोगों की हफ्ते भर की विदेश यात्रा शामिल थी।

दवा कंपनियाँ पत्रकारों के लिए अपने वित्तीय लालित्य को सिर्फ पुरस्कारों पर नहीं खत्म करती हैं। वे पत्रकारिता प्रशिक्षणों, शैक्षणिक कार्यक्रमों तथा प्रोफेसरशिप का भी वित्तपोषण करती हैं। माध्यमों को खुश रखने के लिए संभावनाएँ अनंत हैं।

बीमा कवरेज (सुरक्षा) के साथ डॉक्टरों के हितों का टकराव

चिकित्सा बीमा अपनी योजनाओं में सम्मिलित बीमारियों के द्वारा खरीदी गई दवाइयों के साथ-साथ उपचार की लागत की अंशतः या पूर्णतः प्रतिपूर्ति करती है। बीमा पॉलिसियों में किन प्रकार की दवाओं को शामिल किया जाना चाहिए इसको लेकर डॉक्टरों, फार्मासिस्टों तथा बीमा कंपनियों के बीच हितों का टकराव उत्पन्न हो जाता है। अनेक देशों की दवाओं तथा उपचारों की सूची है, जिन्हें चिकित्सा बीमा के अंतर्गत सम्मिलित किया जाता है। न तो सभी दवाओं और न ही सभी प्रकार के उपचारों को प्रतिपूर्ति के लिए स्वीकारा जाता है।

चिकित्सा समावेश पर निर्णय कौन करता है? डॉक्टर तथा विशेषज्ञ अक्सर निर्णयकर्ता अधिकारी होते हैं।

सं.रा. अमेरिका में हर वर्ष लाखों डॉलर दाँव पर होते हैं, जब किसी दवा को बीमा प्रणाली में स्वीकार किए जाने या नहीं पर निर्णयों को लिया जाता है, इसे 'मेडिकेयर चिकित्सा योजना' के नाम से जाना जाता है। अनेक मामलों में बीमा प्रणाली इस बात का सत्यापन भी नहीं करती है कि क्या पैनल सदस्यों का दवा कंपनियों में कोई वित्तीय हित है।

यह महत्वपूर्ण है कि किसी देश की बीमा प्रणाली में विभिन्न बीमारियों के लिए उपचारों की विस्तृत शृंखला होनी चाहिए न कि कुछ प्रभावशाली दवा कंपनियों की कुछ दवाएँ।

पैनलों में विशेषज्ञ तथा डॉक्टर होते हैं, जिनका दवा कंपनियों के साथ हितों का टकराव होता है। और फिर भी, वे सिफारिश करना जारी रखते हैं कि आपको और हमें क्या खाना जाना चाहिए और जब चिकित्सा आवश्यकताएँ हों, तो बीमा कंपनियों को क्या भुगतान करना चाहिए। क्या ये सिफारिशें सभी मामलों में सही हो सकती हैं?

दवाओं का कपटपूर्ण विपणन

सुनने में अविश्वसनीय प्रतीत हो सकता है, लेकिन दवाएँ कातिलाना भी हो सकती हैं। जर्मनी में **ग्रुनेन्थाल** ने एक दवा *थैलिडोमाइड* के विकास तथा विपणन के 50 वर्ष बाद, सितम्बर 2012 में अपने अपराध के लिए क्षमा माँगी, जिसने दुनिया भर में 10,000 बच्चों में जन्मजात विकृतियों का कारण था। 1950 के दशक में इसे जर्मनी में *कोंटरग्रान* तथा अन्य देशों में *डिस्टावाल* के नाम से दुनिया भर में गर्भवती महिलाओं में मॉर्निंग सिकनेस के उपचार के रूप में बेचा गया। इसे 1961 में वापस ले लिया गया जब यह पाया गया कि थैलिडोमाइड सेवन करने वाली महिलाएँ और गायब या लघु अंगों जैसी समस्याओं वाले

बच्चों को जन्म देने वाली माताओं में सहसंबंध था। जर्मनी, ब्रिटेन, जापान, कनाडा और आस्ट्रेलिया उन देशों में शामिल थे, जो सर्वाधिक प्रभावित थे। कंपनी पीड़ितों के € 500 मिलियन (625 मिलियन डॉलर) का भुगतान करने का दावा करती है।

हम एक और उदाहरण पर विचार करते हैं। मध्य–2013 में **ग्लैक्सो स्मिथ क्लाइन** की चीनी इकाई के द्वारा छः वर्षों तक 700 पर्यटक संस्थाओं के माध्यम से 490 मिलियन डॉलर का भुगतान कर डॉक्टरों तथा चिकित्सा अधिकारियों को रिश्वत देने के आरोप हफ्तों तक समाचारों की सुर्खियाँ बनी रहीं। इस देश में कंपनी के विक्रय प्रबंधक के अनुसार इसके प्रतिनिधियों ने 'अपनी दवाओं को ज्यादा लिखवाने के लिए उनकी खुशीयों का ध्यान रख कर या उन्हें धन की पेशकश कर डॉक्टरों के साथ अच्छे निजी संबंधों को स्थापित कर लिया था'। (*दी न्यूयार्क टाइम्स* को उद्धृत करते हुए) चीनी सरकारी समाचार संस्था जिन्हुआ ने इसकी सूचना दी।

दवा कंपनियों के अनैतिक विपणन क्रियाकलाप स्थानीय प्रकार के होते हैं। वे कभी-कभी दवाओं को अप्रशंसनीय उपयोगों के लिए बढ़ावा देते हैं। फार्मास्यूटिकल कंपनियाँ कभी-कभी विशिष्ट प्रायोजनों से प्रयोग की जाने वाली दवाओं से संबंधित जोखिमों को कम करके बताती हैं या छिपा लेती हैं। दवाओं की सुरक्षा आंकड़ों को उन पर स्पष्ट रूप से बिना उल्लेखित किए बेचा जाता है। डॉक्टरों को रिश्वत देना दवाओं के कपटपूर्ण विपणन का फार्मास्यूटिकल कंपनियों के द्वारा अपनाई जाने वाली एक और लोकप्रिय विधि है। वे डॉक्टरों को नकदी तथा उपहारों के द्वारा खुश रखती हैं।

यह अच्छी तरह से ज्ञात है कि औषधि उद्योग का विज्ञापन एवं विपणन पर किया गया व्यय उनके अनुसंधान बजट से दुगुना है।

दवाओं के अनुचित विपणन के उदाहरण विपुल हैं। कभी-कभी दुराचरणों की शातिर प्रकृति पर विश्वास करना कठिन हो जाता है, जिसमें कुछ विशिष्ट प्रतिष्ठित बहुराष्ट्रीय कंपनियाँ शामिल हो सकती है।

ब्रिटिश दवा महाकाय **ग्लैक्सो स्मिथ क्लाइन** की बेइमान विपणन गतिविधियाँ लंबे समय से जारी हैं। जून 2012 में ग्लैक्सो ने गलती स्वीकार की तथा अपने सबसे ज्यादा बिकने वाले एंटी-डिप्रेसंट्स के अप्रशंसनीय प्रयोगों के लिए विपणन करने तथा मधुमेह की अपनी सबसे अच्छी दवा के सुरक्षा आंकड़ों की सूचना देने में असफल रहने के कारण इसने बहुत भारी 3 बिलियन डॉलर का जुर्माना भरा। इसने *पाक्सिल, वेल्बुट्रिन* तथा *एवंडिया* का विपणन करने के लिए भी जुर्माना भरा। डॉ. स्टिवेन निसेन ने कहा 'कंपनी को जानकारी थी कि इसके अपने शोध ने *एवंडिया* के स्वास्थ्य जोखिम को प्रदर्शित किया था, परंतु, यह फिजिशियन्स या मरीजों को चेतावनी देने में चूक गयी'। पाक्सिल के मामले में कंपनी ने

प्रत्यक्ष रूप से अनेक जुगतों को आजमाया जिनका लक्ष्य बच्चों में दवा के उपयोग को बढ़ावा देना था। इसने एक चिकित्सा पत्रिका आलेख को भी प्रकाशित करने में मदद की, जिसने एक चिकित्सकीय परीक्षण के आंकडों को गलत प्रस्तुत किया था। कंपनी के चार कर्मचारी, जो व्हिसल ब्लोअर थे, के अनुसार ग्लैक्सो परवर्ती 1990 से मध्य–2000 के बीच अनुचित गतिविधियों में शामिल रहा।

ग्लैक्सो ने अपने गुणवत्ता नियंत्रण (क्यूसी) प्रबंधक को बर्खास्त कर दिया क्योंकि उसने इंगित किया था कि देश के प्यूर्टो रिको कारखाने में निर्मित हो रही विशिष्ट दवाओं में संभावित स्वास्थ्य जोखिम हो सकते हैं।

इसके प्यूर्टो रिको कारखाने में निर्मित 20 प्रदूषित दवाओं को जानबूझकर बेचने की शिकायतों को किए जाने के बाद कंपनी अक्टूबर 2010 में 750 मिलियन डॉलर जुर्माने के रूप में भुगतान करने के लिए राजी हो गई। इनमें शामिल दवाओं में मरहम *बाक्ट्रोबान*, हृदय की दवा *कोरेग* तथा अम्ल प्रतिवाह (एसिड रिफ्लक्स) का इलाज करने वाली *टागमेट* शामिल थीं। संयोग से क्यूसी प्रबंधक एक व्हिसल ब्लोअर बन गई।

'परिवारों के साथ स्नेहिल-क्षण' **जॉन्सन एंड जॉन्सन** के विज्ञापनों का टैगलाइन है। हमेशा देखभाल करने वाली इस छवि के विपरीत इस फार्मास्यूटिकल महाकाय ने दवाओं के अनुचित विपणन के लिए अनेक जुर्मानों को अदा किया है। नवम्बर 2013 में एंटीसायकॉटिक दवा रिस्पर्डल के साथ संयुक्त जोखिमों को कम या छिपा कर विपणन करने के लिए कंपनी पर 2.2 बिलियन डॉलर का जुर्माना किया गया। सिजोफ्रेनिया, बाइपोलर डिसॉर्डर, व्यवहारगत समस्याओं वाले ऑटिस्टिक किशोरों तथा बच्चों के उपचार के लिए अनुमोदित रिस्पर्डलने वजन बढ़ने, मधुमेह के वर्धित जोखिमों तथा वृद्ध मरीजों में आघात के खतरों को नहीं उल्लेखित किया। अमेरिकी महाधिवक्ता ने कहा कंपनी ने 'बिना कोई विचार किए हमारे समाज के सबसे ग्राह्य सदस्यों छोटे बच्चों, वृद्धों तथा अशक्त व्यक्तियों के स्वास्थ्य को खतरे में डाला'।

जॉनसन & जॉनसन की अवैध विपणन गाथा कुछ समय के लिए जारी रही है। अप्रैल 2011 में ग्रीस, रोमानिया तथा पोलैंड समेत देशों में अपने *घुटना तथा नितंब प्रत्यारोपों* का विपणन करने के लिए यूरोपीय डॉक्टरों को रिश्वत देना स्वीकार करने पर कंपनी पर 70 मिलियन डॉलर का जुर्माना लगा।

जॉनसन एंड जॉनसन ने अपने उत्पादों का उपयोग करने के लिए शल्य चिकित्सकों को नकदी प्रोत्साहनों की पेशकश की।

जॉनसन एंड जॉनसन की दो सहायक कम्पनियों, इसकी **ऑर्थो-मैकनील जानसेन फार्मास्यूटिकल्स** ईकाई तथा **ऑर्थो-मैकनील फार्मास्यूटिकल्स** ने गलती स्वीकार की

तथा इन परमिर्गी तथा मनोचिकित्सीय उपचार में प्रयोग की जाने वाली *टॉपोमैक्स* दवा को अवैध बढ़ावा देने के लिए अप्रैल 2010 में 81 मिलियन डॉलर का जुर्माना लगाया गया।

पिछली गलतियों से नहीं सीखना अक्षम्य होता है। **फाइजर** ने पिछले वर्षों में दवाओं के अवैध विपणन के लिए अनेक जुर्मानों को भरा है। सितम्बर 2009 में कंपनी अपने दर्द निवारक *बेक्स्ट्रा,* के अवैध विपणन के आरोपों के निपटान के लिए अविश्वसनीय 2.3 बिलियन डॉलर का भुगतान करने को राजी हो गई और वह उस समय से वापस ले ली गई,।

मिर्गी की दवा *न्यूरोंटिन* का फाइजर के द्वारा अवैध रूप से विपणन किया गया। कंपनी पर 2004 में 430 मिलियन डॉलर का जुर्माना हुआ। दवाओं को उनके उदृष्ट उपयोग के लिए अनुमोदित नहीं किया गया। बीमा कंपनियों को यह विश्वास दिलाने के लिए कि न्यूरोंटिन मायग्रेन तथा बाइपोलर डिसार्डरों पर कार्य कर सकता है, फाइजर पर 2011 में 142 मिलियन डॉलर का और जुर्माना लगा। फाइजर में वरिष्ठ प्रबंधक कोप्चिंस्की के अनुसार 'फाइजर की पूरी संस्कृति बिक्री द्वारा प्रचालित है और यदि आप दवाओं को अवैध रूप से नहीं बेचते हैं, तो आपको टीम प्लेयर के रूप नहीं देखा जाता है'।

बुल्गारिया से इटली तक तथा रूस से चीन तक डॉक्टरों तथा स्वास्थ्य देखभाल कार्यकर्ताओं को रिश्वत देना आसान नहीं है। ठीक यही (2009 में फाइजर के द्वारा अधिग्रहित) **वायथ** ने अपनी दवाओं की बिक्री को बढ़ाने के लिए किया। अगस्त 2012 में कंपनीने 45 मिलियन डॉलर का जुर्माने का भुगतान कर अपने विरुद्ध लगाए गए आरोपों का निपटान करना स्वीकार कर लिया। ऐसे ही एक मामले में **फाइजर एच.सी.पी. कोर्पोरेशन** ने 15 मिलियन डॉलर जुर्माने का भुगतान करना स्वीकार कर लिया। अमेरिकी बाजार निगरानीकर्ता के प्रमुख एसइसी ने कहा, 'फाइजर ने अपनी विक्रय संस्कृति में रिश्वतखोरी को इस तरह गूँथ लिया था कि विदेशी अधिकारियों को अनुचित रूप से पुरस्कृत करने के लिए इसने पॉइंट्स तथा बोनस कार्यक्रमों की पेशकश की, जो इसके सबसे अच्छे उपभोक्ता सिद्ध हुए'।

एली लिली ने आपराधिक कार्यों की गलती स्वीकार की तथा जनवरी 2009 में एंटीसायकॉटिक दवा *झाय्प्रेक्सा* का गैर-अनुमोदित प्रायोजनों यथा उन्माद या उन्माद संबंधी मनोविकृतियों के उपचार के लिए अवैध विपणन करने के लिए 1.4 बिलियन डॉलर जुर्माना भरा।

वृद्धों के लिए फार्मास्यूटिकल कंपनियों के द्वारा अप्रशंसनीय दवाओं को बेचना घृणित कार्य है। **एबॉट लैबोरेटरिज** ने 2001 से 2006 के बीच ठीक यही किया। इसने *डिपाकोट* का विपणन सिजोफ्रेनिया तथा उत्तेजित उन्माद के उपचार के लिए किया, जबकि इसे केवल उद्वेग के उपचार के लिए मान्य किया गया था। इसने मई 2012 में 1.6 बिलियन डॉलर का जुर्माना देना स्वीकार किया।

डॉक्टर्स अक्सर फायदे में रहते हैं! **एस्ट्राजेनेका** ने बच्चों, वरिष्ठों, बुजुर्गों तथा कैदियों पर अप्रशंसनीय उपयोग के लिए अपने उत्पादों का विपणन हेतु डॉक्टरों को तथाकथित रूप से रिश्वत दी। इसमें शामिल दवा सिजोफ्रेनिया की दवा *सेरोक्वेल* थी। कंपनी ने विपणन संबंधी अनुसंधानों का निपटान करने के लिए 520 मिलियन डॉलर का भुगतान करना स्वीकार कर लिया।

यहाँ तक कि कैंसर के मरीजों को नहीं छोड़ा गया है। **एमजेन** 'कीमोथेरेपी नहीं ले रहे' कैंसर के मरीजों में एनीमिया का उपचार करने के लिए *एरानसेप* के उपयोग को (डॉक्टरों तथा क्लिनिकों को रिश्वत देकर) बढ़ावा दे रही थी, हालांकि दवा को सिर्फ कीमोथेरेपी ले रहे मरीजों के लिए मान्य किया गया था। बायोटेक्नोलॉजी महाकाय ने एनीमिया की अपनी दवा का गैर-अनुमोदित उपयोगों के लिएभी अवैध रूप से विपणन किया, तब भी जब खाद्य एवं औषधि विभाग ने ऐसा नहीं करने के लिए विशेष रूप से आदेश दिया था। एमजेन दिसम्बर 2012 में गलती स्वीकार करने के बाद 762 मिलियन डॉलर का जुर्माना देने के लिए राजी हो गई।

किसने झुर्री-नाशक *बोटॉक्स* के बारे में नहीं सुना है? क्या आप विश्वास कर सकते हैं कि इस अत्यधिक सफल बोटॉक्स के निर्माता **एलेर्गान** ने अगस्त 2010 में *माइग्रेन के इलाज* के रूप में दवा के उपयोग के अवैध विपणन के लिए 600 मिलियन डॉलर के जुर्माने को भरना स्वीकार कर मुकदमों को निपटाया? कंपनी ने स्वीकार किया कि गंभीर माइग्रेन के लिए बोटॉक्स की खाद्य एवं औषधि विभाग के द्वारा अनुमति देने से पहले 2000 से 2005 के मध्य बोटॉक्स की गलत ब्रांडिंग की।

कौन अपनी मन:स्थिति को उन्नत करना नहीं चाहता है? **एलान** ने इस सहज इच्छा का लाभ उठाया। आइरिश दवा निर्माता ने *जेनोग्रान* को मनोदशा उत्थापक (मूड एलेवेटर) तथा वजन कम करने वाली दवा के रूप में अवैध रूप से विपणन किया, हालांकि जेनोग्रान एक उद्वेग-निरोधी दवा के रूप में अनुमोदित हुई थी। कंपनी सितम्बर 2010 में 203 मिलियन डॉलर का जुर्माना देने के लिए राजी हो गई।

कौन-सा पुरूष सिक्स-पैक एब्स नहीं चाहता है? उपभोक्ताओं के भोलेपन का लाभ उठाते हुए आहार पूरकों के रिटेलर **जीएनसी** व **विटामिनशॉपी** ने कुछ विशिष्ट व्यायाम-वर्धक (वर्कआउट बुस्टर) तथा चर्बी दाहक (फैट बर्निंग) उत्पादों का विपणन किया। अप्रैल 2013 में इसके विज्ञापित उत्पादों में से कुछ के विपणन को रोकने की चेतावनी दी गई, क्योंकि वे उपयोगकर्ताओं के लिए हानिकारक सिद्ध हो सकते थे। यूएसपी लैब्स द्वारा विकसित *जैक3ड* ('*जैक्ड*' के नाम से उच्चारित) तथा *ऑक्सीएलिट प्रो* इन उत्पादों के ब्रांड नाम थे। इनमें डाइ-इथाइल-अमाइल-अमीन (डीएमएए) शामिल

था, जो एक ऐसा उत्तेजक है, जो वैधानिक आहार पूरकों में प्रयोग किए जाने हेतु योग्य नहीं है और रक्तचाप को बढ़ाकर हृदयाघात का कारण हो सकता है। स्वप्निल शरीरों की बिक्री का एक उदाहरण!

क्या कोई फार्मा कंपनी नर-हत्या तथा उपभोक्ता धोखाधड़ी के जाँच का विषय बन सकतीहै? एक निजी फ्रेंच दवा निर्माता कम्पनी **लैबोरैटोइर्स सर्वियर** ठीक ऐसे ही अनुसंधान का सामना कर रही है। मधुमेह की दवा *मेडियेटर* के निर्माता ने 2009 में बाजार से दवा को वापस लेने के बाद फ्रांस में सबसे बड़े सार्वजनिक स्वास्थ्य कांड को जन्म दिया। खबरों के अनुसार तथाकथितरूप से दवा के कारण 2000 उपयोगकर्ता मर गए तथा हजारों को हृदय के वॉल्व्स के क्षतिग्रस्त होने तथा फेंफड़ों में अति तनाव के कारण अस्पताल में भर्ती होना पड़ा। बिक्री बढ़ाने के लिए इसने डॉक्टरों को दवा को एक आहार सहायक के रूप में लिखने के लिए प्रभावित किया।

लोकप्रिय वैश्विक दवाइयाँ कातिलाना हो सकती हैं! रूमटॉइड आर्थ्राइटिस का उपचार करने की दवा वायोक्स को 2004 में 80 देशों से वापस ले लिया गया, क्योंकि इसने हृदयाघातों, आघातों तथा मृत्यु की जोखिमों को बढ़ा दिया था। **मर्क** नवम्बर 2011 में 950 मिलियन डॉलर का जुर्माना देने के लिए राजी हो गई और दर्द निवारक के अवैध विपणन करने के दोष को स्वीकार कर लिया। 2007 में अपने पिछले दुराचरण से नहीं सीखते हुए कंपनी ने अपने विरुद्ध उन लोगों, जो वायोक्स लेने से क्षति (या परिजनों की मृत्यु) होने का दावा करते थे, के द्वारा दायर किए गए 27000 मुकदमों के निपटान के लिए 4.8 बिलियन डॉलर की विशाल राशि का भुगतान करना स्वीकार कर लिया।

यहाँ तक कि एचआईवी पीड़ितों पर भी दया नहीं दिखाई गई। एड्स की दवा *सेरोस्टिम* का विपणन स्विस बायोटेक्नोलोजी कंपनी **सेरोनो लैब्स** के द्वारा संदिग्ध चिकित्सीय परीक्षणों को गढ़ कर किया गया। इसने इस दवा की सिफारिश करने के लिए डॉक्टरों को फ्रांस की यात्राओं की पेशकश की। सेरोस्टिम से 'एचआईवी वेस्टिंग सिंड्रोम' या गंभीर वजन ह्रास के प्रभावों को उल्टा कर देने की प्रत्याशा थी। 'एचआईवी वेस्टिंग' को सिद्ध करने के लिए उन मामलों में भी जहाँ कोई वहन ह्रास नहीं हुआ था, कंपनी ने उन नकली चिकित्सीय परीक्षणों को गढ़ा था जो जाहिर तौर पर 'शरीर कोशिका द्रव्यमान' निर्धारित करते थे। सेरेनो ने अक्टूबर 2005 में गलती स्वीकार की और 700 मिलियन डॉलर जुर्माने के रूप में देने के लिए राजी हो गई।

पश्चलेख

लाखों डॉलरों के जुर्मानों को लगाने के बावजूद फार्मा प्रक्षेत्र में भ्रष्ट विपणन गतिविधियाँ जारी हैं। यह इस उद्योग में अनैतिक गतिविधियों की विद्यमान बीमारी की व्यापक समस्या को स्पष्ट रूप से प्रदर्शित करता है। यह प्रतीत होता है कि दवा-थेरेपी से फार्मा व्यवहार को साफ करना अभी एक दूर की बात है।

मनुष्यों पर मार्केटिंग परीक्षण का अपराध

'मान्यता प्राप्त दवाओं' के विपणन चोले में फार्मास्यूटिकल कंपनियाँ 'मार्केट सीडिंग' करती हैं (जिनका प्रायोजन डॉक्टरों को नई दवा से परिचित कराना होता है)। इसमें डॉक्टरों का चयन, उन्हें मरीज के चयन के लिए कहना तथा उनको दवा की खुराक देना शामिल है। सामान्य तौर पर डॉक्टरों को प्रति चुनाव किए हुए मरीज की दर से भुगतान किया जाता है। अनेक मामलों में ये प्रसंग भयानक रूप से गलत हो जाते हैं, क्योंकि या तो इन्हें व्यवस्थित ढंग से या पर्याप्त पूर्व-सावधानी के साथ नहीं किया जाता है।

2000 के दशक के प्रारंभ में **पार्क-डेविस** (फाइजर द्वारा अधिग्रहित) ने 2700 पात्रों पर 'उद्वेग' का उपचार करने वाली दवा *न्यूरोंटिंन* पर एक शोध अध्ययन किया। अनुसंधानकर्ता अनुभवहीन तथा गैर-प्रशिक्षित थे और अध्ययन की योजना दोषपूर्ण थी। इसका परिणाम 11 मरीजों की मृत्यु में हुआ तथा 73 ने 'गंभीर प्रतिकूल घटनाओं' का अनुभव किया। इसी तरह, **मर्क** ने एक अपने दर्द निवारक वायोक्स के लिए सीडिंग परीक्षण किया। 2008 में संकलित की गई एक अभियोग खबर ने इंगित किया कि इस अध्ययन को कंपनी के विपणन विभाग द्वारा प्रबंधित किया गया था। इस दवा की खुराक से तीन व्यक्तियों की मृत्यु हो गई तथा पाँच और को हृदयाघात हुआ। ये अत्यंत अनैतिक विरूपताएँ थीं!

दवा परीक्षण के प्रयोग-आंकड़ों के साथ छेड़छाड़

किसी दवा-निर्माता को कैसे ज्ञात होगा कि उसकी दवाएँ कार्य करती हैं या नहीं? इसका एकमात्र तरीका है कि पहले जानवरों पर और फिर मनुष्यों पर दवाओं का परीक्षण करना होगा। अनेक वर्षों तक बहु-परीक्षणों को किए जाने की आवश्यकता होती है।

गैर-मानक दवाओं का निर्माण तथा नकली आँकडों की सूचना देना कपट के पूर्वसूचक हैं। जापानी कंपनी **दाईची सांक्यो** की भारत में पाओंटा साहिब तथा देवास में दो कारखानों

वाली सहायक **रैनबैक्सी** ने 2002–05 के मध्य ऐसी जालसाजी के लिए गलती स्वीकार की। कंपनी मई 2013 में आरोपों के समाधान के लिए 500 मिलियन डॉलर का जुर्माना देने के लिए राजी हो गई। रैनबैक्सी ने स्वीकार किया कि यह अनेक जेनरिक दवाओं यथा मिर्गी तथा स्नायु पीड़ा के उपचार में प्रयुक्त *गाबापेन्टिन* (न्यूरोंटिन के नाम नाम से ज्ञात) तथा एंटिबॉयोटिक *सिप्रोफ्लोक्सासिन* के लिए आवश्यक सुरक्षा तथा गुणवत्ता परीक्षणों को लागू करने में असफल रही है। रैनबैक्सी के अनुसंधान सूचना विभाग के एक पूर्व निदेशक दिनेश ठाकुर इसके व्हिसल ब्लोअर थे जिन्होंने निपटान में 49 मिलियन डॉलर पुरस्कार के रूप में पाया।

डॉक्टर कभी-कभी अप्रशंसनीय दवाओं की सिफारिश करते हैं। मई 2012 में स्वास्थ्य तथा परिवार कल्याण पर भारतीय संसद की स्थायी समिति ने प्रतिष्ठित चिकित्सा महाविद्यालयों के कुछ डॉक्टर्स तथा फार्मास्यूटिकल कंपनियों के बीच सांठगांठ का खुलासा करके देश को हिला दिया। 2010 में **सिप्ला** के पिर्फेनिडोन को दो डॉक्टरों द्वारा अनुमोदित कर दिया जबकि उस समय दवाओं का जापान में सिर्फ क्लिनिकल परीक्षण हुआ था।

ऐसे उदाहरण हैं जब दवा संबंधित आंकड़ों को (i) जारी नहीं किया गया, (ii) विलंबित किया गया या (iii) छिपाया गया है।

दवा परीक्षण आंकड़ों को जारी न करना

दवा-निर्माताओं से नई दवाओं या विद्यमान दवाओं के नए प्रयोगों से संबंधित अनेक परीक्षणों को किए जाने की प्रत्याशा की जाती है।

क्या होता है जब परीक्षण रिपोर्टों को वर्षों तक रोक कर रखा जाता है?

इसका अर्थ है कि परीक्षण आंकड़ों में कुछ गड़बड़ी है। परंतु, आप और हम यह कभी नहीं जान पाएँगे कि कोई दवा-निर्माता दवाओं पर नकारात्मक ख़बरों को प्राप्त कर रहा है। सामान्य समझ माँग करती है कि कम्पनी ने यह सूचना कम-से-कम डॉक्टरों को देनी चाहिए, ताकि वे मरीजों का उपचार करने में इन दवाओं की सिफारिश करते समय समुचित कदमों को उठा सकें। परंतु, अनेक बार वे ऐसा नहीं करते हैं।

2009 में 'स्वाइन-फ्लू' के उपचार में प्रयुक्त इंफ्लूएंजा-विरोधी दवा *टॅमीफ्लू* के निर्माता **रॉश** ने अपने दावे के समर्थन में आंतरिक परीक्षण आंकड़ों को सार्वजनिक करने से इन्कार कर दिया। दावा यह था कि इंफ्लूयेंजा संबंधी जटिलताओं के उपचार में दवा प्रभावी है। दवा के प्रभाव के बारे में शंकाओं को निरस्त करने के लिए स्वतंत्र सत्यापन आवश्यक था। परंतु, वर्षों बाद भी रॉश ने अपने अनुसंधान आंकड़ों को प्रकाशित नहीं किया, हालांकि यह ऐसा

करने को पहले राजी हो गई थी। जॉन हॉप्किन्स विश्वविद्यालय के स्कूल ऑफ मेडिसिन के एक अनुसंधान वैज्ञानिक प्रो. पीटर दोशी ने 2012 के अपने अध्ययन में दावा किया कि 'टॅमीफ्लू एस्पिरीन जितनी ही प्रभावी है'।

प्रतिकूल दवा अध्ययन परिणामों का विलंबित प्रकाशन

फार्मास्यूटिकल कंपनियाँ रेणुओं पर अनुसंधान तथा विभिन्न प्रकार परीक्षणों, शोध विवरणों एवं परिणामों के संकलन और फिर मनुष्यों पर प्रयोग के लिए एवं दवाओं के विपणन में लाखों डॉलर खर्च करती हैं।

यदि शोध बाजार में उतारी गई दवा में नकारात्मक परिणामों या नकारात्मक स्वास्थ्य हितों के प्रक्षेत्रों की ओर इंगित करता है, तो इस सूचना को सार्वजनिक किए जाने की आवश्यकता है। प्रतिकूल अध्ययन परिणामों को प्रकाशित नहीं करना या विलंबित करना अस्वीकार्य है।

मर्क तथा **सेशरिंग-प्लॉ**, जिन्होंने *व्याटोरिन* का संयुक्त रूप से विपणन किया था, ने कोलेस्ट्रोल कम करने की अपनी दवा की प्रतिकूल परिणामों को जारी करने में विलंब किया था। कंपनियों ने अपनी गलती को स्वीकार किए बिना 688 मिलियन डॉलर के जुर्माने का भुगतान करना स्वीकार किया। परीक्षण परिणामों को 2008 तक दो वर्षों तक रोक कर रखा गया था, इस आधार पर निवेशकों ने उनके विरुद्ध मुकदमा दायर कर दिया। चिकित्सकिय परीक्षण स्पष्ट रूप से यह प्रदर्शित करने में असफल हो गए कि यह दवा (हृदयाघात के जोखिम को करने वाली निम्न-मूल्य जेनेरिक) स्टाटिन दवाओं से बेहतर हैं या यह धमनियों में प्लाक (परत) के जमने को सीमित करने में मदद करती थी। खराब परीक्षण परिणामों के सार्वजनिक होने के बाद कंपनी के शेयर मूल्यों में काफी कमी हो गई।

2001 के आंतरिक इ-मेलों के द्वारा **स्मिथक्लाइन बीचम** का आदेश था, 'वरिष्ठ प्रबंधन आग्रह के अनुसार ये आंकड़े जीएस के के बाहर किसी को ज्ञात नहीं होने चाहिए'। कंपनी ने 1999 में परीक्षण किया कि क्या इसकी दवा एवेंडिया **टाकेडा** के द्वारा बनाई गई प्रतिस्पर्धी दवा *एक्टोस* से हृदय के लिए ज्यादा सुरक्षित है। इस परीक्षण पर प्राप्त परिणाम अनर्थकारी सिद्ध हुए। न केवल एवेंडिया एक्टोस से ज्यादा अच्छी नहीं थी, बल्कि हृदय की बीमारी वाले लोगों के लिए यह ज्यादा जोखिमपूर्ण थी। *दी न्यूयार्क टाइम्स* ने सूचना दी कि कंपनी ने अपने परिणामों को प्रकशित करने के स्थान पर अगले 11 वर्षों तक इसे छिपाने की कोशिश की।

2004 में यह पाया गया कि **ग्लैक्सो स्मिथक्लाइन** ने उन आंकड़ों को रोक कर रखा जिन्होंने खुलासा किया था कि इसका एंटी-डिप्रेसेंट*पाक्सिल* बच्चों तथा किशोरों में आत्महत्या के ज्यादा विचारों तथा उसके अनुरूप व्यवहार करने को प्रेरित करता था। कंपनी ने जुर्माना भर कर मुकदमे का निपटान किया।

यदि यह बिके तो, अर्ध-सत्यों को कहना उपयोगी होता है। यह **फॉरेस्ट लैबोरेटरिज** पर लागू हुआ, जिस पर फरवरी 2009 में अमेरिकी न्याय विभागने एंटी-डिप्रेसेंट *सेलेक्सा* और *लेक्साप्रो* का किशोरों तथा बच्चों पर अप्रशंसनीय उपयोग के लिए अवैध विपणन का आरोप लगाया। अमेरिका में संघीय अभियोजकों द्वारा आरोप लगाया गया कि एक चिकित्सकिय अध्ययन जो यह खुलासा करता था कि ये दवाइयाँ बच्चों पर प्रभावी नहीं हैं तथा ये उनमें आत्महत्या की प्रवृति को बढ़ा सकती हैं, को कंपनी ने कई वर्षों तक छिपा कर रखा है। 2001 से 2004 के बीच फॉरेस्ट ने इसके द्वारा वित्तपोषित एक और अध्ययन को शोधकर्ताओं के समक्ष नकारात्मक परीक्षण परिणामों को उल्लेखित किए बिना तथा फिजिशियन्स को पूरी तस्वीर दिखाए बिना प्रोत्साहित किया।

प्रतिकूल परीक्षण आंकड़ों को छिपाना

जब भी कोई अध्ययन किया जाता है, तो जब तक इसके पूर्ण परिणामों को नहीं प्राप्त कर लिया जाता है, तब तक इसके विभागों पर कोई निष्कर्ष नहीं निकाला जा सकता है। जब तक कि खूबियों और खामियों का खुलासा न किया जाए, तब तक किसी खबर का कोई अर्थ नहीं है। परंतु, अनेक मामलों में ऐसी परिणामों को को चुना तथा उठाया गया है। यह प्रतीत होता है कि दवा निर्माता खराब खबरों की सूचना नहीं देने की परिपाटी का अनुपालन करते हैं – सिर्फ अच्छी खबरें।

किसी दवा अनुसंधानों के निष्कर्षों से कोई अर्थ कैसे निकाला जा सकता है, जब यह नकारात्मकों को हटा देती हैं?

फाइजर ने एक एंटी-डिप्रेसेंट दवा *रेबोक्सिटीन* की प्रभावकारिता की सूचना देते समय अनुसंधान आंकड़ों के एक अंश का खुलासा किया। एक जर्मन अनुसंधान समूह द्वारा रेबोक्सिटीन को 'अप्रभावी तथा संभावित नुकसानकारक' घोषित करते हुए, फाइजर पर दवा के लाभों को बढ़ा कर तथा इसके जोखिमों को घटा कर बताते हुए सिर्फ 1065 मरीजों पर प्रमाणों का प्रकाशन करने तथा 3,033 मरीजों पर प्राप्त निष्कर्षों को प्रकाशित न करने का आरोप लगाया गया। *ब्रिटिश मेडिकल जर्नल* के अनुसार यह 'उन मामलों की श्रृंखला में सबसे नया था, जब निर्माताओं ने प्रतिकूल प्रमाणों को छिपा लिया था'।

दीर्घ-कालीन मरीज परीक्षण के बिना दवा परीक्षण

वे दवाएँ जिनकी अक्सर बहुत ज्यादा सिफारिश की जाती हैं, अक्सर पर्याप्त दीर्घ-कालीन अनुसंधान आंकड़ों से समर्थित नहीं रहती हैं कि वे वस्तुतः उपचारित की जा रही बीमारी को ठीक कर देती हैं या वे मरीजों की स्थिति में सुधार लाती हैं।

अनेक दवाएँ वैज्ञानिकों के द्वारा कहे जाने वाले 'स्थानापन्न अंत-बिंदुओं' के आधार पर अनुमोदित होती हैं। उदाहरण के लिए, कोई अध्ययन यह इंगित कर सकता है कि कोई दवा कोलेस्ट्रोल को घटा देती है, परंतु बीमारी में सुधार या मृत्यु में ह्रास को नहीं प्रदर्शित करती हैया कैंसर की कोई दवा ट्यूमरों के आकार को कम कर देती है, लेकिन यह सिद्ध नहीं करती कि मरीज ज्यादा जीवित रह सकता है।

इस बिंदु को ज्यादा स्पष्ट करने के लिए हम कुछ उदाहरणों को देखते हैं।

यह इंगित करने के पर्याप्त प्रमाण उपलब्ध नहीं हैं कि **मर्क तथा सशरिंग-प्लॉ** का उत्पाद *झेटिया* का अकेले या *व्यटोरिन* के साथ मिश्रण के रूप में प्रयोग से मरीज ज्यादा जीवित रहते हैं या हृदयाघात से उनका बचाव होता है। दोनों में से हर एक दवा प्रतिदिन तीस लाख मरीजों द्वारा ली जाती है। ज्यादा बुरा यह है कि कुछ-एक अध्ययनों ने प्रदर्शित किया है कि चीनी की गोली की जगह *व्यटोरिन* के प्रयोग से मरीज की कैंसर से मृत्यु की 40% ज्यादा आशंका होती है। ये परिणाम एक संयोग मात्र हो सकते हैं, परंतु, बात यही रह जाती है कि परीक्षण परिणाम अपर्याप्त थे।

मधुमेह के लिए **ग्लैक्सो** की दवा *एवेंडिया* को रक्त शर्करा को कम करने में मदद के रूप में 1999 में औषधि प्रशासकों द्वारा अनुमोदित किया गया था। परंतु, 2007 में दवा के 44 क्लिनिकल परीक्षणों ने सिद्ध किया कि यह हृदयाघात के खतरे को बढ़ाती थी। इस बात का खुलासा हुआ कि पहले के परीक्षण अपर्याप्त थे।

एक और उदाहरण में जहाँ ज्यादा बड़े नमूनों ने मदद की थी, वह थी **एस्ट्राजेनेका** द्वारा निर्मित फेंफड़े के कैसर की दवा *इरेस्सा*। इसे 2003 में एक छोटे से परीक्षण के आधार पर ओषधि प्रशासन के द्वारा अनुमति दी गई। इसने इंगित किया कि लगभग 10% उन मरीजों में, जिनमें थेरेपी के कोई और विकल्प कारगर नहीं रहे थे, ट्यूमरों के सिकुड़ने में मदद की। परंतु, अनुवर्ती परीक्षणों ने दिखाया कि यह फेफड़े के कैंसर के मरीजों की जिंदगी को बढ़ाता नहीं है। नए प्रयोक्ताओं के लिए इस दवा को 2005 में वापस ले लिया गया।

फार्मा कंपनियों के लिए उपरोक्त सभी समस्याओं का उत्तर ज्यादा लंबी अवधि के लिए 'ज्यादा डाटा एकत्र' करना है। जब तक मनुष्यों पर पर्याप्त परीक्षण नहीं होता है, तब तक दवा के प्रभाव को समझना बहुत मुश्किल है। इसके अतिरिक्त जब तक मनुष्यों पर पर्याप्त

परीक्षण नहीं होगा, तब तक दवा के प्रभाव मापना बहुत मुश्किल है। छोटे मार्ग (शॉर्ट कट) कम-अवधि के मरीजों के जीवन को छोटा कर देते हैं!

पश्चलेख

एक कथन है, 'दवा वह तत्व है, जिसकी चूहें में सूई लगाई जाए, तो एक वैज्ञानिक रिपोर्ट को उत्पन्न करती है।' कोई आश्चर्य नहीं है कि एक अमेरिकी स्तंभकार अर्ल विल्सन ने एक बार टिप्पणी की थी, 'आप किसी डॉक्टर की हस्तलिपि तथा पुरजे को पढ़ने में असफल हो सकते हैं, लेकिन आप ध्यान दें कि उसके बिल हमेशा साफ-सुथरी लिपि में मुद्रित होते हैं।'

परीक्षण दवाओं का मनुष्यों पर प्रयोग के दौरान मानवीय व्यवहार का अभाव

बाजार में किसी दवा को उतारने से पहले इसे पहले जानवरों पर परीक्षित किया जाता है। यदि यह प्रभावी सिद्ध होती है, तो इसका मनुष्यों पर कई बार परीक्षण किया जाता है। परंतु, मानवीय प्रक्रिया में यह सुनिश्चित करने की जरूरत होती है कि दवा के नकारात्मक प्रभाव न्यूनतम कर दिए गए हैं। कभी-कभी मनुष्यों पर पर्याप्त पूर्व-सावधानियाँ न लेते हुए परीक्षण कर दिया जाता है।

स.रा. अमेरिका में **पैरेक्सेल** दवा-निर्माताओं के लिए नई दवाओं का परीक्षण करती है। एक छोटी जर्मन कंपनी **टेजेनरो** के द्वारा निर्मित एक नए प्रतिरक्षा उत्तेजक *टीजीएन 1412* (ट्रेडमार्क नाम *सुपरएमएबीएस*), जिसे पहले कभी मनुष्यों पर परीक्षण नहीं किया गया था, उसका छः स्वस्थ मनुष्यों पर परीक्षण किया गया। परीक्षण की विधि भयावह रूप से गलत हो गई। पहले मरीज पर परीक्षण करने के बाद नकारात्मक प्रतिक्रियाओं के मिलने के बाद भी कंपनी ने पहले परीक्षण की नकारात्मक प्रतिक्रियाओं पर ध्यान दिए बिना अन्य मरीज़ों पर भी समान परीक्षणों को किया। एकमत से किए गये परीक्षणों ने सभी छः मरीज़ों की प्रतिरक्षा प्रणालियों को बाधित कर दिया – यह मनुष्यों पर खराब तरीके से निष्पादित किए गए परीक्षण का ऋणात्मक परिणाम है।

एली लिली ने एंटी-डिप्रेसेंट के रूप में प्रस्तावित इसकी एक दवा *डूलोक्सेटीन* को 19 वर्ष की छात्रा पर चिकित्सा विधान में अनुशंसित से ज्यादा मात्रा में दिया। 2004 में अवसाद के कारण आत्महत्या कर लेने वाली वह लड़की 25 स्वस्थ मरीजों में से एक थी। चार अन्य मरीजों, जिन्हें पहले के परीक्षणों में दवा की खुराक दी गई थी, ने भी आत्महत्या

कर ली यह बिना पर्याप्त तैयारी के मनुष्यों पर दवाओं के परीक्षण में गलत कदम का एक उदाहरण है।

1996 में नाइजीरिया के कानो में मॅनिन्जायटीस महामारी के दौरान **फाइजर** के द्वारा एक नई दवा एंटिबॉयोटिक *ट्रोवन* का परीक्षण किया गया। ग्यारह बच्चे मारे गए, पाँच ट्रोवन के दिए जाने के बाद तथा छः परीक्षण में तुलना करने के लिए एक पुराने एंटिबॉयोटिक का प्रयोग किए जाने के बाद। यहाँ पर मामला यह है कि फाइजर ने बच्चों के अभिभावकों को यह सूचना नहीं दी कि यह दवा अभी प्रयोग स्तर पर है, जिससे अभिभावकों को इस उपचार से बाहर निकलने का अवसर मिल सकता था। 2011 में फाइजर ने चार मृत बच्चों के अभिभावकों को 175,000 डॉलर का भुगतान किया। यह क्लिनिकल परीक्षणों को गलत तरीके से संभालने का एक और उदाहरण है।

दवाओं के घटिया विज्ञापन

अधिकतर देशों में फार्मा कंपनियों पर सामान्य उपभोक्ताओं के समक्ष अपने उत्पादों का विज्ञापन करने पर रोक है। हालांकि विशिष्ट चिकित्सा एवं औषधि पत्रिकाओं को फार्मा विज्ञापनों के वाहक के रूप में उपयोग किया जा सकता है। इस तरह विज्ञापनकर्ताओं को किसी दवा तथा इसके उपयोगों के बारे में बढ़ा-चढ़ा कर दावा नहीं करने या एक गलत तस्वीर प्रस्तुत न करने के लिए सतर्क रहने की जरूरत है। और कई अवसरों पर ऐसा भी प्रयुक्त होता है।

बेयर ने अपनी गर्भनिरोधक गोली *यास्मिन* का विज्ञापन किया। विज्ञापन ने दावा किया, 'यास्मिन, यह आपकी कल्पना से भी ज्यादा महिलाओं के लिए है।' इसने गलत तरीके से यह भी कहा कि यह मुँहासे, द्रव- अवधारण, अतिरोमता तथा माहवार-पूर्व चिन्हों के लिए कार्य करती है। कंपनीने इसके पार्श्व प्रभावों को कम करके बताया। फार्मा उद्योग की स्व-नियामक ईकाई ने गर्भनिरोध के अलावा स्वास्थ्य समस्याओं के लिए गर्भनिरोधक गोली के विज्ञापन में आक्रामक विपणन के लिए बेयर की कड़ी निंदा की।

दवाओं का गलत मूल्य निर्धारण

दुनिया के अधिकतर प्रक्षेत्रों में दवा-मूल्य नियमन हैं। कुछ लागत अतिरिक्त आधार पर हैं तथा कुछ का अधिकतम मार्क-अप या लाभों पर मूल्य निर्धारण मार्गदर्शन होता है। कुछ देशों में बीमा कंपनियों की लागत बाजार मूल्य से कम होना चाहिए। चाहे जो भी नियम हो,

दवा कंपनियों को उनसे बंधे रहने की जरूरत होती है। परंतु, कई अवसरों पर वे इन नियमों का अनुपालन नहीं करती हैं।

बेयर के द्वारा *सिप्रो* का गलत मूल्य रखा गया था। जर्मनी में मुख्यालय वाले इस दवा महाकाय ने अप्रैल 2003 में गलती स्वीकार की तथा 257 मिलियन डॉलर का जुर्माना भरने को वह राजी हो गई। इसमें की गई धोखाधड़ी बेयर के द्वारा कैसर परमनंट (एक स्वास्थ्य देखभाल संघटन) को सरकार द्वारा वित्त-पोषित बीमा योजना मेडिक-एड को दिए जा रहे मूल्य से कम मूल्य में सिप्रो की बिक्री थी। वैधानिक रूप से मेडिक-एड को सबसे कम मूल्य में दिया जाना था। खरीददार ने इसे छिपाने की कोशिश की, लेकिन वह कामयाब नहीं रही- कैसर को बेचे गए सिप्रो बॉटलों पर कैसर के नाम तथा एक अलग औषधि पहचान संख्या से पुनः लेबल लगाए गए।

भारतीय दवा-निर्माता **सिप्ला** पर परवर्ती 2009 में दवाओं का मूल्य सरकार के द्वारा सिफारिश किए मूल्य-निर्धारण मार्गदर्शन से ज्यादा बढ़ाने के कारण राष्ट्रीय फार्मास्यूटिकल मूल्य निर्धारण प्राधिकार के द्वारा जुर्माना लगाया गया। इसमें शामिल दवाएँ *थियोफिलाइन, सिप्रोफ्लॉक्सिन, नोफ्लोंकसिन* तथा *डोक्सिस्लाइन* थीं। कंपनी से 7.4 अरब रुपयों (120 मिलियन डॉलर) का जुर्माना वसूल किया गया।

पश्चलेख

हमारी बीमारियों को ठीक करने के लिए खरीदने योग्य दवाओं को प्राप्त करने जैसा कुछ नहीं है। यह हमें सबसे बेहतरीन फैशन वक्तव्य को बनाने में मदद करता है – एक स्वस्थ शरीर को प्राप्त कर लेना।

निवेशक अभियोग चला सकते हैं

चाहे कोई निकाय कंपनी में सौवां या उससे भी कम हिस्सा धारित करता हो, निवेशक कंपनियों के 'मालिक' हैं। उन्हें कंपनियों की महत्वपूर्ण गतिविधियों को जानने का अधिकार है ताकि वे निर्णय कर सकें कि क्या वे उनमें अपने निवेश को रखना चाहेंगे या निकालना।

मार्च 2011 में सं.रा.अमेरिका के सर्वोच्च न्यायालयने निर्णय किया कि यदि वह कंपनी एक ओवर-दी-काउंटर दवा के प्रतिकूल प्रभावों की खबरों का खुलासा करने में असफल होती है, चाहे नमूने का आकार किसी सांख्यिकीय महत्व से कम का हो तो निवेशक किसी कंपनी पर अभियोग चला सकते हैं। यह विषय होमियोपैथिक उपचार के रूप में बेचे गए

नाक के स्प्रे तथा जेल *जिकाम* के निर्माता **मैट्रिक्स इनिशिएटिव्स** से संबद्ध है। यह आरोप लगा कि कंपनी ने 1999 से 2004 के बीच उपयोगकर्ताओं की सूंघने की शक्ति खोने, जिसे चिकित्सीय पद में एनसोमिया के नाम से जाना जाता है, को छिटपुट खबरों से प्राप्त किया। मैट्रिक्स खबरों का खुलासा करने में असफल हो गई। 2004 में एक टीवी प्रोग्राम में इस संबंध में खुलासा हुआ, और कंपनी के शेयर ध्वस्त हो गए। इसने अपने उत्पाद को 2009 में वापस बुलवा लिया। सर्वोच्च न्यायालय ने निर्णय किया कि मैट्रिक्स के द्वारा इस विषयपरक सूचना को अपने शेयरधारकों के साथ साझा नहीं करना, कंपनी को गलत कार्यों के लिए उत्तरदायी बना दिया।

क्या गैर जिम्मेदार कार्यकारी उत्तरदायी नहीं हैं?

आम लोगों की पुरानी माँग है, जब दवा कंपनियों को उनके गलत कार्यों के लिए दंडित किया जाता है, तो इसे इसके कार्यकारियों पर भी लागू होना चाहिए? दवा कंपनियाँ वैधानिक निकाय हैं। वे खुद सोच या कार्य नहीं कर सकती हैं। यह उनके लोग हैं, जो उनका कार्य करते हैं।

एक दुर्लभ कदम के रूप सं.रा.अमेरिका के न्याय विभाग ने नवम्बर 2010 में एंटी-डिप्रेसंट *वेल्बुट्रिन* का वजन कम करने वाली के दवा के रूप में अवैध विपणन की जाँच में बाधा पहुँचाने तथा जाली विवरणों को बनाने के लिए **ग्लैक्सो स्मिथ क्लाइन** के पूर्व उपाध्यक्ष तथा प्रमुख अधिवक्ता लॉरेंस स्टीवेंस पर अभियोग दर्ज किया।

हाल के दिनों में तथाकथित रिश्वतखोरी एवं उनके अति-आक्रामक विपणन गतिविधियों के आधार पर फार्मा कंपनियों से जुर्माने तथा आर्थिक दंड वसूले गए। हालांकि *पिछले बेंच* के लोग अभी भी कॉर्पोरेट ढाल के पीछे छिपे हैं और उन्हें नहीं छुआ जा रहा है।

फार्मा प्रक्षेत्र में स्वनियमन तथा ज्यादा ऊँचे नैतिक मानदंडों को पूरा करने के लिए कदम उठाए गए हैं। सिर्फ समय ही बताएगा कि भविष्य में क्या उद्योग लोगों का ध्यान रखने में ज्यादा जिम्मेदार तथा मानवीय होगा।

पश्चलेख

चिकित्सीय छल-कपट की घटनाओं की सूचना मुख्यतः विकसित विश्व में मिलती है। इन देशों में बनी दवाएँ आम तौर पर दुनिया भर में बेची जाती हैं, फिर भी इनमें से कुछ मनुष्यों पर अपने प्रभाव में संदिग्ध होती हैं।

दी फाइनेंशियल टाइम्स ने सूचना दी कि सं.रा. अमेरिका, ब्रिटेन तथा जर्मनी फार्मास्यूटिकल भ्रष्टाचार विरोधी उपायों में प्रभावशाली हैं। इस बात पर शंकाएँ हैं कि क्या रूस, भारत तथा चीन इन्हें अपनी कंपनियों के विरुद्ध उसी शक्ति से लागू करेंगे? अतएव, यूरोपीय तथा अमेरिकी कंपनियाँ अन्य देशों, के समकक्षों में की तुलना में नुकसान की स्थिति में हैं जो फार्मा-संबंधित भ्रष्टाचार पर कम चिंतित हैं। एक चीनी कारोबारी ने कहा, 'यह हमारी प्रतिस्पर्द्धात्मक बढ़त है'।

9

धोखाधड़ी, जिसका अभी खुलासा नहीं हुआ है, उस पर "अंतिम शब्द"

अनेक कारोबारी निकायों ने या तो धोखाधड़ीपूर्ण गतिविधि को अंजाम दिया है या वे स्वयं छल से पीड़ित रहे हैं। परन्तु, बढ़ती जागरूकता तथा दंडों के लगने से क्या छल और कपट की दुनिया बदल रही है? क्या यह कारोबार करने की ज्यादा घटिया जगह बन रही है? कॉर्पोरेट छलकपट से यदि रोका नहीं जा सके, तो निपटने के लिए, स्वयं को तैयार करने के लिए हमें क्या करना चाहिए?

चलिए हम कॉर्पोरेट दुनिया में धोखाधड़ी और घपलों के हमेशा बदलते रहने वाले चेहरे पर नजर डालते हैं।

वह आलंबजिस पर विश्व की अर्थ व्यवस्था कार्य करती है – बैंकिंग प्रणाली, जहाँ आपका और हमारा धन रखा जाता है, उस में परिस्थिति अभी भी गंभीर है। 2014 में बैंकों ने एक नया विश्व रिकॉर्ड बनाया, उस प्रकार का नहीं जिसे हमें पाना चाहते हैं। विश्व भर में अनेक गलत कार्यों हेतु उन्होंने जुर्माने तथा वैधानिक निपटान के लिए कुल 56 बिलियन डॉलर से ज्यादा का भुगतान किया है, जो उरुग्वे, सूडान या बुल्गारिया की सकल घरेलू उत्पाद के बराबर है। यह एक बहुत बुरी खबर है। परवर्ती 2014 में बैंक ऑफ इंग्लैंड के गवर्नर ने स्थिति को सारांशित किया, 'घपलों के अनुक्रमण का अर्थ है कि अब यह तर्क करना असंभव है कि समस्या सिर्फ कुछ घटिया सेवाओं में से एक की है – समस्या उन बैरलों के साथ है, जिनमें ये भंडारित हैं'।

बैंको के करों से बचने की योजनाओं की कोठरियों से कंकालों का निकलना जारी है। उपभोक्ताओं के करों के साथ लापरवाही से खेलने के लिए **यूबीएस** तथा **एचएसबीसी** को दंडित करने बाद फरवरी 2014 में एक अमेरिकी सिनेट पैनल ने 2001 से 2008 के बीच में लगभग 22,000 अमेरिकियों को अमेरिकी कर अधिकारियों से $10–12 बिलियन की संपत्तियों को छिपाने में मदद करने के लिए **क्रेडिट सुईज** को फटकार लगाई।

बैंक के सीईओ ने स्वीकार किया कि 'कर्मचारियों की एक छोटी संख्या अमेरिकी ग्राहकों को सक्रिय रूप से जोड़ने तथा धन को अपतटों में छिपाने में उनकी मदद करने में शामिल थी'।

बैंकों का धोखा देना जारी है। **अमेरिकन एक्सप्रेस** ने अपने क्रेडिट कार्ड उपभोक्ताओं को उनकी नौकरी चली जाने पर उन्हें न्यूनतम मासिक भुगतान करने से मुक्ति देने के वादे के द्वारा छिपे हुए शुल्कों से तथा तथाकथित 'एड-ऑन-उत्पादों' से भ्रमित किया। वास्तविकता में लाभ उपभोक्ता के बकाया शेष के 2.5% तक सीमित था। अमेरिकन एक्सप्रेस पर अपनी कुटिल गतिविधियों के लिए 75 मिलियन डॉलर का जुर्माना लगा, जिसे इसने 2000 से 2012 के बीच 335,000 उपभोक्ताओं पर अंजाम दिया था। 'ऍड-ऑन्स' बाजार में धोखाधड़ी काफी आम है। जब कारों तथा गृह बीमा के साथ बेचे गए उत्पादों में उपभोक्ताओं पर 20% तक ज्यादा प्रभार लगाया जा रहा था ब्रिटेन के वित्तीय निगरानीकर्ता ने मार्च 2014 में बीमा बाजार में हस्तक्षेप किया।

बैंकों की प्रतिष्ठा गंभीर रूप से धुमिल हो गई है, क्योंकि उन्होंने न केवल लाइबोर दरों से छेड़छाड़ की, बल्कि विदेशी विनिमय दरों में भी हेराफेरी की। **यूबीएस, रॉयल बैंक ऑफ स्कॉटलैंड, जेपी मॉर्गन, एचएसबसी, बीओफए** तथा **सिटीग्रुप** पर ब्रिटेन, अमेरिकी तथा स्विस नियामकों के द्वारा 4 बिलियन डॉलर से ज्यादा के रिकॉर्ड जुर्माने लगाये गये। ब्रिटेन की वित्तीय नियामक संस्था एफसीए ने पाया कि जनवरी 2008 से अक्टूबर 2013 के बीच हाजिर विदेशी विनिमय बाजार में बैंकों ने प्रभावी नियंत्रण नहीं रखा। इसका अर्थ था कि लाइबोर घपले के लिए खींचाई होने के बाद भी बैंकों ने अपने अपराधों को काफी बाद तक करना जारी रखा, जब उनसे अपने क्रियाकलापों में सफाई करने की प्रत्याशा की गई थी।

वैकल्पिक रूप में मुद्रा भी चोरी से नहीं बच सकी। पारंपरिक मुद्राका एक विकल्प जिससे सौदों को बेनामी रूप से किया जा सकता है, आभासी मुद्रा, *बिटकॉइन* की चोरी हुई है।इंटरनेट आधारित इस 'क्रिप्टो-करेंसी' प्रक्षेत्र में 750,000 बिटकॉइनों की हुई चोरी तथा वर्षों तक इसके अज्ञात रहने की अफवाहोंने फरवरी 2014 में इस मुद्रा के कारोबार के सबसे बड़े प्लेटफॉर्मों में से एक माउंट गोक्स पर इसकी वेबसाइट को बंद करवा दिया। इस चोरी में प्रचलन में 12 मिलियन बिटकॉइनों में 6% की चोरी हुई थी, जो बिटकॉइनों के निवेशकों के विश्वास को हिलाने के लिए पर्याप्त थी।

यहाँ तक कि विधिक फर्म्स कई बार अवैधानिक मार्गों को अपनाती हैं। एक समय की वैश्विक महत्वाकांक्षी विधि फर्म **डेवी एंड लिब्यूफ** 2007 से अपनी वित्तीय स्थिति की हरी-भरी तस्वीर दिखाने के लिए अपनी लेखा पुस्तकों में जालसाजी कर रही थी, जबकि

वास्तविकता में यह अपने महंगे वकीलों के बिलों का भुगतान करने में भी असमर्थ थी। अंततः इसने 2012 में दिवालियावाद दाखिल कर दिया।

भेदिया कारोबार एक बीमारी है। लोग तथा संगठन एक अनुचित लाभ उठाने के देशज मार्गों को खोज लेते हैं। **ब्लैकरॉक** ने कंपनियों का अध्ययन कर रहे विश्लेषकों से अपने निष्कर्षों को प्रकाशित करने से पूर्व ही उनसे अग्रिम सूचना को योजनापूर्वक प्राप्त कर लिया। इस बात का संदेह किया जाता है कि अमेरिकी फंड महाकाय ब्लैकरॉक ने अन्य निवेशकों से पहले प्रारंभिक अनुचित लाभ उठाने के लिए विश्लेषकों पर उनके अग्रिम मतों को देने हेतु संभवतः दबाव बनाया था। ब्लैकरॉक को जनवरी 2014 में अपने कार्यक्रम को समाप्त करने के लिए बाध्य कर दिया गया।

ब्रिटिश जेट-इंजन निर्माता **रोल्स-रॉयस** पर इंडोनेशिया, चीन तथा भारत में रिश्वत देने के आरोप लगते हैं। इसने स्वीकार लिया है कि इसके अनुसंधानों ने 'इन तथा अन्य समुद्रपार बाजारों में चिंता के विषयों की पहचान की है'। **नोवार्टिस** क्लिनिकल डाटा में तथाकथित जालसाजी तथा रक्तचाप की लोकप्रिय दवा डायोवान के विज्ञापन में हृदय सम्बंधित अतिरिक्त लाभों का दावा करने के कारण जापान में आपराधिक मुकदमे का सामना कर रही है। कंपनी ने इस घपले में अपने कर्मचारियों के शामिल होने की बात को स्वीकार किया है।

साइबर अपराधी हमेशा शिकार की टोह में रहते हैं। दिसम्बर 2013 में बड़े अमेरिकी रिटेलर *टारगेट* से 70 मिलियन उपभोक्ताओं के डेबिट तथा क्रेडिटकार्ड आंकड़ों की चोरी कर ली गई थी। इसकी बिक्री प्रभावित हुई तथा उपभोक्ता भयभीत हो गए थे।

साइबर हमले कहर फैला रहे हैं। छोटे कारोबार दिन-प्रतिदिन ज्यादा कमजोर हो रहा है। हॅकर्स ने अक्टूबर 2013 में इसके उपभोक्ताओं के नाम तथा पासवर्ड, इसके सबसे ज्यादा उपयोग किए जाने वाले उत्पाद जैसे ऍक्रोबॅट तथा फोटॉशॉप के सोर्स कोडों के रूप में बौद्धिक संपत्ति सहित 38 मिलियन रिकॉर्डों की चोरी करते हुए व्यवसायों में सेंध लगा दी। कॉर्पोरेटों का संवेदनशील होना जारी है। दिसम्बर 2014 में *सोनी कॉर्प* के हॉलीवुड स्टुडियो पर इसके नेटवर्क को क्षति पहुँचाने तथा कम्प्यूटरों को मिटाने वाला एक अभूतपूर्व परन्तु सुनियोजित साइबर हमला हुआ, जिसकी शक की सूई उत्तर कोरिया की ओर जाती है। बुरी खबर यह है कि साइबर हमलों में वृद्धि हो रही है – सिस्को के अनुसार 2013 में यह 2012 से 14% ज्यादा है। कॉर्पोरेट नेटवर्क्स, विशेषकर फार्मास्यूटिकल, खनन तथा इलेक्ट्रॉनिक्स क्षेत्रों के नेटवर्क्स में घुस कर बौद्धिक संपत्तियों को चुरा लेना आज कल एक नियम बन गया प्रतीत होता है।

शेयर अथवा कमोडिटी बाजारों से लाभ कमाना एक सतत प्रक्रिया है। भारत में **फाइनेंशियल टेक्नोलॉजीज** समूह द्वारा प्रतिवर्तित एनएसइएल में एक घोटाले का

भंडाफोड़ हुआ। इसे भौतिक वितरण पर आधारित वस्तुओं के कारोबार के लिए प्लेटफॉर्म उपलब्ध कराने वाला एक वस्तु विनिमय होना चाहिए था। परन्तु, ऐसा कुछ नहीं हुआ। सदस्यों ने जुआ खेला और भविष्य के अनुबंधों के साथ अवैध रूप से छेड़छाड़ की। गोदामों में कोई वास्तविक माल नहीं थे। कारोबारियों ने वस्तुओं को गोदामों में बिना जमा किए बेचा। यह एक छलावा था। भुगतान में 54 अरब रुपयों (900 मिलियन डॉलर) की चूक हुई। कई गिरफ्तारियाँ हुईं तथा संपत्तियाँ पकड़ी गईं और अवरुद्ध की गई या जब्त हुई। लालच समझदारी पर हावी हो गया था।

रिकॉर्डों को नहीं रखना एक बीमारी है। दिसम्बर 2013 में अमेरिकी नियामक ने **बार्क्लेस कैपिटल** को 2002 से अप्रैल 2012 तक अपने इलेक्ट्रॉनिक रिकॉर्डों को समुचित रूप से न रखने का अंततः उत्तरदायी ठहराया और उस पर 3.75 मिलियन डॉलर का जुर्माना किया। बार्क्लेस आदेशों, कारोबार पुष्टि, लेखा रिकॉर्डों तथा गैर-परिवर्तनीय स्वरूप में अन्य डाटा सहित मूलभूत लेनदेन आंकड़ों को रखने में असफल रही।

लालच अनंत है। निवेशकों को लाखों डॉलरों का नुकसान करवाने वाली अनेक पोन्जी तथा पिरामिड योजनाओं के बावजूद भी ये यदा-कदा अपना गंदा सिर उठाते रहते हैं। पश्चिम बंगाल में **रोज़ वैली** फर्म कुख्यात **शारदा** पोंजी असफलता से संभवतः छः गुनी बड़ी सिद्ध हो रही है। नवम्बर 2014 में भारतीय प्रवर्तन निदेशालय ने हजारों छोटे निवेशकों से स्थावर संपत्ति परियोजनाओं के लिए अग्रिम रूप में 18 वर्षों में 150 अरब रुपयों (2.5 बिलियन डॉलर) एकत्र किए जाने की सूचना दी, जिसके वापस पाने की संभावना नहीं है।

मार्च 2014 में भारत के बाजार नियामक सेबी द्वारा एक तथाकथित समय-साझा योजना चलाने वाले **रॉयल ट्विंकल स्टार क्लब** को 368,000 भोलेभाले निवेशकों से 7 अरब रुपयों (110 मिलियन डॉलर) वसूलने के बाद प्रतिबंधित कर दिया गया।

कला का बाजार उभार पर है और यह ऐसा प्रतीत भी होता है। 2014 में *क्रिस्टिज* की वैश्विक बिक्री ने 8 बिलियन डॉलर के रिकॉर्ड को छू लिया तथा *सोथबिज* की सिर्फ नीलामी बिक्रियाँ ही पिछले साल से 20% बढ़ कर भारी भरकम 6 बिलियन डॉलर हो गई है। कला कभी-कभी धन आशोधन तथा कर वंचन के लिए छद्मावरण बन जाती है। नहीं तो चीनी ग्राहक 2014 में दुनिया भर की 1 बिलियन डॉलर की कला को क्यों खरीदेंगे? कला की सुंदरता अक्सर एक स्याह तथा संदेहास्पद कारोबार है।

शाही लोग भी धोखा देते हैं। स्पेन के राजा की छोटी पुत्री को धन-आशोधन तथा कर वंचन में मुख्य संशयित के रूप में औपचारिक रूप से नामित किया गया था। राज्य प्रमुख भी ठगते हैं। फ्रांस के पूर्व राष्ट्रपति निकोल्स सार्कोजी पर भ्रष्टाचार तथा प्रभाव डालने का आरोप लगाया गया।

धोखाधड़ी की गाथा अनंत है।

छल तथा बेईमानी की तीव्रता बढ़ती जा रही है। फरवरी 2014 में यूरोपीय कमीशन ने रिपोर्ट दी कि भ्रष्टाचार के कारण कर राजस्वों तथा विदेशी निवेशों में हर वर्ष €120 बिलियन (145 बिलियन डॉलर) के गँवा देने के कारण कारोबार पर विध्वंसकारी प्रभाव पड़ रहा है। परन्तु कारोबार-राजनीतिज्ञ सांठगांठ जारी है। इन सबके ऊपर सर्वेक्षित कारोबारों के 70% ने खुलासा किया कि रिश्वत देना तथा राजनीतिक संबंधों का दुरुपयोग करना विशिष्ट सार्वजनिक अनुबंधों को पाने के सबसे आसान तरीकों में से है। वैश्विक धोखाधड़ी की क्रॉल रिपोर्टने सर्वेक्षण में शामिल हर प्रकार की धोखाधड़ी में बढ़ोत्तरी प्रदर्शित होने तथा खरीददारी सम्बंधी धोखाधड़ी तथा हितों के टकराव में सबसे तीव्र बढ़ोतरी दर्ज करने पर यह निष्कर्ष निकाला कि धोखाधड़ी बढ़ रही है। और ज्यादा बुरी खबर यह है को दो-तिहाई से ज्यादा कंपनियों ने सूचना दी कि वे धोखाधड़ी से प्रभावित हुई हैं।

कारोबार की दुनिया में कपट से लाभार्जन करने में काफी दूरी तय की जाचुकी है। पलक झपकने के दौरान आदेशों को देना तथा नष्ट कर देने ने *उच्च-आवृति* कमोडिटी तथा शेयर बाजार कारोबारों में लाभ-कमाने के नियमों को बदल दिया है। साइबर दुनिया में महत्वपूर्ण तकनीकी खोजों ने आर्थिक अपराधों के नए द्वार खोले हैं। 'गूगल आईज' जैसे परिष्कृत उपकरणों ने कॉर्पोरेट जासूसी में बातों को छिप कर सुनना सामान्य बना दिया है। अंतरराष्ट्रीय बेंचमार्क दरों यथा लाइबोर, फॉरेक्स तथा सोने में आंकड़ों की जालसाजी के द्वारा हेराफेरी ने दुनिया में लगभग सब पर बुरा प्रभाव डाला है। अनुचित रूप से लाभ कमाने की दुनिया में यह सूची कभी खत्म नहीं होने वाली है।

हालांकि कॉर्पोरेट दुराचार अपना शीर्ष उठाता रहता है, परन्तु, परिवर्तन तथा जागरूकता के कुछ उत्साहवर्धक चिह्न दृष्टिगोचर हैं। चूँकि कारोबारी निकाय अपनी गतिविधियों का प्रबंधन लाभों को अधिकतम करने के लिए करते हैं, अतएव, इस लक्ष्य को पूरा करने के साधन सच्चे हो सकते हैं और नहीं भी हो सकते हैं। कहने की आवश्यकता नहीं है, अधिकतर कंपनियाँ धोखाधड़ी नहीं करती हैं, हालांकि कुछ समय-समय पर नैतिक मापदंडों को शिथिल कर सकती हैं। यह कॉर्पोरेट गतिविधियों का धूमिल पक्ष है जो कारोबारों में मनुष्य व्यवहार को समझने में हमारी मुश्किल को बढ़ा देता है।

परन्तु, अच्छी खबर यह है कि कॉर्पोरेट दुनिया के कुछ भागों में भ्रष्टाचार को खत्म करने के लिए छोटे-छोटे कदम उठाए जा रहे हैं। ब्रिटिश औषधि निर्माता *ग्लैक्सो स्मिथ क्लाइन* ने 2013 से अपने उत्पादों को बढ़ावा देने के लिए डॉक्टरों को भुगतान करना तथा इसकी दवाओं की डॉक्टरों के द्वारा अनुशंसा करते हुए लिखे गए पुरजों के आधार पर अपने विक्रय प्रतिनिधियों को पारिश्रमिक देना बंद कर दिया है। *एस्ट्रोजेनेका* अब

डॉक्टरों को अंतरराष्ट्रीय सम्मेलनों में शामिल होने के लिए धन का लालच नहीं दिखाती है।

यहाँ तक कि ईश्वर का अपना बैंक अपने तबेले की सफाई कर रहा है। वर्षों तक आगा-पीछा करने के बाद *वेटिकन बैंक* संभावित धन-आशोधकों तथा कर वंचकों को चुन कर बाहर करने के लिए पहली बार अनेक खातों को बंद कर रहा है। यदि धर्म मंडल खुद अपनी सफाई कर सकता है, तो हमारे जैसे आम लोग ऐसा क्यों नहीं कर सकते हैं?

भारी-भरकम जुर्माने लगाए जा रहे हैं और उदंड कार्यकारियों को शर्मिंदा किया जा रहा है। बंधक प्रतिभूतियों की अवैध बिक्री के कारण जेपीमॉर्गन पर आज तक अकल्पित 13 बिलियन डॉलर का जुर्माना लगाया गया; ज्यादा-से-ज्यादा कार्यकारी सलाखों के पीछे भेजे जा रहे हैं, उदाहरण के लिए भारत में हाल की पोंजी स्कीम के कर्ताधर्ता **शारदा ग्रुप** का शीर्ष नेतृत्व। इसी तरह अवैध बॉन्डों में निवेशित अरबों डॉलरों को लौटाने के न्यायालय के आदेश के अनुपालन में **सहारा** की असफलता के कारण भारत के सहारा समूह के शानदार प्रमुख सुब्रता रॉय को महीनों जेल में रहना पड़ा। परन्तु, सिर्फ इसलिए कि कुछ लोग जेल जा रहे हैं, यह आर्थिक अपराधों के समूल नष्ट हो जाने की गारंटी नहीं देती है। सार्वजनिक जागरूकता तथा जनता का गुस्सा प्रणाली की सफाई में मदद कर रहे हैं। ब्राजील के राज्य द्वारा संचालित तेल कंपनी **पेट्रोब्रास** ने 2004 से 2014 के मध्य 2 बिलियन डॉलर गँवा दिए क्योंकि फर्म के कार्यकारियों ने आपूर्तिकर्ताओं को बढ़ा कर बनाए गए अनुबंधों को देने के लिए रिश्वत ली थी। सार्वजनिक मत के कारण कंपनी अब जल्दी कार्रवाई करने के लिए बाध्य की जा रही है। बढ़ी हुई जागरूकता तथा कारोबारों में समुचित नियंत्रण एवं संतुलन वे तरीके हैं,जो मदद करते हैं।

एक और गतिविधि जिसके द्वारा संस्थागत भ्रष्टाचार को हतोत्सहित किए जाने की संभावना है, वह है कॉर्पोरेट रिश्वत के विरुद्ध अमेरिका का विदेशी भ्रष्ट गतिविधि अधिनियम, रिश्वत-विरोधी कानून एवं ब्रिटेन, जर्मनी तथा दक्षिण कोरिया सहित विभिन्न प्रक्षेत्रों में लागू अन्य समान व्यवस्थाओं, जैसे कानूनों में वृद्धि। हाल में चीन और ब्राजील भी इसमें शामिल हो गए हैं। भारतीय कानून सशक्त किए जा रहे हैं। ये कदम कारोबारों को पाने के लिए रिश्वत देने पर कंपनी को दो बार सोचने पर मजबूर कर देंगे।

यदि कॉर्पोरेट धोखाधड़ी को विनष्ट नहीं किया जा सके, तो कम करने के लिए क्या किया जाना चाहिए? समय-बद्ध अनुसंधान, कार्य-प्रणाली का खुलासा, वर्धित जुर्माने, भ्रष्ट कार्यकारियों को जेल भेजना, लेखापरीक्षकों को उनके उपभोक्ताओं से स्वतंत्र करना तथा धोखाधड़ी की दोषी कंपनियों को लंबे समय तक कारोबार करने से रोक देना अच्छे शुरुआती बिंदु हो सकते हैं।

चूँकि इसमें संदेह है कि ऐसे दूरगामी कदमों को सही में उठाया जाएगा, इसलिए इस कहावत – 'ज्ञान शक्ति है' से अवगत रहना महत्वपूर्ण है। सशक्त आंतरिक नियंत्रण, प्रबंधन लेखापरीक्षण तथा व्हिसिल ब्लोअरों को प्रोत्साहन देना कॉर्पोरेट दुनिया को धोखाधड़ी-विरोधी के रूप में तैयार होने में काफी दूर तक ले जाएंगे।

पश्चलेख

भ्रष्टाचार तथा बेईमानी दुनिया भर में व्याप्त है। उसकी मात्रा बदलती रहती है। राष्ट्रीय धोखाधड़ी प्राधिकरण के अनुसार 'धोखाधड़ी प्रच्छन्न अपराध है। अधिकारियों को सूचित की गई धोखाधड़ी ज्ञात हुई धोखाधड़ी का छोटा अंश है, जो खुद नजर से बाहर रहने वाली धोखाधड़ी का एक हिस्सा मात्र है'। 'लाइफहैकर – ऑस्ट्रेलिया' में एंगस किडमैन इस परिघटना को यह कहते हुए सारांशित करते हैं, 'अप्रिय सच्चाई: अनेक लोग बेईमान होते हैं तथा वे आपके या आपके प्रियजनों के साथ घपला करेंगे या करने की कोशिश करेंगे। जागरूकता ही आपका सबसे बड़ा बचाव है'।

लेखक परिचय

रॉबिन बनर्जी 20 देशों से ज्यादा की अनेक विशाल बहुराष्ट्रीय कंपनियों में 35 वर्ष से ज्यादा का अनुभव रखने वाले वरिष्ठ पेशेवर कार्यकारी हैं। वे एक चार्टर्ड एकाउंटेंट, कॉस्ट एवं मैनेजमेंट एकाउंटेंट, कंपनी सेक्रेटरी हैं तथा उन्होंने वाणिज्य में स्नातकोत्तर की उपाधि प्राप्त की है।

अपने करियर के प्रारंभिक वर्षों में उन्होंने हिंदुस्तान यूनिलीवर में निर्यात तथा विलय और अधिग्रहण विभागों के महाप्रबंधक सहित अनेक पदों पर अपनी सेवाएँ दी हैं। तत्पश्चात वे जर्मनी चले गए तथा आर्शर-मित्तल के जर्मनी के संचालन में इसके प्रबंध-निदेशक तथा सीएफओ के रूप में पदभार ग्रहण किया। जर्मनी में पाँच वर्षों तक कार्य करने के बाद रॉबिन बनर्जी भारत वापस आ गए तथा थॉमस कुक में कार्यकारी निदेशक के रूप में नियुक्त हो गए। तत्पश्चात वे एस्सार स्टील में कंपनी के सीएफओ तथा इसके वैश्विक बोर्ड के सदस्य के रूप में शामिल हुए। उसके बाद वे सुजलॉन इंडिया लिमिटेड में ग्रुप सीएफओ तथा ऑस्ट्रेलिया, चीन, चिली, मैक्सिको, दक्षिण अफ्रीका तथा सं.रा. अमेरिका में इसकी अंतरराष्ट्रीय कंपनियों में इसके बोर्ड के सदस्य रहे। वर्तमान में वे एक विशाल निर्माता कंपनी के प्रबंध निदेशक हैं।

रॉबिन बनर्जी ने अनेक पुरस्कार जीते हैं तथा उन्हें *बिजनेस टुडे* के द्वारा भारत के सर्वश्रेष्ठ सीएफओ; *सीएफओ-इंडिया* पत्रिका के द्वारा 2010 तथा 2012 में सीएफओ-100; डीएनए के द्वारा कॉर्पोरेट लीडर इन इंडिया एवं कई अन्य के लिए नामांकित किया गया है।

रॉबिन ने अप्रत्यक्ष कर-निर्धारण पर तीन पुस्तकें लिखी हैं, जिनमें से एक *मोडवैट* के 10 संस्करण प्रकाशित हुए हैं। वे कारोबार प्रबंधन तथा वित्त-संबंधी विषयों के लब्ध प्रतिष्ठित वक्ता हैं और उन्होंने अनेक राष्ट्रीय एवं अंतरराष्ट्रीय सेमिनारों में निबंध प्रस्तुत किए हैं। वे अनेक जर्नलों, पत्रिकाओं तथा वेबसाइटों के लिए नियमित रूप से लिखते हैं।